Deutsche Phonetik

Rudolf Rausch · Ilka Rausch

Deutsche
Phonetik
für Ausländer

LANGENSCHEIDT · VERLAG ENZYKLOPÄDIE
Berlin · München · Leipzig · Wien · Zürich · New York

2., durchgesehene Auflage 1991
© 1988 Verlag Enzyklopädie Leipzig
© 1991 Langenscheidt · Verlag Enzyklopädie Berlin, München, Leipzig
Druck: Offizin Andersen Nexö GmbH Leipzig
Printed in Germany
ISBN 3-324-00145-5

Inhalt

Vorbemerkungen   11

Theoretischer Teil

1 Physiologische und phonetische Grundlagen   15

1.1.   Die Artikulationsbasis   15
1.2.   Das Ansatzrohr   18
    1.2.1.   Bau und Funktion des Ansatzrohres   19
    1.2.1.1.   Die Artikulationsstellen   20
    1.2.1.2.   Die artikulierenden Organe   20
    1.2.1.3.   Der Artikulationsmodus   21
    1.2.1.4.   Der Überwindungsmodus   22
    1.2.2.   Die Bildung der Sprachlaute   23
    1.2.2.1.   Die Vokale   24
    1.2.2.2.   Die Diphthonge   26
    1.2.2.3.   Die Konsonanten   28
1.3.   Die Silbe   30
1.4.   Die schriftliche Fixierung der Sprachlaute   34
    1.4.1.   Das Verhältnis von Graphem und Laut   34
    1.4.2.   Die phonetische Transkription   38
    1.4.2.1.   Die diakritischen Zeichen   41
    1.4.2.2.   Transkriptionszeichen   42

2 Der phonetische Fehler   46

2.1.   Ursachen des phonetischen Fehlers   47
2.2.   Ermitteln des phonetischen Fehlers   52
    2.2.1.   Das deutsche Phoneminventar als Bezugsbasis
        der Konfrontation   52
    2.2.2.   Der Analysetext   56
    2.2.2.1.   Text 1 und seine Analyse   57
    2.2.2.2.   Text 2   63

2.2.3.   Die teildeterminierte Rede als Analysebasis   64
2.2.4.   Die freie Rede als Analysebasis   66
2.2.5.   Einzelwörter als Analysebasis   67

2.3.   Notieren und Bewerten des phonetischen Fehlers   68

2.4.   Bewußtmachung des phonetischen Fehlers   73
2.4.1.   Prinzipien der Bewußtmachung phonetischer Fehler   74
2.4.2.   Mittel der Bewußtmachung phonetischer Fehler   76
2.4.2.1.   Allgemeine Grundsätze   77
2.4.2.2.   Auditive Mittel   78
2.4.2.3.   Visuelle Mittel   79
2.4.2.4.   Taktile Mittel   84
2.4.2.5.   Mischformen   86

2.5.   Das phonematische Hören   86

2.6.   Der Artikulationsstereotyp   93
2.6.1.   Ableitungen   95
2.6.1.1.   Ableitungen aus der Muttersprache   96
2.6.1.2.   Ableitungen aus der Mittler- oder Fremdsprache   97
2.6.1.3.   Ableitungen aus dem Deutschen   97
2.6.1.4.   Passive Ableitungen   98
2.6.2.   Das Übungsmaterial   98
2.6.2.1.   Vokale   100
2.6.2.2.   Diphthonge   104
2.6.2.3.   Akzentlose Vokale   106
2.6.2.3.1.   Schwachtoniges *e*   107
2.6.2.3.2.   Vokalisiertes *r*   109
2.6.2.3.3.   Unsilbisches *i*   111
2.6.2.4.   Konsonanten   111
2.6.2.4.1.   Auslautverhärtung   112
2.6.2.4.2.   Assimilation   114
2.6.2.4.3.   Wort- und Silbengrenzgeminaten   117
2.6.2.4.4.   Lösung von Verschlüssen   118
2.6.3.   Kontrollverfahren   120

3   Wortakzent, Ausspruchsakzent, Intonation   122

3.1.   Der Wortakzent   122

3.2.   Die Akzentuierung im Ausspruch   125
3.2.1.   Die Akzentuierung in sachlich-neutraler Rede   125
3.2.2.   Die Kontrastakzentuierung   127

3.3.   Die Intonation   130
3.3.1.   Aussprüche mit einem Informationsintonem   133
3.3.2.   Aussprüche mit Kontaktintonemen   139

Praktischer Teil

4 Die suprasegmentalen Merkmale   145

4.1.   Akzentmerkmale und ihre Realisierung   146

4.2.   Nicht-akzentuierbare Wörter   149

4.3.   Die Wortakzentuierungsregeln   151
4.3.1.   Deutsche Wörter   151
4.3.1.1.   Einfache Wörter   151
4.3.1.2.   Akzentlose Konstituenten   152
4.3.1.3.   Akzentuierte Konstituenten   153
4.3.1.4.   Die Konstituenten *da(r)*-, *her*-, *hin*-, *vor*- und *zu*-   158
4.3.1.5.   Kombinationen akzentuierter Konstituenten   159
4.3.1.6.   Die Konstituenten *durch*-, *hinter*-, *über*-, *um*-, *unter*-, *zu*- und *wieder*-   161
4.3.1.7.   Die Konstituente *miß*-   165
4.3.1.8.   Die Konstituente *un*-   166
4.3.1.9.   Die Konstituente *ur*-   167
4.3.1.10.   Die Konstituente *wider*-   168
4.3.1.11.   Zweigliedrige Zusammensetzungen   169
4.3.1.12.   Dreigliedrige Zusammensetzungen   170
4.3.1.13.   Wortreihungen   171
4.3.1.14.   Namensfolgen   171
4.3.1.15.   Weibliche Vornamen und Blumennamen   171
4.3.1.16.   Abkürzungen   172
4.3.1.17.   Zusammensetzungen *Buchstabe und Wort*   173
4.3.1.18.   Kurzwörter und Wortkürzungen   174
4.3.2.   Fremde Wörter   174

4.4.   Die Ausspruchsakzentuierung   186
4.4.1.   Akzentlose Wörter   186
4.4.1.1.   Artikel   187
4.4.1.2.   Präpositionen   187
4.4.1.3.   Konjunktionen   188
4.4.1.4.   Die Verben *haben*, *sein*, *werden*   189
4.4.1.5.   Die Modalverben und „haben/sein + zu + Infinitiv"   190
4.4.1.6.   Relativpronomen und Konjunktionaladverbien   190
4.4.1.7.   Personalpronomen   191
4.4.1.8.   Interrogativpronomen und Interrogativadverbien   191
4.4.1.9.   Das Relativpronomen *sich*   192
4.4.1.10.   Indefinitpronomen und Negationswörter   192
4.4.1.11.   Verben in Funktionsverbgefügen   193
4.4.2.   Attribute   193
4.4.2.1.   Adjektive und Numerale als Attribut   193
4.4.2.2.   Partizip I und Partizip II als Attribut   193

4.4.2.3.   Das Substantiv im Genitiv als Attribut 194
4.4.2.4.   Substantive im Präpositionalkasus als Attribut 194
4.4.2.5.   Der merkmallose Kasus 195
4.4.2.6.   Die Apposition 195
4.4.2.7.   Der Infinitiv mit *zu* 196
4.4.2.8.   Der Nebensatz als Attribut 196
4.4.3.   Verb-Ergänzungsgruppen 196
4.4.3.1.   Adverbialbestimmungen 196
4.4.3.1.1. Die Adverbien als Adverbialbestimmung 196
4.4.3.1.2. Die Substantive als Adverbialbestimmung 200
4.4.3.2.   Objekte 201
4.4.3.3.   Das Substantiv im Funktionsverbgefüge 204
4.4.4.   Die Thema-Rhema-Gliederung 205
4.4.5.   Algorithmus für das Ermitteln des Kernakzentes 206

5   Akzentlose vokalische Laute 209

5.1.   Vokalisches *r* [ɐ] 210
5.2.   Schwachtoniges *e* [ə] 221

6   Auslautverhärtung und Assimilation 234

6.1.   Die Auslautverhärtung 234
6.2.   Die Assimilation 238

7   Die akzentuierbaren vokalischen Laute 245

7.1.   Allgemeine Ausspracheregeln 245
7.2.   Die Vokale im einzelnen 249
7.2.1.   Die *i*-Laute 249
7.2.1.1.   Gespannt-langes *i* 249
7.2.1.2.   Ungespannt-kurzes *i* 251
7.2.1.3.   Unsilbisches *i* 253
7.2.2.   Die *ü*-Laute 258
7.2.2.1.   Gespannt-langes *ü* 258
7.2.2.2.   Ungespannt-kurzes *ü* 260
7.2.3.   Die *ö*-Laute 263
7.2.3.1.   Gespannt-langes *ö* 263
7.2.3.2.   Ungespannt-kurzes *ö* 266
7.2.4.   Die *o*-Laute 268
7.2.4.1.   Gespannt-langes *o* 268
7.2.4.2.   Ungespannt-kurzes *o* 271
7.2.5.   Die *u*-Laute 274

7.2.5.1.   Gespannt-langes *u*   274
7.2.5.2.   Ungespannt-kurzes *u*   277
7.2.6.   Die *e*-Laute   280
7.2.6.1.   Gespannt-langes *e*   280
7.2.6.2.   Ungespannt-kurzes *e*   283
7.2.6.3.   Ungespannt-langes *e*   284
7.2.7.   Die *a*-Laute   290
7.2.7.1.   Vorderes, helles *a*   290
7.2.7.2.   Hinteres, langes *a*   292
7.2.8.   Die nasalierten Vokale in fremden Wörtern   297

7.3.   Die Diphthonge   298
7.3.1.   Der Diphthong *ei*   298
7.3.2.   Der Diphthong *au*   302
7.3.3.   Der Diphthong *eu*   306

7.4.   Gegensatzübungen mit Vokalen   308
7.4.1.   Kontrast [ə] – [ɐ]   308
7.4.2.   Kontrast [i:] – [y:, øː, oː, uː, eː, ɛː, ɑː, ae, ao, ɔø]   309
7.4.3.   Kontrast [y:] – [øː, oː, uː, eː, ɛː, ɑː, ae, ao, ɔø]   310
7.4.4.   Kontrast [ø] – [oː, uː, eː, ɛː, ɑː, ae, ao, ɔø]   311
7.4.5.   Kontrast [o:] – [uː, eː, ɛː, ɑː, ae, ao, ɔø]   311
7.4.6.   Kontrast [u:] – [eː, ɛː, ɑː, ae, ao, ɔø]   312
7.4.7.   Kontrast [e:] – [ɛː, ɑː, ae, ao, ɔø]   312
7.4.8.   Kontrast [ɛ:] – [ɑː, ae, ao, ɔø]   313
7.4.9.   Kontrast [ɑ:] – [ae, ao, ɔø]   313
7.4.10.   Kontraste [ae] – [ao] – [ɔø]   314

8   Konsonantische Laute   315

8.1.   Das Reibe-*r*   315

8.2.   Der Lateralengelaut *l*   321

8.3.   Die Vokaleinsätze   325
8.3.1.   Der gehauchte Vokaleinsatz   326
8.3.2.   Der feste Vokaleinsatz   328

8.4.   Die Verschlußlaute   331
8.4.1.   Die Aspiration   332
8.4.2.   Die bilabialen Verschlußlaute [b], [p], [b̥]   333
8.4.2.1.   Der bilabiale stimmhafte Lenis-Verschlußlaut *b*   333
8.4.2.2.   Der bilabiale stimmlose Fortis-Verschlußlaut *p*   335
8.4.2.3.   Der bilabiale stimmlose Lenis-Verschlußlaut [b̥]   337
8.4.3.   Die (dental) alveolaren Verschlußlaute [d], [t], [d̥]   339
8.4.3.1.   Der stimmhafte Lenis-Verschlußlaut *d*   339
8.4.3.2.   Der stimmlose Fortis-Verschlußlaut *t*   342
8.4.3.3.   Der stimmlose Lenis-Verschlußlaut [d̥]   345
8.4.4.   Die velaren Verschlußlaute [g], [k], [g̥]   347
8.4.4.1.   Der stimmhafte Lenis-Verschlußlaut *g*   347

8.4.4.2.   Der stimmlose Fortis-Verschlußlaut *k* 349
8.4.4.3.   Der stimmlose Lenis-Verschlußlaut [g̊] 352

8.5.   Die Reibelaute 354
8.5.1.   Die labio-dentalen Reibelaute [v], [f], [y̦] 354
8.5.1.1.   Der stimmhafte Lenis-Reibelaut *v* 354
8.5.1.2.   Der stimmlose Fortis-Reibelaut *f* 356
8.5.1.3.   Die Affrikate *pf* 358
8.5.1.4.   Der stimmlose Lenis-Reibelaut [y̦] 360
8.5.2.   Die dental-alveolaren Reibelaute [z], [s], [z̦] 363
8.5.2.1.   Der stimmhafte Lenis-Reibelaut *s* 363
8.5.2.2.   Der stimmlose Fortis-Reibelaut *s* 365
8.5.2.3.   Die Affrikate *ts* 368
8.5.2.4.   Der stimmlose Lenis-Reibelaut [z̦] 370
8.5.3.   Die präpalatal-koronalen Reibelaute [ʒ], [ʃ], [ʒ̊] 372
8.5.3.1.   Der stimmhafte Lenis-Reibelaut [ʒ] 372
8.5.3.2.   Der stimmlose Fortis-Reibelaut [ʃ] 374
8.5.3.3.   Der stimmlose Lenis-Reibelaut [ʒ̊] 378
8.5.4.   Die (prä)palatal-dorsalen Reibelaute [j], [ç], [ʝ] 379
8.5.4.1.   Der stimmhafte Lenis-Reibelaut *j* 379
8.5.4.2.   Der stimmlose Fortis-Reibelaut [ç] 381
8.5.4.3.   Der stimmlose Reibelaut *j* 383
8.5.5.   Der postdorsal-velare Reibelaut *x* 385

8.6.   Die Nasale [m], [n], [ŋ] 388
8.6.1.   Der bilabiale Nasal *m* 388
8.6.2.   Der dental-alveolar-prädorsale Nasal *n* 390
8.6.3.   Der Nasal [ŋ] 395

8.7.   Gegensatzübungen mit Konsonanten 400
8.7.1.   Kontrast [r] – [l] 400
8.7.2.   Kontrast [l] – [n] 401

Literaturverzeichnis 402
Abbildungsverzeichnis 404

Vorbemerkungen

Im Deutschunterricht für Ausländer fehlt oft die Zeit, sich ausreichend mit phonetischen Problemen zu befassen oder gar die Vielzahl der Schwächen bzw. auch Fehler in der Aussprache des Deutschen zu beheben. Phonetische Belange sind zwar für schriftliche Arbeiten, z. B. Briefwechsel, Übersetzungen u. ä. unerheblich, für die mündliche Beherrschung einer fremden Sprache jedoch um so bedeutender. Dennoch steht man den Problemen der Phonetik nicht immer aufgeschlossen gegenüber, zum Teil auch dadurch bedingt, daß die Phonetik in den meisten Materialien nicht morphosyntaktisch eingebettet wird und sie deshalb auch nicht als kommunikativ-funktional gelten können. Das Training isolierter Wörter führt jedoch keineswegs zur Beherrschung einer normgerechten Aussprache und ist der Herausbildung der Fähigkeit, phonostilistisch variieren zu können, eher hinderlich als dienlich.

Die „Deutsche Phonetik für Ausländer" nun, die sich sowohl an Lehrer und Studenten als auch Schüler wendet, will dem interessierten Benutzer nicht nur die Aneignung einer Aussprache ermöglichen, die den Erfordernissen der deutschen Standardaussprache etwa beim öffentlichen Vortrag entspricht – und somit gleichermaßen als unauffällig angesehen werden kann –, sondern ihm zugleich beim Erwerb eines fundierten Regelsystems helfen sowie Einsichten in Zusammenhänge und Abhängigkeiten vermitteln. Um das zu realisieren, ist nicht nur ein hohes Maß an Übungsbereitschaft seitens des Lernenden erforderlich, sondern auch ein Material, das die notwendigen theoretischen Fakten, die Zusammenhänge und Abhängigkeiten in methodisch gut durchdachter Weise darlegt, sie in einer für den Benutzer günstigen Reihenfolge arrangiert und jede der phonetischen Erscheinungen mit Übungen belegt, die im umfassenden Sinne kommunikativ-funktional sind.

Die Autoren beginnen mit der Darstellung der physiologischen Bedingungen für die Lautbildung und der Beschreibung der Gemeinsamkeiten und Unterschiede bei der Artikulation von Vokalen, Diphthongen und Konsonanten. Sie beschreiben dann Ursachen und Arten phonetischer Fehler, d. h. der Fehler, die sich zwangsläufig aus der Konfrontation einer bestimmten Muttersprache mit dem Deutschen ergeben – und das sowohl beim Hören als auch beim Artikulieren. Die Autoren waren bemüht, die Abhängigkeiten zwischen artikulatorischer Bewegung und akustischem Erscheinungsbild genauer zu beschreiben, um das phonetische und phonematische Hören entwickeln zu helfen und um auf dieser Grundlage zugleich Mißdeutungen der lautsprachlichen Äußerungen verhindern zu können. Im Mittelpunkt stehen dabei die Problemkreise Auslautverhärtung, Assimilation, Reduktion der Endsilben sowie die Rolle der akzentlosen Wörter bei der Satzakzentuierung.

11

Die artikulatorischen Kriterien für die Realisierung der Akzente im Wort bzw. Ausspruch und ihre akustischen Erscheinungsbilder bilden die Grundlage für die Beschreibung der Intonation in sachlich-neutralen Aussprüchen. Die dafür gültigen Regeln werden in Beispielen und Übungen zur Akzentuierung deutscher wie fremder Wörter angewendet. Erstmalig wurden diese fremden Wörter unter dem Gesichtspunkt der Aussprache und der Akzentstelle sowie der von der Wortbildung bestimmten Akzentverlagerung in einer detaillierten Tabelle zusammengefaßt.

Dem Einzellaut und den Übungen zur Assimilation sowie zur Auslautverhärtung vorangestellt sind die Kapitel zum schwachtonigen *e* [ə] und zum vokalischen *r* [ɐ], die als besonders häufige Erscheinungen eine Vielzahl von Fehlern verursachen. Erst dann werden die Vokale, Diphthonge und Konsonanten im einzelnen beschrieben. Da einige Erscheinungen auf Grund ihrer relativen Häufigkeit eine hohe Fehlerquote erwarten lassen, schien es angeraten, sie auch bei der Behandlung im Unterricht an den Anfang zu stellen, obwohl die sonst übliche physiologisch bestimmte Reihenfolge damit durchbrochen wird.

Die Kapitel zu den Einzellauten sind nach dem gleichen Prinzip aufgebaut; der Lautbezeichnung folgen Transkriptionszeichen, Schreibung und Lautbeschreibung. Dann nehmen die Autoren zu den zu erwartenden Fehlbildungen und ihren Korrekturmöglichkeiten Stellung, dem schließt sich das Übungsmaterial an.

Die Lautbeschreibung ist konfrontativ angelegt und bezieht sich immer (insbesondere bei den Vokalen) auf einen schon vorher behandelten Laut, so daß nur geringe, jedoch ausreichende Modifikationen vorgenommen werden müssen, um das gewünschte Resultat zu erzielen. Es kam den Autoren gerade auch bei den Lautbeschreibungen auf Verständlichkeit, Bildhaftigkeit und auf Nachvollziehbarkeit an, denn die Darstellung nur der relevanten Merkmale kann kaum zu den gewünschten Ergebnissen führen. Unterstützt wird die Beschreibung bei Konsonanten durch Sagittalschnitte, bei Vokalen und Diphthongen dagegen durch das Vokalviereck, das in diesen Fällen aussagekräftiger ist.

Das sich anschließende Übungsmaterial ist sehr stark detailliert. Es enthält den Laut in all seinen Positionen sowie seinen Schreibungen und hilft damit, artikulatorische Stereotype zu entwickeln. Das verwendete Wortmaterial berücksichtigt durchgängig morphosyntaktische Belange. So wird das Genus der Substantive (z. B. Riese, Reise, Gebläse, Kreise) mit Hilfe von Artikelwörtern eindeutig bestimmbar (z. B. *der* Riese, *die* Reise, *das* Gebläse, *zwei* Kreise). Verben werden immer in einer konjugierten Form verwendet und darüber hinaus als transitiv (Aufnahme des Objekts, z. B. Sie kennt ihn.) bzw. als reflexiv (Ergänzung des Reflexivums, z. B. Sie wundert sich.) ausgewiesen. In gleicher Weise werden auch Adverbien und Adjektive morphosyntaktisch eingebettet (z. B. sehr *groß*, noch *größer*).

Eine zusätzliche Hilfe für den Lernenden ist die Kennzeichnung der akzentuierten Vokale hinsichtlich ihrer Qualität und Quantität – und das nicht nur in den Übungskomplexen zu den Vokalen selbst, sondern durchgängig im gesamten Übungsteil. Gespannt-lange Vokale sind unterstrichen (z. B. sie gehen, er gibt), ungespannt-kurze unterpunktet

(z. B. sie helfen, er nimmt). Diese Kennzeichnung der Vokalqualität läßt sich jedoch nicht ohne weiteres auf Diphthonge übertragen. Da sie jedoch eher zur Kürze tendieren, wurden sie zunächst ebenfalls mit einem untersetzten Punkt, der auf Mitte steht, versehen (z. B. alle beide, sie bauen, heute). Mit Beginn des Kapitels 4.4. (Die Ausspruchsakzentuierung) werden die akzentuierten Diphthonge ganz eindeutig durch einen – wie auch in der phonetischen Umschrift üblich – untergesetzten Bogen ausgewiesen.

Die Kapitel, in denen ein Korrelationspaar abgehandelt wird, enden mit Übungen in Sätzen. Es handelt sich dabei um einfache, erweiterte und zusammengesetzte Sätze, die die zu festigende phonetische Erscheinung gehäuft enthalten, z. B. schwachtoniges *e* in folgenden Sätzen: Beate erzählt*e* uns, daß sie erst nächst*e* Woche komm*en* woll*e*. Beate erzählt*e* uns, sie woll*e* erst nächst*e* Woche komm*en*. Der Schwerpunkt eines Ausspruchs – er ist unterstrichen (z. B. Beate erzählte uns, daß sie erst <u>morgen</u> kommen wolle.) – kann lexikalisch variiert werden. Das entsprechende Wortmaterial ist in den Übungen enthalten; es ist grammatisch-syntaktisch determiniert und thematisch gebunden.

Aus dem bisher Gesagten geht hervor, daß eine Kombination von phonetischer und grammatischer Erscheinung von Vorteil ist, da eine Reihe phonetischer Erscheinungen unter bestimmten morphosyntaktischen Bedingungen besonders häufig auftreten, wie z. B. der Wechsel zwischen konsonantischem und vokalischem *r* bei der Komparation oder das schwachtonige *e* innerhalb des Konjunktivs.

Die Fülle der Übersichten und Tabellen soll die Regeln verständlicher werden lassen und die Übungen erleichtern, zugleich aber auch dem Benutzer helfen, sich schneller zu orientieren. So werden z. B. die Abhängigkeiten vom Stammsilbenkonsonanten bei der Endsilbenreduktion aufgezeichnet. Tabellarisch erfaßt werden auch solche Erscheinungen, die sich auf Grund der Aufeinanderfolge von Lauten an Silben- und Wortgrenzen ergeben, z. B. Wortgrenzgeminaten, Regeln zur Auslautverhärtung. Hilfreich für den Benutzer ist auch die Darstellung der Regeln und ihrer Ausnahmen in tabellarischen Übersichten, so die Kennzeichnung nichtakzentuierbarer Wörter in der sachlich-neutralen Rede (z. B. Artikel, Präpositionen, Konjunktionen und Pronomen). So sind diese satzakzentlosen Wörter auch im Übungsteil kommunikativ eingebettet; Substantive werden mit Artikelwörtern verbunden (z. B. *die Reise, für die Reise*), Verben mit Pronomen (z. B. *er* kommt, wenn *er* kommt).

Den satzakzentlosen Wörtern und den Reduktionen ist sowohl in der theoretischen Darstellung als auch im Übungsteil absichtlich viel Raum gegeben worden, da sie für eine Vielzahl von Fehlleistungen verantwortlich sind, das betrifft Kasusfehler (z. B. Ich kenne den Student(en).) und Wortauslassungen (z. B. Die Mutter hat('s) Sabine auf den Tisch gestellt.).

Bei der Erarbeitung dieses Lehrbuches konnten die Autoren auf ihre langjährigen Erfahrungen zurückgreifen. Sie sind sich jedoch der Problematik einer solchen Darstellung sehr wohl bewußt und deshalb für jede Anregung zur weiteren Verbesserung des Werkes dankbar. Besonderer

13

Dank gebührt den beiden Gutachtern, Herrn Prof. Dr. sc. E. Stock von der Martin-Luther-Universität Halle–Wittenberg und Herrn Prof. Dr. sc. G. Helbig vom Herder-Institut der Karl-Marx-Universität Leipzig, die mit ihren konstruktiven Hinweisen zu einer bedeutenden Verbesserung der Ausgangsfassung des Buches beigetragen haben. Nicht zuletzt wollen wir unseren Dank auch der Lektorin des Verlages, Frau Richter, abstatten, die mit ihren Ideen und Vorschlägen das komplizierte Manuskript in ein überschaubares Ganzes bringen konnte. Unser Dank gilt auch Frau Weniger, die für die typographische Arbeit an diesem Buch verantwortlich war.

Sachdienliche kritische oder konstruktive Hinweise, die sich im Laufe der Zeit aus der Arbeit mit dem Buch ergeben, können an den Verlag oder an die Sektion Germanistik und Kulturwissenschaft der KMU bzw. an die Autoren direkt gerichtet werden.

Leipzig, den 1. 8. 1986   Ilka und Rudolf Rausch

Theoretischer Teil

1 Physiologische und phonetische Grundlagen

Die theoretische Einführung erklärt alle wesentlichen phonetischen Termini und Sachverhalte, die zum Verständnis der phonetischen Erscheinungen, der Aufgaben und Übungen notwendig sind. Zwei Gesichtspunkte werden dabei besonders berücksichtigt. Zum einen werden alle diejenigen Probleme dargestellt, die methodisch von vorrangiger Bedeutung sind, d. h., die aus der Empirie heraus als solche angesehen werden müssen, zum anderen solche, die sich aus konfrontativen Darstellungen als wichtig erweisen. Allerdings konnten Problemkreise, die sich in der wissenschaftlich-theoretischen Diskussion befinden, nicht berücksichtigt werden, wie das z. B. bei den Lauten [ç] und [x] der Fall ist, bei denen die Frage steht, ob es sich um ein Phonem /x/ mit den beiden Varianten (Allophonen) [ç] und [x] handelt oder um zwei Phoneme /ç/ und /x/. Für die artikulatorische Übungsarbeit mit einem Ausländer ist die Entscheidung für eine der beiden Auffassungen nicht zwingend, da ein Ausländer ohnehin die artikulatorische und akustische Umsetzung der beiden Phoneme (bzw. Varianten) in Laute erlernen muß.

Varianten (Allophone)

Aus dieser Darlegung ist zu ersehen, daß in der theoretischen Einführung nur die allgemeingültigen Gegebenheiten beschrieben werden, die notwendigerweise Basis für weiterführende Darstellungen in den einzelnen Kapiteln sind, so die Artikulationsbasis, der Bau und die Funktion des Ansatzrohres, die allgemeine Bildung und Einteilung der Sprachlaute und die schriftliche (graphematische bzw. transkriptive) Fixation des Sprachlautes. Die Bildung der Sprachlaute kann nur ganz allgemein nach ihren Grundsätzen behandelt werden, denn in den einzelnen Lektionen werden die Regularitäten für jede phonetische Erscheinung detailliert wiedergegeben.

1.1. Die Artikulationsbasis

Das „Große Wörterbuch der deutschen Aussprache" schreibt (GWdA 1982, S. 17):

Artikula-
tionsbasis

„Unter Artikulationsbasis ist die für die Lautbildung einer Sprache charakteristische Bewegungsart der aktiven Teile des Sprech-
apparates zu verstehen. Da es im allgemeinen schwerfällt, sich die
Artikulationsbasis einer fremden Sprache anzueignen, wird ein
Ausländer selbst bei ausgezeichneten Sprachkenntnissen und ver-
hältnismäßig guter Artikulation vielfach an seiner Aussprache
erkannt. Diese auffällige Erscheinung bezeichnet man häufig als

fremder
Akzent

‚fremden Akzent'. Jede Sprache hat in ihrer Artikulationsbasis
gewisse Besonderheiten, die sich auf Artikulationsspannung, Lippentätigkeit, Öffnungsweite, Zungenlage, Gaumensegelfunktion
und Kehlkopfstand beziehen. Im Englischen beispielsweise ist die
Zungenbewegung im allgemeinen weiter nach rückwärts verlagert
als im Deutschen und Französischen. Für das Französische kann
eine stärkere Lippenaktivität als im Deutschen als Charakteristikum gelten. Im Russischen fällt die Vorstülpung der Lippen weg
usw."

Artikula-
tions-
spannung

Methodisch können Lippentätigkeit, Öffnungsweite, Zungenlage und
Gaumensegelfunktion leichter erfaßt werden als Artikulationsspannung
und Kehlkopfstand. Dennoch ist die Wertigkeit der einzelnen Erscheinungen und ihr anteiliges Zusammenwirken sehr unterschiedlich. So
äußert sich der Grad der Artikulationsspannung „in der ausgeprägten
Vorverlagerung der Artikulation an der jeweiligen Artikulationsstelle,
in der teilweisen Behauchung der stimmlosen Verschlußlaute, in den
kräftigen Reibegeräuschen bei stimmlosen Engelauten und im vorwie-
genden Gebrauch des Glottisschlageinsatzes bei anlautendenVokalen ..."
(GWdA, a. a. O., S. 17f.). Die Artikulationsspannung differenziert in
nicht unerheblichem Maße in Verbindung mit Lippentätigkeit, Öffnungsweite und Zungenlage auch die vokalischen Minimalpaare voneinander,
so daß sie einen wesentlichen Anteil an der Bedeutungsdifferenzierung
bestimmter Wörter und der Umsetzung der artikulatorischen Seite der
Emotionen hat. Die Artikulationsspannung ist bei den gerundeten, engen
(geschlossenen) Vokalen besonders eng mit der Lippentätigkeit verknüpft, denn lediglich die Lippengestaltung z. B. bei [y:] – [i:] kann
neben einer leichten Zungenverlagerung die Qualitätsänderung aus-

Lippen-
tätigkeit

machen. Der Lippentätigkeit sollte im Artikulationsunterricht große
Aufmerksamkeit geschenkt werden (z. B. bei der Differenzierung von
[y:] – [i:]), da sie nicht nur eine Kontrolle über den akustischen, sondern
zusätzlich auch über den optischen Analysator ermöglicht. Die Lippenbeteiligung (ovale Öffnung, Rundung, Stülpung) ist nicht isoliert zu
sehen. Sie kann nur in Verbindung mit der Öffnungsweite sowie der
Zungenhebung und der Artikulationsspannung vermittelt bzw. bewußtgemacht und schließlich realisiert werden. Die Lippenbeteiligung ist besonders bei [y:], [u:], [ø:] und [o:] zu beachten, da hier die Lippen von
den Zähnen abgehoben sind und somit der orale Resonanzraum erweitert
wird. Bei [y:] und [u:] sowie bei [ø:] und [o:] ist die Lippenausformung

Öffnungs-
grad
16

(Stülpung) identisch, während bei [a:], [e:], [i:] eine relativ passive Lippenbeteiligung zu beobachten ist. Gerade bei diesen drei läßt sich die
Abhängigkeit vom Öffnungsgrad, d. h. dem Abstand der oberen Schneide-

zähne von den unteren, deutlich zeigen. Je geringer der Öffnungsgrad ist, desto geringer ist auch der Abstand der Lippen voneinander. Der Öffnungsgrad wiederum differenziert im wesentlichen auch die Vokale [i:], [e:], [ɑ:]; [y:], [o:] und [u:], [o:] voneinander, denn der Grad der Öffnungsweite bestimmt auch den Grad der Zungenhebung für diese drei Gruppen.

Folgendes Schema soll die dargelegten Abhängigkeiten verdeutlichen:

Abb. 1

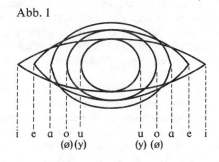

i e ɑ o u   u o ɑ e i
(ø)(y)   (y) (ø)

Abb. 2

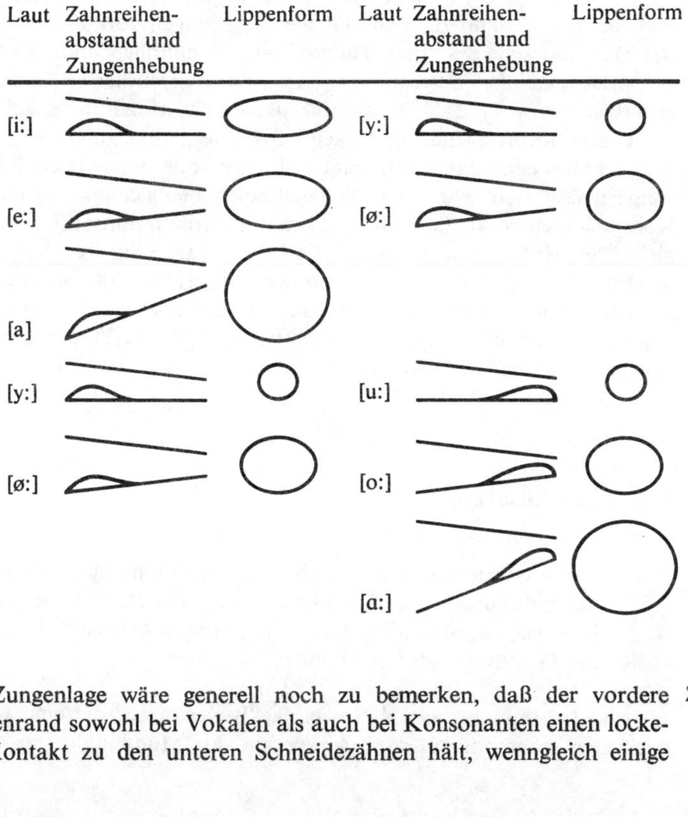

Laut	Zahnreihen-abstand und Zungenhebung	Lippenform	Laut	Zahnreihen-abstand und Zungenhebung	Lippenform
[i:]			[y:]		
[e:]			[ø:]		
[a]					
[y:]			[u:]		
[ø:]			[o:]		
			[ɑ:]		

Zur Zungenlage wäre generell noch zu bemerken, daß der vordere Zungenlage Zungenrand sowohl bei Vokalen als auch bei Konsonanten einen lockeren Kontakt zu den unteren Schneidezähnen hält, wenngleich einige

17

Konsonanten auch apikal gebildet werden können, so [n], [d], [t], [l] und [ʃ].

Gaumen-segel-funktion

Die Gaumensegelfunktion (Grad der Hebung) ist gleich den anderen Merkmalen der Artikulationsbasis auch mehr oder weniger von bestimmten Lauten abhängig. Bei den Nasalen und bei den nasalierten Vokalen, die im Deutschen nur in fremden Wörtern vorkommen, ist das Gaumensegel gesenkt. Ansonsten verschließt es mehr oder minder den Nasenraum.

Kehlkopf-stand

Bekannt ist zweifellos auch die Bedeutung des Kehlkopfstandes für die Lauterzeugung. So wird in der Literatur immer wieder betont, daß der Kehlkopf eine natürliche Tiefstellung haben sollte, um eine physiologische Lautbildung zu ermöglichen – für Sänger eine stimmhygienische Notwendigkeit, für das Erlernen einer fremden Sprache aber (insbesondere des Deutschen) unerheblich.

Die genannten Merkmale der Artikulationsbasis scheinen aus hauptsächlich zwei Gründen relativ abstrakt zu sein: In der Regel sind sie dem Studenten selbst in seiner Muttersprache nicht bekannt. Außerdem läßt die Geringfügigkeit der Variation eben dieser Merkmale nur in Grenzen eine exakte Beschreibung zu. Aus diesen Gründen fällt es dem Studenten im allgemeinen schwer, diese Kriterien zu erfassen und artikulatorisch umzusetzen, insbesondere beim Merkmal *Artikulationsspannung*. Daher müssen geeignete Methoden gefunden werden, die diese Merkmale bewußtmachen und ihre Beachtung motivieren; das trifft besonders dann zu, wenn labiale Bewegungen vorkommen, die in der Muttersprache des Studenten vollkommen unüblich sind. Die Scheu vor diesen labialen Bewegungen z. B. ist der eigentliche Hinderungsgrund (Moulton 1972, S. 79) dafür, daß dieses Merkmal in der geforderten Position korrekt nachvollzogen wird. Die ,,Abneigung'' gegenüber fremden Bewegungsabläufen zeigt sich nicht nur im labialen Bereich, sondern läßt sich sehr oft auch bei Lauten beobachten, die in ihren Komponenten (d. h. den Merkmalen der Artikulationsbasis) im Vergleich zur Muttersprache andersartig bzw. sogar völlig fremd sind, obwohl die jeweilige Erscheinung ohne weiteres erfaßt und nachvollzogen werden könnte. So zeigt sich z. B. oft, daß das englische [θ] von Deutschen als [s] wiedergegeben wird, das russische [ɫ] als [l] und die französischen Nasalvokale als Vokal plus [ŋ].

,Abneigung'

1.2. Das Ansatzrohr

Ansatzrohr

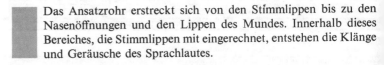

Das Ansatzrohr erstreckt sich von den Stimmlippen bis zu den Nasenöffnungen und den Lippen des Mundes. Innerhalb dieses Bereiches, die Stimmlippen mit eingerechnet, entstehen die Klänge und Geräusche des Sprachlautes.

Für die Lautbildung gilt, daß wichtige Bewegungen, die eine Klang- oder Geräuschmodifikation bewirken, in der Mundhöhle (im oralen

Raum) stattfinden. Insofern ist die Mundhöhle als aktiver schallver-
ändernder Hohlraum deutlicher ins Auge zu fassen als die mehr oder
weniger passiven Hohlräume, wie z. B. Kehlraum (Larynx), Rachenraum
(Pharynx) und Nasenraum (cavum nasi).

1.2.1. Bau und Funktion des Ansatzrohres

Abb. 3

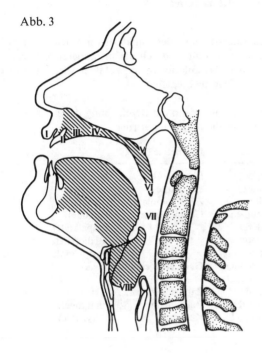

Vier Gegebenheiten sind bei der Lautbildung zu beachten, die Artikulationsstelle (die Stelle, an der ein artikulierendes Organ einen Verschluß,
eine Enge oder ähnliches bildet), die artikulierenden Organe, der Artikulationsmodus (die Art und Weise, wie ein artikulierendes Organ sich
an oder in der Nähe einer Artikulationsstelle verhält) und der Überwindungsmodus, der kennzeichnet, in welcher Art und Weise die Ausatmungsluft bzw. der von den Stimmlippen kommende Phonationsstrom
das von dem artikulierenden Organ und der Artikulationsstelle gebildete
Hindernis überwindet (das Merkmal *Stimmhaftigkeit/Stimmlosigkeit* ist
u. U. bedeutungsunterscheidend und darf daher bei der Bestimmung
bzw. Definition von Artikulationseinstellungen und deren dazugehörigen
akustischen Ergebnissen nicht unberücksichtigt bleiben).

Artikula-
tionsmodus
Überwin-
dungsmodus

Die Kenntnis der artikulatorischen Bedingungen ist eine der wesentlichen Voraussetzungen für ein akzentfreies Sprechen, denn in den selten-
sten Fällen genügt der physikalisch-akustische Gehörseindruck, um
(noch dazu in der Bewegung) einen Laut korrekt zu reproduzieren. Diese

19

Kenntnis ist weiterhin Voraussetzung für das Verstehen von phonetischen, insbesondere artikulatorischen Beschreibungen in Texten oder den Korrekturhinweisen eines Lehrers. Insofern ist es angebracht, an dieser Stelle die artikulatorischen Bedingungen und ihre Termini eindeutig zu beschreiben. Zur besseren Veranschaulichung dient dabei auch der Sagittalschnitt auf Seite 19.

1.2.1.1. Die Artikulationsstellen

Artikula-
tionsstelle

 Unter Artikulationsstelle ist der Punkt zu verstehen, an dem bei der Artikulation von Lauten durch das artikulierende Organ ein Hindernis für den Artikulationsstrom gebildet wird, so daß ein Verschluß, eine Enge o. ä. entsteht.

Wie folgende Übersicht zeigt, kann die Bezeichnung der Laute von der jeweiligen Artikulationsstelle abgeleitet werden:

	Artikulationsstelle	Lautbezeichnung	
I	Oberlippe	Lippenlaute	(Labiale)
II	Schneidezähne	Zahnlaute	(Dentale)
III	Zahndamm	Zahndammlaute	(Alveolare)
IV	Hartgaumen	Gaumenlaute	(Palatale)
	vorderer		(Präpalatale)
	mittlerer		(Mediopalatale)
	hinterer		(Postpalatale)
V	Weichgaumen, Gaumensegel	Gaumensegellaute	(Velare)
VI	Zäpfchen	Zäpfchenlaute	(Uvulare)
VII	(Mund-) Rachen	Rachenlaute	(Pharyngale)
VIII	Kehlkopfgebiet	Kehllaute	(Laryngale)

1.2.1.2. Die artikulierenden Organe

artikulie-
rendes
Organ

 „Als artikulierendes Organ bezeichnet man das Organ oder Organteil, das an bzw. mit der Artikulationsstelle die lautbildende Hemmstelle erzeugt. Die artikulierenden Organe sind jene Teile des Ansatzrohres, die sich bei der Artikulation aktiv verhalten, ausgenommen Oberlippe, Gaumensegel und Zäpfchen, die zu den Artikulationsstellen zählen." (Fiukowski 1978, S. 92)

Die Bezeichnung der Laute kann sich auch nach der Art des artikulierenden Organs richten.

Artikulierendes Organ	Lautbezeichnung	
Unterlippe	Lippenlaute	(Labiale)
Zungenspitze	Zungenspitzenlaute	(Apikale)

Artikulierendes Organ	Lautbezeichnung	
Vorderer Zungenrand	Vorderzungenrandlaute	(Koronale)
Seitlicher Zungenrand	Seitenlaute	(Laterale)
Zungenrücken	Zungenrückenlaute	(Dorsale)
vorderer Zungenrücken	Vorderzungenrückenlaute	(Prädorsale)
mittlerer Zungenrücken	Mittelzungenrückenlaute	(Mediodorsale)
hinterer Zungenrücken	Hinterzungenrückenlaute	(Postdorsale)
Stimmlippen	Stimmlippenlaute	(Glottale)

Es ist erkennbar, daß nur drei artikulierenden Organen – Unterlippe, Zunge, Stimmlippen – acht Artikulationsstellen gegenüberstehen. Das schränkt die Artikulationsmöglichkeiten keineswegs ein, denn auch die verschiedenen Bereiche der Zungenoberfläche können mit den sie umgebenden Artikulationsstellen kontaktieren bzw. eine Enge bilden. Diese Engebildung ist in der Tat nur zwischen dem artikulierenden Organ und den dieses unmittelbar umgebenden Artikulationsstellen möglich. So kann die Unterlippe wohl mit der Oberlippe und den Zähnen eine Enge oder einen Verschluß bilden, nicht aber mit den Alveolen. Desgleichen kann die Zungenspitze bzw. der vordere Zungenrand mit den Vorderzähnen, den Alveolen und dem vorderen Hartgaumen kontaktieren, nicht aber mit dem hinteren Hartgaumen. Bestimmte Verschluß- oder Engebildungen sind aus physiologischen und aus artikulatorischen Gründen ausgeschlossen, wohingegen andere wiederum besonders häufig auftreten, z. B. /n, t, r, d, s, l/ (Ortmann 1976, S. 23).

1.2.1.3. Der Artikulationsmodus

Die eindeutige Beschreibung eines Lautes ist außerordentlich wichtig, weil bei gleicher Artikulationsstelle und gleichem artikulierendem Organ sehr unterschiedliche akustische Ergebnisse erreicht werden können. So kann durch den Kontakt der Unterlippe mit der Artikulationsstelle *Oberlippe* sowohl ein Nasal als auch ein Verschluß- oder ein Reibelaut entstehen. Aus diesem Grunde muß neben der Artikulationsstelle und dem artikulierenden Organ noch ein weiteres Charakteristikum zur Lautbeschreibung herangezogen werden, der Artikulationsmodus.

 Der Artikulationsmodus bestimmt die Art und Weise der Hervorbringung eines Lautes an einer bestimmten Artikulationsstelle mit einem bestimmten artikulierenden Organ.

Artikulationsmodus

Nachfolgend werden die Artikulationsmodi im einzelnen beschrieben:

1. Orale Öffnung
   Hier kann der Phonationsstrom ungehindert den oralen Resonanzraum (die Mundhöhle) passieren. Ihm wird kein geräuschbildendes Hindernis entgegengestellt. Das Gaumensegel ist gehoben und damit der nasale Durchgang versperrt.

orale Öffnung

21

2. Nasale Öffnung

Die Hebung des Gaumensegels bewirkt einen Verschluß des Nasenraumes, so daß hiermit zwei Gruppen entstehen, die oralen Laute, die keinen Anteil an Nasalität aufweisen, und die Nasale [m, n, ŋ].

3. Nasal-Oral-Öffnung

Das gesenkte Gaumensegel gibt dem Phonationsstrom die Möglichkeit, sowohl durch die nasalen Resonanzräume als auch durch den Mundraum zu strömen.

4. Enge

Das artikulierende Organ nähert sich deutlich einer Artikulationsstelle, womit sich eine Enge bildet, die dem Phonationsstrom als Hindernis entgegentritt. Es entsteht ein Reibegeräusch, dessen Intensität von der Phonationsstromgeschwindigkeit und vom Grad der Enge abhängig ist.

5. Seitliche Enge (Lateralenge)

In der Mittellinie des Gaumens bildet das artikulierende Organ (die Zunge) einen Verschluß mit einer Artikulationsstelle, wobei die Zunge ein- oder beidseitig an den Backenzähnen den Luftstrom ungehindert durchtreten läßt.

6. Verschluß

Das artikulierende Organ bildet mit der Artikulationsstelle einen Verschluß, der den Phonationsstrom am Durchtritt hindert. Die Öffnung des Verschlusses ergibt ein Sprenggeräusch, dessen Stärke wiederum abhängig ist von der Intensität des Verschlusses und der des Ausatmungsdruckes.

7. Unterbrochener (intermittierender) Verschluß

Im Verlauf der Artikulation findet ein Wechsel zwischen Verschluß und Öffnung statt. Dabei kann entweder die Zungenspitze (als artikulierendes Organ) oder das Zäpfchen (als Artikulationsstelle) zur Bildung von Verschluß und Öffnung angeregt werden. Entscheidend für die Bewertung, für die Beurteilung eines solchen Lautes ist die Anzahl der Schläge (Verschlüsse). Nicht selten ist zudem auch ein Reibegeräusch vernehmbar, weil zwischen den Phasen *Öffnung* und *Verschluß* auch die Enge gebildet wird.

Schließlich ist zur eindeutigen Bezeichnung eines artikulatorischen Ergebnisses noch ein viertes Merkmal, nämlich der Überwindungsmodus, nötig.

1.2.1.4. Der Überwindungsmodus

Der Überwindungsmodus ist eng mit dem Artikulationsmodus verknüpft, da er angibt, in welcher Weise der Phonationsstrom das artikulierte Hindernis überwindet, ob also Sprengung, Reibung, Flattern (intermittierender Verschluß) oder ähnliches vorliegt.

In die Bezeichnung der Laute geht dieses Merkmal nicht in jedem Fall mit ein, weil der Artikulationsmodus hinreichend Auskunft über die Überwindungsart gibt, wenn davon ausgegangen wird, daß ein exspiratorischer Phonations- bzw. Luftstrom die Regel ist. Bei inspiratorischem Artikulieren dürfte allerdings auf die Berücksichtigung dieses Merkmals nicht verzichtet werden. Im Deutschen gibt es lediglich zwei Interjektionen, die sich als „inspiratorische Affrikaten" äußern (etwa [pf] und [ts]). Ein weiteres Merkmal des Überwindungsmodus, das Vorhandensein, teilweise Vorhandensein oder Fehlen der Stimmhaftigkeit, ist nicht in jedem Fall zur Kennzeichnung eines Lautes notwendig. Das trifft für die Vokale, die Nasale und die beiden Liquiden (Fließlaute) [l] und [r] zu.

Da die Verschluß- und die Reibelaute im wesentlichen paarweise auftreten (rechnet man [x] und [ʁ] als ein Paar), ist die Berücksichtigung des Merkmals *stimmlos* bzw. *stimmhaft* unumgänglich, da es doch um koartikulatorisch bedingtes Vorhandensein oder Fehlen des Merkmals *Stimmhaftigkeit* (z. B. da *sie* – [dɑ: zi:]; hat *sie* – [hat z̧i:]) geht.

Stimmhaftigkeit

1.2.2. Die Bildung der Sprachlaute

Greifen wir den obigen Gedanken noch einmal auf, so muß eine eindeutige Lautbezeichnung die Artikulationsstelle, das artikulierende Organ und den Artikulationsmodus angeben und – wenn erforderlich – den Überwindungsmodus. [b] wäre demnach als Oberlippen-Unterlippen-Verschlußlaut zu bezeichnen.

Deutsche und lateinische Bezeichnungen stehen nebeneinander; das zeigen die folgenden Beispiele (GWdA 1982, S. 50, 64):

[b] Oberlippen-Unterlippen-Verschlußlaut
   bzw.
   bilabialer Lenis-Explosivlaut
[n] Zahn-Zahndamm-Zungen-Nasal
   bzw.
   dental-alveolar/koronaler Nasal oder
   dental-alveolar/dorsaler Nasal

Der Überwindungsmodus kann hier weggelassen werden, weil Nasale stimmhaft sind (unabhängig von der oralen Artikulationseinstellung ist das akustische Ergebnis immer gleich).

Wenn, wie das Beispiel *n* zeigt, mehrere Möglichkeiten bestehen, ein gleichartiges akustisches Ergebnis bei unterschiedlicher Artikulation zu erreichen, so gilt das keineswegs für alle Laute. Andererseits werden von der Sprache ohnehin nicht alle artikulatorischen Möglichkeiten genutzt. Dem Deutschen ist z. B. eine Reihe von Artikulationen fremd, die in anderen Sprachen Phonemcharakter haben, wie u. a. ein bilabialer oder interdentaler Frikativ, der sowohl stimmhaft als auch stimmlos sein kann. Unbekannt sind dem deutschen Phonemsystem auch die palatalisierten Konsonanten des Russischen. Die nasalierten Vokale des Franzö-

23

sischen kommen zwar in einem großen Teil der Fremdwörter vor, werden jedoch häufig mit einem deutschen Vokal + [ŋ] wiedergegeben. Im Deutschen unterscheiden wir, wie in anderen Sprachen auch Vokale (auch als Mundöffnungslaute bezeichnet), Diphthonge (Kombinationen von Vokalen) und Konsonanten.

1.2.2.1. Die Vokale

Vokale werden von Otto von Essen folgendermaßen definiert:

Vokale

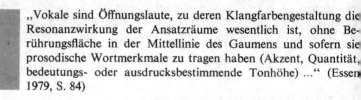

„Vokale sind Öffnungslaute, zu deren Klangfarbengestaltung die Resonanzwirkung der Ansatzräume wesentlich ist, ohne Berührungsfläche in der Mittellinie des Gaumens und sofern sie prosodische Wortmerkmale zu tragen haben (Akzent, Quantität, bedeutungs- oder ausdrucksbestimmende Tonhöhe) ..." (Essen 1979, S. 84)

Vokale sind in der Regel stimmhaft, die Zunge modifiziert zwar den oralen Resonanzraum, berührt aber niemals den Gaumen in der Mittellinie. Die Lippen sind während der Artikulation unterschiedlich aktiv.

schwachtonige Vokale

Vokale können lang oder kurz sein, in zwei Fällen sogar schwachtonig bzw. reduziert (z. B. ich komme – [ıç kɔmə], die Nation – [di: natĭo:n].

Bei der Differenzierung der Vokale sind zwei Kriterien ausschlaggebend, einmal die Stelle, an der die Zunge die Hauptartikulation ausführt, d. h. an der eine Hebung stattfindet, und zum anderen der Grad, die Intensität dieser Hebung. Die Hebung kann im Bereich der vorderen, der mittleren oder der hinteren Zunge stattfinden (prä-, medio- oder postdorsal) und geringfügig (flach), mittel oder stark sein. Die Stelle und der Grad der Hebung modifizieren dann den oralen Resonanzraum und bilden somit die Grundlage für den spezifischen Vokalklang. Dennoch ist eine endgültige Differenzierung der Vokalklänge voneinander mit Hilfe von Stelle und Grad der Zungenhebung noch nicht

Öffnungsgrad

möglich. Beachtet werden müssen außerdem der Öffnungsgrad (also der Zahnreihenabstand) und die Lippenformung sowie die Artikulationsspannung in ihren unterschiedlichen Ausprägungen (stärker und schwächer).

Im Deutschen lassen sich, von einigen Ausnahmen abgesehen, zwei große Gruppen von Vokalen erkennen. Die eine Gruppe realisiert die artikulatorischen Bewegungen, die zur Ausbildung eines bestimmten Vokals notwendig sind, sehr intensiv. Dagegen ist die artikulatorische Ausformung der Vokale der zweiten Gruppe weit weniger stark ausgeprägt und hat, ohne etwa den Vokal dieser Gruppe ungenügend zu charakterisieren, die Tendenz, sich der zentralen Entspannungslage der artikulatorischen Organe zuzuwenden. Diese darf jedoch nicht erreicht werden, da noch eine Differenzierungsmöglichkeit innerhalb der Vokale der zweiten Gruppe gewährleistet sein muß. Außerhalb dieser beiden

24

Gruppen mit der stärksten Annäherung an die zentrale Ruhelage gelten [ə] und [ɐ] (vgl. Vokalviereck S. 26) als reduzierte Vokale.

reduzierte Vokale

Innerhalb der beiden großen Gruppen korrespondieren bestimmte Vokale miteinander und zwar die, die sich in der Regel auf das gleiche Graphem (geschriebener bzw. gedruckter Buchstabe) beziehen (z. B. [ɑː] und [a] auf *a*). Sie haben eine bedeutungsunterscheidende Funktion und bilden innerhalb von Minimalpaaren den Kontrast zwischen sonst akustisch gleichen Wortkörpern.

Minimal-paar

Die folgende Tabelle zeigt die prinzipiellen artikulatorischen Unterschiede zwischen den beiden Vokalgruppen.

geschlossene oder gespannte Vokale	offene oder un-gespannte Vokale	Sonder-formen
[iː] (Miete)	[ɪ] (Mitte)	
[yː] (fühlen)	[ʏ] (füllen)	
[uː] (Ruhm)	[ʊ] (Rum)	
[eː] (Beet)	[ɛ] (Bett)	[ɛː], [ə],
[øː] (Höhle)	[œ](Hölle)	[ɐ]
[oː] (Mol)	[ɔ] (Moll)	
[ɑː] (Bahn)	[a] (Bann)	

geschlos-sene oder gespannte Vokale offene oder ungespannte Vokale

stärker	← Zungenartikulation	→ schwächer	
kleiner	← Zahnreihenabstand	→ größer	
stärker	← Lippenartikulation	→ schwächer	
größer	← Artikulationsspannung	→ kleiner	
größer	← Dauer	→ geringer	

Drei Vokale fallen aus diesem Schema heraus, das lange offene (ungespannte) *e* [ɛː] (z. B. in [ˈmɛːtçən]), das mit Ausnahme der Länge die gleichen Merkmale wie das kurze offene *e* hat, das schwachtonige *e* [ə] (z. B. in [ˈketə]), ein akzentloser Vokal, und das vokalisierte *r* [ɐ] (z. B. in [toːɐ] eines der fünf *r*-Allophone.

Diese beiden Vokalgruppen ließen sich noch durch eine dritte erweitern, nämlich die geschlossenen kurzen Vokale. Artikulatorisch stimmen sie mit den geschlossenen langen Vokalen überein, es fehlen lediglich die Längenmerkmale. Diese Vokale kommen gleich dem unsilbischen *i* [ɪ] hauptsächlich in Fremdwörtern und in Diphthongen vor.

geschlos-sen-kurze Vokale

Den Vokalen wird im Übungsteil viel Raum gegeben werden müssen, denn ihre artikulatorische Ausprägung ist dem Studenten weit weniger faßbar als die der Konsonanten.

Eine vorzügliche Übersicht über die Vokale, ihre Artikulationsstellen, den Grad der Zungenhebung und die Lippenbeteiligung gibt die Tabelle auf S. 26 (Einführung in die Sprechwissenschaft 1982, S. 97).

Die Autoren haben [œː] und [ɔː] mit eingeschlossen, um auf die Tendenz in der Entwicklung aufmerksam zu machen.

Noch augenfälliger zeigt das Vokalviereck die Beziehungen der Vokale untereinander (Einführung in die Sprechwissenschaft 1982, S. 98).

		vorn			hinten
		nicht-labial	labial	Labialität unbeteiligt	
hoch	geschlossen	i:	y:		u:
	offen	ı	Y		ʊ
mittelhoch	geschlossen	e:	ø:		o:
	offen	ɛ ɛ:	œ œ:		ɔ ɔ:
flach			a		ɑ

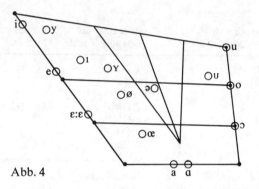

Abb. 4

Auf die exakten artikulatorischen Beschreibungen geht der Übungsteil ein.

1.2.2.2. Die Diphthonge

Diphthonge

 Diphthonge sind einsilbig zu wertende Zusammensetzungen von Vokalen.

Es können jedoch nicht alle Vokale miteinander kombiniert werden, sondern immer nur ein *offener* mit einem *geschlossenen*. Folgende Varianten treten dabei auf: [a] + [e] bilden [ae͜], [a] + [o] bilden [ao͜] und [ɔ] + [ø] bilden [ɔø͜]. Beide Vokale sind kurz. Auf Grund der Tatsache, daß der erste ein offener und der zweite ein geschlossener Vokal sein muß (und Offenheit mit dem relativ größeren Zahnreihenabstand, der geringen Zungenhebung, der weniger intensiven Lippenbeteiligung in Verbindung zu setzen ist, Geschlossenheit aber mit relativ kleinem Zahnreihenabstand, stärkerer Zungenhebung, intensiverer Lippenbeteiligung) und beim Artikulieren der Diphthonge eine Schließbewegung stattfindet – die selbstverständlich nicht zum völligen Verschluß führen darf, die aber sichtbar und deren akustisches Ergebnis gleichermaßen erfaßbar sein muß –, werden diese Diphthonge auch als *Schließdiphthonge*

Schließ-diphthonge

bezeichnet.

Aus einer anderen Betrachtungsweise heraus kommt man zum Terminus *fallende Diphthonge*. Er schließt die Tatsache ein, daß das Nacheinanderartikulieren der zwei Vokale von einem Sinken der Lautstärke begleitet ist.

Diesen Darlegungen zufolge können die drei deutschen Diphthonge folgendermaßen beschrieben werden:

/ae̯/, /ao̯/, /ɔø̯/ als Schließdiphthonge
  - der größere Zahnreihenabstand beim ersten verkleinert sich beim zweiten Vokal
  - die geringere Zungenhebung beim ersten intensiviert sich beim zweiten Vokal
  - die geringere Lippenbeteiligung beim ersten wird beim zweiten intensiver
  - der geringere Spannungsgrad beim ersten Vokal wird beim zweiten intensiver

/ae̯/, /ao̯/, /ɔø̯/ als fallende Diphthonge
  Die Lautstärke ist beim ersten Vokal größer als beim zweiten.

Der zweite Vokal ist dem ersten grundsätzlich ohne vokalischen Neueinsatz anzuschließen.

Eine Sonderform stellt /ʊi/ dar; dieser Diphthong kommt nur in Interjektionen vor und ist nicht als Schließdiphthong zu werten.

Diphthonge sind – wie Vokale auch – vorrangig Silbenträger (Hirsch-Wierzbicka 1971, S. 11) und damit Träger prosodischer Merkmale (Variationen von Tonhöhe, Lautstärke und Klangfarbe). Sie sind damit diejenigen Segmente der Wörter, mit denen der Sprecher modifizieren kann.

Die folgende Abbildung zeigt sehr augenfällig die Bewegungsabläufe bei der Artikulation der Diphthonge; sie verdeutlicht, in welchem Maß die Zunge zu heben und in welcher Richtung sie zu bewegen ist. Der sich verjüngende Strahl gibt das Maß der Reduzierung der Lautstärke an (nach Einführung in die Sprechwissenschaft 1976, S. 110).

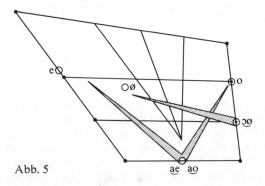

Abb. 5

1.2.2.3. Die Konsonanten

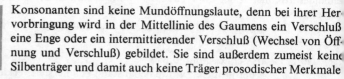 Konsonanten sind keine Mundöffnungslaute, denn bei ihrer Hervorbringung wird in der Mittellinie des Gaumens ein Verschluß eine Enge oder ein intermittierender Verschluß (Wechsel von Öffnung und Verschluß) gebildet. Sie sind außerdem zumeist keine Silbenträger und damit auch keine Träger prosodischer Merkmale

Nicht alle artikulatorischen Möglichkeiten, die sich aus Kontakt oder Annäherung von artikulatorischem Organ und Artikulationsstelle ergeben könnten, werden im Deutschen – wie in anderen Sprachen auch – zur Bildung von Lauten genutzt. So gibt es im Deutschen keinen bilabialen Reibelaut, keine palatalisierten Konsonanten und schließlich auch keine Laute, die inspiratorisch gebildet werden. Die Auswahl von Lauten, die heute für eine Sprache von Bedeutung sind, hat sich entwicklungsgeschichtlich ergeben und ist von Sprache zu Sprache unterschiedlich, ja selbst scheinbar gleiche Laute werden in unterschiedlichen Sprachen wenigstens geringfügige qualitative Unterschiede aufweisen. Solche qualitativen Unterschiede äußern sich selbstverständlich im akustischen Ergebnis der Artikulation.

Selbst in der Muttersprache sind bei der wiederholten Bildung des gleichen Lautes Unterschiede bei der Artikulation und im akustischen Ergebnis zu beobachten, die z. B. vom unterschiedlichen Spannungsgrad, vom Grad der Nasalität und der Behauchung bestimmt werden. Die Ursachen liegen im wesentlichen in der unterschiedlichen individuellen Ausprägung der an der Artikulation beteiligten Organe, in der Sprechgeschwindigkeit, in der Lautumgebung, in der Wechselbeziehung zwischen dem Spannungsgrad der Artikulation und der Stimmhaftigkeit, in der Position eines Lautes im Wortkörper bzw. im Ausspruch und nicht zuletzt in der Stimmungslage (Freude, Trauer ...) oder in der Zugehörigkeit zu einer bestimmten sozialen Gruppe.

Folgende Konsonanten kommen im Deutschen vor (Kufner 1971, S. 28):

	labial	dental	palatal	velar
Verschlußlaute	p b	t d		k g
Reibelaute	f v		e j	
Zischlaute		s z	š ž	
Nasallaute	m	n		ŋ
und andere		l r h		

Die Übersicht zeigt, daß die meisten deutschen Konsonanten bezüglich Spannungsgrad und Stimmbeteiligung als Korrelationspaare auftreten, wenngleich diese Tatsache auch nur auf die silbenanlautende Position beschränkt bleibt. (Korrelationen ergeben sich innerhalb der Verschlußlaut- bzw. innerhalb der Reibelautreihe durch das Vorhandensein bzw. Fehlen größerer Artikulationsspannung. Das Merkmal *Vorhandensein (+)* oder *Fehlen (−) größerer Artikulationsspannung* ist phonologisch relevant.)

Spannungsgrad	Verschlußlaute	Reibelaute
groß = fortis	[p t k]	[f s ç ʃ x]
klein = lenis	[b d g]	[v z j ʒ ʁ]

In einer Reihe von Übungsbüchern und häufig auch in der Praxis des
Phonetikunterrichts wird diesem Umstand kaum Beachtung geschenkt,
weil das Vorhandensein bzw. Fehlen von Spannung auf Grund der all-
gemeinen Spannungslage des Sprechers (bedingt durch unterschiedliche
Lautheit und unterschiedliches Tempo) sehr unterschiedliche Ausprä-
gungen haben kann. Daher wird häufig nur ein irrelevantes Merkmal zur
Differenzierung der korrelierenden Phoneme herangezogen, nämlich das
Vorhandensein bzw. *Fehlen des Stimmtones.* Für die phonologische   Stimmton
Identifikation ist also das Merkmal *Spannung relevant* und das Merkmal   Spannung
Stimmton irrelevant. Für die praktische Zielsetzung (auch dieser Publikation) kann aber nicht die phonologische Zielsetzung allein gültig sein,
sondern es muß eine praktisch-phonetische gleichermaßen – wenn nicht
gar vorwiegend – ins Auge gefaßt werden. Das bedeutet, daß neben dem
Merkmal *Vorhandensein bzw. Fehlen von Spannung* bei Verschluß- wie
auch bei Reibelauten das irrelevante, jedoch phonostilistisch bedeutsame
Merkmal *Vorhandensein bzw. Fehlen des Stimmtones* gleichermaßen zu
berücksichtigen ist, denn nicht allein die phonologisch relevante Position
eines Phonems ist wichtig, auch die Lautumgebung übt hinsichtlich des
Stimmtones einen koartikulatorischen Einfluß aus. So ist es nicht unerheblich, ob ein Ausländer *reisen* als ['raͤezən] oder ['raͤesən], was dem
Verb *reißen* entspräche, realisiert. Deshalb ist sowohl den Varianten der
Phoneme als auch ihren relevanten wie irrelevanten Merkmalen besondere Aufmerksamkeit zu zollen. Die folgende Tabelle zeigt am Beispiel die Verteilung der Merkmale.

Spannungsgrad fortis/lenis		Stimmbeteiligung stimmhaft/stimmlos		Variante	
+	−	−	+	[s] [p]	stimmlose Fortis
−	+	+	−	[z] [b]	stimmhafte Lenis
−	+	−	+	[z̥] [b̥]	stimmlose Lenis

Es ist immer zweckmäßig, sowohl auf positionelle Besonderheiten von
Konsonanten als auch ihre Kombinationsmöglichkeiten hinzuweisen.
    Von den 21 deutschen Konsonantenphonemen (/ç/ und /x/ werden
hier nicht als Varianten ein und desselben Phonems gewertet) dürfen
zwei nicht im Anlaut (initial) und sieben nicht im Auslaut (final) auftreten. Die Berücksichtigung von /x/ in initialer Position sowie die Aufnahme des /ʁ/ weisen darauf hin, daß in die Darstellung auch fremde
Namen und Wörter einbezogen wurden:

Anlaut [b p d t g k v f z ʒ ʃ j ç ʁ x m n   l h]
Auslaut [p   t k   f s   ʃ   ç ʁ x m n ŋ l h ɐ]

(Vokalisiertes *r* [ɐ] und konsonantisches *r* [ʁ] stehen hier als Varianten
eines Phonems nebeneinander.)   29

Diese eingliedrigen konsonantischen Segmente können im initialen Bereich einer Silbe nicht nur als Einzelsegmente (= +1) auftreten, sondern auch in einer Reihe von Kombinationen (z. B.: +1 +2; +1 +2 +3), wie aus der Tabelle zu ersehen ist:

```
+1
 p  .    .    .    .    .   pf  pfl pfr ps  .   .   .   .   pn  pl  pr
 b  .    .    .    .    .   .   .   .   .   .   .   .   .   .   .   bl  br
 t  .    .    .    .    .   .   .   .   ts  tsv tʃ  .   .   .   .   .   tr
 d  .    .    .    .    .   .   .   .   .   .   .   .   .   .   .   .   .   dr
 k  .    .    .    .    .   .   .   .   ks  .   .   kv  .   kn  kl  kr
 g  .    .    .    .    .   .   .   .   .   .   .   .   .   .   gn  gl  gr
 f  .    .    .    .    .   .   .   .   .   .   .   .   .   .   .   fl  fr
 v  .    .    .    .    .   .   .   .   .   .   .   .   .   .   .   .   vr
 z  .    .    .    .    .   .   .   .   .   .   .   .   .   .   .   .   .
 ʒ  .    .    .    .    .   .   .   .   .   .   .   .   .   .   .   .   .
 ʃ  ʃp   ʃpl  ʃpr  ʃt   ʃtr .   .   .   .   .   .   .   ʃv  ʃm  ʃn  ʃl  ʃr
 j  .    .    .    .    .   .   .   .   .   .   .   .   .   .   .   .   .
 ç  .    .    .    .    .   .   .   .   .   .   .   .   .   .   .   .   .
 k  .    .    .    .    .   .   .   .   .   .   .   .   .   .   .   .   .
 r  .    .    .    .    .   .   .   .   .   .   .   .   .   .   .   .   .
 m  .    .    .    .    .   .   .   .   .   .   .   .   .   .   .   .   .
 n  .    .    .    .    .   .   .   .   .   .   .   .   .   .   .   .   .
 l  .    .    .    .    .   .   .   .   .   .   .   .   .   .   .   .   .
 h  .    .    .    .    .   .   .   .   .   .   .   .   .   .   .   .   .
─────────────────────────────────────────────────────────────────────
+2  p         t         f              s         ʃ        v   m   n   l   r
+3      pl  pr      tr        fl  fr         sv
```

Onset
Coda

Solche im initialen Bereich auftretenden Konsonanten bzw. Konsonantenfolgen werden als Onsets bezeichnet, die im finalen Bereich erscheinenden Konsonanten bzw. Konsonantenfolgen als Codas.

Insgesamt sind inzwischen 1091 Codas gefunden worden, von denen allerdings ein großer Teil (31,41%) nicht den standardaussprachlichen Normen zuzurechnen ist. Zu weiteren Problemen der Vorkommenshäufigkeit von Konsonanten und Konsonantengruppierungen, zu den Besonderheiten bei der Kombination von Codas und Onsets, zur Auslautverhärtung und zur Aspiration, um nur einige zu nennen, wird in den jeweiligen Kapiteln noch ausführlicher Stellung genommen.

1.3. Die Silbe

Die nach dem Segment nächst höhere Einheit, das Morphem, kann für unsere Belange nur teilweise von Bedeutung sein, da es einerseits aus Einzelsegmenten bzw. Segmentfolgen besteht, andererseits aber nicht zu positionsabhängigen artikulatorischen Bedingungen in Beziehung gesetzt werden kann, wie z. B. die Endung *en* in ihren verschiedenen Realisationsformen (z. B. geb*en* ['ge:bm̩], red*en* ['re:dn̩], leg*en* ['le:gŋ̩]). Ausgangspunkt für die folgenden phonetisch-phonologischen Betrachtungen kann somit nur die graphische Silbe sein.

Die graphische Silbe ist, so wie sie der Duden festlegt, Bestandteil eines Wortes oder Wort selbst; sie ist – von einigen Ausnahmen abgesehen – als etwas Feststehendes zu betrachten und somit die beste Grundlage für eindeutige positionelle Zuordnungen. — *graphische Silbe*

Diese Silbe legt also die Position eines konsonantischen Segmentes oder einer konsonantischen Segmentfolge zum Nukleus (dem Vokal bzw. Diphthong) für die überwiegende Zahl aller Fälle eindeutig als initial (in der Silbe vor dem Nukleus liegend) oder final (in der Silbe nach dem Nukleus liegend) fest. Der Nukleus ist das silbenbildende Zentralsegment — *Nukleus* (wenn man von einigen Interjektionen und einigen durch Ausfall des schwachtonigen *e* silbisch gewordenen Konsonanten absieht). Um ihn gruppieren sich die initialen und finalen konsonantischen Segmente bzw. — *initial* Segmentfolgen in unterschiedlichster Weise, wobei initial maximal 3 und — *und final* final maximal 5 Segmente aufeinander folgen können.

Initialsegment (bzw. -gruppe)	Nukleus (Vokal oder Diphthong)	Finalsegment (bzw. -gruppe)	
−	+	−	ah, ei
+	+	−	ja, bei
−	+	+	an, ein
+	+	+	das, dies, Bein
+ +	+	−	froh, Spee
−	+	+ +	Elch, eilt
+ + +	+	−	Stroh, Spree
−	+	+ + +	Obst, einst
+ + +	+	+ + +	sprichst, streichst
usw.			

Einige Graphemfolgen gehen über die Silbengrenze hinaus, sie unterliegen zum Teil besonderen Trennungsregeln:

ck	= hak-ken	aber:	st	= ha-sten
chs	= Sach-sen		sch	= Ma-sche
dt	= Verwand-ter			Häs-chen
ng	= Zan-ge			
nk	= wan-ken			
pf	= Zap-fen			
sp	= ras-peln			
tz	= Kat-ze			

Die artikulatorische Umsetzung von konsonantischen Graphemen und damit deren akustisches Ergebnis hängt im wesentlichen von der Position zum Nukleus ab. So wird ein gleiches Graphem *b* in initial realisierter Form hinsichtlich Spannungsgrad und Stimmtonbeteiligung eindeutig vom finalen unterschieden. Der Positionswechsel ist abhängig von — *Positionswechsel* der Silbengrenzverschiebung, die durch die Konjugation oder Deklination bedingt ist:

schreiben	= schrei/*ben*	— *b* initial	[b] –
schreibe	= schrei/*be*	— *b* initial	[b] –
schreibst	= schrei*bst*	— *b* final	– [p]
schreibt	= schrei*bt*	— *b* final	– [p]
schreib!	= schrei*b*	— *b* final	– [p]
schreiben (wir)	= schrei/*ben*	— *b* initial	[b] –
schrieb	= schrie*b*	— *b* final	– [p]
geschrieben	= geschrie/*ben*	— *b* initial	[b] –

Dem Positionswechsel unterliegen alle Konsonanten, sofern sie initial und final zugelassen sind, jedoch sind nur die Verschluß- und die Reibelaute [b, d, g, v, w, s] (für [ʒ] und [j] lassen sich kaum Beispiele finden) von der positionell unterschiedlichen Realisierung betroffen.

Anlaut/
Auslaut

Die herkömmlichen Termini *Anlaut* und *Auslaut* sind in der Regel sehr undeutlich, da sie einerseits nur die erste bzw. letzte Position innerhalb der Silbe bezeichnen und andererseits keinen Unterschied zwischen Vokal und Konsonant machen. Im folgenden werden unter Anlaut immer die konsonantischen Initialsegmente und unter Auslaut die konsonantischen Finalsegmente verstanden. Steht ein Vokal an erster Stelle, dann besteht die Silbe nur aus Nukleus und Finalgruppe.

Für die Beurteilung der Qualität oder der Quantität eines Vokals oder für die Aussprache eines Konsonanten sind die unterschiedlichen Positionen von grundsätzlicher Bedeutung. Folgende Festlegungen sollen daher getroffen werden:

offene
Silbe
geschlos-
sene Silbe

graphische
Silben-
grenze

Eine Silbe, deren letztes Segment ein Vokal ist, bezeichnen wir als *offene Silbe*, eine Silbe hingegen, deren letztes Segment ein Konsonant ist, soll als *geschlossene Silbe* gelten.

Die Form der Silbe ist von der Flexion und von der Wortbildung abhängig und daher im ständigen Wechsel begriffen.

Die graphische Silbengrenze vor dem Basismorphem jedoch ist davon ausgenommen. Unabhängig davon, ob dem Basismorphem Partikeln oder Präfixe vorausgehen, bleibt die Silbengrenze unveränderlich, z. B.

her – sehen
be – sehen
auf – sehen

Anders verhält sich die graphische Silbengrenze am Ende des Basismorphems. Es gilt folgende Regel:

Basis-
morphem

Folgt dem Basismorphem ein Flexions- oder Wortbildungsmorphem, das mit einem Vokal beginnt, dann wird bei der Silbentrennung der letzte Konsonant der Basis (sofern einer vorhanden ist) an das folgende Morphem gebunden. Beginnt jedoch das der Basis folgende Flexions- oder Wortbildungsmorphem mit einem Konsonanten, dann bleibt das Basismorphem unverändert:

```
les/en              le  – sen
              be – le  – sen
       aus – ge – le  – sen
              Le  – sung
              le  – ser – lich
              le  – sen – de
              les – bar
              Les – art
```

Es verändert sich selbstverständlich nichts an der Reihenfolge der Segmente, wohl aber in der Zugehörigkeit zu einer Silbe und damit die Position. Konsonanten werden daher entweder als auslautend zu einer Silbe oder als anlautend zu einer folgenden Silbe in Abhängigkeit von der obigen Regel bewertet. Erst die wechselnden Positionen erklären die Bedingungen der Auslautverhärtung, der Assimilation der Stimmhaftigkeit, der Aussprache des *r* und nicht zuletzt das Problem der Vokalqualität.

Ein in einer offenen Silbe stehender Vokal ist demzufolge gespannt-lang zu sprechen (nicht jedoch dann, wenn unmittelbar nach der Silbengrenze die Konsonanten *ck, chs, dt, ng, nk, pf, st, sp, tz*, häufig auch *ch* und *sch* stehen). Der Vokal ist jedoch ungespannt und kurz, wenn ihm mehrere Konsonanten folgen, so daß sich die graphische Silbengrenze verschieben muß und sich daher eine geschlossene Silbe ergibt.

Völlig bedeutungslos und ohne Einfluß auf die Vokalqualität ist die Anzahl der (sofern vorhanden) vorvokalischen Konsonanten oder die Anwesenheit von Konsonanten überhaupt.

Silbe		Vokal	Ausnahmen
N / ..	offen	gespannt-lang	außer [ɛː], außer vor st, z. T. ch und sch
K .. N / ..	offen	gespannt-lang	außer [ɛː], außer vor st, z. T. ch und sch
N K / ..	geschlossen	ungespannt-kurz	wenn flektierte Formen den Vokal in eine offene Silbe bringen
N K .. / ..	geschlossen	ungespannt-kurz	

Relativ häufig sind geschlossene Silben, deren Nukleus dennoch gespannt-lang zu sprechen ist. Meist handelt es sich dabei um Wörter, in deren Lexikonform der Vokal in einer offenen Silbe steht, oder um solche, in denen der Vokal erst in der flektierten Form in eine offene Silbe rückt. Mehrfachkonsonanz im finalen Bereich der Silbe (nachvokalisch) ist bei inflektierten Wörtern in der Regel der Hinweis auf einen ungespannt-kurzen Vokal, auch wenn – wie bei *st* – im Ergebnis der orthographischen Trennung solche Graphemfolgen in den initialen Bereich der folgenden Silbe gelangen oder wenn deren Komponenten getrennt werden z. B. ra|sten, klop|fen, hak|ken ...). In den meisten Fällen sind die Bedingungen regelhaft erfaßbar. Eine Ausnahme bilden das *ch* ([ç], [x])

33

und das *sch* ([ʃ], siehe folgende Beispiele: Ble*ch* [blɛç], su*ch*en [ˈzuːxn̩], Sa*ch*en [ˈzaxn̩], Ni*sch*e [ˈniːʃə], wi*sch*en [ˈvɪʃn̩].

1.4. Die schriftliche Fixierung der Sprachlaute

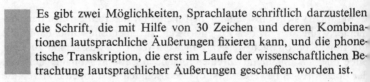

Schrift

Es gibt zwei Möglichkeiten, Sprachlaute schriftlich darzustellen die Schrift, die mit Hilfe von 30 Zeichen und deren Kombinationen lautsprachliche Äußerungen fixieren kann, und die phonetische Transkription, die erst im Laufe der wissenschaftlichen Betrachtung lautsprachlicher Äußerungen geschaffen worden ist.

Die Schrift selbst unterlag bis in die Gegenwart hinein häufigen Veränderungen, z. B. bedingt durch die beiden Lautverschiebungen, die Berücksichtigung des orthographischen Prinzips und vereinheitlichende Eingriffe (Rechtschreibregelung durch den Großen Duden, Wandlungen der Druck- und Schreibschrift).

1.4.1. Das Verhältnis von Graphem und Laut

Wir wollen an dieser Stelle die Wechselbeziehung zwischen Laut und Schriftzeichen betrachten. Dies kann in zwei Richtungen geschehen. Die Schriftzeichen der Schrift (Grapheme) und ihre Kombinationen haben

Grapheme

unterschiedliche Äquivalente im lautlichen Bereich. Umgekehrt kann ein Transkriptionssymbol, das für einen Laut (im gegebenen Falle für

Phoneme

ein Phonem) steht, unterschiedliche graphematische Repräsentanten haben, wenn man dabei berücksichtigt, daß Vokale sowohl gespannt und lang, als auch ungespannt und kurz sein können, daß es schwach tonige bzw. unsilbische Laute gibt und daß bestimmte Vokale feste Verbindungen eingegangen sind, die Diphthonge.

Die folgende Tabelle zeigt das Wechselverhältnis zwischen Schriftzeichen und Laut, wobei zusätzlich Position und Kombinierbarkeit berücksichtigt worden sind.

Die verwendeten Abkürzungen bedeuten:

gl = gespannt und lang (für Vokale)
uk = ungespannt und kurz (für Vokale)
r = reduziert bzw. unsilbisch
D = Diphthonge

chriftzeichen	Initial	Nukleus				Final	Silben-grenzen
		gl	uk	r	D		
a aa ah ai au ay		[ɑ:] [ɑ:] [ɑ:]	[a]		[ae̯] [ao̯] [ae̯]		
ä äh äu		[ɛ:] [ɛ:]			[ɔø̯]		
b b bb	[b] [b̥]					[p] [p]	[b]
c c ch chs ck	[ts] [ç] [x] [k] [ʃ] [tʃ]					[ç] [x] [ks] [k]	[ks] [k]
d d dd dt	[d] [d̥]					[t] [t] [t]	[d]
e ee eh ei eu ey		[e:] [e:] [e:]	[ɛ]	[ə]	[ae̯] [ɔø̯] [ae̯]		
f f ff	[f]					[f] [f]	
g g gg	[g] [g̊]					[k] [ç] [k]	[g]
h h hh						–	
i ie ieh		[i:] [i:] [i:]	[ɪ]	[i̯]			
j j	[j] [j̊] [ʒ] [dʒ]						
k k	[k]					[k]	
l l ll	[l]					[l] [l]	

35

Schriftzeichen	Initial	Nukleus gl	uk	r	D	Final	Silbengrenzen
m m mm	[m]					[m] [m]	
n n nn ng nk	[n]					[n] [n] [ŋ] [ŋk]	[ŋg] [ng] [ŋk] [nk]
o o oo oh		[o:] [o:] [o:]	[ɔ]				
ö ö öh		[ø:] [ø:]	[œ]				
p p pp ph	[p] [f]					[p] [p] [f]	
qu qu	[ky̦]						
r r rr rh rrh	[ʀ] [ʀ]					[ʀ] [ɐ] [ʀ] [ʀ]	
s s ss sch	[z] [z̦] [ʃ]					[s] [s] [ʃ]	[s] [ʃç]
ß						[s]	
t t tt th	[t] [t]					[t] [t] [t]	
u u uh		[u:] [u:]	[ʊ]				
ü ü üh		[y:] [y:]	[ʏ]				
v v	[v] [f] [y̦]					[f]	
w w	[v] [y̦]					stumm in -ow	
x x	[ks]					[ks]	
y		[y:]	[ʏ]				
z z	[ts]					[ts]	

36

Alle als Repräsentanten von initialen oder finalen konsonantischen Segmentfolgen entstandenen Graphemreihungen (pf, tz usw.) sind in dieser Liste nicht enthalten.

Die Übersicht macht deutlich, daß eine ganze Zahl von Graphemen in ihrer Umsetzung zu Lauten mehrdeutig sind. Diese Mehrdeutigkeit hat im wesentlichen positionell bedingte Ursachen und ist vornehmlich bei Verschluß- und Reibelauten zu finden. Für die Realisierung der Standardaussprache ist die Kenntnis dieser Regularitäten unumgängliche Voraussetzung.

Ebenso wichtig ist der umgekehrte Weg. So lassen sich lautsprachliche Äußerungen mit Hilfe der phonetischen Transkription schriftlich so exakt fixieren, daß sie nahezu identisch reproduziert werden können. Der Ausländer, der ein ihm unbekanntes Wort hört, kann dieser neuen Lautfolge unter der Voraussetzung die Transkriptionszeichen zuordnen, daß sie ihm bekannt sind und eine eindeutige Zuordnung möglich ist. Damit ist er jedoch noch nicht in der Lage, diese Lautfolge im Wörterbuch nachzuschlagen oder schriftsprachlich korrekt wiederzugeben, denn Transkriptionszeichen für Phoneme sind (wie die Übersicht auf den Seiten 35 und 36 zeigt) in phonetischer Hinsicht in den meisten Fällen mehrdeutig, d. h., sie haben in Abhängigkeit von ihrer Position und ihrer Lautumgebung, in Abhängigkeit von Reduktion und Assimilation unterschiedliche graphische Repräsentanten: [p] hat die Repräsentanten /p/, /pp/ und /b/. *(phonetische Transkription)*

Die folgende Tabelle zeigt die Repräsentanten der Laute in Abhängigkeit von ihrer Position. Der besseren Übersicht wegen ist eine Reihung nach dem Alphabet vorgenommen worden, wobei die übliche Trennung zwischen Vokalen und Konsonanten sowie nach Artikulationsstelle und Artikulationsart aufgehoben ist.

An Abkürzungen wurden verwendet:

gl = gespannt-lange Vokale
uk = ungespannt-kurze Vokale
D = Diphthonge
r = reduzierte oder unsilbische Vokale
K = Konsonanten

| Laute | | | | | Initial | Zentral | Final |
gl	uk	D	r	K			
[ɑ:]						a aa ah	
	[a]					a	
		[ae͜]				ei ey ai ay y	
		[ao͜]				au ow	
				[b]	b		
				[p]	p		p pp b bb
				[d]	d		
				[t]	t th		t tt th d dd
[e:]						e ee eh	
	[ɛ]					e ä	
	[ɛ:]					ä äh	

37

| Laute | | | | | Initial | Zentral | Final |
gl	uk	D	r	K			
				[ə]		e	
				[f]	f ph v		f ff ph v
				[v]	v w		v
				[g]	g		
				[k]	k ch		k ck chs g
				[h]	h		
[i:]						i ie ieh	
	[ɪ]					i	
			[ï]			i	
				[j]	j y		
				[ç]	ch		ch g
				[l]	l		l ll
				[m]	m		mm
				[n]	n		n nn
				[ŋ]			ng n
[o:]						o oo oh ow	
	[ɔ]					o	
		[ɔø]				äu eu oi	
[ø:]						ö öh	
	[œ]					ö	
				[ʀ]	r		r rr rrh
				[ɐ]			r
				[s]			s ss ß
				[z]	s		
				[ʃ]	sch sh ch		sch
				[ʒ]	j g sh		
[u:]						u uh	
	[ʊ]					u	
[y:]						ü üh y	
	[ʏ]					ü	

Die Tabelle zeigt, daß im finalen Bereich der Silbe die Laute weit mehr graphematische Repräsentanten besitzen als im initialen.

1.4.2. Die phonetische Transkription

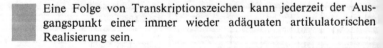 Eine Folge von Transkriptionszeichen kann jederzeit der Ausgangspunkt einer immer wieder adäquaten artikulatorischen Realisierung sein.

Die Transkription wird damit zu einem wesentlichen Hilfsmittel beim Erlernen einer fremden Sprache, jedoch unter der Voraussetzung, daß der Student weiß, welche akustischen Merkmale einem gegebenen Zeichen zugeordnet und welche artikulatorischen Einstellungen der Bewegungen zu vollziehen sind, um gerade das diesem Zeichen zugeordnete akustische Korrelat zu erzielen. Das Zeichen selbst sagt über Einstellungen und Bewegungsabläufe nichts aus; sein Inhalt muß erlernt werden,

Zwei Aufgaben erfüllt die phonetische Transkription dabei, sie hilft dem Lernenden, die orthoepische (aussprachekorrekte) Schallform von Wörtern usw. zu finden, was ihm an Hand der graphematischen Zeichenfolge allein nicht gelänge. Sie ermöglicht ihm ferner in einem höheren Stadium des Spracherwerbs, Lautsprachliches den jeweiligen graphematischen Zeichenfolgen zuzuordnen, d. h. die korrekte Schreibung eines Wortes zu ermitteln. Den Vorteilen zum Trotz ist eine Transkription für unsere Belange jedoch dann nicht nutzbar, wenn sie vornehmlich phonologischer Natur ist, d. h. wenn sie sich am Phonem orientiert. Das Phonem als Bündel distinktiver Merkmale (Halle/Jakobson 1960, S. 53 ff.) schließt in sich jedoch nur diejenigen Merkmale ein, die distinktiv (unterscheidend) und damit relevant (wichtig) sind. Insofern werden alle die Merkmale des Phonems, die über seine Distinktivität hinausweisen, die für die Wortunterscheidung also belanglos, irrelevant (unwichtig) sind, vernachlässigt. Eine solche Transkription hat durchaus wissenschaftlichen Wert, kann aber für den Phonetikunterricht nicht günstig sein. Als Hilfsmittel in der Hand des Studenten erweist sich nur eine ausschließlich oder wenigstens vornehmlich phonetisch orientierte Transkription als günstig. Eine solche Transkription bezieht sich auf den Laut und gibt diejenigen Besonderheiten wieder, die bei der Artikulation einer Folge von Lauten berücksichtigt werden müssen, wie z. B. Angleichungen bezüglich des Stimmtones, Reibegeräuschintensität, Verschluß- oder Lösungsarten, fakultative Varianten (z. B. *r*-Allophone), Silbigkeit und Unsilbigkeit und eine Reihe anderer Erscheinungen.

phonetische Transkription
orthoepische Schallform

phonologische Transkription
distinktiv
relevant

irrelevant

phonetisch orientierte Transkription

Mit Hilfe diakritischer (zur Unterscheidung dienender) Zeichen kann eine solche phonetische Transkription das Segment bzw. die Segmentfolgen so eindeutig beschreiben, daß störende Nebenwirkungen (z. B. fehlerhafte Akzentuierungen, abweichende Artikulationsstellen, undifferenzierte Lautdauer) vermeidbar sind. Die diakritischen Zeichen werden dem Transkriptionszeichen oder einer Folge von Zeichen zugeordnet. Das kann so weit geführt werden, daß selbst geringste artikulatorisch bedingte Unterschiede ablesbar bzw. fixierbar sind. In unserem Sinne ist es jedoch, die Transkription sowenig wie möglich mit diakritischen Zeichen zu belasten, um sie noch überschaubar und damit lesbar zu halten. Gelegentlich ist es notwendig, mehrere diakritische Zeichen zu kombinieren, um einen Laut exakt charakterisieren zu können, z. B. wenn es sich um einen akzentuierten Vokal handelt (z. B. [ˈhɑːbən]). Große Verwirrung wäre sicher zu erwarten, wollte man bei einem zu akzentuierenden Vokal z. B. nicht nur den Akzent selbst angeben, sondern das Mittel der Akzentuierung, so der melodische Akzent (Tonerhöhung), der dynamische Akzent (Lautstärkeintensivierung) oder der temporale Akzent (Dehnung). Das gilt in gleicher Weise für jene Nuklei (Vokale, Diphthonge), die im Ausspruch als Satzakzent fungieren. Wortakzent, Satzakzent, Intonation müssen gesondert behandelt werden. Eine Reihe weiterer Merkmale, so die Grundtonhöhe der Stimme (tiefer bei Männern, höher bei Frauen), die Klangfarbengestaltung (tief-beruhigend, hoch-schrill ...), emphatische Färbungen und Tonhöhenbewegungen (Trauer, Ärger, Freude, Ironie) sind nur sehr komplex darstellbar und sollen nicht berücksichtigt werden.

diakritische Zeichen

melodischer Akzent
dynamischer Akzent
temporaler Akzent

Gelegentlich unterliegt eine Folge von Transkriptionszeichen einer fehlerhaften Interpretation. Das betrifft hauptsächlich den als stimmhaften Lenis-Konsonanten dargestellten ersten Laut einer Folge, der nach einer Sprechpause, am Satzanfang oder nach den stimmlosen Fortes *p, t, k* mit Stimmtonverlust zu sprechen wäre, z. B. kann *s*ich – hat *s*ich [kan zıç – hat z̥ıç]. Daraus läßt sich schlußfolgern, daß die aus dem Zusammenhang gelöste Folge von Transkriptionszeichen entweder vermieden oder mit Hilfe diakritischer Zeichen eindeutig gemacht werden sollte. Dies trifft auch bei der Transkription von Verschluß- bzw.

Reibelautfolgen an Silbengrenzen zu, d. h. bei solchen, die als Grenzgeminaten (gleichartige, einander unmittelbar folgende Laute) fungieren. Folgt einem stimmlosen Fortis-Verschluß- oder Reibelaut dessen stimmhafter Korrespondent (z. B. [p/b]), dann wird diese Folge (auch wenn das initiale [b] als Lenis ohne Stimmton gekennzeichnet ist – also [b̥] –) nicht als ein einziger, wenn auch etwas länger gesprochener stimmloser Lenis-Verschlußlaut realisiert, sondern mißverständlich als Folge von [p] und [b̥], d. h., an der Silbengrenze wird der Verschluß des ersten artikulatorisch gelöst, der zweite erneut eingesetzt. Es bestehen zwei Abhilfemöglichkeiten. Entweder wird die mißverständliche Folge [p/b̥] mit Hilfe eines diakritischen Zeichens (hier [‿]) als eine ohne Lösung zu realisierende Abfolge [pb̥] gekennzeichnet, oder es wird – was weit besser wäre – nur ein Zeichen verwendet, das sich als Grenzgeminate

ausweist [b̥°], zumal in einer solchen Folge (von Verschluß- bzw. Reibelauten an der Grenze) das Initialglied (das Glied, welches die erste Position eines Onsets – das Onsetstartglied also – bildet) die Grenzgeminate entweder als Lenis oder als Fortis bestimmt: [ab̥ °ɛrli:n] für *ab Berlin* im Gegensatz zu [ap °ɔtsdam] für *ab Potsdam*. Auch beim Zusammentreffen von Verschlußlauten mit Nasalen oder dem Seitenengelaut *l* gibt es einige Erscheinungen, die die Transkription nicht ausweist, das ist die Art der Lösung des Verschlusses. Folgen wie [tl], [tn], [gŋ] usw. sind initial in deutschen Wörtern nicht zugelassen. Die Elision (der Aus-

fall) des schwachtonigen *e* in den Endsilben führt jedoch zu solchen Segmentfolgen, desgleichen an Silben- und Wortgrenzen (mit Ausnahme von [ŋ], das initial nicht zugelassen ist). Um einen möglichst zügigen Artikulationsverlauf zu sichern, ist in keinem der Fälle der Verschlußlaut zu lösen, indem das artikulierende Organ die Artikulationsstelle verläßt, sondern indem bei *l* die seitlichen Zungenränder die Alveolen verlassen und somit in die *l*-Artikulationsstellung übergehen oder bei den Nasalen das Gaumensegel gesenkt wird. Eine solche Lösung ist nur möglich, wenn der betreffende Verschlußlaut und der Nasal die gleiche Artikulationsstelle haben. Andere Kombinationen (z. B. [t]) kommen nicht vor, weil zwischen ihnen meist ein Vokal erscheint. Es besteht daher auch keine Veranlassung, den Verschluß nasal zu lösen.

Wie im Kapitel zur Akzentuierung noch eingehend zu beschreiben sein wird, gibt es im Deutschen eine Reihe von Wörtern, die im neutralen Ausspruch keinen Akzent tragen dürfen. Das sind Artikel, Präpositionen, Pronomen und eine Reihe von Präfixen. Solche akzentlosen Wörter werden, falls sie einen langen Vokal aufweisen, meist auch mit einem gespannt-langen Vokal transkribiert. Nun gibt es aber, wie Meinhold beschreibt (Meinhold 1973, S. 37ff.), unterschiedliche Formstufen, die in Abhängigkeit von der kommunikativen Situation (die Situation, in der mit einem Gesprächspartner zu einer bestimmten Zeit an einem gegebenen Ort über ein bestimmtes Thema gesprochen wird) unterschiedlich zu realisieren sind. In einem solchen Falle kann der Vokal qualitativen (klanglichen) und quantitativen (auf seine Dauer bezogenen) Reduktionen unterliegen. Solchen unterschiedlichen Realisierungen muß daher auch in der Transkription Rechnung getragen werden (Meinhold 1973, S. 37): „der [de:ɐ > deɐ > dɛ(ɐ) > dɐ]". Würde die volle Form [de:ɐ] realisiert, stünde das Wort in einem intonatorischen Kontrast, der mit Demonstrativität (man spricht und zeigt dabei auf eine ganz bestimmte Person) bzw. Selektion gleichzusetzen ist.

(Randnotizen:) kommunikative Situation — qualitative und quantitative Reduktion

1.4.2.1. Die diakritischen Zeichen

Das nicht in jedem Fall eindeutige Transkriptionssymbol wird mit Hilfe diakritischer Zeichen (Punkt, Häkchen, Bogen, Kreis usw.) präzisiert.

(Randnotiz:) diakritische Zeichen

Diakritische Zeichen und Transkriptionszeichen werden bei einer phonologischen Transkription in Schrägstriche (/.../), bei einer phonetischen hingegen in eckigen Klammern ([...]) eingeschlossen.

Folgende diakritische Zeichen sollen hier verwendet werden:

Zeichen	Beispiel		Funktion
[ ], / /			Eckige Klammern bzw. Schrägstriche kennzeichnen das Eingeschlossene als transkribiert.
[ː]	ich habe	[ɪç ˈhaːbə]	Der Doppelpunkt zeigt die Länge bei langen Vokalen an; die Kürze dagegen bleibt unbezeichnet.
[ˑ]	Chile	[ˈtʃiːleˑ]	Der einfache Punkt nach einem Vokal weist auf eine halbe Länge hin.
[ˈ]	Beratung	[bəˈraːtʊŋ]	Das Zeichen gibt die Hauptakzentsilbe an und steht immer vor der Silbe.
[ʼ]	Tat	[tʼaːtʼ]	Das Häkchen kennzeichnet die Aspiration.
[ˌ]	Systemanalyse [zʏsˈteːm/anaˌlyːzə]		Dieses Zeichen steht vor der Nebenakzentsilbe.
[/], [ʔ]	vereisen	[fɛɐ/a͜ezn̩] [fɛɐʔa͜ezn̩]	Diese Zeichen stehen für den vokalischen Neueinsatz. Sie werden jedoch nur dort verwendet, wo sie distinktiv sind (vereisen – verreisen).

41

Zeichen	Beispiel		Funktion
[‿]	schreiben	[ˈʃra͜ebən]	Der Bogen kennzeichnet die neu-einsatzlose Bindung von Vokalen, insbesondere bei Diphthongen.
[ˇ]	Nation	[naˈtsĭoːn]	Mit dem über dem Vokal stehen-den Bogen wird dessen Unsilbig-keit kenntlich gemacht.
[~]	Flakon	[flaˈkɔ̃]	Die Tilde weist auf einen nasalier-ten Vokal hin.
[̩]	fassen	[ˈfasn̩]	Dieses diakritische Zeichen gibt die Silbigkeit eines Konsonanten wieder. Es steht immer unter dem Konsonanten und darf mit dem Zeichen für den Nebenakzent, das stets vor der betreffenden Silbe steht, nicht verwechselt werden.
[̥], [°]	Absicht	[ˈapz̥ɪçt]	Der unter bzw. über dem Konso-nanten stehende Kreis signalisiert den Verlust der Stimmhaftigkeit.

Kennzeich-
nung der
Vokal-
qualität

Die in dieser Publikation zusätzlich verwendeten untergesetzten Striche und Punkte bei nicht-transkribierten Wörtern sind nicht als diakritische Zeichen im o. g. Sinne zu verstehen. Sie sollen dem Lernenden die Diffe-renzierung zwischen gespannt-langen (untergesetzter Strich) und un-gespannt-kurzen (untergesetzter Punkt) Vokalen erleichtern, z. B. Faß – Fuß ([fas] – [fuːs]).

1.4.2.2. Transkriptionszeichen

API

Grundlage der hier verwendeten Zeichen sind die Formen und Inhalte, die 1938 von der Association Phonétique Internationale (API) in der vorliegenden Fassung für alle Sprachen als verbind-lich erklärt worden sind.

Alphabet
als Orien-
tierung

Entgegen der sonst üblichen Reihenfolge bei der Aufführung von Tran-skriptionszeichen wird hier das Alphabet als Orientierung zugrunde gelegt. Bei Lautkombinationen, z. B. Diphthongen, ist der zweite Laut bezüglich der Reihenfolge dem ersten zugeordnet. Die herkömmliche Trennung in Vokale, Diphthonge und Konsonanten setzt die Kenntnis der Differenzierung dieser Laute voraus und erfordert zugleich ein um-fangreiches Wissen hinsichtlich der artikulatorischen Abfolgen und Ar-tikulationsgebiete.

Die Tabelle gliedert nach Vokalen und Konsonanten, wobei die Vokale bezüglich Qualität und Quantität sowie ihrer Kombinationsfähigkeit und die Konsonanten hinsichtlich Fortis, Lenis und den Anteil der Stimm-haftigkeit noch weiter differenziert werden. Die Diphthonge sind den Vokalen zugeordnet.

| Vokale | | | | Konsonanten | | | | |
gespannt-lang	ungespannt-kurz	Diphthonge	reduzierte	stimmhafte Lenis	stimmlose Lenis	stimmlose Fortis	Beispiel	Lautbeschreibung
[ɑ:]							Maß [mɑːs]	langes, hinteres a; flacher Hinterzungenvokal
	[a]						Mast [mast]	kurzes, vorderes a; flacher Vorderzungenvokal
		[ae̯]					mein [ma̯ɛn]	Diphthong ei
		[ao̯]					Maus [ma̯os]	Diphthong au
				[b]			Liebe ['liːbə]	bilabialer, stimmhafter Lenis-Verschlußlaut b
					[b̥]		Ausbau ['a̯osb̥a̯o]	bilabialer, stimmloser Lenis-Verschlußlaut b
				[d]			Made ['mɑːdə]	stimmhafter dental-alveolar-koronaler Lenis-Verschlußlaut d
					[d̥]		Ausdruck ['a̯osd̥rʊk]	stimmloser dental-alveolar-koronaler Lenis-Verschlußlaut d
[e:]							Mehl [meːl]	mittelhoher gespannt-langer Vorderzungenvokal e
	[ɛ]						hell [hɛl]	mittelhoher ungespannt-kurzer Vorderzungenvokal e
	[ɛ:]						spät [ʃpɛːt]	mittelhoher ungespannt-langer Vorderzungenvokal e
			[ə]				Kasse ['kasə]	schwachtoniges e
						[f]	Fell [fɛl]	stimmloser labio-dentaler Fortis-Reibelaut f
				[g]			Lage ['lɑːgə]	stimmhafter velar-postdorsaler Lenis-Verschlußlaut g
					[g̊]		Abgas ['apg̊ɑːs]	stimmloser velar-postdorsaler Lenis-Verschlußlaut g
						[h]	Halt [halt]	Hauchlaut h
[i:]							Liebe ['liːbə]	hoher gespannt-langer Vorderzungenvokal i
	[ɪ]						Licht [lɪçt]	hoher ungespannt-kurzer Vorderzungenvokal i
		[ï]					Nation [na'tsïoːn]	hoher, kurzer und unsilbischer ungespannter Vorderzungenvokal i
				[j]			jagen ['jɑːgŋ̍]	stimmhafter palatal-dorsaler Lenis-Reibelaut j
					[j̊]		abjagen ['apj̊ɑːgŋ̍]	stimmloser palatal-dorsaler Lenis-Reibelaut j
						[ç]	ich [ɪç]	stimmloser palatal-dorsaler Fortis-Reibelaut ch
						[k]	Koks [koːks]	stimmloser velar-postdorsaler Fortis-Verschlußlaut k

gespannt-lang	ungespannt-kurz	Diphthonge	reduzierte	stimmhafte Lenis	stimmlose Lenis	stimmlose Fortis	Beispiel		Lautbeschreibung
Vokale				**Konsonanten**					
				[l]			elf	[ɛlf]	stimmhafter alveolar-koronaler Seitenengelaut *l*
				[m]			am	[am]	bilabialer stimmhafter Nasal *m*
				[n]			an	[an]	stimmhafter alveolar-koronaler Nasal *n*
				[ŋ]			eng	[ɛŋ]	stimmhafter velar-postdorsaler Nasal *ang*
[o:]							Lohn	[lo:n]	gespannt-langer mittelhoher Hinterzungenvokal *o*
	[ɔ]						Lok	[lɔk]	ungespannt-kurzer mittelhoher Hinterzungenvokal *o*
		[ɔø]					Leute	[ˈlɔøtə]	Diphthong *eu*
[ø:]							Höhle	[ˈhø:lə]	gespannt-langer mittelhoher Vorderzungenvokal *ö*
	[œ]						Hölle	[ˈhœlə]	ungespannt-kurzer mittelhoher Vorderzungenvokal *ö*
						[p]	Puppe	[ˈpupə]	stimmloser bilabialer Fortis-Verschlußlaut *p*
				[r]			Lore	[ˈlo:rə]	stimmhafter alveolar-koronaler Schwinglaut *r* (Zungenspitzen-*r*)
				[R]			Lore	[ˈlo:Rə]	stimmhafter uvular-postdorsaler Schwinglaut *r* (Zäpfchen-*r*)
				[ʁ]			Lore	[ˈlo:ʁə]	stimmhafter uvular-postdorsaler Lenis-Reibelaut *r*
				[ɐ]			Tor	[to:ɐ]	vokalisches *r*
					[s]		Last ·	[last]	stimmloser dental-alveolar-postdorsaler Fortis-Reibelaut *s*
				[z]			Rose	[ˈro:zə]	stimmhafter dental-alveolar-postdorsaler Lenis-Reibelaut *s*
					[ʐ]		Absicht	[ˈapʐɪçt]	stimmloser dental-alveolar-postdorsaler Lenis-Reibelaut *s*
						[t]	Mut	[mu:t]	stimmloser dental-alveolar-koronaler Fortis-Verschlußlaut *t*
[u:]							Mut	[mu:t]	gespannt-langer hoher Hinterzungenvokal *u*
	[ʊ]						Luft	[luft]	ungespannt-kurzer hoher Hinterzungenvokal *u*

| Vokale | | | | Konsonanten | | | | |
gespannt-lang	ungespannt-kurz	Diphthonge	reduzierte	stimmhafte Lenis	stimmlose Lenis	stimmlose Fortis	Beispiel	Lautbeschreibung
				[v]			Aktive [ak'ti:və]	stimmhafter labio-dentaler Lenis-Reibelaut *v*
					[ɣ̥]		Abwehr ['apɣ̥e:ɐ]	stimmloser labio-dentaler Lenis-Reibelaut *v*
						[x]	Koch [kɔx]	stimmloser velar-postdorsaler Fortis-Reibelaut *ch*
[y:]							müde ['my:də]	hoher gespannt-langer Mittelzungenvokal *ü*
	[ʏ]						Mütze ['mʏtsə]	hoher ungespannt-kurzer Mittelzungenvokal *ü*
						[ʃ]	Fisch [fɪʃ]	stimmloser postdorsal-koronaler Fortis-Reibelaut *sch*
				[ʒ]			Loge ['lo:ʒə]	stimmhafter postdorsal-koronaler Lenis-Reibelaut
						[ʒ̊]	das Genie [das ʒ̊e'ni:]	stimmloser postdorsal-koronaler Lenis-Reibelaut

Hinzu kämen noch die gespannt-kurzen Vokale *i, e, y, ø, u, o*, die vornehmlich in fremden Wörtern erscheinen.

Transkriptionszeichen sind in zeitlicher Aufeinanderfolge, d. h. in Leserichtung von links nach rechts nacheinander artikulatorisch umzusetzen, wobei die ihnen zugeordneten diakritischen Zeichen entweder laut- oder silbenmodifizierenden Charakter tragen. Falls jedoch aus der Transkription nicht ablesbar Modifikationen der unmittelbaren Lautnachbarschaft, ohne die eine standardsprachlich korrekte Wiedergabe einer ganzen Folge nicht möglich ist, nötig sind, wird diesen Gegebenheiten in den Artikulationshinweisen innerhalb der Übungen Rechnung getragen. Das betrifft vor allem die Lippenbeteiligung derjenigen Konsonanten, die um einen Vokal mit ·eben diesem Merkmal gruppiert sind. Man vergleiche die Artikulation von [b], das in einem Falle vor [y:] und im anderen vor [i:] steht: Bühne, Biene.

2 Der phonetische Fehler

Standard-
aussprache

 Als phonetische Fehler wollen wir all diejenigen Erscheinungen betrachten, die nicht mit den Erfordernissen der Standardaussprache übereinstimmen.

Mithin zählen dazu nicht nur Fehler, die sich auf den Einzellaut beziehen, sondern auch solche, die auf Grund mangelnder koartikulatorischer und nicht korrekter intonatorischer Realisierungen oder fehlerhafter Akzentuierungen zustande kommen. Fehler können jedoch erst dann korrigiert werden, wenn sie der Lehrer als solche erkennt. Anscheinend ist dieser Umstand eine Selbstverständlichkeit und brauchte wohl nicht genannt zu werden, dennoch zeigen sich auch hier Probleme. Ein phonetischer Fehler wird als solcher um so weniger erkannt, je mehr seiner Merkmale sich mit den standardsprachlichen Erfordernissen decken. Die Chancen, z. B. einen Laut, eine Segmentfolge oder einen intonatorischen Verlauf als andersgeartet und damit – zumindest in den meisten Fällen – als falsch zu beurteilen, sinken demzufolge immer mehr. Deshalb ist die Korrektur solcher kleinster Abweichungen weitaus schwieriger als die von groben und damit leichter erkennbaren Verstößen.

Die Bewertung einer Erscheinung als fehlerhaft kann nur vor dem Hintergrund der orthoepischen Regularitäten erfolgen, d. h., sie setzt die Kenntnis dieser Regularitäten voraus, stellt demzufolge die aktuelle Realisierung in vergleichende Beziehung zu der im Gedächtnis gespeicherten Normvorstellung einer vergleichbaren Schallfolge. Ein solcher Vergleich kann immer nur relativ sein, weil eine Reihe von Komponenten in Abhängigkeit von der Sprechsituation, vom Individuum und seiner Gefühlslage modifizierbar sind. So muß bei der Fehlerfindung von der Grundtonhöhe der Sprechstimme – sie ist bei Kindern, Frauen und Männern unterschiedlich –, von der Sprechgeschwindigkeit, gefühlsmäßig bedingten Veränderungen und von zulässigen fakultativen Varianten abstrahiert werden.

aktuelle
Realisierung
Norm-
vorstellung

Schließlich dürfen in der Muttersprache auftretende Sprachfehler (z. B. Lispeln oder Stottern) in der Zielsprache keinesfalls in diesem Sinne als phonetische Fehler gewertet werden.

Aus dem Gesagten geht hervor, daß das Ermitteln um so schwieriger wird, je besser die zielsprachlichen Fähigkeiten und phonetischen Fertigkeiten beim Studenten ausgebildet sind.

Der Fehlerermittlung folgt die Bewertung der gefundenen Fehlleistungen. Dazu müssen die notwendigen Regeln und Ausnahmen vermittelt und geeignete artikulatorische Impulse bzw. akustische Vorbilder gegeben werden, die den Studenten in die Lage versetzen, das spezielle

Problem komplex zu bewältigen und schließlich artikulatorische Stereotype auszubilden.

2.1. Ursachen des phonetischen Fehlers

Durch die bei einem Sprachlehrgang erfolgende Konfrontation
zweier Sprachen kommt es zu einer der wesentlichsten Ursachen
für – in unserem Falle natürlich phonetische – Fehlleistungen,
denn eine Reihe von Faktoren bewirkt dabei die muttersprachlich
geprägte Färbung der Zielsprache.

Diese Faktoren sind bezüglich ihrer Ausprägung und ihrer Häufigkeit
von Muttersprache zu Muttersprache – bezogen auf die Zielsprache
Deutsch – sehr unterschiedlich, wobei zwei Gruppen zu erkennen sind,
die Gruppe der Fehlleistungen, die sich auf die segmentale Ebene zurückführen läßt, und diejenige Gruppe, die sich auf die suprasegmentale
Ebene bezieht. So gehören zur ersten Gruppe die beiden Phonemsysteme
(Muttersprache und Zielsprache), wobei das muttersprachliche System
anfangs die größere Bedeutung hat, das zielsprachliche aber hinsichtlich
seines Inventars (der im System vorhandenen Phoneme) in der Vorstellung nur undeutlich existiert. Das muttersprachliche ist gewissermaßen die Ausgangsbasis, es wird im Verlaufe des Sprachlernvorganges
immer weiter zurückgedrängt.
Verdeutlichen wir diese Verhältnisse durch ein Bild:

Abb. 6

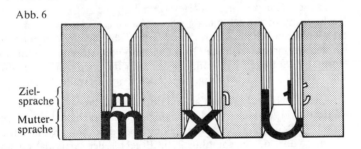

Ziel-
sprache
Mutter-
sprache

In diesem Raster stellen die Phoneme der Muttersprache die Lücken dar.
Dieser Vorstellung zufolge werden in der Anfangsphase daher die Phoneme der Zielsprache annähernd korrekt wiedergegeben, die unmittelbar hinter den Rasterlöchern stehen (falls in der Zielsprache tatsächlich
derartige Äquivalente vorhanden sind). Die Phoneme jedoch, die nur in
der Zielsprache – nicht aber in der Muttersprache – vorhanden sind,
stehen gewissermaßen hinter den Gitterstäben des Rasters. Ihre akustischen Erscheinungsformen gehen auf artikulatorische Bewegungen bzw.
Einstellungen zurück, die in der Muttersprache nicht bekannt sind; sie
werden daher entweder nicht wahrgenommen oder aber einem seitlich

47

vom Gitterstab vor einem Rasterloch liegenden muttersprachlichen Phonem zugeordnet.

Diese Zuordnung zu muttersprachlichen Phonemen geschieht sogar dann noch, wenn das zielsprachliche Phonem auch nur eine minimale Übereinstimmung mit der Merkmalsbündelung des in der Muttersprache in Frage kommenden Phonems zeigt. Dabei läßt sich beobachten, daß die Schwierigkeiten hinsichtlich der gehörsmäßigen Erfassung und der damit verbundenen oder sich anschließenden artikulatorischen Imitation um so größer sind, je weniger Merkmale des zielsprachlichen Phonems sich hinter einem das Raster bildenden Gitterstab verbergen. Man ist geneigt, das Gegenteil anzunehmen, d. h. daß die Schwierigkeit um so größer ist, je weniger Merkmale zwischen muttersprachlichem und zielsprachlichem Phonem übereinstimmen. Doch das Gegenteil ist der Fall; das hörende Erfassen minimaler Abweichungen ist weitaus schwieriger als das von großen Unterschieden. Das erklärt auch, daß die Laute der Zielsprache, die in der Muttersprache des Studenten keine Entsprechungen haben, leichter zu erlernen sind als solche, deren Ähnlichkeit groß ist. Zwei Gründe belegen diese Feststellung. So haben sich z. B. bei der muttersprachlichen Sprachaneignung Hörprinzipien ausgebildet, die bestimmte Merkmale von Lauten als relevant, andere als irrelevant werten. Dieses Relevanzprinzip läßt sich beim Erlernen einer Zielsprache nicht einfach umkodieren. Es steht im Hintergrund und wertet demzufolge auch die am Ohr ankommenden zielsprachlichen Schallfolgen in muttersprachlicher Weise, was zu einer Verzerrung der tatsächlichen Gegebenheiten führt. Im Phonetikunterricht wird man daher nicht wenig Mühe darauf verwenden müssen, zielsprachlich bestimmte Hörprinzipien aufzubauen, um so Schritt für Schritt die akustische Ausprägung der zielsprachlichen Merkmalsbündelung der Phänomene überhaupt erst hörbar zu machen. Ein zweiter Hinderungsgrund für die zielsprachlich korrekte Realisierung ist die artikulatorische Umsetzung. Setzen wir voraus, daß die akustische Schallfolge in ihrer Merkmalsbündelung eindeutig erfaßt worden ist und daß sich auf Grund wiederholten Hörens ein akustisches Normativ entwickelt hat, dann ist das zwar die erste Voraussetzung für einen korrekten Nachvollzug, aber noch keine Gewähr dafür.

Es zeigt sich, daß größere artikulatorische Differenzen leichter zu bewältigen sind als kleine. Die geringfügige Andersartigkeit der artikulatorischen Bewegung bzw. Einstellung erfordert ein großes Maß an Übung, wobei das eigene akustische Ergebnis der Artikulation immer wieder mit dem gespeicherten Normativ verglichen werden muß, und zwar so lange, bis eine weitestgehende Übereinstimmung zwischen Normativ und Artikulationsergebnis vorliegt (vgl. Lindner 1977, S. 31 ff.). Eine weitere Schwierigkeit ergibt sich daraus, daß einige Phoneme nicht initial, andere nicht final auftreten dürfen. Zu beachten ist dabei, daß im Deutschen die stimmhaften Verschluß- bzw. Reibelaute allerdings niemals final erscheinen. Das trifft auch für [h] zu. Weitaus größer ist die Variabilität der Einzelphoneme in initialer Position, obwohl es auch hier Einschränkungen gibt. [s] und [ŋ] erscheinen initial niemals, [x] nur in fremden Wörtern.

Neben solchen Einschränkungen bezüglich der Position sind auch noch

Hörprinzipien

Phonetikunterricht

artikulatorische Umsetzung
akustisches Normativ

Einschränkungen hinsichtlich der Kombinierbarkeit zu beobachten. Aber selbst von den wirklich möglichen Kombinationen wird nur ein geringer Teil ausgenutzt.

Die Artikulierbarkeit solcher Folgen ist dann gegeben, wenn in der Muttersprache des Ausländers entweder gleiche Folgen vorhanden sind oder wenn es sich um solche handelt, die als Kombinationen von Segmenten im finalen und initialen Bereich interpretierbar sind. So könnte die in einer Sprache nicht vorhandene deutsche Initialsegmentfolge [pf] dann korrekt wiedergegeben werden, wenn zwischen [p] und [f] in der Ausgangssprache eine denkbare Wort- bzw. Silbengrenze vorliegt. Das gilt sinngemäß auch für dreigliedrige Folgen. Eine solche muttersprachlich mögliche Folge von Segmenten über die Wort- bzw. Silbengrenze hinaus kann man sich gelegentlich auch zunutze machen, wenn initiale bzw. finale Segmentfolgen des Deutschen fehlerfrei zu erarbeiten sind, z. B. ein im Deutschen nicht auftretender Sproßvokal (ein vokalischer Einschub) abzubauen ist, der ebenfalls als Ursache für einen phonetischen Fehler angesehen werden kann. *Artikulierbarkeit* *Sproßvokal*

Auch konsonantische Folgen oder Folgen von Konsonanten und Vokalen – bzw. umgekehrt – sind durch eine bestimmte Art des Überganges von einem zum anderen, durch die gegenseitige Beeinflussung – der Assimilation also – gekennzeichnet, die sich ebenfalls mehr oder weniger von den in der Ausgangssprache üblichen Bedingungen unterscheidet. Das sind solche, die einerseits von der Artikulationsbasis und andererseits von der Art des Sichangleichens von Einstellungen oder Bewegungen bestimmt werden. Letzteres betrifft hauptsächlich die Art der Lösung von Verschlüssen bei Verschlußlauten und die Angleichung hinsichtlich der Stimmtätigkeit. So werden nasale Lösungen sehr häufig in den Segmentfolgen /bn/ und /tl/ realisiert. Die mit der Auslautverhärtung verbundene Entstimmlichung der Verschluß- und Reibelaute im finalen Bereich wirkt sich wiederum auf die in diesen Segmenten folgenden Verschluß- und Reibelaute aus, indem deren Stimmhaftigkeit zugunsten des vorangehenden Lautes verlorengeht, eine Erscheinung, die als progressive Assimilation bezeichnet wird. Wir finden sie sowohl bei den Konsonanten als auch bei den gerundeten Vokalen. Bei den gerundeten Vokalen, d. h. bei denen, die mit Lippenstülpung zu sprechen sind ([y, ø, o, u]) ist jedoch nicht nur eine progressive Assimilation zu beobachten, sondern darüber hinaus auch eine regressive. Gerundete Vokale beeinflussen daher nicht nur ihren konsonantischen Nachfolger, sondern auch den Vorgänger, so daß sich für Konsonanten in vokalischer Umgebung ein neues Merkmal, die Labialisierung, ergibt. Wird das Merkmal *Lippenstülpung* – eben diese Labialisierung – dem dem Vokal vorausgehenden Konsonanten nicht zugeordnet, ergibt sich eine Diphthongierung des Vokals, die zwar nicht zu einer Bedeutungsänderung der Lautfolge führt, aber einen deutlich fremden Eindruck hinterläßt, z. B. wird [ˈbyːnə] dann zu [ˈbĭyːnə]. *Assimilation* *progressive Assimilation* *gerundete Vokale* *Labialisierung*

Die Fehlerhäufigkeit hängt in entscheidendem Maße von der Phonembelastung (der Vorkommenshäufigkeit bestimmter Phoneme) innerhalb des Systems ab. Es wird daher wenig Sinn haben, mit dem Segment [ʒ] z. B. zu beginnen, da dieses den letzten Platz innerhalb der konsonanti- *Fehlerhäufigkeit* *Phonembelastung* schen Rangreihe einnimmt. Vielmehr ist es angeraten, nach dem Vergleich der Phonemsysteme von Mutter- und Zielsprache dasjenige Segment in all seinen Verbindungen und Nachbarschaften im Zusammenhang zu üben, das von der Häufigkeit her an oberster Stelle steht und demzufolge am auffälligsten ist. In der Regel werden das die Phoneme /s/ und /r/ mit allen Allophonen ([r, ʀ, ʁ, ɐ]) sein.

Interpretation von Graphemen bzw. Transkriptionszeichen

Eine relativ umfangreiche Gruppe von Fehlleistungen ist auf die falsche Interpretation von Graphemen und Graphemfolgen bzw. von Transkriptionszeichen und Folgen dieser Zeichen zurückzuführen. Die falsche Interpretation von Transkriptionszeichen ist dabei weniger umfänglich, weil in der Regel die dem Zeichen zugeordneten artikulatorischen Einstellungen bzw. Bewegungen und deren akustischen Äquivalente hinreichend exakt beschrieben sind. Fehlerhafte Interpretationen – also Umsetzungen – dieser Zeichen haben zumeist ihre Ursache in der Unkenntnis der dem Zeichen zugeordneten Gegebenheiten sowie im mangelhaft entwickelten Unterscheidungsvermögen von Schalleindrücken (und der damit verbundenen Unfähigkeit des artikulatorischen Nachvollzuges) und schließlich in der mangelhaften oder nicht entwickelten Fähigkeit, artikulatorische Einstellungen oder Bewegungen aus einer Textdarstellung umzusetzen oder einem vorgegebenen Klangbild zuzuordnen und dann nachzuvollziehen.

Weitaus umfänglicher und vielfältiger sind die sich aus der Umsetzung von Graphemen bzw. Graphemfolgen ergebenden phonetischen Fehler. Dafür gibt es eine Reihe von Gründen. Das dem lateinischen Schriftzeichen im Deutschen zukommende lautsprachliche Äquivalent ist weitgehend unbekannt, weil in der Ausgangssprache ein völlig anderes System der schriftlichen Fixierung verwendet wird (Arabisch, Hindi, Chinesisch). Die Zuordnung Graphem – Laut muß mit allen kombinatorischen, positionellen und assimilatorischen Bedingungen insgesamt gelernt werden. Ganz andere Verhältnisse liegen vor, wenn sowohl in der Muttersprache als auch in der Zielsprache das gleiche Grundgerüst – die lateinischen Schriftzeichen – verwendet wird. Sonderzeichen wie *ä*, *ö*, *ü*, *ß* müssen in Verbindung mit ihrem lautsprachlichen Äquivalent gelernt werden. Ebenfalls als ein Lernproblem stellt sich die positionelle Besonderheit von den in der Mutter- und in der Zielsprache vorkommenden Graphemen und deren Umsetzung in der Zielsprache dar. So haben die Grapheme *b*, *d*, *g* z. B. in finaler Position die Äquivalente [p, t, k].

positionelle Besonderheiten

Die Abhängigkeit von der vokalischen Nachbarschaft erfordert bei einigen Graphemen bzw. Graphemfolgen unterschiedliche – vom Vokal bestimmte – Realisierungen. So ist *g* nach [ı] als [ç] zu sprechen, die Graphemfolge *ch* nach hellen Vokalen als [ç], nach dunklen jedoch als [x]. Von der Tatsache, daß bestimmte Graphemfolgen des Deutschen Lautfolgen repräsentieren, die in der Muttersprache eines Studenten nicht üblich bzw. nicht bekannt sind, haben wir schon gesprochen, z. B. *pf*, *tz*, *chs*, *sch*. Die mit Abstand größten Probleme sind jedoch bei jenen Graphemen bzw. Graphemfolgen zu erwarten, die in der Muttersprache eine andere lautsprachliche Umsetzung verlangen als in der Zielsprache; sie resultieren aus folgenden Ursachen:

– der Position in der Silbe, also final oder initial (z. B. We*g* [ve:k] – We*ge* ['ve:gə]);
– der Beeinflussung durch unterschiedliche lautnachbarschaftliche Bedingungen (z. B. günsti*g* – günsti*ger* – am günsti*g*sten ['gʏnstɪç – 'gʏnstɪgɐ – am 'gʏnstɪçstn̩]);
– der orthographisch bedingten Kopplung von Graphemen (z. B. *c* in *ch* als [ç] bzw. [x] realisiert, in *ck* dient es nur als Hinweis auf die Kürze des vorangehenden Vokals – *ck* wird als [k] realisiert, z. B. Ha*k*en – ha*ck*en ['ha:kn̩ – 'hakn̩];
– der Herkunft des Wortes, in dem das Graphem bzw. die Graphemfolge auftritt, z. B. *ch* im Englischen als [tʃ], im Französischen als [ʃ] (s. Charles – englisch [tʃɑ:ls], französisch [ʃarl]).

Die Ursachen sind – wie man sieht – äußerst vielfältig und können wohl am deutlichsten bei der Darstellung eines bestimmten Lautes und seiner zielsprachlichen graphematischen Umsetzung erklärt werden. Die Gründe für phonetische Fehlleistungen sind mit der Darstellung der bisher beschriebenen Ursachen keinesfalls erschöpft. In gleichem Maße wie Fehlleistungen durch die Unkenntnis von Ausnahmen und Besonderheiten hervorgerufen werden, entstehen sie auch durch Unkenntnis von zielsprachlichen Ausspracheregelungen. Das betrifft Erscheinungen der Auslautverhärtung, der Endsilbenreduktion, der Geminierung, der Assimilation im weitesten Sinne, das betrifft auch die Differenzierung von gespannt-langen und ungespannt-kurzen Vokalen, die Reduktion von Vokalen in unbetonten Endsilben oder Endsilbenketten und die Akzentuierung innerhalb der Silbe und im Ausspruch bis hin zur Gestaltung intonatorischer Verläufe.

Gelegentlich kann auch eine falsche Verallgemeinerung von Regeln zu phonetischen Fehlern führen, z. B. dann, wenn Vokale in Einsilbern vom Typ Konsonant–Vokal–Konsonant stehen und wegen des Finalkonsonanten angenommen wird, daß es sich um einen ungespannt-kurzen Vokal handeln müßte. Diese Annahme ist jedoch nur teilweise richtig, da es einsilbige Wörter dieses Typs gibt, in denen der Vokal sowohl gespannt-lang als auch ungespannt-kurz gesprochen werden kann, z. B. Fu̱ß – Fa̱ß.

An letzter Stelle sollte auf einen zwar untergeordneten aber dennoch nicht unwichtigen Punkt hingewiesen werden. Am Anfang des Sprachlernvorganges ist ein bestimmtes Maß an artikulatorischem Ungeschick zu beobachten, die Ursachen liegen einerseits in der noch unsicheren Ausprägung des im akustischen Gedächtnis gespeicherten Klangvorbildes und andererseits eben in dem damit verbundenen, noch tastenden Suchen nach dem richtigen akustischen Äquivalent des Gehörseindrucks sowie der unsicheren kinästhetischen Bewegung und der Beurteilung dieser Bewegung. Artikulatorisches Ungeschick kann aber auch in der Muttersprache vorhanden sein, was zweifellos einer besseren Beherrschung der Fremdsprache entgegensteht. In diesem Zusammenhang muß auch berücksichtigt werden, ob der Lernende einen Sprachfehler hat (z. B. Lispeln, Poltern, Stottern) oder ob ein teilweise eingeschränktes Hörvermögen vorliegt, was die Ursache für die nicht korrekte akustische

Differenzierung von Schalleindrücken ist und naturgemäß zu erheblichen Störungen im Reproduktionsprozeß (s. Imitation) führen muß.

2.2. Ermitteln des phonetischen Fehlers

phonetische
Fehler

Phonetische Fehler können bis zu einem gewissen Grade aus der Konfrontation von Mutter- und Zielsprache „erwartet" werden, die tatsächliche phonetische Fehlleistung jedoch, ihre individuell gebundene Erscheinungsform und ihre Häufigkeit lassen sich nur aus dem lautsprachlichen Kontinuum ermitteln. Die Ergebnisse sind dabei ganz unterschiedlich, einerseits der Tatsache wegen, daß eine solche Bewertung in unterschiedlichen Phasen des Sprachaneignungsprozesses erfolgt und damit verbunden die ermittelbare Fehlerquote im direkten proportionalen Verhältnis zur Dauer des Spracherwerbs geringer wird, andererseits ist das Ergebnis in einem bestimmten Zusammenhang mit dem Stimulus zu sehen. Letzteres bedeutet, daß bei der Auswertung eines gelesenen Textes stärker das Graphemsystem und seine Umsetzung zu berücksichtigen ist als bei der freien, nicht gebundenen Äußerung. Die Erfahrung zeigt, daß nur dann eine korrekte Beurteilung möglich ist, wenn vor dem Hintergrund der Konfrontation beide Verfahren verwendet werden.

2.2.1. Das deutsche Phoneminventar als Bezugsbasis der Konfrontation

Ausgehend vom deutschen Phoneminventar, von den Phonemverbindungen bzw. -folgen, kann ein Vergleich mit den muttersprachlichen Bedingungen vorgenommen werden. Dabei sind die positionellen und kombinatorischen Besonderheiten gegeneinander abzuheben. Aus dem Vergleich erkennbare zielsprachliche Leerstellen (z. B. ist ein Laut, eine Segmentfolge der Muttersprache im Deutschen nicht besetzt) sind weniger interessant. Um so bedeutsamer sind diejenigen, die in der jeweiligen Muttersprache als Ähnlichkeiten oder als Leerstellen nachzuweisen sind (vgl. 2. Der phonetische Fehler).

Die folgende Tabelle soll helfen, eine solche Konfrontation auf der segmentellen Ebene zu ermöglichen. Die Segmente sind hinsichtlich ihrer Position und ihrer Kombinierbarkeit untereinander in Listen zusammengefaßt. Dabei lassen sich drei Gruppen erkennen, der initiale Bereich, der finale und der Bereich der Vokale. Die Kombinierbarkeit von Lauten innerhalb der drei Gruppen ist nicht berücksichtigt worden. Die Konfrontation mit dem Lautinventar einer Muttersprache soll demzufolge diejenigen Laute oder Lautfolgen ermitteln, die in der Muttersprache nicht vorhanden sind.

Initial			Nukleus				Final				
eingliedrig	zweigliedrig	dreigliedrig	gespannt-lang	ungespannt	Diphthong	reduziert	fünfgliedrig	viergliedrig	dreigliedrig	zweigliedrig	eingliedrig
[p]	[ʃp]		[ɑ:]	[a]	[ae]	[ɐ]				[mp]	[p]
[b]			[e:]	[ɛ] [ɛ:]	[ao]	[ə]				[lp]	
[t]			[i:]	[ɪ]		[i]				[rp]	
[d]			[y:]	[ʏ]					[mpt]	[pt]	[t]
[k]			[ø:]	[œ]					[lpt]		
[g]			[u:]	[ʊ]					[rpt]		
[f]			[o:]	[ɔ]	[ɔø]					[kt]	
[v]	[kv]	[tsv]			[ʊy]				[lkt]		
	[ʃv]								[rkt]		
[z]									[ŋkt]		
[s]	[ps]									[ft]	
	[ts]							[mpft]	[pft]		
	[ks]								[nft]		
[ʃ]									[lft]		
[ʒ]									[rft]		
[ç]								[mpst]	[pst]	[st]
[j]								[lpst]			
[r]	[pr]	[ʃpr]						[rpst]			
	[tr]	[ʃtr]						[ftst]	[tst]		
	[fr]	[pfr]						[çtst]			
	[br]							[ntst]			
	[dr]							[ltst]			
	[kr]							[rtst]			
	[gr]							[ŋkst]	[kst]		
	[vr]							[lkst]			
	[ʃr]							[rkst]			
[m]	[ʃm]						[mpfst]	[pfst]	[fst]		
[n]	[pn]							[nfst]			
	[gn]							[lfst]			
	[kn]							[rfst]			
	[ʃn]							[pʃst]	[ʃst]		
[l]	[pl]	[ʃpl]					[ntʃst]	[tʃst]			
	[fl]	[pfl]						[mʃst]			
	[bl]							[nfst]			
	[kl]							[lʃst]			
	[gl]							[rʃst]			
	[ʃl]							[nçst]	[çst]		
								[lçst]			
								[rçst]			
									[xst]		
								[lmst]	[mst]		
								[rmst]			
								[rnst]	[nst]		
									[ŋst]		
								[rlst]	[lst]		
									[rst]		

Initial			Nukleus				Final				
eingliedrig	zweigliedrig	dreigliedrig	gespannt-lang	ungespannt	Diphthong	reduziert	fünfgliedrig	viergliedrig	dreigliedrig	zweigliedrig	eingliedrig
									[ɐst]	[ʃt]	
									[pʃt]		
								[ntʃt]	[tʃt]		
									[mʃt]		
									[nʃt]		
									[lʃt]		
									[rʃt]		
									[nçt]	[çt]	
									[lçt]		
									[rçt]		
										[xt]	
									[lmt]	[mt]	
									[rmt]		
									[lnt]	[nt]	
									[rnt]		
										[ŋt]	
									[rlt]	[lt]	
										[rt]	
										[ɐt]	
										[sk]	[k]
										[ŋk]	
										[lk]	
										[rk]	
									[mpf]	[pf]	[f]
										[mf]	
										[nf]	
										[lf]	
										[rf]	
									[lps]	[ps]	[s]
									[mps]		
									[rps]		
									[ŋkts]	[pts]	[ts]
								[rkts]	[fts]		
							[rtsts]	[nsts]	[sts]		
								[rsts]	[çts]		
									[xts]		
									[mts]		
									[nts]		
									[lts]		
									[rts]		
									[ɐts]		
									[ŋks]	[ks]	
									[lks]		
									[rks]		
								[mpfs]	[pfs]	[fs]	
									[rfs]		

Initial			Nukleus				Final				
eingliedrig	zweigliedrig	dreigliedrig	gespannt-lang	ungespannt	Diphthong	reduziert	fünfgliedrig	viergliedrig	dreigliedrig	zweigliedrig	eingliedrig
									[pʃs]	[ʃs]	
									[tʃs]		
									[mʃs]		
									[nʃs]		
									[rʃs]		
									[nçs]	[çs]	
									[lçs]		
									[rçs]		
										[xs]	
									[lms]	[ms]	
									[rms]		
									[lns]	[ns]	
									[rns]		
										[ŋs]	
									[rls]	[ls]	
										[ɐs]	
									[ntʃ]	[pʃ]	[ʃ]
									[rtʃ]		
										[kʃ]	
										[mʃ]	
										[nʃ]	
										[lʃ]	
										[rʃ]	
										[nç]	[ç]
										[lç]	
										[rç]	
											[x]
										[lm]	[m]
										[rm]	
										[ln]	[n]
											[ŋ]
										[rl]	[l]
											[r]
											[ɐ]

In der Praxis zeigt es sich, daß die finalen Segmentfolgen durch End-silbenreduktion u. U. noch umfänglicher werden. Allerdings würde eine solche Auflistung im Rahmen dieses Lehrbuches zu weit führen. Eine eingehendere Beschreibung dieser Erscheinungen ist jedoch im Übungs-teil zu finden.

2.2.2. Der Analysetext

Analyse-
texte

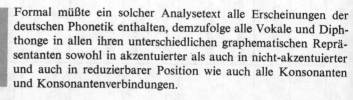 Formal müßte ein solcher Analysetext alle Erscheinungen der deutschen Phonetik enthalten, demzufolge alle Vokale und Diphthonge in allen ihren unterschiedlichen graphematischen Repräsentanten sowohl in akzentuierter als auch in nicht-akzentuierter und auch in reduzierbarer Position wie auch alle Konsonanten und Konsonantenverbindungen.

Besondere Aufmerksamkeit ist hier der Vielfalt der graphematischen Repräsentanz zu schenken, d. h. den positionellen Besonderheiten wie Auslautverhärtung, Vokalisierung des *r*, assimilatorischen Angleichungen, Erscheinungen der Reduktion und nicht zuletzt auch den kombinatorischen Gegebenheiten. Das sind einerseits Graphemkopplungen, die bei der Anwesenheit eines gleichen Zeichens in Verbindung mit jeweils anderen unterschiedliche Umsetzungen erfordern (z. B. *c* in /ch/, /ck/, /chs/, /ch/s/, /sch/, /s/ch/), und andererseits Umsetzungen von konsonantischen Graphemen oder Graphemgruppierungen, die von der vokalischen Umgebung bestimmt werden (z. B. *g* nach [ɪ] als [ç], *ch* vor [oː] als [k] oder vor [ɛ] als [ç]). Das gilt für zwei- oder dreigliedrige Segmentfolgen (z. B. [ʃp], [ʃpr]) im initialen Bereich und für zwei-, drei-, vier- oder fünfgliedrige konsonantische Segmentfolgen im finalen Bereich (z. B. [st] in *weißt*, [pst] in *schreibst*, [pfst] in *zupfst* und [mpfst] in *schimpfst*). Nicht außer acht lassen sollte man auch die unterschiedlich interpretierbaren Graphemfolgen, z. B. *sch* für [ʃ] in *haschen* und [sç] in *Häschen*. Die Aspiration der Verschlußlaute sollte berücksichtigt werden, desgleichen der vokalische Neueinsatz oder der gehauchte Einsatz von Vokalen, der durch das Graphem /h/ repräsentiert ist.

Desgleichen muß der Text eine Reihe von Satzstrukturen enthalten, aus denen eventuell Fehler hinsichtlich Satzakzentuierung und Intonation ermittelt werden könnten. Schließlich sollte im Text auch der Vorkommenshäufigkeit von Segmenten Rechnung getragen werden, denn bestimmte Segmente (z. B. [ʒ]) sind relativ selten, andere Erscheinungen besonders häufig und daher auch fehleranfälliger. Das betrifft vorrangig die schon erwähnten Erscheinungen wie die *r*-Vokalisierung, die Endsilbengestaltung, die Assimilation der Stimmhaftigkeit und die korrekte Realisierung der Vokale hinsichtlich Qualität und Quantität in Abhängigkeit vom Akzent.

Wollte man aber so formal, wie soeben abgehandelt, an die Gestaltung des Analysetextes herangehen, würde sowohl sein Umfang als die damit verbundene Belastbarkeit des Studenten die Grenzen überschreiten. Es ist daher angeraten, nur die Erscheinungen zu berücksichtigen, die von Bedeutung sind.

Um welche es sich dabei handelt, läßt sich relativ genau aus den Ergebnissen der konfrontativen Analyse ablesen.

Da es im Rahmen dieser Publikation nicht realisierbar ist, ein ganzes

Inventar von Analysetexten zur Verfügung zu stellen, die die jeweiligen spezifischen Belange einer ganz bestimmten Konfrontation zwischen einer bestimmten Muttersprache und dem Deutschen berücksichtigen, schlagen wir einen Text vor, der alle diejenigen Erscheinungen enthält, die im wesentlichen für das Deutsche typisch, in anderen Sprachen also weniger oder gar nicht vorhanden sind.

Folgendes sollte jedoch für alle Texte verbindlich sein:

Der Text selbst muß gut lesbar sein. Er sollte keine fremden Namen, fremden Begriffe oder Abkürzungen enthalten, die das Verstehen erschweren. Damit der Student beim Lesen nicht vordergründig mit formalen Problemen zu kämpfen hat, sollte der Text zugleich in leicht verständlicher Form geschrieben werden. Um ein mehrfaches Abhören zu ermöglichen, sollte der Text außerdem aufgezeichnet werden.

2.2.2.1. Text 1 und seine Analyse

Der Bauer und der Teufel

Ein schmächtiges Bäuerlein hatte eines Tages seinen Acker bestellt und rüstete sich zur Heimfahrt, als die Dämmerung schon eingetreten war. Da erblickte es mitten auf seinem Acker einen Haufen feuriger Kohlen, und als es voll Verwunderung hinzuging, so saß eben auf der Glut ein kleines schwarzes Teufelchen. „Du sitzt wohl auf einem großen Schatz?" sprach das Bäuerlein. „Jawohl", antwortete der Teufel, „auf einem Schatz, der mehr Gold und Silber enthält, als du dein ganzes Leben lang gesehen hast." „Der Schatz liegt aber auf meinem Feld und gehört demzufolge mir", sprach das Bäuerchen. „Er ist dein", antwortete das Teufelchen, „wenn du mir zwei Jahre lang die Hälfte von dem gibst, was dein Acker hervorbringt; Gold habe ich genug, aber ich trage Verlangen nach den Früchten der Erde." Das Bäuerlein ging gern auf den Handel ein. „Damit aber kein Streit bei der Teilung entsteht", sprach es, „so soll dir gehören, was über der Erde ist und mir, was unter der Erde liegt." Dem Teufel gefiel dieser Vorschlag, aber das listige Bäuerchen hatte Rüben gesät. Als nun die Zeit der Ernte kam, so erschien der Teufel und wollte seine Frucht holen; er fand aber nichts als die gelben Blätter, und das Bäuerlein, ganz vergnügt, grub seine Rüben aus.

„Einmal hast du den Vorteil gehabt", sprach der Teufel, „aber für das nächste Mal soll das nicht gelten. Dein ist, was über der Erde wächst, und mein, was darunter ist." „Mir auch recht", antwortete das Bäuerlein. Als aber die Zeit zur Aussaat kam, säte das Bäuerlein nicht wieder Rüben, sondern Weizen. Die Frucht wurde reif. Das Bäuerlein ging über den Acker und schnitt die vollen Halme bis zur Erde ab. Als der Teufel kam, fand er nichts als die Stoppeln und fuhr wütend in eine Felsenschlucht hinab.

57

„So muß man die Füchse prellen", sprach das Bäuerlein, ging hin und holte sich den Schatz.

Eine sehr schöne Möglichkeit, die phonetischen Belange eines Analyse- textes überschaubar zu machen, wäre die Darstellung mit Hilfe von Folien, indem wahlweise dém Text diejenige Folie aufgelegt werden würde, auf der mittels Fettdruck eine durchgehende phonetische Be- sonderheit (z. B. gespannt-lange Vokale, reduzierte Vokale, Auslaut- verhärtung, graphematische Besonderheiten usw.) hervorgehoben ist.

Wir müssen uns begnügen, die Erscheinungen zahlenmäßig zu erfas- sen, also ihre Vorkommenshäufigkeit darzulegen, um zu erkennen, was ein gegebener Analysetext überhaupt leistet und welche Erscheinungen auf Grund ihrer Vorkommenshäufigkeit – ja ihres Vorhandenseins über- haupt – bewertet werden können.

Emphase
emotionaler
Anteil

Bei der Auszählung der Vokale und Diphthonge ist davon ausgegangen worden, daß der Text ohne Emphase (Nachdruck) und ohne emotionalen Anteil (gefühlsmäßige Beteiligung) gelesen wird, da unterschiedliche Interpretationen unterschiedliche Relationen zwischen betonten und un- betonten Vokalen nach sich zögen. Die Schwankungsbreite wäre dann zwar nicht groß, aber dennoch erkennbar. Für die Zählung der über die Wortfuge hinausgehenden konsonantischen Segmentfolgen wurde an- genommen, daß die Aussprüche in sich jeweils ohne Pause gelesen wer- den. Das ist eine notwendige Bedingung, denn im umgekehrten Falle wäre praktisch fast zwischen jedem Wort eine Staupause möglich.

Wenden wir uns nun den Einzelerscheinungen zu. Bei den vokalischen Lauten unterscheiden wir in gewohnter Weise zwischen gespannt-langen und ungespannt-kurzen – das [ɛ:] nicht zu vergessen. – sowie zwischen reduzierten und unsilbischen Lauten. Darüber hinaus soll auch zwischen betonten (gespannt-lange betreffend) und unbetonten (ungespannt- kurze) Vokalen differenziert werden. Somit ergäben sich fünf Gruppen von Vokalen:

1. akzentuierte gespannt-lange Vokale
2. nicht-akzentuierte gespannt-lange Vokale
3. akzentuierte ungespannt-kurze Vokale
4. nicht-akzentuierte ungespannt-kurze Vokale
5. akzentlose Vokale

Diese Differenzierung in akzentuierte und nicht-akzentuierte Vokale läßt sich besonders günstig an zusammengesetzten Wörtern nachweisen.

Wenn man von der Häufigkeit und der daraus resultierenden Bedeut- samkeit des schwachtonigen e vorerst absieht, ergibt sich für die übrigen Vokale folgende Rangordnung nach der Häufigkeit ihres Auftretens:

| Vokal | | Häufigkeit |
ungespannt-kurz	gespannt-lang	
[a]		37
	[e:]	30
[ɪ]		20

Vokal		Häufigkeit
ungespannt-kurz	gespannt-lang	
[ʊ]		20
[á]		19
	[ɑ:]	18
[é]		16
	[í]	13
	[á:]	12
[ɛ]		11
[ɔ]		10
[í]		10
	[é:]	9
	[ó:]	9
	[i:]	9
[ú]		8
	[ý:]	7
	[u:]	6
	[o:]	5
[ɔ]		5
[ý]		4
	[ú:]	3
	[é:]	3
	[ø]	2
	[y:]	2
	[ø:]	–
[ǿ]		–
[œ]		–
[ɣ]		–
	[ɛ:]	–

Fünf Vokale treten gar nicht auf: [ø:], [ǿ], [œ], [ɣ], [ɛ:].

Auch die Diphthonge erscheinen sowohl in akzentuierter als auch in nicht-akzentuierter Position:

	akzentuiert	nicht-akzentuiert
[ae͜]	16	25
[ao͜]	3	7
[ɔø͜]	19	–

Besondere Aufmerksamkeit ist dem schwachtonigen *e* zu schenken, da es als Flexionsmorphem besonders häufig auftritt, aber immer akzentlos ist und in bestimmten Fällen auch elidiert werden kann.

	[ə]	[əs]	[ən]	[əm]	[əɐ(n)]	[əl(n)]	[bə~/gə~]
vokal. Laut	–	–	–	–	10	–	–
[h]	–	–	1	–	–	–	–
[p]	–	–	–	–	–	0,1	–
[b]	1	–	6	–	11	–	–
[t]	16	–	4	–	3	–	–
[d]	6	–	–	–	1,1	1	–

	[ə]	[əs]	[ən]	[əm]	[əɐ(n)]	[əl(n)]	[bə~/gə~]
[k]	–	–	–	–	4	–	–
[g]	3	2	–	–	1	–	–
[v]	–	–	–	–	–	–	–
[f]	–	–	1	–	–	7	–
[s]	1	2	2	–	–	–	–
[z]	–	–	1	–	1	–	–
[ç]	–	–	5	–	–	–	–
[l]	–	–	4	–	–	–	–
[m]	2	–	–	–	–	–	–
[n]	3	2	3	4	–	–	–
[ŋ]	–	–	1	–	–	–	–
[r]	1	–	1	–	–	–	–
	–	–	–	–	–	–	1/8
	33	6	29	4	31,1	8,1	9

Auffällig und besonders günstig für den Nachweis von Fehlleistungen be i der Realisierung des *e* sind die Morpheme *-e*, *-en* und *-er* ([ə], [ən] un d [əɐ]). An ihnen ist hinreichend nachweisbar, ob [ə] standardsprachlic h realisiert wird oder nicht. Günstig ist ebenfalls die Tatsache, daß [ən] i r assimilierbaren Positionen auftritt, wenngleich das nur für *ben* als [bm̩] gilt. [gń] ist leider nicht vertreten; es gibt jedoch genügend Formen, i n denen das schwachtonige *e* ausfallen darf. Nicht elidiert werden kann e s nach *l*, *n*, *ng* und *r*. Die Segmentfolge *schwachtoniges e + vokalisiertes r* in nicht-akzentuierter Position ist ebenfalls genügend repräsentiert, um eine eindeutige Aussage machen zu können.

Vokalisches *r* tritt außer in der finalen Segmentfolge *-er* und de m bestimmten Artikel *der* auch in den unbetonten Konstituenten *er-*, *her-*, *ver-* und der betonten Konstituente *vor-* sowie nach den langen Vokalen [ɑ:], [e:], [i:], [ø:], [y:] und [u:] auf.

Auch die konsonantischen Belange können an diesem Text *Der Bauer* *und der Teufel* sehr gut beobachtet werden, so die Häufigkeit von Einzellauten und von konsonantischen Segmentfolgen im finalen bzw. im initialen Bereich, die Besonderheiten bei der Bindung über die Silben- bzw. Wortgrenze hinaus, die graphematische Ausprägung und schließlich die positionellen Besonderheiten.

Die folgende Übersicht zeigt die konsonantischen Segmentfolgen des Analysetextes, die über die Silben- bzw. Wortgrenze reichen. Sie bestehen wenigstens aus einem finalen und wenigstens aus einem initialen Segment.

Die Tabelle weist insgesamt 127 unterschiedliche konsonantische Segmentfolgen aus, die über die Wort- bzw. Silbengrenze hinausgehen. Sie sind nicht nur in ihrer Zusammensetzung unterschiedlich, sondern auch in ihrem Umfang. Der Schwierigkeitsgrad beim Artikulieren wird dabei von verschiedenen Faktoren bestimmt, vornehmlich von folgenden: dem Vorhandensein bzw. Nichtvorhandensein einer konsonantischen Folge in der Muttersprache, den besonderen Eigenarten der progressiven Assimilation und der für einige Laute erforderlichen Auslautverhärtung.

fin. \ init.	[b]	[t]	[d]	[k]	[g]	[f]	[v]	[s]	[z]	[ç]/[j]	[ʃ]	[r]	[m]	[n]	[l]	[h]
[p]	–	–	–					–	[p/z][2]	–							–
[t]	[t/b][2]	[t/ts][2]	[t/d][2] [nt/d][2] [st/d][3] [et/d][1] [kt/d][1]	[k/t][1]	[ct/g][1] [nt/g][1] [ŋt/g][1] [kt/gr][1]	[nt/f][1]	[nt/v][4] [st/v][1] [tst/v][1] [pst/v][1] [çt/v][1] [xt/v][1]	–	[nt/z][1]	–	[nt/ʃn][1] [nt/ʃt][1] [t/ʃpr][1] [pt/ʃpr][1]	[nt/r][1]	[nt/m][2] [st/m][2]	–	–	[nt/h][2] [lt/h][1] [xt/h][2]
[k]	–	[k/t][1]	–					[k/s][1]		–				–	–		–
[f]	–	[lf/t][1]	[f/d][1]			–		–	[f/z][1]	–			[f/m][1]	–	–		–
[s]	[s/b][9]	[s/t][3]	[ls/d][1]	–	–	[nts/f][1]	[s/v][1]	–	–	–	[s/ʃv][1] [ts/ʃpr][1]	–	[s/m][2]	[s/n][2] [ls/n][1]	[s/l][2] [ts/l][1]	–
[ç]	–	[ç/t][2] [ç/ts][1] [ç/tr][1]	[ç/d][1]	–	[ç/g][1]	–	–	[ç/st][1]	–	–	–	–		–	–	–
[x]	–	–	[x/d][5]	–	–	–	–					[x/r][1]				–
[r]	–	[r/t][3] [r/ts][1] [rn/t][1]	[r/d][1]	–	–	–	–	–	–	–	–	–	–	–	–	–
[a]	[a/b][2] [a/bl][1] [e/br][1]	[a/t][6] [a/tsv][1]	[a/d][13]	[a/k][3]	[a/g][2] [a/gl][1] [e/gn][1]	[a/f][4]	[a/v][3] [v/a/au]	–	–	[a/ç][3]	[e/ʃ][3] [a/ʃl][1] [e/ʃpr][1]	[a/r][1]	[a/m][1]	[a/n][2]	[a/l][9]	[a/h][9]
[m]	–	[m/t][1] [m/ts][1]	–		[m/g][2]	[m/f][3]	–		[m/z][1]	–	[m/ʃl][1]	–			–	–
[n]	[n/bl][1]	[n/t][2] [n/ts][2]	[n/d][12]	[n/kl][1]	[n/g][7]	[n/f][2] [n/fr][1]	[n/v][4]	–	[n/z][1]	[n/j][1]	[n/ʃ][2] [n/ʃl][1] [n/ʃm][1] [n/ʃtr][1] [n/ʃpr][1]	–	[n/m][1]	[n/n][2]	[n/l][1]	[n/h][4]
[ŋ]	–	–	[ŋ/d][1]	–	[ŋ/g][2]	–	–	–	[ŋ/z][1]	–	–	–	–	–	–	[ŋ/h][2]
[l]	[l/b][2]	[l/t][4]	[l/d][3]	[l/k][1]	[l/g][3]	[l/f][1]	–		[l/z][2]	[l/ç][2]	–	–	[l/m][1]	–	–	[l/h][1]

(Die hochstehenden Zahlen geben die Anzahl der betreffenden Segmente im Analysetext an.)

Von der Auslautverhärtung betroffen sind in diesem Analysetext wieder hauptsächlich die Grapheme *b, d, g, s* in ihrer Umsetzung zu [p, t, k, s]. Relativ häufig erscheinen auch [f, ç, x, ʃ] lenisiert mit Stimmton als [v, j, ʁ, ʒ], wenn es sich bei dem an der Wort- oder Silbengrenze unmittelbar folgenden Segment um Vokale, Diphthonge, Liquide oder Nasale handelt. Besonders große Aufmerksamkeit muß den Übergängen an den Wort- bzw. Silbengrenzen dann geschenkt werden, wenn stimmlose Fortes in finaler Position mit stimmhafter Lenes in initialer zusammentreffen, denn je weniger sich der Artikulationsmodus des finalen Segmentes vom unmittelbar folgenden initialen unterscheidet und je näher die Artikulationsstellen dieser Segmente beieinander liegen, je größer ist die Gefahr des phonetischen Fehlers. Vier Dinge sind daher zu berücksichtigen:

1. Stimmlosigkeit und große Artikulationsenergie als Merkmale finaler Segmente müssen immer erhalten bleiben. Die Aspiration für die Verschlußlaute darf jedoch – in bestimmten Fällen muß sie sogar – entfallen, z. B.
   hat ihn [hatˈˀiːn]
   und ihn [ʊntˈˀiːn]
   und doch [ʊntˈdɔx]
   Ausnahmen: *Wagner* [ˈvaːgnɐ], *ebnen* [ˈeːbnən]
2. Die initialen Segmente [b, d, g, v, z, j, ʒ, ʁ] werden hinsichtlich Stimmton den in finaler Position stehenden und damit zeitlich und artikulatorisch vorausgehenden [p, t, k, f, s, ʃ, ç, x] angeglichen und somit als stimmlose Lenes realisiert, z. B.
   Absicht [ˈapʐɪçt]
   und sollst [ʊntˈʐɔlst]
3. Für den Realisierungsgrad hinsichtlich Fortis oder Lenis bei den Verschluß- oder Reibelautgeminaten (Folgen von gleichen bzw. gleichartigen Verschluß- bzw. Reibelauten) an der Wort- bzw. Silbengrenze ist das initiale Segment (d. h. der zweite Bestandteil der Geminate) ausschlaggebend, z. B.
   aufwaschen [ˈa̯ofɣaʃn̩]
   auffischen [ˈa̯offɪʃn̩]
4. Es sind unhörbare Artikulationen möglich bei Kombinationen von Verschlußlauten über die Wort- bzw. Silbengrenze hinweg. Diese unhörbaren Artikulationen dürfen nur im (zeitlich) ersten Segment wirksam werden.

„Cluster": Eine Folge von Konsonanten über die Silben- bzw. Wortgrenze hinweg.

Gelegentlich ist diese Erscheinung auch in finalen Clustern gleicher Bauart nachweisbar, z. B.
   ob du [ɔ(p)d̥uː]
   sagt er [ˈʐaː(k)t ˀeːɐ]

Schließlich sollte bei der Auswertung des Analysetextes auch der Kontrast zwischen festem und gehauchtem Einsatz nicht unbeachtet bleiben.

	[a	ɑː	ɛ	ɛː	eː	ə	œ	øː	ɔ	oː	ɪ	iː	ʏ	yː	ʊ	uː	a͜e	a͜o	ɔ͜ø]
ʔ	16	6	5	–	8	3	–	–	–	1	5	–	–	3	13	–	10	8	–
h	5	3	2	–	–	–	–	2	–	2	3	–	–	–	–	–	1	1	–

Deutlich erkennbar ist der überwiegende Anteil des festen Einsatzes, der bei [a] und [ʊ] auf die häufig im Text vorkommenden Konjunktionen *und* und *als* zurückzuführen ist. Die statistische Erfassung der Erscheinungen des Analysetextes könnte noch detaillierter sein (so Probleme der labialisierten Konsonanten oder der Wort- und Satzakzentuierung betreffend), mag aber für unsere Belange erst einmal genügen.

2.2.2.2. Text 2

Wir heizen wieder

Sind Sie sicher, daß Sie ökonomisch heizen, d. h. erreichen Sie mit möglichst wenig Brennstoff die optimale Wärme in den Wohnräumen? Sie sollten das überprüfen! Sind alle Verbindungsstellen zwischen Raumheizer und Schornstein dicht: der Rauchrohrstutzen des Ofens zum Ofenrohr, die Knie am Ofenrohr, das Ofenrohr zum Wandfutter, das Wandfutter zum Schornstein. Sonst zöge nämlich der Ofen Falschluft, der Brennstoff erhielte zu wenig Luft und würde ungenügend verbrennen und das bedeutet verringerte Heizleistung und erhöhten Verbrauch von Heizmaterial. Sind auch alle Nachbaröfen, die zum selben Schornsteinzug führen, in Ordnung? Selbst wenn sie nicht betrieben werden, können auch deren undichte Stellen den Heizeffekt des Wärmespenders verschlechtern. Deshalb sollten Sie streng darauf achten, daß die Feuer- und Aschentüren all dieser Wärmequellen fest verschlossen sind. Hat der betriebene Ofen den richtigen Zug? Ist der Zug zu schwach, könnte die Ursache dafür in einer undichten Stelle liegen. Ist er zu stark, entweicht zu viel Wärme ungenutzt in den Schornstein. Sie können leicht überprüfen, wie Ihr Ofen reagiert. Vor die spaltbreit geöffnete Feuertür halten Sie eine brennende Kerze. Nur wenn die Flamme deutlich in waagerechter Richtung in den Spalt gezogen wird, stimmt der Zug. Bleibt die Flamme aufrecht oder flackert sie nur leicht, ist der Zug ungenügend. Dann sollten Sie die erwähnten Nahtstellen unbedingt überprüfen und die Züge des Ofens notfalls reinigen lassen. Wird die Flamme dagegen kräftig ins Ofeninnere gesaugt oder erlischt sie gar, ist der Zug zu stark. In diesem Falle sollten Sie einen Schornsteinfeger zu Rate ziehen.

Entfachen Sie das Feuer richtig. Bereits beim Anheizen kann Energie gespart werden. Achten Sie darauf, daß beim Feuermachen der gesamte Rost mit Brennmaterialien bedeckt ist. Nur dann nämlich stimmt vom ersten Moment des Heizens an der von den Experten berechnete Schornsteinzug. Auch für die richtige Luftzufuhr ist beim Anheizen zu sorgen. Bei Raumheizern mit Reglern erreichen Sie diese grundsätzlich über den Regler und über den Brennstoffwähler. Der Regler muß dabei auf die höchste Stufe gestellt werden, der Brennstoffwähler dagegen auf „Anheizen". Alle Türen und Füllklappen müssen geschlossen sein. Wenn das Feuer lodert, drosseln Sie stufenweise die Luftzufuhr und stellen den Brennstoffwähler auf den jeweils verwendeten Brennstoff ein. Bei Kachelöfen gelangt die Verbrennungsluft nur durch die Aschentür. Sie ist anfangs weit zu öffnen und später anzulehnen.

Dieser Analysetext unterscheidet sich von dem Text *Der Bauer und der Teufel* hauptsächlich in drei Dingen:

1. weitaus größere Häufigkeit der gerundeten Vokale,
2. stärkere Differenzierung der reduzierbaren Endsilben,
3. stärkere Berücksichtigung der Akzentbedingungen in Zusammensetzungen.

Die Aufschlüsselung der dem Text innewohnenden Einzelerscheinungen soll dem Benutzer überlassen werden.

2.2.3. Die teildeterminierte Rede als Analysebasis

Wort-
geländer

Im Gegensatz zu gelesenen Texten ist die teildeterminierte Rede relativ frei, da sie sich nur an den in einem Wortgeländer vorgegebenen Wörtern orientieren muß. Diese Wörter sind inhaltlich aufeinander bezogen und sollen dem Studenten helfen, einen ihm bereits bekannten Text zu reproduzieren, ohne daß es zu wesentlichen Stockungen kommt, die ihre Ursache im Vergessen bzw. im Versuch des Sich-Erinnerns haben.

Die Variabilität des Textes, für den das Wortgeländer nunmehr steht, wird von den Sprachfähigkeiten und -fertigkeiten, über die der Student verfügt, eingeschränkt. Für unsere Belange ist das unerheblich, da der teildeterminierte Vortrag unabhängig von grammatischen und lexikalischen Fehlern lediglich phonetisch bewertet wird. Um einen möglichst flüssigen Vortrag zu gewährleisten, sollte aber dennoch beachtet werden, daß das Wortgeländer dem jeweiligen Leistungsstand des Studenten entspricht. Es darf weder zu leicht noch zu schwer sein, d. h. nicht zu stark gedrängt, aber auch nicht übermäßig redundant. Hauptgliederungspunkte, Unterpunkte und Beispiele sollten graphisch gegeneinander abgehoben werden, s. auch folgendes Beispiel:

Der Bauer und der Teufel

kleines Bäuerlein – Heimfahrt
Dämmerung, Abend
Haufen glühender Kohlen
Teufel auf Schatz

Streit um Schatz
> Bauer: mein Feld
> Teufel: mein Schatz

Handel um Schatz
> Teufel: Hälfte der Ernte
> zwei Jahre lang
> Bauer: einverstanden
> Bedingung: Teufel erhält, was **über** der Erde wächst
> Bauer hatte Rüben gesät
>> Teufel erhält Blätter
>> Bauer erhält Rüben

Neue Vereinbarung: nun umgekehrt
> Teufel erhält, was **unter** der Erde wächst
> Bauer hat Weizen gesät
>> Bauer erhält Frucht
>> Teufel erhält Stoppeln

Teufel wütend Felsspalte,
Bauer holt Schatz

Ein solches Wortgeländer ist jedoch nur dann zu verwenden, wenn die Geschichte tatsächlich bekannt ist, wenn man erwarten kann, daß sie reproduzierbar ist.

In vielen Fällen kann nicht auf eine bekannte Geschichte zurückgegriffen werden. Oftmals ist auch der Kenntnisstand des Studenten für die Reproduktion einer solchen Geschichte unzureichend. Dann scheint es angeraten, sich allgemeineren Themen zuzuwenden, wie etwa dem Lebenslauf, einer einfachen Kochvorschrift, einem Reisebericht oder den ersten Eindrücken am Studienort.

Ein Wortgeländer für einen Reisebericht könnte u. U. nach folgenden Gesichtspunkten aufgestellt werden:

Wortgeländer: Reisebericht

> Wann Entschluß für die Reise gefaßt?
>> Datum!
> Welche Gründe?
>> Dienstreise, Bildungsreise, Studienreise, Erholungsreise
> Welche Bedenken?
>> Heimweh, finanzielle Probleme, gesundheitliche Probleme
> Wann Karten (Fahrkarten, Flugkarten, Schiffskarten) gekauft?
> Warum mit Eisenbahn, Flugzeug, Schiff?
>> Länge, Zeit
>> Bequemlichkeit
>> Frage des Preises, Ermäßigung ...
> Wo losgefahren, losgeflogen, ...?
> Wie war das Wetter?
>> (Sonne, Hitze, Regen, Schnee, Wind)
> Bekanntschaften auf der Reise?
>> Platznachbar, Speisewagen, Messe ...
> Besondere Erlebnisse?
>> Unglücksfälle, Wiedersehen mit Bekannten, schöne Landschaften; Pünktlichkeit, Komfort

Wo umgestiegen?
(Bahnhof, Flugplatz, Hafen)
Paß- und Zollkontrolle an den verschiedenen Grenzen.
Probleme bei der Kontrolle
Ankunft in der Zielstadt.
Empfang
sprachliche Schwierigkeiten
Unterbringung
Eingewöhnung, Akklimatisierung
Heimweh
Post

Nachteile

Im Gegensatz zum volldeterminierten Analysetext hat der teildeter
minierte Text den Nachteil, daß der Student u. U. nicht alle phonet
schen Erscheinungen – und diese in der Regel nicht häufig genug
realisiert, so daß in einigen Fällen eine Beurteilung gar nicht möglich is
Andererseits werden bei dieser Textform Fehler deutlicher, die auf Grun
solcher mangelnder Übung noch vorhanden sind, denn die Hilfen, di
das Schriftbild bietet, entfallen.

2.2.4. Die freie Rede als Analysebasis

Der nichtdeterminierte Vortrag wird lediglich von dem vorgegebe
nen Thema bestimmt. Er wird auch als freie Rede bezeichnet.

Eine solche freie Rede wird sicher erst auf einer höheren Stufe de
Spracherwerbs möglich sein. Im Gegensatz zum vorgegebenen Analyse
text können auch hier bestimmte Erscheinungen gehäuft vorhanden sei
oder auch vollkommen fehlen. Die freie Rede wird sich hinsichtlic
ihrer Spannungslage (beim Vortrag) und ihrer intonatorischen Bewegur
gen sehr deutlich vom Analysetext unterscheiden, weil der Partnerbezu
bzw. der Hörerkontakt eine ganz andere Ausprägung findet, ja u. U
überhaupt erst stimuliert wird. Vorhandensein und Häufigkeit bestimm
ter Vokale, Konsonanten, Folgen von Konsonanten, Reduktionen un
Assimilationen, Vokalisierungen von *r* sind – wie auch beim teildeter
minierten Text – nicht an bestimmte Stellen der Rede gebunden. Da
erschwert die Analyse. Falls eine Erscheinung (die gerundeten Vokale
Reduktion der unbetonten Endsilbe *-en* nach /b/ u. a.) nicht nachweis
bar ist, wird man sich genötigt fühlen, im Anschluß einige Kontrol
wörter sprechen zu lassen.

In vielen Fällen wird – bei großer sprachlicher Korrektheit – die kri
tische Analyse der Schallaufnahme eines solchen Vortrages Hinweis
auf „letzte" feine Abweichungen geben, vorausgesetzt der Vortrag steh
in einer angemessenen Länge im Verhältnis zur Häufigleit der zu beurtei
lenden Erscheinung. Ein einmaliger „Ausrutscher" ist noch kein Hin
weis auf eine prinzipielle artikulatorische Abweichung, zumal in nich
wenigen Fällen der als (phonetische) Prüfung des Schülers bewertet

reie Vortrag eine gewisse artikulatorische Unsicherheit fördert. Von
olchen Momenten, die bis zum Atemzittern (einer stoßweisen und
tufenweisen Absenkung des Zwerchfells beim Einatmen) gehen können,
nuß einfach abgesehen werden. Sicher erweist es sich in solchen Fällen
als günstig, den Vortrag für einige Minuten zu unterbrechen und einen
ntensiveren und persönlicheren Kontakt zwischen Vortragendem und
Lehrer zu schaffen, indem auf private Dinge oder andere, nicht mit dem
Fachgebiet Phonetik zusammenhängende Sachverhalte eingegangen
wird. Eine solche Unterbrechung ist ganz einfach zweckmäßig, weil im
anderen Falle die phonetische Qualität des Vortrags nicht dem tatsäch-
ichen Leistungsvermögen entspricht.

2.2.5. Einzelwörter als Analysebasis

An den phoniatrischen Abteilungen der Hals-Nasen-Ohren-Kliniken und
in Sprachheilschulen werden sehr oft Einzelwortlisten benutzt, um eine
Sprachstörung wie Poltern oder Stottern genauer bestimmen zu können.
So ist der uns vorliegende „Worttest für Stammler" von H.-G. Streubel
ine Sammlung von Wörtern, die nach Vokalen, Diphthongen, Konso-
anten und Konsonantenverbindungen sowie deren positionellem Auf-
reten gegliedert ist. Besonders berücksichtigt werden dabei die initialen
onsonantischen Segmentfolgen, während auslautende nahezu völlig
ehlen. Ein kurzer Auszug soll das verdeutlichen!

Laut	Anlaut	Inlaut	Auslaut
[ɪ]	immer	Fisch	–
[iː]	Igel	Lied	Knie
[aʊ]	Auto	bauen	Frau
[p]	Papa	Puppe	Hopp-hopp
[ŋ]	–	Angel	eng
[pl]	Platz	hoppla	–
[pr, pʁ]	Preis	April	–
[pf]	Pferd	Apfel	Kopf
[ts]	Zahn	Katze	Herz

Daß die finalen Segmentfolgen weitgehend unberücksichtigt bleiben, ist
icht weiter störend, handelt es sich doch um einen Text für Sprach-
ranke, die als Muttersprachler die Regularitäten der Auslautverhärtung
der der Reduktion und Assimilation durchaus beherrschen. Es kommt
ielmehr darauf an, bestimmte Schwierigkeiten zu ermitteln, die bei der
ildung von Einzellauten auftreten, z. B. die Frage, ob ein *s* oder ein *k*
esprochen werden kann oder nicht, eine Lautverbindung wie *tr* gelingt
der nicht.
Für den Ausländer sind solche oder ähnliche Einzelworttests völlig
ngeeignet, weil die Besonderheiten, die sich aus der Konfrontation von

67

Muttersprache und Zielsprache ergeben, auf dieser Grundlage meist völlig unzureichend beschrieben werden können. Viel günstiger wäre eine von positionellen Gegebenheiten bestimmte Anordnung von Vokalen und Konsonanten in Verbindung mit einer Reihe der gebräuchlichsten Affixe, so daß man aus dieser Anordnung Wörter und Aussprüche bilden kann. Es wird sich eine Reihe von sinnleeren Wörtern ergeben, die zwar nach deutschen Wortbildungsgesetzen zustande kommen, vom System her also bildbar und auch zu verstehen sind, aktuell jedoch nicht gebildet werden. Diese Methode, von dem Nachteil sinnleerer Wörter einmal abgesehen, hat den Vorteil, daß mit ihr alle initialen Konsonanten oder Konsonantenfolgen mit allen akzentuierbaren Vokalen und wiederum allen kombinierbaren finalen Konsonanten bzw. Konsonantenfolgen kombiniert werden können. Der Vorteil besteht darin, daß jede noch so kleine Abweichung von den Erfordernissen des sprachlichen Standards überprüft werden kann und damit nachweisbar wird. Es ist nicht angeraten, den Lernenden alle bildbaren Wörter sprechen zu lassen. Vielmehr sollte man diesen Einzelworttext erst dann einsetzen, wenn man glaubt, daß eine bestimmte Segmentfolge artikulatorisch nicht korrekt beherrscht wird. Zum Beispiel: Man vermutet, daß [bly:] oder [blu:] im Vokalsegment palatalisiert werden und akustisch den Eindruck von [bljy:] und [blju:] machen. Jetzt sollten im finalen Bereich alle positionell möglichen Konsonanten probiert werden, um den gegenseitigen Einfluß bzw. die Abhängigkeit zu ermitteln oder es sollten die Initialkonsonanten gewechselt werden, um zu sehen ob diese Erscheinung nur in der Verbindung [l + y:] bzw. [l + u:] auftritt. Desgleichen kann ermittelt werden, ob das Initialsegment *b* ursächlich an der Palatalisierung beteiligt ist, wenn man es durch andere Initialsegmente ersetzt, jedoch nur durch solche, die an dieser Stelle auch in nicht sinnleeren Wörtern vorkommen: [p, g, k, f, ʃ]. Hinsichtlich Akzentuierung können alle Varianten gewählt werden. Gespannte und ungespannte Vokale können entweder akzentuiert oder nicht-akzentuiert auftreten bzw. gesprochen werden. Es ist zweckmäßig, die Initialkonsonanten nach der Gleichheit ihrer Artikulationsstelle zu sortieren, weil u. U. eine bestimmte Erscheinung an eine bestimmte Artikulationsstelle gebunden ist.

Die Tabelle S. 69 kann Ausgangspunkt für eine Reihe von Textbeispielen sein.

2.3. Notieren und Bewerten des phonetischen Fehlers

Die Fehleranalyse fertigen wir an, um einerseits zu sehen, welche phonetischen Schwierigkeiten beim einzelnen Studenten vorliegen, und andererseits festzustellen, welche Erscheinungen innerhalb einer Studentengruppe gehäuft auftreten und daher am Anfang von allen Lernenden gemeinsam erarbeitet werden müssen. Die Einzelfehlleistungen

Einzelfehl-
leistungen

(Pr)	(K) 1.	(K) 2.	Anlautsegment (IS)	Akzentuierte Vokale und Diphthonge	Finalsegmente (FS) 1.	2.	3.
ich	be	nach	[m] [ʃm]	[ɑː] [a]	**m**	**t**	**ə**
du	ge	vor	[b]	[eː]	[lm] [ʁm]	[te]	[ən]
wir		über	[p] [ʃp]	[ɛ] [ɛː]	**p**	**st**	[əl]
es		ein	[v] [ʃv] [ʃʏ] [kʏ] [tsʏ]	[iː] [ɪ]	[lp] [ʁp]	[ʃte]	[əln]
		aus	[f] [pf]	[oː] [ɔ]	**f**		[ə]
		unter	[n] [pn] [ʃn] [gn] [kn]	[oː] [œ]	[nf] [lf] [ʁf]		[na]
		hin	[d]	[yː] [ʏ]	**n**		[me]
		her	[t] [ʃt]	[uː] [u]	[ln] [ʁn]		[əs]
			[z]	[ae]	**t**		
			– [ps] [ts] [ks]	[ao]	[kt] [ŋt] [nt] [lt] [ʁt]		
	ent		[l] [bl] [pl] [fl] [ʃl]	[ɔø]	**sch**		
	emp		[gl] [kl]		[nʃ] [mʃ] [lʃ] [tʃ]		
	er		([r])				
	ver		[ʒ]				
	zer		[ʃ] [tʃ]				
			[j]				
			[ç]				
			[g]				
			[k]				
			[ʁ] [bʁ] [pʁ] [vʁ] [fʁ] [ʃʁ]				
			[gʁ] [kʁ] [ʃpʁ] [pfʁ] [ʃtʁ]				
			[x]				
			[h]				
			[ʔ]				

(Die Initial- sowie Finalsegmente können nach den Tabellen auf den Seiten 53 bis 55 erweitert werden.)

Beispiel

IS [m] → [m]

  + [a] → [ma]

    + FS1 [m] → [mam]

      + FS2 [t] → [mamt]

        + FS3 → [ə] [mamtə]

          + K2 *nach* → ['nɑːxmamtə]

            + K1 *be* → [bə'nɑːxmamtə]

+ Pr in Abhängigkeit vom Finalsegment → [ɪç bə'nɑːxmamtə]

können sehr unterschiedlich sein und hängen von den Problemen ab, die sich aus dem Kontrast Muttersprache – Zielsprache ergeben. Das hat zur Folge, daß Häufungen bestimmter Fehler in sehr starkem Maße von der Gruppenzusammensetzung abhängen. In homogenen Gruppen (alle Studenten sprechen die gleiche Muttersprache) wird die Fehlerverteilung bei allen nahezu gleich sein, geringfügige Unterschiede fallen dabei nicht weiter ins Gewicht. Für eine solche Gruppe kann leicht ein Arbeitsplan erstellt werden. Das ist bei einer heterogenen Gruppe (die Studenten sprechen unterschiedliche Muttersprachen) jedoch nicht so einfach. Hier muß man versuchen, bei der Durchsicht der einzelnen

Fehler-
listen

Fehlerlisten Gemeinsamkeiten herauszufinden, die in eine Rangordnung eingegliedert werden sollten, nach der es möglich ist, die artikulatorischen Probleme effektiver abzubauen. Die Arbeit an der individuellen Fehlleistung, die Arbeit mit dem einzelnen Studenten also, wird in einer solchen Gruppe zwangsläufig einen größeren Anteil aufweisen als in einer Gruppe, in der die Studenten die gleiche Muttersprache sprechen. Dem Notieren eines phonetischen Fehlers geht das Abhören der Tonbandaufzeichnung des vom Studenten gesprochenen Textes voraus. In ungünstigen Fällen ist man gezwungen, das akustische Ergebnis eines Vortrages unmittelbar zu bewerten. Eine Tonbandaufzeichnung hingegen hat den Vorteil, daß man sie in bestimmten Fällen mehrfach hören kann, da sie ja unendlich oft reproduzierbar ist.

Wir setzen voraus, daß das Gerät nicht defekt und die Tonbandaufzeichnung weder unter- noch übersteuert worden ist und daß außerdem günstige Abhörbedingungen vorliegen (kein übermäßig störender Außenlärm u. ä.).

Es gibt zwei Möglichkeiten des Notierens. Als weniger günstig erweist es sich, wenn die erkannten Fehlleistungen in chronologischer Reihe formlos aufgeschrieben werden. In einem solchen Fall macht sich bei jedem Text eine nachträgliche Sortierung notwendig, um Häufigkeiten erkennen zu können. Günstiger wird wohl die listenmäßige Erfassung der Fehler sein. Solche Listen weisen alle Laute sowie ihre positionellen Besonderheiten aus, berücksichtigen Akzentuierung und Intonation, weisen vokalischen Einsatz und konsonantische Aspiration aus und sind vor allen Dingen auf einen Blick überschaubar.

Vorschlag für einen Testbogen (Liste):

Vokale   [ɪ i: y y: ʊ u: ɛ ɛ: e: ə œ ø: ɔ o: a ɑ:]

akzentuiert: [i:][1]   [ɛ][2]
nicht akzent.:   [ʊ][3]

Diphthonge   [a͜e a͜o ɔ͜ø]

akzentuiert: [a͜e][4]
nicht akzent.:

schwachtoniges *e* [b p d t g k v f z s ʒ ʃ j ç x r ɐ m n ŋ l h vok.]

-e	[ɛ][5]	['ʔə][6]
-en	[m][7]	
-em		
-el		
-eln		
-es		
-est	[tst][8]	
-et		
-ent		
vokalisiertes *r*		
-er	[ɛr][9]	
-ern		

Konsonanten [b p d t g k v f z s ʒ ʃ j ç x r ɐ m n ŋ l h ʔ]

initial	[p][10]	–		–	–			[11]
zentral	[t/t][12]				–	–
final	–	–	–[x][13]–	– – – –		– –
Auslautverhärt. [b][14]						

Assimilation
an Wortgrenzen [b p d t g k v f z s ʒ ʃ j ç x r ɐ m n ŋ l h ʔ vok.]

-p	[b:][15]	
-t		[dv][16]
-k		
-f		
-s		[zz][17]

Wortakzent: békommen, arbéiten[18]
Affixe

Satzakzent:
akzentlose Wörter, Artikel, Pronomen ... [deːɐ][19], [miːt][20]

Intonation:
terminal   immer progredient[21]
progredient
interrogativ

Redefluß: etwas stockend, Pausen um Konsonantenhäufungen

Wir wollen versuchen, die Fehler kurz zu charakterisieren, und folgen dabei der in dem Testbogen angegebenen Reihenfolge.

1. Ungespanntes kurzes *i* wurde unter Akzent zu gespannt-langem *i* [iː].
2. Schwachtoniges *e* wurde zu ungespannt-offenem *e*.
3. Gespannt-langes *u* wurde in akzentloser Stellung zu ungespannt-kurzem *u* [ʊ].

71

4. Der erste Teil des Diphthongs wurde gedehnt, weil er unter Akzent steht.
5. Das schwachtonige *e* wurde nach [b] zu ungespannt-offenem *e* [ɛ].
6. Das schwachtonige *e* wurde zwar nach Vokalen korrekt gesprochen, jedoch mit einem festen Vokaleinsatz angeschlossen.
7. Die Realisierung der Endsilbe *-en* nach p zu [pm] deutet darauf hin, daß die Regel bekannt sein muß. Das einmalige Auftreten zeigt aber noch Unsicherheiten.
8. [tǝst] wird als [tst] ohne schwachtoniges *e* realisiert, was als nicht korrekt beurteilt werden muß.
9. Die Realisierung des Morphems *-er* als [ɛr] deutet auf Regelunkenntnis hin.
10. Initiales [b] wird fortisiert. Das läßt den Schluß zu, daß die Regel bekannt sein muß, daß in initialer Stellung stimmhafte Verschluß- bzw. Reibelaute als stimmlose Lenes zu sprechen sind, sobald ihnen stimmlose Fortes oder Pausen vorausgehen. Artikulatorisch ist es jedoch stark überzogen, da als stimmlose Fortis realisiert.
11. Der feste Vokaleinsatz ist in zwei Fällen nicht realisiert worden.
12. Die Graphemfolge *-t/t-* mit Silbengrenze ist zweigliedrig gesprochen worden. Die Geminatenbildungsregel ist nicht bekannt.
13. Finales *g* ist nicht als [k] auslautverhärtet, sondern als Reibelaut [x] gesprochen worden.
14. Die Auslautverhärtungsregel scheint nicht bekannt zu sein, da das finale Graphem *-b-* als [b] realisiert wurde.
15. Daß die Auslautverhärtungsregel nicht bekannt ist, zeigt auch die Realisierung der Geminate *-p/b* an Silben- bzw. Wortgrenzen als ein etwas gedehntes stimmhaftes lenisiertes [b].
16. Die Auslautverhärtung wird tatsächlich nicht beherrscht, besonders an Silben- und Wortgrenzen äußert sich dieser Mangel. *-d-* wird in Verbindung mit *-v-* oder *-w-* als [dv] realisiert.
17. Endgültig bestätigt wird diese Tatsache durch die Realisation [zz] für [sʒ].
18. Es ist zu prüfen, ob die beiden Akzentfehler Lernfehler darstellen oder ob es sich bei *arbéiten* um einen Zufall, bei *békommen* um einen Verstoß gegen die Regel handelt.
19. Die in proklitischer Position stehenden Artikel sind in der Regel mit reduzierten Vokalen und vokalisiertem r zu sprechen.
20. [mi:t] schließlich deutet darauf hin, daß der Vokal [i:] prinzipiell gespannt und lang gesprochen wird, denn diese Erscheinung war unter 1. bereits zu beobachten. Es ist zu prüfen, ob die Regeln bekannt sind, daß nicht-akzentuierbare Wörter einen Satzakzent erhalten dürfen und ungespannt-kurze Vokale unter Akzent zu dehnen sind.
21. Die terminale Intonation wird kaum realisiert. Progredienz steht an dieser Stelle.
22. Der allgemeine Eindruck hinsichtlich der Leseflüssigkeit: Artikulatorisch noch relativ unsicher, besonders an Stellen mit großer Konsonanz. Die Geläufigkeit muß verbessert werden. Artikulatorische Stereotype sind zu entwickeln.

Zusammenfassend wäre ganz allgemein zu sagen: Das Erscheinungsbild ist insgesamt keineswegs negativ. Lediglich einige artikulatorische Probleme, die jedoch in einem Zusammenhang stehen, sind festzustellen. Im konsonantischen Bereich wäre es angeraten, zuerst das Problem der Auslautverhärtung und der damit verbundenen Assimilation der Folgekonsonanten zu behandeln, da es am häufigsten auftritt. Dann sollten sich Übungen anschließen, die die Reduktion von Endsilben und die Assimilation der Endsilbenfinalsegmente an den der Endsilbe vorausgehenden Konsonanten bewirken (*haben* wird zu [hɑːbm̩]). Wird diese Erscheinung korrekt beherrscht – und damit verbunden auch das schwachtonige *e* –, kann mit der Erarbeitung der unter Akzent stehenden kurzen Vokale begonnen werden.

Der Lehrplangestaltung für eine bestimmte Gruppe muß unbedingt die Verallgemeinerung der Fehlerlisten der einzelnen Studenten vorausgehen, denn Häufigkeit und „Schwere" der Fehler sind für die Reihenfolge innerhalb des Lehrplanes bestimmend. Je häufiger eine Erscheinung ist (Akzentuierung kurzer ungespannter Vokale, fehlende Auslautverhärtung von Verschluß- und Reibelauten, Elision des schwachtonigen *e* in den Endsilben, qualitative und quantitative Reduktion der Merkmale von Vokalen in nicht-akzentuierten Wörtern, Angleichung von Konsonanten hinsichtlich Artikulationsspannung und Stimmtonbeteiligung, Häufigkeit bestimmter Laute, die in der Muttersprache nicht vorhanden sind usw.), um so häufiger unterliegt sie auch potentiell einer fehlerhaften Realisierung. Die häufigsten Erscheinungen sollten bereits in den ersten Stunden korrigiert werden.

Lehrplangestaltung

2.4. Bewußtmachung des phonetischen Fehlers

Zu Beginn des Erlernens einer fremden Sprache ist die Fehlerstreuung ziemlich groß, und die jeweiligen Fehler sind relativ gut erkennbar. Im Laufe des Sprachaneignungsprozesses werden bestimmte phonetische Fehler abgebaut, andere hingegen verstärkt. Während der Lernende auf dem Gebiet der Lexik oder der Grammatik Schritt für Schritt mit den Problemen vertraut gemacht wird, wirft man ihn in bezug auf das Lautsystem „ins Wasser", denn schon nach wenigen Stunden ist er genötigt, alle Laute zu artikulieren, weil Lexik und Grammatik dies erfordern. Aber auch im Phonetikunterricht – falls der Student ihn überhaupt erhält – können die Regularitäten nur Schritt für Schritt vermittelt werden. Das bedeutet, daß eine Reihe von Artikulationen unkorrigiert bleibt. Die Artikulationsbasis der Muttersprache und ihre Assimilationsgesetze werden auf die noch nicht behandelten Erscheinungen des Deutschen übertragen und gefestigt. So entstehen ungewollt fehlerhafte Artikulationsabläufe stereotypen Charakters, die mit jeder Wiederholung weiter gefestigt werden. Die Zahl der Wiederholungen, die das falsche Ablaufmuster verfestigen, ist – verglichen mit Lexik und Grammatik – ungleich höher und trägt auf Grund dieser zahlenmäßigen Überlegenheit auch zu einem besonders starken Einschleifen bei. Davon betroffen sind nicht einmal so sehr die Einzellaute, sondern in viel stärkerem Maße Erscheinungen wie die mangelnde Differenzierung von Qualität und Quantität bei den Vokalen, die fehlende Auslautverhärtung und damit verbunden die assimilatorischen Gegebenheiten und nicht zuletzt Akzentuierung und Endsilbengestaltung. Wenn am Anfang des Unterrichts nicht auf die bedeutungsdifferenzierende Funktion von Qualität und Quantität (vergleichbar wären im Russischen Vorhandensein oder Fehlen der Palatalisierung bei den Konsonanten, im Englischen die Differenzierung zwischen Lenis und Fortis bei den Verschluß- und Reibelauten in finaler Position, im Französischen das Fehlen bzw. Vorhandensein von Nasalität bei den Vokalen) eingegangen wird, dann müssen sich falsche artikulatorische Stereotype bilden, die später mit großem Aufwand wieder abzubauen sind.

Mangelnde Differenzierung hinsichtlich Qualität und Quantität bei den Vokalen ist immer wieder bei den konjugierten Formen der Verben *sein, haben, werden* zu beobachten, da diese in einem relativ frühen Stadium des Fremdsprachenunterrichts eingeführt werden und zudem sehr frequent sind. Solche fehlerhafte Stereotypbildungen können nicht in jedem Falle vermieden werden, weil aus verständlichen Gründen am Anfang nicht alles auf einmal erarbeitet werden kann, doch der Tatbestand zwingt dazu, die fehlerhaften Erscheinungen bezüglich ihrer zu erwartenden Häufigkeit und Graduiertheit gegeneinander abzuwägen und eine Folge festzulegen, die die negativen Auswirkungen so klein wie möglich hält.

2.4.1. Prinzipien der Bewußtmachung phonetischer Fehler

Die weit verbreitete Ansicht, daß sich fremdsprachliche phonetische Normen allmählich von selbst einstellen, daß Reduktionen und Assimilationen fast mühelos erlernt würden, wenn man nur von der korrekten Einzelerscheinung ausginge, ist ein Trugschluß. Artikulatorische Bewegungen werden von den Merkmalen der muttersprachlichen Artikulationsbasis, vom Phoneminventar, von der funktionellen Belastung der Phoneme und ihren Kombinationsvarianten, von Akzentuierungsgrundsätzen und schließlich auch von den Bewegungsabläufen bestimmt, die sich in einer bestimmten Sprache herausgebildet haben. Die Annahme, ein Lernender brauche nur eine genügend große Anzahl von Beispielen einer Erscheinung zu hören, dann würde er schon in die Lage versetzt werden, die betreffende Erscheinung der Fremdsprache fehlerfrei reproduzieren, entbehrt jeder Grundlage. Es mag sein, daß auf einer besonders hohen Stufe des Spracherwerbs bei wenigen besonders begabten Menschen nahezu fehlerfreie Imitationen zu beobachten sind, doch auditive das ist nicht die Regel.

auditive
Dekodie-
rung

Die sprachsystemabhängigen Besonderheiten der auditiven Dekodierung (des hörenden Erkennens von Lauten) können weder als identisch für Mutter- und Zielsprache angenommen werden, noch sind die zielsprachlichen Gegebenheiten so klar differenzierbar, daß dazu keine Hilfsmittel nötig wären. Im Laufe der kindlichen Sprachaneignung haben sich für den Dekodierungsprozeß Gesetzmäßigkeiten entwickelt, denen zufolge die Selektion von Merkmalen und deren Bewertung relevant bzw. irrelevant ist. Beim anfänglichen Hören zielsprachlicher Schallfolgen werden naturgemäß die muttersprachlichen Gesetzmäßigkeiten angewendet. Eine partielle Fehlinterpretation ist die Folge. Die Abweichung von der zielsprachlichen Schallfolge wird bei einer Reproduktion noch stärker, weil neben der auditiven Fehlinterpretation zusätzlich die muttersprachlichen Artikulationsbedingungen wirksam werden. Die zielsprachliche Schallfolge erhält den „fremden Akzent".

Mit sehr schwerwiegenden Folgen ist die Haltung von Studenten verbunden, die eine phonetische Einflußnahme ablehnen oder sich den artikulatorischen Übungen nur sehr widerwillig unterziehen, da ihre zielsprachlichen Äußerungen in der Regel kaum verständlich oder nur über Assoziationsketten (Lexik, Syntax) zu entschlüsseln sind.

Zudem ist nicht selten zu beobachten, daß zum Stereotyp gewordene artikulatorischer Stereotyp falsche artikulatorische Abläufe nicht abgelegt werden, weil sie als „chic" oder „für die jeweilige Sprache besonders typisch" angesehen werden.

Als nur der Fremdsprache eigen wird lediglich die fremdsprachliche Erscheinung erkannt, die tatsächlich in ihrer Merkmalsausprägung mühelos von allen muttersprachlichen Merkmalsbündelungen unterschieden und als andersartig eingestuft werden kann. Es ist klar, daß die wenigsten fremdsprachlichen Laute in dieser Hinsicht als von der Muttersprache different erkannt werden können. Eine weitaus größere Zahl fremdsprachlicher Laute wird hinsichtlich der Merkmalsbündelung Berührungspunkte und Überschneidungen, ja sogar größere Ähnlichkeiten aufweisen. Je größer die Anzahl der in zwei Äquivalenten (dem fremdsprachlichen und dem muttersprachlichen Laut) vorhandenen ähnlichen Merkmale ist, um so geringer ist die Fähigkeit zur auditiven Differenzierung. Der fremdsprachliche Laut wird zwar als Bestandteil des fremdsprachlichen Systems erkannt (weil er schließlich in einer fremdsprachlichen Äußerung vorkommt), gleichzeitig aber dem ähnlichen muttersprachlichen in seiner akustischen Erscheinungsform und damit seinem artikulatorischen Ablauf gleichgesetzt. Dieser Gleichsetzungsvorgang ist immer von der Muttersprache abhängig. Er ist bei jedem Individuum einer bestimmten muttersprachlichen Gemeinschaft in gleicher Weise ausgeprägt und für die Tatsache verantwortlich, die als „fremder Akzent" bezeichnet wird.

fremder Akzent

Es ist offensichtlich, daß Phonetikübungen nur dann einen Sinn haben, wenn sie immer wieder vom Lehrer beurteilt werden und damit immer wieder entweder die Bestätigung der Richtigkeit oder der korrigierende Impuls erwartet werden kann. Erst auf einer ganz hohen Stufe der Sprachbeherrschung tritt eine Selbstkorrektur ein, aber eben erst nach einem langen phonetischen Lernprozeß, der in allen wesentlichen Punkten von außen gesteuert worden ist und dazu beigetragen hat, akustische Normative aufzubauen, nach denen die Reproduktion stattfinden konnte und kann.

Es ist noch einmal hervorzuheben (s. Lado 1971, S. 19), daß die phonetische Korrektur das Ziel hat, die Artikulation den zielsprachlichen Normen der Orthoepie anzugleichen bzw. – im Idealfall – eine Übereinstimmung zu erreichen. Diese Korrektur kann nur über die Bewußtmachung der akustischen Erscheinungen und der damit verbundenen artikulatorischen Bewegungen der Erscheinungen in der Zielsprache erfolgen. Sie geht vom Lehrer aus und zwar so lange, bis im akustischen Gedächtnis des Lernenden für eine bestimmte artikulatorische Erscheinung ein als Normativ geltendes Aussprachevorbild gespeichert worden ist. Dieses Normativ bildet eine Vergleichsgrundlage z. B. für eigene artikulatorische Realisierungen, korrekte Segmentfolgen werden akzeptiert, andere werden als fehlerhaft signalisiert.

Bewußtmachung

Die Bewußtmachung, die zu einem solchen akustischen Normativ führen soll (vgl. Lindner 1975, S. 43 ff.), muß systembezogen sein. Dieser Systembezug kann jedoch in bestimmten Fällen aus methodischen Erwägungen heraus durchbrochen werden.

Russisch sprechende Studenten stehen phonetischen Übungen z. B. zur Differenzierung von gespannt-langen und ungespannt-kurzen Vokalen weitaus aufgeschlossener gegenüber, wenn sie erfahren, daß Russisch lernende deutsche Studenten bei der Differenzierung von palatalisierten bzw. nichtpalatalisierten Konsonanten vergleichbare Schwierigkeiten haben, wobei sie ja wissen, daß gerade diese Erscheinungen wortbedeutungsdifferenzierende Funktionen haben.

Bewußtgemacht werden kann sowohl eine Einzelerscheinung (z. B.: Das Schriftzeichen g wird in der gleichen Silbe nach [ɪ] als [ç] gesprochen) als auch ein Prinzip (z. B.: Die Grapheme b, d, g werden in finaler Position als [p], [t], [k] realisiert). Es hängt von der Zielstellung ab, ob man in einem Fall detailliert oder komplex vorgeht, ob nur Graphembeziehungen erläutert werden oder artikulatorische Abläufe, die u. U. nur mit Hilfe von Umwegen zum Ziel führen.

Soweit möglich, sollten sowohl die Einzelerscheinungen als auch Prinzipien sehr anschaulich dargestellt werden, die Zusammenhänge sind von verschiedenen Seiten aus zu beleuchten. Je einprägsamer die Veranschaulichung ist, um so sicherer führt sie zum Ziel. Wir können sagen, daß mit steigendem Grad der Bewußtheit die Grundlage für eine Erhöhung der Realisierungsqualität verbessert wird.

2.4.2. Mittel der Bewußtmachung phonetischer Fehler

Die Bewußtmachung kann sich verschiedener Mittel bedienen, visueller, auditiver oder taktiler. Allen gemeinsam sind einige Grundsätze.

2.4.2.1. Allgemeine Grundsätze

Es gibt eine Reihe Grundsätze, die erst einmal die Voraussetzung bilden, eine Einzelerscheinung oder ein Prinzip bewußtmachen zu können. Es ist klar, daß eine bestimmte Erscheinung vorerst isoliert betrachtet werden muß, ehe sie im Gesamtgefüge geboten werden kann. Damit ist auch die Möglichkeit gegeben, diese Erscheinung mit einer anderen, die u. U. als Ersatzlaut (Substitut) fungiert, zu kontrastieren. Der Kontrast stellt **Ersatzlaut** hauptsächlich die Unterschiede fest, man sollte jedoch auf die Gemein- **(Substitut)** samkeiten nicht verzichten.

Verdeutlichen wir es an einem Beispiel:

Die Isolierung von [s] erlaubt, einen bestimmten akustischen Eindruck zu vermitteln. Die Kontrastierung mit [z] zeigt Unterschiede im akustisch-artikulatorischen Bereich, [s] ist ein stimmloser Fortis, [z] ein stimmhafter Lenis. Darüber hinaus empfiehlt es sich, den orthographischen Kontrast nicht unerwähnt zu lassen, die unterschiedliche Schreibung für [s] als s, ss, ß und für [z] als s allein. Übersehen werden darf auch auf keinen Fall die Kontrastierung der beiden Laute hinsichtlich ihrer Stellung in der Silbe. Später kann [s] auch als Bestandteil der Folge [ts] dargestellt werden.

Die besonders starke Hervorhebung der Merkmale, z. B. ein übermäßiger Stimmton beim [z], kann dazu beitragen, daß ein Merkmal überhaupt erst wahrgenommen wird. Bei den Vokalen könnten die Merkmale auch noch mit Hilfe der Akzente hervorgehoben werden, als Überhöhung (der Grundton wird höher), als Verstärkung (der Vokal wird lauter gesprochen) und als Überdehnung (der Vokal wird überlang realisiert). Nicht alle Merkmale eines Lautes lassen sich gleichermaßen gut hervorheben und verdeutlichen. In der Regel sind es aber diejenigen, die Korrelationspaare bilden, so z. B. die Artikulationsspannung *Fortis* oder *Lenis*, die Stimmbeteiligung *stimmhaft* bzw. *stimmlos*, der nasale Anteil *nasal* oder *oral* und andere.

Der Hervorhebung der Merkmale bzw. ihrer Verstärkung steht eine Merkmalsänderung entgegen. Sie stellt gewissermaßen eine Kontrastie- **Kontra-** rung dar und damit zugleich zwischen zwei Lauten, die ohnehin im **stierung** phonologischen Kontrast stehen, eine Beziehung her, wobei bei dem einen das Fehlen eines Merkmals, beim anderen die Anwesenheit eben dieses Merkmals die Differenzierung bzw. den Kontrast bewirkt. Die Änderung des Merkmals kann z. B. auch eine Änderung des Artikulationsmodus betreffen, dem bilabialen stimmhaften Verschlußlaut *b* steht der bilabiale Nasal *m* gegenüber. Dieses Mittel der Bewußtmachung ist vielseitig einsetzbar, insbesondere dann, wenn auf Lautgruppierungen aufmerksam gemacht werden soll, die sich durch unterschiedliche Artikulationsstellen auszeichnen und gleiche Überwindungsmodi haben, oder auch umgekehrt auf solche, die gleiche Artikulationsmodi aufweisen, jedoch unterschiedliche Artikulationsstellen erkennen lassen. Die Verlagerung von Merkmalen, d. h. ihre etwas außerhalb des Standards liegende Realisierung, kann auf Abweichungen hinweisen, Fehlbildungen erklären oder muttersprachliche Ähnlichkeiten verdeutlichen.

Von besonderer Bedeutung für die Bewußtmachung der artikulatorischen Prozesse ist die Darstellung des Bewegungsablaufes einer Erscheinung. Dabei darf nicht nur der primäre Bewegungsablauf ins Auge gefaßt werden, vielmehr sind auch die Nebenerscheinungen *Artikulationsspannung, Stimmbeteiligung, Kontakt des vorderen Zungenrandes mit den unteren Schneidezähnen, Lippenbeteiligung* usw. darzustellen.

Die Notwendigkeit der Darstellung artikulatorischer Übergänge betrifft auch die nasale Lösung.beim Übergang von Verschlußlauten zu Nasalen, die stummen Artikulationen bei einer Folge von Verschlußlauten, die Realisierung von Wortgrenzgeminaten, die labialen Komponenten von Konsonanten in der Umgebung labialisierter Vokale und eine Reihe anderer Erscheinungen, über die im Übungsteil noch gesprochen werden wird.

Wieder-
holungen

Ein wesentliches allgemeines Prinzip ist auch das der kontinuierlichen Wiederholung. Diese Wiederholung sollte nicht in so großen Abständen erfolgen, daß sie nur dem Vergessen entgegenwirkt. Diese Art der Wiederholung ist geeignet, Sachverhalte, Regeln und Abläufe noch einmal ins Bewußtsein zu rücken und zu festigen. Die unmittelbare Wiederholung ist wohl besser mit *Imitation* oder *Reproduktion* zu umschreiben, da eine vom Lehrer oder einem Tonträger vorgegebene Schallfolge unmittelbar im Anschluß nachvollzogen werden soll. Das Ergebnis des Nachvollzuges kann vom Lehrer bestätigt oder mit entsprechenden Hinweisen in eine neue Richtung bei einem erneuten Nachvollzug gelenkt werden. Häufige Wiederholungen mit größtmöglicher Ähnlichkeit zur Vorgabe bilden im akustischen Gedächtnis der Lernenden eine Normvorstellung aus, die ihrerseits korrigierend wirkt.

2.4.2.2. Auditive Mittel

Variierende Wiederholungen können nur vom Lehrer anschaulich vorgetragen werden, das Tonbandgerät hingegen ist nur für eine identische Reproduktion der zu demonstrierenden Erscheinungen geeignet, was in gleicher Weise auch für Schallplatten zutrifft.

Zwei Dinge sind zu beachten: Tonbandgerät und Plattenspieler sind beide geeignet, vorbildhafte Aufnahmen in beliebiger Häufigkeit und gleichbleibender Qualität zu reproduzieren, doch für die Aufzeichnung und nachfolgende Wiedergabe einer vom Schüler gemachten Äußerung kann nur das Tonbandgerät allein verwendet werden. Zwar verstreicht beim Tonbandgerät während des Rückspulens u. U. wertvolle Zeit, die entscheidende Stelle kann aber mit Hilfe des Bandzählwerkes leicht gefunden werden. Beim Plattenspieler dagegen ist nur der Tonarm zurückzuführen, doch im Gegensatz zum Tonbandgerät ist es nur schwer möglich, die gewünschte Stelle zu finden.

Die akustischen Bedingungen sollten in allen Fällen günstig sein, das bedeutet, daß die Lautstärke ein verträgliches Maß haben muß und die Qualität der Aufnahme eine Analyse gestattet, d. h., ein Frequenzgang von 50 bis 8000 Hz und eine Störfreiheit sowohl vom Band als auch von Außengeräuschen her muß gewährleistet sein.

Voraussetzung für eine unverzerrte und korrekte Wiedergabe einer Schallaufnahme sind selbstverständlich der technisch einwandfreie Zustand der Geräte und optimale Wiedergabebedingungen.

Nicht selten verwendet man bei Tonbandgeräten Bandschleifen, die eine Kapazität von etwa 2 bis 10 Sekunden haben. Bandschleifen stellt man her, indem man ein Stück Tonband mit einer Länge von 30 bis 50 Zentimetern nimmt und die beiden Enden zusammenklebt. Dann sind Rückseite und Laufrichtung zu kennzeichnen, damit das Band nicht verkehrt in das Tonbandgerät eingelegt wird. Die Umlenkung erfolgt über zusätzlich eingebaute Umlenkrollen oder die vorhandenen Leerspulen. Das Band braucht nicht straff geführt zu werden. Von der Andruckrolle und der Schwungmassenwelle wird es am Tonkopf vorbeigezogen. Dieses Bandstück genügt, um einen Satz aufzusprechen, der dann ohne das lästige mechanische Umschalten (Stop, Rücklauf, Wiedergabe) mehrfach und unmittelbar hintereinander gehört werden kann. Die Bandschleife läßt sich jederzeit wieder verwenden.

In den phonetischen Labors gibt es darüber hinaus eine Reihe weiterer Geräte (Segmentatoren, Filtervorrichtungen, Impulsgeneratoren ...), die aber im allgemeinen Sprachunterricht kaum verwendet werden.

2.4.2.3. Visuelle Mittel

Visuelle Mittel sind alle die Abbildungen, Zeichnungen oder Schemata, die geeignet sind, einen Eindruck von der Position oder der Bewegung der artikulierenden Organe zu vermitteln. Zu den visuellen Mitteln gehören Röntgenaufnahmen, Sagittalschnitte, Lippenbilder, Palatogramme, Modelle und die Transkriptionszeichen. | visuelle Mittel

1. Röntgenaufnahmen

Die Röntgenaufnahme ist das wirkliche Abbild einer bestimmten Artikulationseinstellung, nämlich das röntgenfotografische Abbild der auf einer bestimmten Artikulationseinstellung fixierten Sprechwerkzeuge einer bestimmten Person. | Röntgenaufnahmen

Damit die Bewegungen im Röntgenbild überhaupt erst sichtbar werden, sind die an der Artikulation beteiligten Organe mit einem Kontrastmittel bestrichen worden. Bei den überwiegenden Vorteilen der Röntgenbilder sind aber auch Nachteile anzumerken, so z. B. die mangelnde Schärfe der Aufnahmen (Man hilft sich in vielen Fällen dadurch, daß die Konturen in der Art eines Sagittalschnittes nachgezogen werden, s. a. Wängler 1980, S. 43ff.). Außerdem stellen die Röntgenbilder im Grunde genommen nicht das Prinzip dar, sondern die Variante, den

79

aktualisierten Laut, der ja nur e i n e Möglichkeit der Realisierung vor vielen darstellt. Hinzu kommt, daß die artikulatorische Einstellung aus dem Bewegungsablauf isoliert werden mußte, weil die langen Belichtungszeiten bei der Aufnahme dies erforderlich machen. Schließlich darf nicht unerwähnt bleiben, daß die spezielle Situation, das Fixieren des Kopfes auf eine Position und das Bestreichen der an der Artikulation beteiligten Organe mit einem Kontrastmittel, nicht eben dazu beitragen, daß die „Einstellung" wirklich gelockert ist.

2. Sagittalschnitte

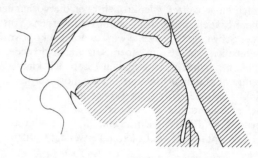

Abb. 7

Sagittal-
schnitte

 Sagittalschnitte sind schematische Darstellungen artikulatorischer Einstellungen. Der Schnitt zeigt, inwieweit die Lippen einander annähern und wie stark sie von den Zähnen abgehoben sind; er verdeutlicht zugleich Lage und Form der Zunge.

Es ist ablesbar, ob die Zungenspitze Kontakt mit den unteren Schneidezähnen hat oder nicht. Man erkennt auch, wie stark das Gaumensegel gehoben ist. Ein solcher Schnitt kann dem Lernenden helfen, bestimmte Einzelheiten der artikulatorischen Einstellung vorerst einmal zu erkennen, um sie später nachzuvollziehen. Der Sagittalschnitt sagt selbstverständlich nichts über das akustische Ergebnis einer solchen Artikulationseinstellung aus, auch nicht über die vorangegangenen oder die nachfolgenden Bewegungen. Das ist aber zunächst nicht nötig. Zuerst muß erkannt werden, welche Besonderheiten diese Einstellung von einer anderen unterscheiden. Wenn der Student dieses Problem gelöst hat, dann können die Gegebenheiten der lautnachbarschaftlichen Übergänge behandelt werden.

3. Lippenbilder

Lippen-
bilder

Den Sagittalschnitten oder den Röntgenbildern beigefügt sind häufig Lippenbilder.

 Das sind Zeichnungen oder fotografische Abbildungen der Lippenform bei einer bestimmten (in der Regel vokalischen) Artikulationseinstellung.

80

Lippenbilder verdeutlichen drei Merkmale, die für die Artikulation der Vokale von Bedeutung sein können: Lippenform, Vorstülpung und Lippenabhub von den Schneidezähnen. Dabei gibt es zwei Möglichkeiten der Darstellung, entweder als Schnitt (also seitlich) oder als Vor-

 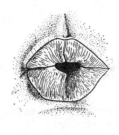

Abb. 8

deransicht. Nur beide Darstellungen gemeinsam (s. die beiden Lippenbilder zum [o:] von H.-H. Wängler, s. Wängler, a. a. O., Tafel 23) können die Bewegungsrichtung oder die Einstellung der Lippen für einen bestimmten Vokal charakterisieren.

4. Palatogramme

Abb. 9

 Das Palatogramm zeigt die Berührungsflächen der Zunge mit dem harten und einem Teil des weichen Gaumens und mit den Zähnen in Abhängigkeit vom jeweiligen Laut. Palato-gramme

Die Begrenzungslinie des Palatogramms (es ist immer von unten aus zu sehen) wird durch die gedachte Verbindung zwischen den beiden letzten hinteren Backenzähnen sowie seitlich und vorn von den Innenflächen der Zähne gebildet. Die Stellen, an denen die Zunge den harten Gaumen (Palatum) oder den weichen Gaumen (Velum) berührt, sind im Palatogramm schraffiert dargestellt. Dort, wo die Schraffur die Zähne berührt, ist zwischen Zähnen und Zunge ein Kontakt vorhanden.

Sagittalschnitt bzw. Röntgenbild und Palatogramm ergänzen einander. Während der Sagittalschnitt und das Röntgenbild die artikulatorische Einstellung eines Lautes nur für die Mittellinie des Gaumens zeigen, verdeutlicht das Palatogramm die Berührungsflächen zwischen Zunge, Gaumen und Zähnen. Aus dem Palatogramm ist jedoch nicht ersichtlich, ob der vordere Zungenrand bzw. die Zungenspitze frei

81

schweben oder ob diese Kontakt mit den unteren Schneidezähnen haben. Diese Gegebenheiten müssen als Zusatzinformationen vermittelt werden, da sie auch aus dem Sagittalschnitt oder dem Röntgenbild nicht hervorgehen. Das gilt im übrigen gleichermaßen für den vorhandenen bzw. nicht vorhandenen Stimmton, die Spannungslage und die Intensität des nasalen Verschlusses.

5. Modelle

Modelle

Modelle sind modellhafte Nachbildungen der Knorpel und Muskeln des Kehlkopfes.

Sie sind zwar durchaus geeignet, die räumlichen Beziehungen und die Größenverhältnisse der einzelnen an der Artikulation aktiv oder passiv beteiligten Organe zu zeigen, aber leider nicht in der Lage, die einzelnen Artikulationsbewegungen einstellbar vorzuführen.

6. Transkription

Voraussetzung für den Einsatz von Transkriptionszeichen ist selbstverständlich die Kenntnis des Lautwertes dieser Zeichen. Dies bedeutet, daß im Anfängerunterricht das Zeichen noch nicht zur Differenzierung eingesetzt werden kann, weil es eben nicht bekannt ist. Bereits an dieser Stelle stellt sich für den Phonetiker die Frage, ob es günstiger ist, das Gesamtsystem der Transkription einzuführen oder eine partielle Vermittlung vorzuziehen, d. h. das Zeichen erst dann vorzustellen, wenn der entsprechende Laut eingeführt wird. In der Praxis hat sich gezeigt, daß dem zweiten Weg bis zu einem bestimmten Grade der Vorrang zu geben ist. Am Anfang ist dem Studenten das Gesamtsystem nicht überschaubar genug zu vermitteln, weil man eine große Menge theoretischer Darlegungen mit einbeziehen müßte.

distinktive
Merkmale

Bei der Einführung der Vokale kann im Deutschen auf die Differenzierung zwischen gespannt-langen und ungespannt-kurzen Vokalen nicht verzichtet werden, weil sie distinktiv (bedeutungsunterscheidend) sind. So werden neben den artikulatorischen Besonderheiten eines Lautes auch die aus der bestimmten artikulatorischen Einstellung bzw. Bewegung resultierenden akustischen Ergebnisse vorgestellt. Diesen bestimmten artikulatorischen Einstellungen und ihren hörbaren (gelegentlich auch nicht hörbaren) Schalleindrücken wird das betreffende Transkriptionszeichen zugeordnet. Damit ergibt sich eine Einheit, die dreischichtig ist. Sie besteht aus artikulatorischer Einstellung bzw. Bewegung, dem akustischen Ergebnis eben dieser Einstellung und dem dazugehörigen Transkriptionszeichen. Es liegt auf der Hand, daß z. B. im vokalischen Bereich auf die Distinktion zwischen gespannt-langen und ungespannt-kurzen Vokalen Wert gelegt werden muß.

So wird der Student z. B. die unterschiedliche Realisierung von o erst dann akzeptieren, wenn er erfahren hat, daß die Distinktion von [o:] und [ɔ] einen wortunterscheidenden Wert hat, die fehlerhafte Realisierung also Mißverständnisse zur Folge haben kann. Als fehlerhaft muß dabei eine Realisierung angesehen werden, bei der weder die akustischen Parameter des einen noch des anderen Oppositionsmitgliedes getroffen werden. Bei dieser Fehlleistung fließen die Merkmale beider gewissermaßen ineinander, die Distinktion ist aufgehoben; es wird keine Merkmalsdifferenzierung vorgenommen. Beim Gesprächspartner werden sich im Verstehensprozeß Verzögerungen einstellen.

Die anfangs fehlende Überschaubarkeit hinsichtlich der artikulatorischen Umsetzung und der damit verbundenen akustischen Interpretation eines vokalischen Graphems geht beim Studenten mit der ebenfalls nicht ausgeprägten Fähigkeit einher, akustisch ähnliche Erscheinungen zu differenzieren. Die Ursachen dafür haben wir schon im Kapitel *Ursachen des phonetischen Fehlers* (s. S. 47) eingehend zu beschreiben versucht. Die Fähigkeit zum Differenzieren von [oː] und [ɔ] z. B. wird auch von der Erkenntnis getragen, daß Deutsche, die die Muttersprache des Studenten erlernen, vergleichbare Schwierigkeiten hinsichtlich hörender Differenzierung und artikulatorischen Nachvollzugs haben, z. B. bei der Realisierung des im Russischen obligatorischen Kontrasts zwischen den palatalisierten und den nichtpalatalisierten Konsonanten (z. B. мел – мель).

Der zweite Problemkreis ergibt sich aus der Transkription. Wenn also für das Graphem *o* zwei Transkriptionszeichen benutzt werden, wenn damit verbunden die Bedeutung von Segmentfolgen verändert werden kann, dann muß auch ein Unterschied vorhanden sein, der hörend erfaßbar und in der Folge artikulatorisch nachvollziehbar ist. Das einzelne Transkriptionszeichen kann somit auch als „Einstieghilfe" fungieren. Um wieviel deutlicher aber können Erscheinungen beschrieben und damit erfaßbar gemacht werden, wenn erst das Gesamtsystem der Transkription bekannt ist?!

Die Transkription kann also zwei Seiten einer Erscheinung beschreiben, einmal die orthoepische Vorgabe – die Form also, die standardsprachliche Verbindlichkeit hat, mit ihren möglichen Variationen –, zum anderen die individuelle, vom Lernenden vollzogene Realisierung dieser Vorgabe. Je weniger sich der artikulatorische Nachvollzug von der Vorgabe, der Norm also, unterscheidet, um so besser ist die Leistung des Studenten; aber je weniger auffällig seine Aussprache ist, um so schwieriger werden von der Transkription her die noch vorhandenen Abweichungen beschreibbar sein. Mit Hilfe der diakritischen Zeichen sind zwar einige leicht überschaubar darzustellen (Silbigkeit, Stimmhaftigkeit, Akzentuierung), doch würde die Berücksichtigung aller auftretenden Abweichungen von der Norm das sonst so überschaubare Werkzeug *Transkription* wertlos machen, denn es wäre dann nur noch mit großer Mühe lesbar. Transkription

So sagt die Transkription z. B. nur an 2 Stellen etwas über Bindungen aus, der untergesetzte Bogen [‿] ist das Zeichen für die gleitende Verbindung zweier Vokale und der Trennstrich [|] bzw. der Glottisschlag [ʔ] das Zeichen für den vokalischen Neueinsatz. Jede weitere Angabe ginge ins Unüberschaubare, da es zu viele Möglichkeiten der Bindungen gibt. Den untergesetzten Bogen finden wir lediglich bei den Diphthongen. Bindung von Vokalen

Neueinsatz

Zwar ist das Problem für den Vokalismus relativ einfach zu übersehen, nicht aber für die konsonantische Bindung innerhalb einer Segmentfolge. So gestalten sich besonders schwierig die Übergänge an den Wort- bzw. Silbengrenzen, weil an diesen Stellen ein Teil der phonologischen Kombinationseinschränkungen aufgehoben ist.

Intensität der Artikulation Aspiration

Außerdem ist es mit Hilfe der Transkription nicht möglich, die Intensität der Artikulation und Aspiration eindeutig anzugeben. So sagt z. B. das Fehlen des diakritischen Zeichens für die Aspiration [ʼ] noch nichts über den Grad des Vorhandenseins der Aspiration aus. Der nachvokalisch-finale Konsonant *k* (z. B. in [ʐɑːkt] für *sagt*) kann in drei verschiedenen Ausprägungen realisiert werden: fortiert und aspiriert als [kʼ], fortiert, aber nicht mehr aspiriert als [k] und schließlich lenisiert, aber noch ohne Stimmton als [g̊].

Es wird im Einzelfall dem Lehrer überlassen sein, die Art der Lösung und damit des Überganges zum nächsten Laut akustisch vorzuführen und die artikulatorischen Einzelbewegungen, die zu diesem akustischen Ergebnis führen, zu beschreiben. Die Zahl der unterschiedlichen Übergänge ist so häufig wie die Zahl von möglichen Lautnachbarschaften.

2.4.2.4. Taktile Mittel

taktile Mittel

 Als taktile Mittel fungieren z. B. Spatel und Sonden sowie die Artikulationsorgane selbst, die durch Berührungen Empfindungen für die Lage, die Form und die Kontaktstelle auslösen.

Die taktilen Mittel lassen phonetische Fehler nur mittelbar bewußt werden. Wir können davon ausgehen, daß dem Studenten die Lokalisierung von Kontakten zwischen artikulierendem Organ und Artikulationsstelle um so schwerer fällt, je weiter eine Artikulation nach hinten (von den Lippen aus gesehen) verlagert wird. Im labialen, dentalen und im alveolaren Bereich ist die taktile Rückkopplung noch relativ zuverlässig, im palatalen und velaren Bereich jedoch äußerst vage. Das gilt in gewisser Weise auch für den prädorsalen Bereich des artikulierenden Organs *Zunge*, so daß Graduierungen von Zungenhebungen meist nur über das akustische Ergebnis korrigiert werden, nicht aber über die taktilen Sensoren. Die minimale artikulatorische Andersartigkeit von Lauten – im Vergleich zur Muttersprache – ist taktil schwer nachzuvollziehen, was auf Grund der mangelnden Rückkopplungsfähigkeit immer wieder zu Fehlbildungen führen muß. So wie es im Verlauf des Artikulationsunterrichts darauf ankommt, den akustischen Analysator des Zentralnervensystems (das Zentrum für den Vergleich fremder und eigener Schallereignisse zum Zwecke der Eigensteuerung) (Lindner 1975, S. 36ff.) hinsichtlich seiner zielsprachlichen Differenzierungsfähigkeit zu entwickeln, macht es sich auch notwendig, den kinästhetischen Analysator (das Zentrum für den Vergleich muttersprachlich gewohnter und fremdsprachlich neuer Bewegungen und Einstellungen der Artikula-

akustischer Analysator

kinästhetischer Analysator

tionsorgane) in gleicher Weise zu schulen. Dieser Prozeß ist wegen seiner Komplexität schwierig und nur durch häufig wiederholte Übungen nachzuvollziehen. Er ist vergleichbar mit den komplexen Bewegungsabläufen, die z. B. Turner an einem Gerät zu absolvieren haben. Die allein rationale Durchdringung der Bewegungsabläufe ist zwar eine notwendige Voraussetzung, führt für sich allein jedoch nicht zum Ziel.

Artikulationen sind muskuläre Bewegungsabläufe, die in den ersten Phasen bewußt gesteuert werden, am Ende aber automatisch ablaufen. Dieser Bewegungsablauf, d.h. das Zusammenspiel von Zungenbewegung, Gaumensegelbewegung, Stimmbeteiligung und Lippenaktivität muß trainiert werden. So wie der Turner seine Übung immer und immer wieder absolviert, um sie zur Vollkommenheit zu führen, muß der Lernende artikulatorische Abläufe gleichfalls immer und immer wieder realisieren, um die fremde Artikulation zu automatisieren.

Es gibt eine Reihe von Übungen, die geeignet sind, die artikulatorische „Treffsicherheit" zu erhöhen. Sie ersetzen aber nicht die Arbeit am Einzellaut bzw. an der Lautfolge. Diese Übungen greifen aus der Fülle der artikulatorischen Abläufe nur Teilbewegungen heraus, und zwar die, welche immer nur mangelhaft oder gar nicht beherrscht werden. Solche Teilbewegungen sind:

– wiederholtes Kontaktieren des vorderen Zungenrandes mit den unteren Schneidezähnen,
– wiederholtes Kontaktieren des vorderen Zungenrückens im Wechsel mit den Innenflächen der oberen Schneidezähne und der Alveolen,
– Wechsel zwischen gesenktem Gaumensegel [g] und gehobenem [ŋ] bei geringstmöglicher Artikulationsspannung,
– Lippenstülpen: [b] wird mit und ohne Lippenstülpung realisiert (z. B. [bi:] – [by:]),
– Übungen zur stimmhaften und stimmlosen Lautgebung, beginnend mit dem Wechsel von [f] und [v]. Dieser Wechsel vom stimmhaften zum stimmlosen Laut sollte auf einen Ausatmungsvorgang fallen, ohne daß der zweite Laut neu angesetzt wird und ohne daß im oralen Bereich Veränderungen vorgenommen werden, z. B. [f‿v‿f‿v..].
Je häufiger und schneller der Wechsel realisiert werden kann, desto besser. Diese Übung sollte dann auch auf die anderen Reibelautpaare ausgedehnt werden, soweit sie überhaupt beherrscht werden: [s‿z], [ʃ‿ʒ], [ç‿j], [x‿ʁ].

Wenn die taktile Sensibilität am Anfang nur schwach ausgebildet ist, kann das artikulatorische Zusammenspiel nicht eindeutig beurteilt werden; bestimmte Merkmale werden als *vorhanden* erkannt, andere als *nicht vorhanden*, obwohl der Sachverhalt völlig anders liegen kann. Um also das Beurteilungsvermögen zu schulen und einen zweiten Rückkopplungsweg zu finden, der schließlich den ersten (die taktile Rückkopplung) ausbilden hilft, benutzen wir eine Reihe Prüfmethoden:

Prüfmethoden

1. Prüfung von Stimmhaftigkeit bzw. Stimmlosigkeit:
   Resonanzprüfung mit der Hand am Kopf (am Kehlkopf, Scheitel, Ohr oder an der Nase)

85

2. Prüfung der Nasalität:
Zunächst wird ein Ton produziert, dann die Nase zugehalten. Tritt eine deutliche Klangänderung ein, dann ist das Gaumensegel gesenkt, der Ton hat eine eindeutig nasale Komponente.
3. Prüfung der Aspiration:
Man hält ein Blatt Papier vor den Mund und spricht das in Frage kommende Wort. Wird das Papier bewegt, liegt Aspiration vor.
4. Prüfung des Vokaleinsatzes:
Es werden Wortpaare geflüstert, in denen der Vokaleinsatz nur in einem Wort zu realisieren ist:
veralten – verhalten, vereisen – verreisen, miteilen – mitteilen usw.
5. Prüfung der Auslautverhärtung:
Es werden Wortpaare gesprochen: Tage – Tag, Züge – Zug

2.4.2.5. Mischformen

Mischformen

Es gibt eine Reihe von Mitteln zur Bewußtmachung, die nicht nur rein visuell, auditiv oder taktil sind, sondern Mischformen darstellen, in denen die eine oder andere Komponente mehr oder weniger stark vertreten ist.

1. Die Kopfhörerrückkopplung

Kopfhörer-
rück-
kopplung

In der Elektrotechnik versteht man unter Rückkopplung die Rückführung eines Teiles der Ausgangsleitung auf den Eingang des Systems. Bei der Kopfhörerrückkopplung wird das Ausgangssignal auf das Kontrollorgan, die Ohren, und damit auf den akustischen Analysator zurückgeführt. Der Lernende hat die Möglichkeit, die eigene Schallproduktion so zu hören, als ob sie vom Tonband wiedergegeben werden würde. Da bei der Kopfhörerrückkopplung die Wahrnehmung der Schallsignale über die Knochenleitung fast ganz entfällt, sie also nur noch über den Luftweg – wie bei jedem anderen Hörer auch – erfolgt, kommt es zu keinem Verfälschungseffekt mehr. Der Lernende kann sich noch während der Artikulation von Lauten kritisch hören und somit auch korrigieren; daher ist schon in kürzester Zeit eine weitere Korrektur oder die Bestätigung der richtigen Artikulation möglich.

Der größte Vorteil dieser unmittelbar wirkenden Rückkopplung ist, daß die Korrektur „im Verlaufe" der Artikulation vorgenommen werden kann.

Mit Hilfe der Rückkopplung wird gleichzeitig auch das phonematische Hören geschult. Durch den vom Band gebotenen Lückentext hört der Lernende immer wieder das korrekte Vorbild. Da der Lehrer zugleich Hörhilfen gibt, wird das Gemeinsame bzw. das Unterschiedliche schnell erfaßt. Die Rückkopplung ermöglicht dem Studenten, anschließend seine Artikulation und ihr Ergebnis mit diesem Vorbild zu vergleichen und sie so zu verändern, daß sie dem Standard immer näherkommt.

Leider kann die Kopfhörerrückkopplung auf Grund des technischen Aufwandes nur im Sprachlabor genutzt werden.

2. Das Visible-Speech-Verfahren

Visible-Speech-Verfahren

Mit Hilfe eines technischen Gerätes werden die für die Artikulation von Lauten und Lautfolgen typischen Schälle auf einem Leuchtband sichtbar gemacht.

Dieser Apparat wurde ursprünglich im Gehörlosenunterricht eingesetzt, da den Gehörgeschädigten keine akustische Rückkopplung mehr zur Verfügung steht. Der visuelle Analysator übernimmt hier die Funktion des akustischen. Ein solches Gerät könnte durchaus helfen, dem Ausländer besonders schwierige Laute oder Lautfolgen im Unterricht zu verdeutlichen.

Die Kombination des vom Tonband gebotenen Lückentextes mit dem Visible-Speech-Gerät würde zweifellos eine Optimierung des Unterrichts darstellen, da die Rückkopplung nun über zwei Kanäle, den akustischen und den visuellen, laufen kann. Bestimmt wäre die Sichtbarmachung von Schallereignissen eine anfangs ungewohnte Angelegenheit, doch mit Sicherheit würde die Kombination des visuellen und auditiven Eindrucks stärker korrigierend wirken.

3. Lautfilmschleifen

Röntgenbilder und Röntgenfilme sind schon seit einigen Jahren bekannt, denn sie vermitteln eindrucksvolle Bilder von Artikulationen. Die Herstellung von Röntgenfilmen ist jedoch mit einer Reihe Schwierigkeiten verbunden. So wirkt sich nachteilig die große Artikulationsgeschwindigkeit aus. Man ist bei einmaligem Betrachten gar nicht in der Lage, alle Einzelbewegungen zu erfassen. Daher wäre es angeraten, den Film in Zeitlupe vorzuführen, so daß die Bewegung entweder durch eine hohe Bildaufnahmefrequenz oder vermittels einer längeren Einzelbildwiedergabe verlangsamt wird. Man hätte dann genügend Zeit, den Ablauf der Bewegung zu studieren und könnte Rückschlüsse auf die eigene Artikulation ziehen. Noch deutlicher und wertvoller wäre der Röntgenfilm, wenn er die Konturen der artikulierenden Organe graphisch verstärkt wiedergäbe, wie es Wängler bereits in seinen Röntgenbildern praktiziert.

Bei Lautfilmschleifen ist der ganze Film als unendliche Schleife gedacht, so daß das lästige Umspulen und erneute Einlegen entfällt. Der Film wird so oft vorgespielt, bis die einzelnen Bewegungsabläufe erkannt worden sind. Dann kann die Geschwindigkeit gesteigert werden, so daß der Student in der Lage ist, bei langsamerer Artikulation den Bewegungsablauf nachzuvollziehen. Zuletzt wird die Geschwindigkeit der durchschnittlichen Sprechgeschwindigkeit angeglichen.

Lautfilmschleifen

2.5. Das phonematische Hören

phonemati-
sches Hören

Das phonematische Hören ist die mit dem Spracherwerb verbundene Fähigkeit, die bedeutungsdifferenzierenden Kriterien
hörend zu erfassen und auf ihrer Grundlage das Ergebnis der
Analyse mit einer Bedeutung zu verknüpfen.
Die von der Position und Kombination bestimmten Besonderheiten eines Lautes werden darüber hinaus vom phonetischen
Hören erfaßt.

phoneti-
sches Hören

Wir hatten aber schon erwähnt, daß sich im Verlaufe der muttersprachlichen Sprachaneignung eine bestimmte Art des Hörens ausbildet. Diese
spezifische Gewohnheit des Hörens, die nur auf bestimmte Merkmale
der Einzelphoneme Rücksicht nimmt, wirkt sich selbstverständlich nachteilig auf die Perzeption (Erkennung) der zielsprachlichen Phoneme aus,
denn die muttersprachlichen Hörgewohnheiten bewirken, daß zielsprachliche Lauteigenschaften mit ähnlichen muttersprachlichen als identisch
beurteilt werden. Der muttersprachlich geprägte akustische Analysator
wird daher bei der zielsprachlichen Realisierung von Lauten bestimmend für deren Artikulation sein, womit der „fremde Akzent" gewissermaßen vorbestimmt ist. Nun müssen bei den Übungen zum Differenzieren von lautsprachlichen Folgen – dem Hörtraining – zwei Aspekte
berücksichtigt werden, der phonologische und der phonetische. Der
phonologische ist dem Sprachgebilde eigen, während der phonetische
dem Sprechakt zuzuordnen ist. Der aktuelle Laut als akustisches Ergebnis einer Artikulation ist eine Realisierung des Phonems vor dem Hintergrund der das Phonem kennzeichnenden Merkmale. Meinhold/Stock
definieren in ihrer Phonologie der deutschen Gegenwartssprache (1980,
S. 33 ff.) das Phonem als Bündel distinktiver Merkmale, wobei nicht
alle Lautmerkmale distinktiv sein müssen und nicht immer alle distinktiven Merkmale vertreten sind. Diese Tatsache findet ihre Ausprägung in
den unterschiedlichen positionellen Realisierungen der dem Phonem entsprechenden Laute. Nun wäre die isolierte Darstellung eines Lautes als
Repräsentant eines Phonems eine Möglichkeit, seine Besonderheiten
darzustellen, doch genügt diese Isolierung keineswegs. Es ist unumgänglich, im Hörtraining – als notwendige Vorstufe für das korrekte Nachvollziehen von lautlichen Eigenschaften – die wesentlichen positionellen
und kombinatorischen Varianten akustisch vorzustellen und deren
Klanggestalt zu beschreiben. Berücksichtigte man diesen Umstand nicht,
dann bildete sich im akustischen Gedächtnis des Lernenden nur eine
invariante Klangvorstellung aus, die dann als Orientierungsmodell für
alle Positionen bestimmend ist. Damit werden die Allophone neutrali-
siert.

Wie bei jedem Lernprozeß, so muß auch bei der Entwicklung des
phonematischen und phonetischen Hörens, d. h. im Verlaufe des Hörtrainings, der Schwierigkeitsgrad systematisch gesteigert werden. Leichtes stellt sich im wesentlichen als eine Erscheinung dar, die vom vergleichbaren muttersprachlichen Problem stark abweicht; es besteht also

Perzeption
(Erkennung)

Hörtraining

Schwierig-
keitsgrad

zwischen beiden Erscheinungen eine große Differenz. Diese wird, wie immer wieder festzustellen ist, im allgemeinen wesentlich leichter als eine geringfügige bewältigt.

Eine große Differenz liegt vor, wenn der Nasal [ŋ] z. B. in der Muttersprache eines Studenten nicht vorhanden ist. Möglicherweise gibt es Lautkombinationen bzw. -folgen, die einen „ähnlichen" Klang haben, wie z. B. [nk] oder auch [ng], dann muß [ŋ] vorerst in seiner akustischen Ausprägung vorgestellt, danach gegen [nk] oder [ng] abgehoben und schließlich auch artikulatorisch abgegrenzt werden. Die Differenzierung auf der Basis der akustischen Abgrenzung muß zudem innerhalb des Systems erfolgen, d. h. [ŋ] muß auch akustisch und artikulatorisch von [m] und [n] abgehoben werden. Das ist notwendig, um [ŋ] nicht etwa bei mangelndem akustischem Unterscheidungsvermögen als [n] aufzubauen. Die zusätzliche Vermittlung des Transkriptionszeichens [ŋ] kann dazu beitragen, das Erfassen des Lautes zu erleichtern. Dennoch ist mit Hilfe dieser Maßnahmen das gehörsmäßige Aufnehmen und Abgrenzen von [n], [ng] und [nk] nicht zwingend gewährleistet. Dies kann in der Tat nur durch die häufige Konfrontation mit [ŋ] geschehen. Je häufiger der spezifische Klang von [ŋ] gegenüber ähnlichen Lauten demonstriert wird, desto sicherer ist im Ergebnis die auditive Unterscheidungsfähigkeit. Wie wir bereits weiter oben versucht haben nachzuweisen, ist dieser Prozeß nur von außen steuerbar. Die Darstellungsverfahren, mit deren Hilfe die auditive Unterscheidungsfähigkeit und in der Folge der Aufbau eines akustischen Normativs vorgenommen werden kann, sind naturgemäß von unterschiedlichem Schwierigkeitsgrad. Dieser darf aber nur dann erhöht werden, wenn in der vorangegangenen Stufe stets eine fehlerfreie Zuordnung erfolgt ist.

Dabei kann man wie folgt vorgehen, wobei nicht jeder Schritt abgearbeitet werden muß:

– Darstellung des isolierten Lautes [ŋ] mit Angabe eines Transkriptionszeichens

– Konfrontation des isolierten Lautes [ŋ] mit ähnlichen Lauten in ebenfalls isolierter Position:
[ŋ] – [n], [ŋ] – [ng], [ŋ] – [ŋg], [ŋ] – [nk], [ŋ] – [ŋk]

– Darstellung des Lautes [ŋ] in Logatomen (sinnleeren Silben): **Logatome**
ing, eng, ang, ong, ung **(sinnleere Silben)**

– Konfrontation des Lautes [ŋ] mit ähnlichen Lauten in Logatomen unter gleichen positionellen und koartikulatorischen Bedingungen:
ing – in, eng – en, ...
ing – ink, eng – enk, ...

– Darstellung des Lautes [ŋ] in intervokalischer Position:
inge, enge, ange, onge, unge, ...

– Konfrontation des Lautes [ŋ] mit ähnlichen Lauten in intervokalischer Position:
inge – inne, enge – enne, ...
inge – inke, enge – enke, ... als [ŋk]
inge – inge, enge – enge, ... als [ng]
inge – inge, enge – enge, ... als [ŋg]

- Darstellung des Lautes [ŋ] in finaler Position in Einzelwörtern:
f*ing*, str*eng*, Ges*ang*, G*ong*, Spr*ung*
- Darstellung des Lautes [ŋ] in intervokalischer Position ein Einzel-wörtern:
s*ing*en, h*äng*en, f*ang*en, ges*ung*en, ...
- Konfrontation des Lautes [ŋ] mit ähnlichen Lauten an unterschied-licher Stelle in Wortpaaren oder Dreiwortgruppen:
s*ing*en – s*inn*en
s*inn*en – s*ing*en – s*ink*en
Ges*ang* – Gest*ank*
- Berücksichtigung der Morphemgrenze hinsichtlich [ŋ] und [ng]:
R*ang* – *ang*eln – an|geben
- Notierung der Position von [ŋ] innerhalb von Aussprüchen:
Wann f*ang*en Sie an?, Der Anf*ang* des Satzes ...
- Darstellung von [ŋ] in mehrgliedrigen konsonantischen Folgen u. U. im Kontrast zu ähnlichen Segmentfolgen:
s*ing*st – s*ink*st, ges*ung*en – ges*unk*en

Das Ergebnis des phonematischen Hörens muß dem Studenten immer wieder abverlangt werden. Nur das eindeutige Zuordnen ist Hinweis auf die Tatsache, daß sich im akustischen Gedächtnis des Studenten eine Klangvorstellung entwickelt hat, die mit der eines Muttersprachlers vergleichbar ist. Um Sicherheit zu erlangen, sollte der Student immer wieder dazu veranlaßt werden, Hörübungen zu absolvieren. Sie bilden die Voraussetzung für den artikulatorischen Nachvollzug. Wenn das

akustisches Normativ

akustische Normativ, die im Gedächtnis gespeicherte Klangvorstellung, nicht den Normativen der Zielsprache entspricht, dann wird das artiku-latorische Ergebnis prinzipiell von den in der Zielsprache gültigen Nor-men abweichen, wenn man vorerst von den Schwierigkeiten absieht, die mit der artikulatorischen Geläufigkeit selbst verbunden sind.

Schwerer zu bewältigen ist eine zielsprachliche Erscheinung, deren Merkmale im Vergleich zur muttersprachlichen Erscheinung nur gering-

akustische Differenz

fügig abweichen. Diese geringe akustische Differenz ist naturgemäß weit schwerer hörend zu erfassen. In der Folge wird es nicht einfach sein, die Differenz tatsächlich als Unterschied bewußtzumachen. Prinzipiell ist beim Hörtraining der gleiche Weg zu beschreiten wie bei der „großen Differenz". Gelegentlich zeigt es sich aber, daß Erfolge nur über die Artikulation und deren ständige Korrektur zu erzielen sind. Der artiku-latorische Unterschied zum vergleichbaren muttersprachlichen Laut ist u. U. leichter zu erfassen als die aus ihnen resultierenden akustischen Ergebnisse (vorrangig im frontalen Bereich der Artikulationsorgane). Diese Tatsache läßt sich u. a. damit belegen, daß im Deutschen einige Laute bei gleichen bzw. nahezu gleichen akustischen Ergebnissen unter-schiedlich artikuliert werden, ja werden dürfen, nämlich entweder apikal oder dorsal. Beim apikalen [d] berührt der vordere Zungenrand die Alveolen (den Zahndamm) und u. a. auch einen Teil der oberen fronta-ten Zahnreihe, beim dorsalen [d] hingegen liegt dieser Artikulationsstelle der vordere Zungenrücken an, während der vordere Zungenrand Kon-takt mit den unteren Schneidezähnen hat. Das akustische Ergebnis ist als Realisierung von /d/ anzusehen und als Allophon akustisch kaum vom Partner zu unterscheiden. Die deutliche artikulatorische Andersartigkeit kann jedoch der Schlüssel für den korrekten Nachvollzug des Lautes sein. Ähnlich liegen die Verhältnisse bei den Lauten *t, s, z, ʃ, ʒ* und *l*, die ebenfalls apikal oder dorsal gebildet werden können.

Die ständige Wiederholung der neuen Artikulationsbewegung und mit ihr verbunden die vom Lehrer kommende Korrektur führen zu einer Fixierung der Artikulationsbewegung und damit zu einer Fixierung des mit der Artikulation verbundenen Gehörseindrucks. Es entsteht eine dieser spezifischen Artikulation zugeordnete Klangvorstellung im akustischen Gedächtnis, die wiederum steuernd auf die Artikulation zurückwirkt. Die korrigierende Wirkung des akustischen Analysators kann jedoch erst dann einsetzen, wenn im akustischen Gedächtnis eine Klangvorstellung korrekt fixiert ist (im akustischen Gedächtnis gespeicherte, aber von der Norm abweichende Klangvorstellungen können im umgekehrten Falle gleichermaßen steuernd auf die Artikulation einwirken, doch das ist nicht unser Anliegen). Ein auffälliges Beispiel dafür sind Versprecher, die noch im gleichen Augenblick von dem, der sich versprochen hat, korrigiert werden. akustischer Analysator

 Das Ziel des Hörtrainings muß also darin bestehen, ein phonematisches Hören aufzubauen, denn erst auf dessen Grundlage ist das verstehende Hören möglich. Ziel des Hörtrainings

Das phonematische Hören stellt aber bereits eine höhere Stufe dar, als es zunächst scheint. Wenn vom Muttersprachler zielsprachliche Laute produziert werden, steht im Hintergrund das Phonem als kleinstes Segment des zielsprachlichen Sprachgebildes. Die Laute werden in ihrer Ausprägung von den Phonemen bestimmt, d. h., sie müssen in Abhängigkeit von ihrer Position und ihrer Nachbarschaft eine Reihe von Merkmalen aufweisen, die eben in Abhängigkeit von der Lautnachbarschaft und der Position unterschiedlich sind. Insofern dringt an das Ohr des Lernenden eine zunächst anscheinend ungeordnete Menge von Schallmerkmalen. Diese ungeordnete Menge hat jedoch eine innere Ordnung, die erst dann begreiflich wird, wenn ihre wechselseitigen Beziehungen aufgedeckt werden. Dies muß mit den verschiedenen Mitteln der Bewußtmachung erfolgen. Die Laute, die einem bestimmten Phonem zuzuordnen sind, müssen nun in allen ihren positionellen und koartikulatorischen Erscheinungen in genügend großer Anzahl vorgeführt werden, erst dann kann sich beim Lernenden das Phonem synthetisieren. Erst wenn diese Bedingung erfüllt ist, kann ein Laut in noch nicht gehörten Wörtern dem Phonem zugeordnet werden. phonematisches Hören

Wir können also sagen, daß die Entwicklung des phonematischen Hörens durchgängiges Unterrichtsprinzip sein muß. Dies kann auf die eben beschriebene Weise erfolgen.

Ein anderer, nicht selten gewählter Weg stellt die akustischen Erscheinungsbilder systemhaft vor, d. h., sie werden innerhalb des Lautsystems der Zielsprache gruppenweise behandelt (Verschlußlaute, Reibelaute, Vokale ...), wobei Wörter zu verwenden sind, in denen die einzelnen, einer Gruppe zugehörigen Laute immer in gleicher Position und Umgebung vorkommen. Solche Beispielwörter sind nicht in jedem Falle zu finden, dann müßte auf Logatome zurückgegriffen werden:

p t k Passe, Tasse, Kasse; Penne, kenne, Tenne ...
     Mappe, Matte, Macke; Steppe, Stätte, stecke ...
     Kalb, kalt, Kalk; gelb, Geld, „gelk" ...

Die Wortfolgen können in mehrfacher Hinsicht variiert werden:

1. Umstellung der von der Lautphysiologie begründeten Reihenfolge p t k zu t k p oder k p t
2. Auslassung eines der drei Laute, z. B. – t k, p – k ...
3. Wiederholung eines der drei Laute innerhalb der Folge: p p t ...
4. Wiederholung eines Lautes und Auslassung eines anderen, auch in unterschiedlicher Reihenfolge: p p –, p – p ...
5. Variation dieser Wortfolgen mit den betreffenden konsonantischen Segmenten in initialer, medialer und finaler Position
6. Darstellung der betreffenden Laute in Verbindung mit anderen konsonantischen Segmenten: pr tr kr
7. Wechsel zwischen Einzellaut und Lautfolge in initialer, medialer und finaler Position: pr p pr; ʃtr ʃpr ʃtr

Wir wollen versuchen, im Übungsteil dem jeweiligen Laut eine kurze Übung zum phonematischen Hören voranzustellen.

Wie sich zeigt, ist die Entwicklung des phonematischen Hörens nicht mit dem Erkennen einzelner Laute abgeschlossen. Ein weit größerer Teil der Arbeit liegt bei der Darstellung von Phonemfolgen, die sich aus der Konfrontation mit der Muttersprache des Studenten ergeben, d. h. solchen, die in dieser Muttersprache nicht vorhanden sind. Da das gesamte System mit allen seinen kombinatorischen Möglichkeiten nicht darstellbar ist (auch aus zeitlichen Gründen), muß auf solche Erscheinungen zurückgegriffen werden, die häufig auftreten und auch als schwierig einzuschätzen sind.

Die Entwicklung des phonematischen Hörens ist ein sehr komplexer Prozeß, der sich nicht nur auf die Darstellung der Einzellaute beziehen kann. Im Verlaufe des Phonetikunterrichts wird in zunehmendem Maße auch die Prosodie mit zu berücksichtigen sein, das Verhältnis von Vokal und Akzent, die Reduktion in den Endungen, die semantisch bedeutsamen Gegebenheiten des Satzakzentes und der Satzschlüsse sowie nicht zuletzt die Problematik der emotionellen Realisierungen in Abhängigkeit vom Situationskontext.

2.6. Der Artikulationsstereotyp

 Ein Artikulationsstereotyp liegt dann vor, wenn bestimmte artikulatorische Einstellungen bzw. Abläufe in immer wieder der gleichen Weise akzentfrei, flüssig und unauffällig realisiert werden.

Anzustreben ist dabei die größtmögliche Ähnlichkeit solcher Einstellungen oder Abläufe, wenn sie auch nie absolut identisch sein werden, auch nicht beim Muttersprachler. Die anzustrebende Ähnlichkeit wird von den Merkmalen bestimmt, die den Elementen des Sprachgebildes, den Phonemen, eigen sind, wobei sich zwangsläufig eine gewisse Variabilität ergibt, die von der positionsbedingten Phonemrealisation, vom Bau der Artikulationsorgane, von der emotionellen Lage, von der Sprechgeschwindigkeit und von den prosodischen Merkmalen des Ausspruchs abhängig ist.

Der Aufbau von normgerechten Artikulationsstereotypen setzt voraus, Aufbau von Artikulationsstereotypen daß der Lernende im akustischen Gedächtnis einen Gehörseindruck gespeichert hat, der mit dem Standard der Zielsprache identisch ist (vgl. 2.5.). Dieser Gehörseindruck fungiert als Normvorbild und steuert u. a. in Zusammenarbeit mit dem akustischen Analysator die Artikulation. Wie wichtig diese Steuerfunktion ist, zeigt die sprecherzieherische Praxis bei Gehörlosen. Hier wird die Artikulation nur über taktile und visuelle Reize gesteuert. Das artikulatorische Ergebnis ist zwar noch verständlich, aber so unpräzise, daß es dem Standard in den wesentlichen Punkten nicht mehr entspricht. Eine Präzision der Artikulation, wie sie Hörende beherrschen, wird hier nur in Ausnahmefällen erreicht. Nur der Vollständigkeit halber sei erwähnt, daß akustische Normative, als akustisches Normativ Normvorbilder dienende Gehörseindrücke, beim Ausländer nur dann korrekt entwickelt werden können, wenn sie vom Lehrer fehlerfrei demonstriert werden, er sich also absolut in den standardsprachlichen Normen der Artikulation bewegt.

Wie wir bereits in Abschnitt 2.4. versucht haben darzulegen, gibt es eine Reihe von Möglichkeiten, artikulatorische Einstellungen bzw. Abläufe bewußtzumachen. Die Bewußtmachung der fremdsprachlichen artikulatorischen Andersartigkeit ist das eine, der artikulatorische Nachvollzug mit dem Ziel der Übereinstimmung mit den Erfordernissen der Zielsprache das andere Problem. Die Bewußtmachung ist die Voraussetzung für den Nachvollzug.

Der artikulatorische Stereotyp als Bewegungsmuster für immer artikulatorischer Stereotyp wieder gleichartig reproduzierbare artikulatorische Abläufe kann nur dadurch entstehen, daß ein korrekter artikulatorischer Ablauf in seinen Teilbewegungen (bzw. Einstellungen) erfaßt, wiederholt und schließlich gefestigt wird. Die Übungen zur Festigung des artikulatorischen Stereotyps müssen so lange betrieben werden, bis aus dem bewußt gesteuerten artikulatorischen Prozeß ein automatischer geworden ist.

Dazwischen liegt ein umfangreicher Lernprozeß. Der erste artikulatorische Versuch wird in der Regel mit Fehlern behaftet sein, wobei wir Lernprozeß schon voraussetzen wollen, daß im akustischen Gedächtnis mit Hilfe des phonematischen Hörens eine Normvorstellung entwickelt worden ist und damit der akustische Analysator bereits korrigierend eingreifen könnte. Die fehlerhafte Erstartikulation wird in der Folge sowohl vom Lehrer korrigiert als auch vom akustischen Analysator als *abweichend von der Norm* erkannt. Der kinästhetische Analysator, der seine Informationen über die taktilen Sensoren im Bereich der Artikulationsorgane erhält, beurteilt die Artikulation und gibt die Detailinformationen an das kinästhetische Gedächtnis weiter, in dem der neue Bewegungsablauf nun als Muster gespeichert wird. Es wird erneut artikuliert. Mit Berücksichtigung der vom Lehrer kommenden Korrektur und unter Berücksichtigung der bereits im akustischen Gedächtnis gespeicherten Normvorstellung wird der Bewegungsablauf geringfügig andersartig – im positiven Falle in Richtung auf die standardsprachliche Norm – realisiert. Der artikulatorische Ablauf unterliegt wiederum der Kontrolle des kinästhetischen Analysators – und natürlich auch der des akustischen. Der Lernvorgang ist als Rückkopplungsprozeß zu verstehen. So wie die artikulatorische Bewegung als Bewegungsmuster im kinästhetischen Gedächtnis berücksichtigt wird, so beeinflußt sie wiederum die nachfolgende (wiederholte) Artikulation. Wenn korrigierende Einflüsse auftreten (Lehrer, Eigenbeurteilung), dann wirkt sich das auf die artikulatorische Einstellung bzw. die Bewegung aus, die ihrerseits wieder im kinästhetischen Gedächtnis berücksichtigt wird. Der wechselseitige Korrektureinfluß ist erst dann abgeschlossen, wenn das Ergebnis der Artikulation mit den Erfordernissen des Standards der Zielsprache übereinstimmt.

Gelegentlich ist zu beobachten, daß ein „artikulatorischer Stereotyp" aufgebaut wird, der zwar als artikulatorischer Stereotyp zu werten ist, jedoch keineswegs den Erfordernissen der Zielsprache Rechnung trägt. Die Ursachen liegen darin, daß in den ersten Stunden des fremdsprachlichen Unterrichts selbstverständlich nicht alle phonetischen, lexikalischen sowie syntaktischen Fragen behandelt werden können und sich somit notgedrungen interferenzbestimmte Stereotype ergeben, die später relativ schwer abzubauen sind. So kann u. a. auf das Problem *Qualität* und *Quantität der Vokale* am Anfang nicht eingegangen werden, dennoch sind *haben* und *sein* häufige Wörter. Im Ergebnis werden die konjugierten Formen fälschlicherweise oft als [haːst], [ˈhabəːn], [biːst], [biːn] o. ä. wiedergegeben.

Die Möglichkeiten, artikulatorische Stereotype aufzubauen, sind vielfältig. Der günstigste Fall liegt dann vor, wenn es dem Lernenden gelingt, anhand zu beobachtenden Artikulationsbewegung und dem dazugehörigen akustischen Ergebnis die Erscheinung imitatorisch nachzuvollziehen. In diesem Fall übernimmt vornehmlich der akustische Analysator des Lernenden die Korrekturfunktion. Gelingt dies jedoch nicht in zufriedenstellendem Maße, können die bereits beschriebenen Mittel der Bewußtmachung herangezogen werden, um die phonetische Erscheinung zu verdeutlichen und schließlich das Ziel zu erreichen.

In der Sprachheilpraxis werden, da ja der akustische Analysator zum Teil oder völlig ausgefallen ist, Spiegel, Spatel und Sonden benutzt, um bestimmte artikulatorische Einstellungen überprüfen oder korrigieren zu können. Von den Spiegeln abgesehen, scheinen Spatel und Sonden im Phonetikunterricht für Ausländer aus hygienischen Gründen weniger geeignete Hilfsmittel, zumal Fremdsprachenlehrer keine Logopäden sind. Ableitungen dagegen führen in schwierigen Fällen, in denen akustische oder optische Stimuli versagen, zu sehr guten Ergebnissen.

Norm-
vorstellung

Rückkopp-
lungsprozeß

2.6.1. Ableitungen

Ableitungen dienen dem Aufbau artikulatorischer Stereotype, in- Ableitungen dem von einem bereits bekannten oder beherrschten Laut (der Mutter-, Mittler- oder auch Zielsprache) durch eine geringfügige Änderung der artikulatorischen Einstellung oder Bewegung der beabsichtigte Laut entsteht, dessen Artikulation dem Studenten sonst nicht gelingt.

Die Anwendung von Ableitungen verlangt vom Lehrer – nicht unbedingt vom Lernenden – die Kenntnis der artikulatorischen Einstellungen bzw. Bewegungen, ihre Zusammenhänge und Wirkungen. Die Ableitung dient immer dazu, eine artikulatorische Einstellung oder Bewegung zu erzeugen, die nur über die Modifikation einzelner artikulatorischer Teileinstellungen oder Teilbewegungen erreichbar ist, weil der akustische Eindruck allein nicht genügt. Es ist nicht selten zu beobachten, daß das akustische Ergebnis nur dann erreicht wird, wenn die Ableitung in ihren Einzelheiten langsam nachvollzogen wird. Deshalb scheint es angeraten, die einzelnen Schritte der Ableitung zu lernen, um auch außerhalb des Unterrichts mit Hilfe der Ableitung zum geforderten Laut bzw. zur entsprechenden Lautfolge zu gelangen. Es ist klar, daß die Ableitung vernachlässigt werden kann, wenn es dem Lernenden gelungen ist, die beabsichtigte oder geforderte Einstellung bzw. Bewegung ohne eine solche Hilfsartikulation zu realisieren.

Der nächste Arbeitsschritt besteht darin, den isoliert erarbeiteten Laut koartikulatorisch in die Segmentfolgen einzubinden, in denen er zugelassen ist. So ist beispielsweise bei [l] darauf zu achten, daß es das Merkmal *Lippenrundung* dann ebenfalls zu realisieren hat, wenn es dem vorangehenden Vokal zukommt.

Die Demonstration der Ableitung kann im Unterricht frontal erfolgen. Die Teilschritte sollten von den Studenten notiert und gelernt werden.

Vor dem Abarbeiten der folgenden als Beispiel gegebenen Ableitung ist in den Übungen zum phonematischen Hören darauf zu achten, daß [ŋ] deutlich von den Nasalvokalen und von der Segmentfolge [ŋg] abgegrenzt wird.

Ableitung für [ŋ]

Ableitung
für [ŋ]

1. Bildung des Verschlusses von [g], ohne ihn zu lösen
2. Umstellung auf reine nasale Atmung, der Verschluß wird noch immer nicht gelöst
3. Verschluß weiter beibehalten, dabei Stimmton produzieren; Ergebnis: klangreiner Laut [ŋ], allerdings noch in isolierter Position stehend
4. Artikulationseinstellung beibehalten, nachatmen und erneut phonieren
5. Einstellung der Phonation und langsames Öffnen des Verschlusses (keinesfalls umgekehrt)

6. mehrfaches Wiederholen des gesamten artikulatorischen Vorganges: Bildung des Verschlusses von [g], ohne ihn zu lösen, Umstellung auf Nasenatmung, Phonation, Absetzen der Phonation, Öffnung des Verschlusses
7. mehrfaches Wiederholen des gesamten artikulatorischen Vorganges ohne Absetzen der Phonation mit zusätzlichem Übergang zum schwachtonigen *e*: [ŋə]
8. Bildung von [ŋ] mit langsamer Lösung des Verschlusses und Übergang auf die Endsilbe [ən]: [ŋən]
9. mehrfaches Wiederholen dieser letzten Abfolge zur Festigung
10. Kombination der bisher geübten Folge mit vorangestelltem [ɛ] zu [ɛŋə] oder [ɛŋən], wodurch zweisilbige Wörter entstehen
11. Wiederholung und Festigung der Folge [ɛŋə] bzw. [ɛŋən] mit anschließendem Austausch des Initialvokals: [aŋə], [ɪŋə], [ɔŋə], [ʊŋə]

Die Ableitung kann nur individuell überprüft werden.

2.6.1.1. Ableitungen aus der Muttersprache

Die Ableitung eines Lautes aus der Muttersprache des Studenten ist eine Übernahme.

Das Problem besteht lediglich darin, den entsprechenden Laut auf die Positionen im deutschen Lautsystem zu übertragen, seine koartikulatorischen Bedingungen zu klären und die im Deutschen üblichen Verschriftungen darzulegen. So haben Engländer in ihrem periphären System durchaus den Laut [x], der sonst im Phonemsystem nicht zugelassen ist. Es ist relativ einfach und eine Frage der Übung, diesen Laut als akustisches Äquivalent für die Grapheme *ch* in den Positionen nach [aː, a, oː, ɔ, uː, ʊ, a̯o] einzuschleifen.

2.6.1.2. Ableitungen aus der Mittler- oder Fremdsprache

In der Regel beherrschen die ausländischen Studenten eine zweite Fremdsprache, auf die dann hinsichtlich einer Ableitung zurückgegriffen werden kann. So ist es z. B. möglich, aus dem Englischen den *ang*-Laut ([ŋ]) zu entlehnen. Das gilt auch für das Französische, jedoch mit einigen Einschränkungen. Hier muß wie folgt vorgegangen werden: Der Name *Jean* wird an die Tafel geschrieben, und die Studenten werden aufgefordert, diesen Namen französisch zu artikulieren. In den meisten Fällen ergibt sich ein nasal-oraler Laut, das [õ], der eigentlich als Vokal zu werten ist. Jetzt werden die Studenten aufgefordert, keine Berührung zwischen Hinterzunge und Gaumen herbeizuführen, wobei die Phonation nicht unterbrochen werden soll. Ist diese Abfolge artikulatorisch

orrekt nachvollzogen worden, muß der Mund zur Kontrolle, ohne daß
ler Kontakt der Hinterzunge mit dem Velum aufgegeben wird, in schnel-
er Folge geschlossen und geöffnet werden. Ergibt sich dabei keine klang-
iche Veränderung, so ist das ein deutlicher Hinweis darauf, daß das
Jaumensegel gesenkt, der orale Weg verschlossen und der nasale ge-
iffnet ist. Nach der Festigung der Ableitung und dem Einschleifen des
irtikulatorischen Stereotyps für [ŋ] können Segmentfolgen, bestehend
us Vokal + [ŋ], Vokal + [ng] + Vokal und [ŋ] + Vokal, und schließ-
ich Einzelwörter geübt werden. Den Abschluß bilden die Regularitäten
ler Schreibung und Sonderformen wie [ŋg, ng u. ä.].

?.6.1.3. Ableitungen aus dem Deutschen

\uch Ableitungen aus dem Deutschen sind möglich. So wird in den
„Übungstexten zur deutschen Sprache" (Martens 1965, S. 81) eine Me-
node beschrieben, die zwar einem anderen Zweck dient, aber sehr gut
ur Erarbeitung der Diphthonge geeignet ist. Bei den deutschen
Diphthongen ist der erste Vokal hinsichtlich Dynamik, Melodik und
)ffnungsweite dominant. C. und P. Martens empfehlen das schnelle
lintereinandersprechen von Dreierwortgruppen, bei denen das erste
nd letzte Wort der Reihe jeweils einen kurzen ungespannten Vokal
ufweist:

Mann – mein – Mann
Motte – Meute – Motte
fast – Faust – fast

)ie Diphthonge werden zumeist richtig artikuliert, wenn die Dreier-
vortgruppe schnell gesprochen wird, wohingegen sich beim langsamen
prechen die einzelnen Wörter verselbständigen und damit die korrekte
.ealisierung nicht mehr gewährleistet ist. [ae] wird dann in der Regel
u [eːɪ], was vorrangig auf das Schriftbild zurückzuführen ist.

.6.1.4. Passive Ableitungen

assive Ableitungen werden sehr häufig in der Sprachheilpraxis an,
ewendet.

Der Sprachheillehrer „rückt" die Artikulationsorgane gewissermaßen in die erforderliche Stellung. Passive Ableitungen sind passive
dann erforderlich, wenn die artikulatorische Feinmotorik nicht Ableitungen
sehr ausgeprägt zu sein scheint.

s ist daher einleuchtend, daß passive Ableitungen nur in „Notfällen"
inzusetzen sind. Ein Beispiel für die Anwendung (Weinert, 1977,

S. 137): Wenn ein Student tatsächlich nicht in der Lage sein sollte, [ç] zu artikulieren, dann kann man folgendermaßen verfahren:

1. Der Student wird aufgefordert, [ki:] zu artikulieren, wobei der Vokal überlang gedehnt werden soll.
2. In der nächsten Phase wird bei gleicher Segmentfolge ohne Stimm ton artikuliert. Der Vokal ist wiederum deutlich zu überdehnen.
3. Jetzt erfolgt der Eingriff. Während der Student [i:::] artikuliert, drück der Lehrer vom Mundboden her mit einem Finger die Zunge in Rich tung auf den Hartgaumen. Unter der Voraussetzung, daß der Ler nende nicht verspannt ist, erreicht man damit [ç].
4. Der beschriebene Ablauf muß nunmehr einige Male wiederholt wer den, damit das akustische Erscheinungsbild in einen Zusammenhang mit der ausgeführten Artikulation gebracht wird und reproduzier bar ist.
5. Nunmehr unterstützt der Student die Artikulation selbst, d. h., nu drückt er vom Mundboden aus seine Zunge in Richtung Hartgaumer und wiederholt den gesamten Ablauf so oft, bis abzusehen ist, daß die Artikulation auch ohne Zuhilfenahme des Fingers korrekt gelingt
6. Ständige Wiederholung zum Zwecke der Festigung ist unumgänglich Koartikulatorische Bedingungen schließen sich an.

Der Einsatz solcher passiver Ableitungen ist auch deshalb relativ be grenzt, weil man die Lautbildung nur im labialen Bereich und in ge ringem Maße im prädorsalen unterstützen kann. Es empfiehlt sich au keinen Fall, Spatel oder Sonden zu verwenden.

2.6.2. Das Übungsmaterial

Wie schon auf den Seiten 92 bis 94 beschrieben worden ist, wird ei artikulatorischer Stereotyp im Fremdsprachenunterricht vor allem da durch aufgebaut, daß man eine artikulatorische Einstellung bzw. ein Bewegung mit Hilfe einer Ableitung oder einer anderen geeignete Methode initiiert, nach der Erstrealisation zu festigen versuch un schließlich in ständig umfangreicher werdende Segmentfolgen einbir det. Die Segmentfolgen (Silben, Wörter, Aussprüche) zeigen die z übende Erscheinung in wechselnder Umgebung und in wechselnden Pc sitionen. Es sind mit der steigenden Segmentzahl einer Folge und in At hängigkeit vom Abstand der Artikulationsgebiete der nebeneinande stehenden Segmente Koartikulation und Assimilation zu berücksichtiger Für die Ausbildung eines artikulatorischen Stereotyps ist neben der Wal der Ableitung auch die Anordnung des Übungsmaterials von Bedeutun denn eine wahllose Aneinanderreihung von Wörtern dürfte schwerlic zum Ziel führen. Die einzelnen Schritte sollten klein und überschauba sein. Ein neuer schwieriger Ablauf darf erst dann eingeführt werde wenn der vorhergehende beherrscht wird.
Der Logopäde Weinert hat für den Sprachheilunterricht eine Reih

von Prinzipien erarbeitet, die durchaus auch im Phonetikunterricht bestimmend sein sollten (Weinert, a.a.O., S. 10):

.. Die Übungen sollen nur kurze Zeit dauern.
2. Die eigene Hörkontrolle soll mit einbezogen werden.
3. Hilfslaute sollen verwendet werden.
4. Jeder Schritt soll nur eine minimale Aktion enthalten (vgl. Wulff, zit. bei Weinert, a.a.O., S. 10):

minimale Aktion

- präzise Artikulation,
- lockerer und richtiger Funktionsablauf,
- weniger – besser keine – mechanischen Hilfsmittel,
- schnelles Einschleifen der Gehörskontrolle (also Entwicklung des phonematischen Hörens),
- häufiges Üben und Absichern des betreffenden Lautes,
- kommunikativ-funktionale Ausrichtung der Übungen.

Der Aufbau des Übungsmaterials kann in gewisser Weise stereotyp erfolgen, indem man vom Einzellaut über zweigliedrige Segmentfolgen schließlich zu Aussprüchen kommt. Wesentlich dabei ist, ob es sich um einen Konsonanten oder einen Vokal handelt, ob er frequent ist, inwieweit seine Erscheinung bezüglich des muttersprachlichen Systems als schwierig oder weniger schwierig anzusehen ist (vgl. 2.1.), ob leicht erlernbare Ableitungen vorhanden sind, inwieweit er positionellen und koartikulatorischen Bedingungen unterliegt, inwieweit akustische oder artikulatorische Ähnlichkeit mit anderen Lauten besteht, ob und in welchen Kombinationen er in initialen oder finalen Folgen auftritt, ob er silbisch oder unsilbisch (oder in beiden Formen) vorkommt und schließlich in welcher Form und Variabilität graphematische Äquivalente vorliegen und welches Verhältnis diese zum muttersprachlichen Graphemsystem aufweisen.

Die Trennung der Laute in Vokale und Konsonanten ist eine notwendige Voraussetzung, um die Unterschiede beschreiben zu können, die an die methodische Abfolge innerhalb des Wortmaterials gestellt werden. Prinzipiell können wir davon ausgehen, daß eine solche Trennung deshalb gerechtfertigt ist, weil Vokale einen Teil ihrer Merkmale auf die sie umgebenden Konsonanten übertragen, wohingegen Konsonanten in Abhängigkeit von ihrer vokalischen Umgebung eben unterschiedliche Merkmale aufnehmen müssen und ihre Realisierung zudem noch von der Position innerhalb der Silbe bestimmt wird.

Wenn der gespannt-lange Vokal [y:] als zweites Glied einer Folge, z. B. [by:] oder [ky:], auftritt, beeinflußt er den vor ihm stehenden Konsonanten in der Art, daß dieser labialisiert wird, d. h. mit der für das [y:] typischen Lippenstülpung zu sprechen ist. Das gilt in gleicher Weise für ähnliche Folgen, z. B. [bu:] und [ku:], [bi:] und [ki:] usw. Wird die Labialisierung im vorhergehenden konsonantischen Segment nicht realisiert, hat das eine Qualitätsänderung des Vokals zur Folge. Zwei Konsequenzen ergeben sich aus dieser Feststellung. Das isolierte Üben eines Vokals ohne Berücksichtigung der ihn umgebenden Konsonanten kann niemals zu einer standardgerechten Aussprache führen. Die artikulatorische Einstellung eines Konsonanten darf niemals als ein absolut Fest-

99

stehendes betrachtet werden, mithin muß der Konsonant eine auf der jeweiligen nachbarschaftlichen Vokal bezogene Variabilität aufweisen In intervokalischer Position ([uːta], [uːtə]) ist diese Variabilität weitau stärker ausgeprägt als in vor- oder nachvokalischer ([tyː~], [~yːt])

2.6.2.1. Vokale

Wir gehen davon aus, daß ein artikulatorischer Stereotyp für den Vo kal [yː] erarbeitet werden soll. Als Ausgangspunkt eignet sich der ge spannt-lange Vokal [iː] am besten. [iː] und [yː] sind Vokale mit starke Hebung der Zunge, wobei [iː] als hoher Vorderzungenvokal (vg S. 249) eine geringfügig stärkere Hebung aufweist als [yː]. Im allgemeine kann vorausgesetzt werden, daß [iː] korrekt beherrscht wird. Der Stu dent erhält nunmehr, nachdem ihm an Hand der beiden Sagittalschnitt die unterschiedlichen artikulatorischen Einstellungen erklärt worde sind, die Anweisungen artikulatorischer Art, die ihn dazu befähigen [yː] zu bilden. So soll er, ohne die Zungenlage von [iː] und den Abstanc der Zahnreihen voneinander zu ändern, die Lippen deutlich vorstülpen In der Regel ergibt sich [yː]. Diese Ableitung kann als Differenzierungs übung mehrfach wiederholt werden: [iː yː iː yː ...]. Der neue Gehörs eindruck und die neue artikulatorische Bewegung, die sich deutlich vo [iː] unterscheiden, sind zu festigen, indem [yː] im Kontrast oder als Ab leitungsbasis mit [iː] konfrontiert wird. In der nächsten Phase wird [yː ohne Ableitung und mit der für diesen Laut typischen Artikulations einstellung in isolierter Position gebildet. In dieser zweiten Phase muß auf den Umstand aufmerksam gemacht werden, daß die für das [yː typische Lippenstellung vorzuformen ist, ehe der Laut hörbar wird Geschieht das nicht, dann entsteht ein dem Deutschen fremder Diph thong [ɪyː]. Beim Absetzen des Vokals ist dagegen zu beachten, daß di Lippenstülpung erst nach der Artikulation des Vokals wieder aufgegebe werden darf, sonst entstünde [yːə].

Abb. 10

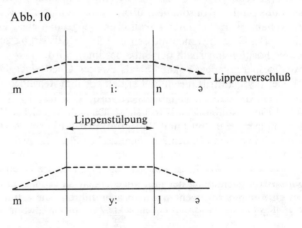

Näher ins Auge gefaßt werden müssen auf jeden Fall die nachvokalichen Konsonanten. Wenn sie einerseits mit den Merkmalen des vorangehenden Vokals behaftet sind, im Verlauf der Artikulation dieses Konsonanten die vokalischen Merkmale jedoch abgebaut werden müssen, so sind sie andererseits aber auch mit den Merkmalen des folgenden Vokals verknüpft. Das [m] in der Folge ['ri:mo] wird mit der Lippenartikulation von [i:] angesetzt, verliert dann dessen Merkmale und übernimmt die des nachfolgenden Vokals [o:], so daß eine „gleitende" Artikulation für [m] in intervokalischer Position entsteht, die immer in Abhängigkeit von der jeweiligen vokalischen Umgebung zu sehen ist und daher immer unterschiedlich sein wird. Der intervokalische Konsonant kann also bezüglich Lippenartikulation (Labialisierung) nicht als etwas Feststehendes betrachtet werden.

Vor der Erarbeitung der labialisierten Vokale in konsonantischer Umgebung muß darauf hingewiesen werden, daß diejenigen Konsonanten bzw. Konsonantenfolgen, die im Anfang noch nicht beherrscht werden, vorerst unberücksichtigt bleiben. Für die Erarbeitung der Labialisierung der Vokale könnte folgender Ablauf die Grundlage bilden:

Lippenarti-
kulation
labialisierte
Vokale
Labiali-
sierung

1. Einführung: theoretische Darstellung der Artikulationsbedingungen, Sagittalschnitt von [i:] als Ableitungsbasis;
2. Vermittlung der artikulatorischen Erfordernisse für [y:], ausgehend von [i:]; Vorstülpung der Lippen beachten und akustische Differenzierung;
3. Nachvollzug der Abfolge zur Sicherung;
4. koartikulatorischer Einschluß, Initialkonsonant aus dem labialen Artikulationsgebiet mit artikulatorischer Übernahme der dem Vokal eigenen Lippenartikulation;
5. Hinzusetzen eines finalen Konsonanten aus dem labialen Bereich, ebenfalls mit Berücksichtigung der labialen Komponente;
6. ständige Konfrontation der Segmentfolge mit [i:] als Akzentvokal: z. B. [mi:m] – [my:m] (solche sinnleeren Silben sind nur in der Anfangsphase zu verwenden, wenn sie geeignet erscheinen, artikulatorische Abläufe besonders anschaulich vorzuführen);
7. Erweiterung der dreigliedrigen Folge mit [ə], so daß eine zweisilbige Lautfolge entsteht; Konfrontation mit [i:] als Akzentvokal: z. B. ['mi:mə] – ['my:mə];
8. Wechsel der labialen Konsonanten in der vorvokalischen Position, nach der sicheren Beherrschung auch Wechsel in der nachvokalischen Position: z. B. [my:də] – [my:lə] – [my:ə];
9. beliebige Variierung der labialen Konsonanten um [y] in der Position vor und nach dem Akzent, Sicherung der artikulatorischen Abfolge und des Gehörseindrucks durch Konfrontation mit gleichen Folgen, in denen jedoch [i:] als Akzentvokal gewählt wird: z. B. [mi:mə] – [mi:nə];
10. Einbeziehung der Konsonanten aller Artikulationsgebiete unter Ausschluß derjenigen, die vom Studenten nicht normgerecht beherrscht werden;
11. Austausch der Einzelsegmente durch konsonantische Segmentfolgen vor und nach dem Akzent: z. B. ['ʃti:lə] – ['ʃty:lə] – ['ʃti:lə];

12. Bildung von Aussprüchen unter Verwendung von akzentlosen Wör-
    tern: z. B. Mühle – die Mühle ['my:lə – di: 'my:lə], müde – scho
    müde ['my:də – ʃo:n 'my:də];
13. Bildung von längeren Aussprüchen, in denen [y:] gleichzeitig Träge
    des Satzakzents ist: z. B. Max ist müde. [maks ist 'my:də];
14. Substitutionsübungen: Innerhalb eines längeren Ausspruchs werde
    Satzglieder ausgetauscht, wodurch *ü* [y:] den Satzakzent verlier
    z. B. Max ist *müde. – Karl* ist müde. [maks ɪst 'my:də] – ['karl ɪ
    my:də];
15. weitere Variierung des Wortmaterials mit Hilfe von Affixen un
    Flexionsmorphemen: z. B. ['my:də – 'my:dɐ – ɐ'my:dət].

Die Übungen müssen so weit vorangetrieben werden, daß [y:] in alle
seinen Positionen korrekt wiedergegeben wird. Das ist mit der bisherige
Abfolge jedoch noch nicht in jedem Fall möglich. Es fehlen für gespann
langes *ü* noch zwei Sonderbedingungen, die initiale Form (d. h. am Sat
anfang bzw. nach einer Sprechpause) und die finale (für [y:] relati
seltene) Position. Im Prinzip wird der Student diese beiden Gegeben
heiten schnell bewältigen. Es genügt zu wissen, daß vor der Artikulatio
von [y:] in initialer Position die Lippenartikulation stumm aufgebat
und in finaler Position nach [y:] stumm abgebaut werden muß.

Die Tatsache, daß im Deutschen die Verschriftung der Vokale unter
schiedliche lautsprachliche Realisierungen zuläßt – und diese sogar be
deutungsunterscheidend sein können –, kann nicht deutlich genug her
vorgehoben werden. Hinzu kommt, daß beim Studenten am Anfang da
auditive Unterscheidungsvermögen noch nicht ausreichend entwicke
ist. Diese bedeutungsunterscheidende Funktion ist dem Studenten au
jeden Fall begreiflich zu machen; da das im allgemeinen nicht sehr leicl
ist, sollte man auf analoge muttersprachliche Beispiele verweisen (z. I
bag – back im Englischen, мел – мель im Russischen usw.). Aus de
Erfahrung weiß der Student, daß auch Deutsche bei der Differenzierun
solcher für sie fremden Minimalpaare Schwierigkeiten haben. Er wir
jetzt bereit sein, die artikulatorische und akustische Differenzierun
nachzuvollziehen.

Wir setzen voraus, daß gespannt-langes *ü* bereits als artikulatorische
Stereotyp erarbeitet worden ist, es kann somit als Ableitungsbasis die
nen. Zwei Merkmale sind mit Sicherheit besonders deutlich erfaßba
zum einen die unterschiedliche Dauer und zum anderen die für [ʏ] ge
tende etwas geringere Stülpung der Lippen. Darüber hinaus gibt es noc
eine Reihe anderer Unterschiede, die in der folgenden Tabelle zusamme
gefaßt sind:

[y:]	[ʏ]
zeitlich länger	zeitlich kürzer
starke Vorstülpung der Lippen	geringere Vorstülpung der Lippen
kleine Lippenöffnung	größere Lippenöffnung
kleiner Zahnreihenabstand	größerer Zahnreihenabstand
stärkere Aufwölbung der Zunge	weniger starke Aufwölbung der Zunge
große Artikulationsspannung	geringere Artikulationsspannung

)ieser Merkmalsdarstellung und der mehrmaligen Demonstration schlie-
en sich Übungen zum phonematischen Hören an. Es werden Wort-
aare vorgeführt, in denen die beiden Vokale repräsentant sind, wobei
arauf zu achten ist, daß die gegenübergestellten Wortkörper größt-
iögliche Ähnlichkeit aufweisen: z. B. Wüste – wüßte, Flüge – flügge,
lüte – Hütte. Inwieweit sich ein akustischer Eindruck für [y] gefestigt
at, kann ermittelt werden, indem dem Lernenden Wortpaare vor-
;sprochen werden (ohne daß er die Artikulation beachtet), in denen
':] und [y] in wechselnder Folge vorkommen. Sind seine Entscheidun-
;n, welcher Laut an welcher Stelle steht, immer richtig, kann angenom-
len werden, daß er über eine ausreichende Fähigkeit, akustische Er-
:heinungen zu differenzieren, verfügt. Damit ist die Vorstufe für den
·tikulatorischen Nachvollzug von [y] gegeben, und der Laut kann –
nmer im Kontrast zu [y:] – in einfache Silben eingebettet werden, wo-
;i wie bei [y:] die koartikulatorischen Bedingungen zu berücksichtigen
nd. Der Aufbau des artikulatorischen Stereotyps vollzieht sich auch   Aufbau des
ier analog zu [i:], lediglich mit dem Unterschied, daß statt des [i:] das   artikulato-
':] Ableitungsbasis ist: rischen
                                                                          Stereotyps

1. Darlegung der artikulatorischen Besonderheiten im Kontrast zu
   [y:], akustische und artikulatorische Unterscheidung;
2. Hörübungen zur auditiven Unterscheidung, zur Kontrolle des Studenten werden [y:] und [y] in wechselnder Folge gebracht;
3. schrittweise Einbettung des [y] in labiale Konsonanten; anfänglich
   nur initial, dann initial und final;
4. Erweiterung der dreigliedrigen Folge *Konsonant – Vokal – Konsonant* durch das schwachtonige *e*, so daß eine zweisilbige Lautfolge
   entsteht; es ist auf die Beibehaltung des Akzents von [y] und die
   Akzentlosigkeit von [ə] zu achten;
5. beliebiger Wechsel der labialen Konsonanten, Konfrontation gleich-
   artiger Folgen mit [y:] als Akzentvokal;
6. Einbeziehen dental-alveolarer Konsonanten, später aller anderen
   (vorausgesetzt, sie werden vom Studenten korrekt beherrscht);
7. Üben von Wortpaaren mit [y:] und [y] als Akzentvokal in wechselnder Folge;
8. Üben von Wortpaaren mit [y] und [ı] als Akzentvokal in wechselnder Folge;
9. Festigung der Opposition von [y:] ≠ [y] und [i:] ≠ [ı] in Zusammensetzungen, z. B. Müllkübel, Stilblüte, Kindermütze, überlisten,
   und in Aussprüchen, z. B. in Düben, vier Kübel, für die Miete;
10. Anwenden der neuen Stereotype in Sätzen durch lexikalische Va-
    riation von Satzgliedern oder innerhalb von Satzgliedern, z. B.
    Herr Müller steht auf der Bühne.
    Frau Müller singt auf der Bühne.
    Sylvia geht auf die Bühne.

n Verlauf des Phonetikunterrichts muß immer wieder kontrolliert wer-
;n, ob die Differenzierung der Opposition [y:] – [y] noch sicher be-
:rrscht wird. Die anfänglich überstarke Lippenartikulation beim ge-
·annt-langen *ü* kann später durch eine intensivere Zungenartikulation

103

ausgeglichen werden, jedoch ohne daß die qualitativen (klanglichen) Eigenschaften des Lautes davon betroffen werden.

Die Vermittlung des Transkriptionszeichens muß parallel zu den Hör übungen erfolgen, die der graphematischen Repräsentanten der Laut jedoch erst in den Regeln zur Unterscheidung von lang-gespanntem un kurz-ungespanntem *ü*. Dabei darf nicht außer acht gelassen werden, da unter Umständen in der Muttersprache die für deutsche [y:] bzw. [y] stehenden graphematischen Repräsentanten eine vollkommen ander Ausprägung erfahren (z. B. engl. *why*). Schließlich muß in den Übunge berücksichtigt werden, daß [y:] bzw. [y] sowohl akzentuiert als auch nichtakzentuiert auftreten können. Das gilt in gleicher Weise für de Wortakzent (z. B. 'übersetzen – über'setzen) wie auch für den Satz akzent (z. B. Er kommt her'über. – 'Er kommt herüber.).

Auf die in fremden Wörtern auftretenden ungespannt-kurzen Vokal kann erst dann eingegangen werden, wenn die betreffende Oppositio *gespannt-lang / ungespannt-kurz* erarbeitet worden ist.

2.6.2.2. Diphthonge

Diphthonge werden, obwohl sie aus zwei miteinander verbundenen Vo kalen bestehen, monophonematisch gewertet, da sie im Kontrast z einem ihrer Bestandteile (in der Regel dem ersten) bedeutungsdifferen zierend auftreten, z. B. B*au*ch – B*a*ch [b̯aox – bax]. Auf die mono phonematische Realisierung der Diphthonge muß deshalb besondere Wert gelegt werden. Man sollte daher die Beschreibung der artikulato rischen Bewegung und die Demonstration dieser Bewegung in Verbir dung mit dem klanglichen Eindruck an den Anfang stellen. Die einzelne Bestandteile des Diphthongs können auch artikulatorisch isoliert vor gestellt werden, [a] und [e] beim Diphthong *ei* [a̯e] z. B. Der Lernend muß erkennen, daß [a] im Verhältnis zu [e] dominant ist. Diese Dom nanz muß auch erhalten bleiben, wenn im Anschluß an die getrennt Artikulation die beiden Bestandteile miteinander artikulatorisch ver bunden werden. Das Problem besteht dabei darin, daß die Dominar nicht zu stark werden darf und der erste Vokal gespannt erscheint. E empfehlen sich daher Dreierwortgruppen, in denen das [a] im erste und im letzten Wort als kurz-ungespannter Vokal auftritt, im mittlere jedoch als dominanter Bestandteil des Diphthongs vorkommt, z. I an – ein – an [an – a̯en – an]. Die initiale Position des Diphthongs unte stützt zugleich die artikulatorisch notwendige große Öffnungsweit Dental-alveolare Konsonanten [s, z, n, d, t, l, ʃ] sind für die Realisic rung des zweiten Vokals sehr günstig. Danach kann [a̯e] Schritt fü Schritt mit Konsonanten verbunden werden, deren Artikulation zı nehmend schwieriger ist.

Um mögliche koartikulatorische Abweichungen leichter lokalisiere zu können, ist es angeraten, die Wörter nach den Initialkonsonanten un deren Artikulationsgebiet anzuordnen. Je nach Ausgangssprache de

Dreierwort-
gruppen

104

tudierenden können damit unterschiedliche Schwierigkeitsgrade und ehlerschwerpunkte erkannt und mit Hilfe geeigneter artikulatorischer Iinweise abgebaut werden. Das „Vorfeld" des Diphthongs kann von inem bis zu drei konsonantischen Segmenten besetzt sein. Eine Schwieigkeitssteigerung im Sinne der minimalen Aktion ergibt sich dann schon adurch, daß dieses Vorfeld – ausgehend von einem Konsonanten – chrittweise umfangreicher wird, z. B. reich – *r*eich*t* – *str*eich*t*.

Bevor zu Übungen im Satz übergegangen werden kann, ist der artikuatorische Stereotyp [a̱e̱] noch durch Wortgegenüberstellungen, in denen lle Vokale auftreten können, zu sichern und weitgehend zu festigen. ̱uch hier muß wieder gewährleistet sein, daß auftretende Schwierigeiten leicht erkennbar und verallgemeinerbar sind. Das erreicht man adurch, daß die Konsonanten des Diphthongvorfeldes wiederum nach ̱rtikulationsgebieten geordnet sind:

bade – beide, mahle – Meile, Vase – Weise, Saal – Seil ...
wähle – Weile, Däne – deine, Säle – Seile ...
Theke – Teig, Stege – Steige, Lehm – Leim ...

)ie vorgestellten Wortfolgen werfen zwei Probleme auf. Das ist zum inen die Kontrastierungsfolge, d. h. die Frage, welche Vokale bezüg- ich des Kontrasts Vokal – Diphthong den Anfang bilden sollten und ̱elche den Schluß, zum anderen die Frage, welchen Platz innerhalb des ̱onfrontierten Wortpaares dasjenige mit dem Diphthong einnehmen oll. Die Kontrastierungsfolge wird unseres Erachtens vornehmlich vom ̱rad der Labialisierung im Einzelvokal bestimmt. Das bedeutet, daß ̱ie ungerundeten Vokale dem [a̱e̱] in der Übung vor den gerundeten ̱egenüberzustellen sind, wobei in der Regel die gespannt-langen größere ̱robleme mit sich bringen als die ungespannt-kurzen. Die gewählte ̱eihenfolge [ɑ – a̱e̱] bzw. [a̱e̱ – ɑ] ist nicht zu unterschätzen, da auf ̱rund der zwar nicht angegebenen, aber dennoch vorhandenen Akzen- uierung des zweiten Wortes im ersten u. U. ein Quantitätsverlust auf- ̱reten kann. Bis zu einem bestimmten Grade ist das durchaus zulässig, ̱eil innerhalb von Aussprüchen Akzentvokale von Einzelwörtern ̱urchaus satzakzentlos auftreten können. Wenn die Reduktion jedoch ̱u stark wird, d. h. sogar Qualitätsänderungen erkennbar werden, dann ̱st das betreffende Wortpaar bzw. Kompositum in umgekehrter Folge ̱u üben, z. B. Bahn – Bein, Bandschleife – Schleifenband [bɑ:n, ba̱e̱n, bandʃlae̱fə – 'ʃlae̱fn̩bant], bis eine relative artikulatorische Sicherheit ̱ie Umkehrung der beiden Wörter wieder vertretbar erscheinen läßt.

[a̱e̱] ist relativ leicht erlernbar und sollte daher in der Reihe der Diph- ̱honge den Anfang bilden. Die beiden anderen Diphthonge können an- chließend analog [a̱e̱] erarbeitet werden.

An dieser Stelle ist es angeraten, ein weiteres Problem aufzuwerfen. Jnterschiedliche Muttersprachen bedingen hinsichtlich der Zielsprache)eutsch unterschiedliche Übungsabfolgen. Wird das nicht beachtet, müs- en nicht selten lautliche Erscheinungen mitgesprochen werden, die als ̱rtikulatorische Stereotype noch gar nicht beherrscht werden und deren ̱raphematische Repräsentanz gar nicht bekannt ist. Andererseits ist es ̱wingend notwendig, einen Laut in seiner koartikulatorischen Um-

gebung zu üben. Wenn innerhalb der Übungen im Ausspruch aus gram
matischen oder lexikalischen Gründen bestimmte Laute (oder Morphem
oder als Bestandteile von Morphemen) notwendigerweise erscheinen mü
sen, können die vom Studenten artikulatorisch noch nicht beherrschte
Konsonanten nicht ausgeklammert werden. Diese gesamte Problemati
ist jedoch relativ gut zu bewältigen, wenn die artikulatorische Abfolg
von Schwierigkeiten von der Häufigkeit ihres Auftretens bestimmt wir
Bilden sich aus diesem oder jenem Grund dennoch „individuelle art
kulatorische Stereotype" heraus, die mit den Erfordernissen der Star
dardaussprache überhaupt nicht übereinstimmen, ist je nach dem Gra
der Abweichung zu entscheiden, ob die sich falsch entwickelnde Lau
bildung sofort oder doch erst später unter erschwerten Bedingunge
korrigiert werden soll.

2.6.2.3. Akzentlose Vokale

schwach-
toniges e
(auch
Schwa,
reduzier-
tes e,
Murmel-e)

Die artikulatorischen, positionellen und graphematischen Bedingunge
der drei folgenden vokalischen Laute müssen besonders ins Auge gefa
werden; das betrifft das schwachtonige e (auch Schwa, reduziertes
Murmel-e), das in der Endung -ion auftretende unsilbische i und schlie
lich eine positionell bedingte Variante von /r/, die seit Ulbrich (Ulbri
1972, S. 56) mit dem Transkriptionszeichen [ɐ] wiedergegeben wir
Man muß davon ausgehen, daß schwachtoniges e und vokalisches r a
Morpheme bzw. Segmente von Morphemen und vokalisches r außerde
als Stammauslaut sehr häufig auftreten und eine fehlerhafte Bildun
daher besonders auffällig wird, so daß es angeraten ist, sie nicht an d
letzte Stelle innerhalb des Übungssystems zu setzen.

2.6.2.3.1. Schwachtoniges e

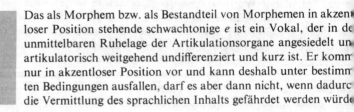

Das als Morphem bzw. als Bestandteil von Morphemen in akzen
loser Position stehende schwachtonige e ist ein Vokal, der in de
unmittelbaren Ruhelage der Artikulationsorgane angesiedelt un
artikulatorisch weitgehend undifferenziert und kurz ist. Er komm
nur in akzentloser Position vor und kann deshalb unter bestimm
ten Bedingungen ausfallen, darf es aber dann nicht, wenn dadurc
die Vermittlung des sprachlichen Inhalts gefährdet werden würd

In einer Übungssituation allerdings läßt sich schwachtoniges e in ein
silbigen Segmentfolgen nicht akzentlos produzieren. Die Tatsache, da
es als Vokal in konsonantischer Umgebung steht, ist hinreichend Grun
dafür, daß es mit verstärktem Schalldruck und eventuell höherer Ton
höhe gesprochen wird. Es ist also anders vorzugehen. Isoliert läßt e

106

sich zur Verdeutlichung seiner artikulatorischen und klanglichen Eigenschaften aus der Ruhelage der Artikulationsorgane ableiten, indem der Hinweis gegeben wird, bei leichtem Öffnen der Lippen einen Stimmton zu produzieren. Dies ist selbstverständlich auch nur dann möglich, wenn der Zungenrücken die für die Ruhelage typische Kontaktstellung mit dem Gaumen aufgibt. Der Hinweis auf das leichte Öffnen der Lippen genügt jedoch in den meisten Fällen, um auch die Zungenbewegung zu initiieren. Wäre das nicht der Fall, dann wäre zweifellos nichts oder nur eine nasale Komponente hörbar. Eine zu starke Lippenöffnung, verbunden mit einem stärkeren Absenken des Zungenrückens, führt schon zu Fehlbildungen. Dem Studenten muß bewußt werden, daß der Laut völlig spannungslos ist und keinerlei spezielle Lippenartikulation erfordert. Ruhelage der Artikulationsorgane

Innerhalb zweisilbiger Segmentfolgen wird [ə] zunächst in finaler Position nach dental-alveolaren Konsonanten eingeführt, z. B. Bühne ['by:nə]. Diese eignen sich deshalb besonders gut, weil die taktile Rückkopplung relativ gut ausgeprägt ist und die Lippenaktivität in Abhängigkeit vom vorhergehenden labialisierten Vokal (z. B. [y:]) sekundär und damit weit weniger schwierig als bei den labialen Konsonanten ist. Um das Akzentgefälle deutlicher hervorzuheben, kann der Akzentvokal [y:] auch leicht überdehnt, leicht erhöht oder etwas lauter gesprochen werden – mit gleichzeitigem Hinweis darauf, daß die Tonhöhe im schwachtonigen e bis in die Lösungstiefe sinken sollte und die Lautstärke derart abnehmen kann, daß der Laut selbst nur noch schwach zu hören ist, mit dem Hinweis, daß jegliche differenzierende Artikulation zu unterbleiben hat und im Grunde genommen die Ruhelage der Artikulationsorgane angestrebt werden sollte. Die Tatsache, daß schwachtoniges e in unmittelbarer Nähe der Ruhelage der Artikulationsorgane angesiedelt ist, erklärt, daß es in bestimmten Fällen – obwohl es als Morphem zu werten ist – durchaus ausfallen kann, z. B. schreibe – schreib! taktile Rückkopplung

Da das schwachtonige e als Flexionsmorphem unterschiedliche Funktionen zu erfüllen hat, wird in der Mehrzahl der Fälle ein Ausfall nicht möglich sein, wenn die Vermittlung eines sprachlichen Inhalts nicht gefährdet werden soll. Es ist daher vorerst die finale Position zu festigen. Als Segment des Morphems -es eignet es sich besonders, in konsonantischer Umgebung geübt zu werden, einerseits, weil [s] dem alveolardentalen Artikulationsgebiet angehört, und andererseits, weil [s] stimmlos ist. Die Stimmlosigkeit von [s] ist eine notwendige Voraussetzung, um den Stimmtonverlust in [ə] zu unterstützen. Vorausgehendes [n] und nachfolgendes [s] bewirken, daß die Lippenartikulation im schwachtonigen e weitgehend indifferent bleibt. Wenn solche Segmentfolgen wie kühnes, eines, deines, Hahnes usw. gefestigt erscheinen, kann der vor dem schwachtonigen e stehende Konsonant variiert werden, z. B. Eises, breites, Keiles, Hauses, Busses usw. Schließlich wird die Schwierigkeit schrittweise weiter gesteigert, indem auch die Konsonanten labialer, labio-dentaler, palataler und velarer Art besagte Position einnehmen, z. B. Reimes, Siebes, aktives, Stoffes, weiches, Tages usw. Erst nach diesen Übungen darf man das Finalsegment austauschen bzw. die Seg-

107

mentfolge um einen Konsonanten erweitern, z. B. -es, -est, -et. Nunmehr ist zu anderen Segmentfolgen mit schwachtonigem e überzugehen, z. B -em, -el, -elt, -elst, -eln. Einen besonders hohen Schwierigkeitsgrad weisen Endsilbenketten wie -ete (redete) und -etest (redetest) auf. Die Finalgruppierungen -en, -er, -ern sind aus mehreren Gründen gesondert zu behandeln. -en als häufige Endsilbe unterliegt besonders stark der Reduktion, wobei e-Ausfall und Angleichung des Nasals nicht selten sind Erst wenn die Ausspracheregeln für diese Fälle vermittelt worden sind und die artikulatorischen Besonderheiten verdeutlicht werden konnten darf mit den Übungen begonnen werden. Neben der Realisierung mit schwachtonigem e, wie sie z. B. nach den Nasalen [m, n, ŋ] und der Liquiden [l, r] gefordert wird, kann das schwachtonige e nach den Reibelauten und nach [d, t] ausfallen, so daß das verbleibende [n] silbisch wird, also [n̩]. Nach [b, p] kann – verbunden mit einem e-Ausfall – [n] zu [m̩] assimiliert werden, nach [g, k] zu [ŋ̩]. Schwachtoniges e darf jedoch nicht ausfallen, wenn situationsbedingt eine erhöhte Deutlichkeit (z. B. bei Lärm) oder die große Form (z. B. im Kunstgesang, beim klassischen Versdrama) erforderlich ist. Die in Partizipien des Präsens besonders häufigen Endsilbenketten sollten den Abschluß der Übungen zum schwachtonigen e bilden, z. B. -benden in Schreibenden.

2.6.2.3.2. Vokalisiertes r

Für die noch verbleibenden Finalgruppierungen -er, -ert, -erst, -ern, -ernd u. ä. gelten vollkommen andere Gesetzmäßigkeiten. r ist hier vokalisiert zu sprechen und wird am besten im Zusammenhang mit den Grundsätzen der r-Problematik behandelt. Die Vermittlung der r-Varianten muß die Tatsache berücksichtigen, daß die artikulatorischen Äquivalente des Phonems r sowohl von kombinatorischen Gesichtspunkten (der Stellung innerhalb der Silbe, der Abhängigkeit von der Quantität des vorangehenden Vokals) als auch von den fakultativen bestimmt werden. Mithin ist (von Ausnahmen vorerst abgesehen) zwischen den fakultativen Varianten [ʁ, ʀ, r] und [ɐ] zu unterscheiden, die jedoch – und das ist eine Eigenart der freien wie auch der fakultativen Varianten – keine Bedeutungsdifferenzierung bewirken, wenngleich die Nichtberücksichtigung einen Verstoß gegen die orthoepischen Anforderungen der Standardaussprache darstellt. Velares r [ʁ], Zäpfchen-r [ʀ] und Zungenspitzen-r [r] als konsonantische r-Laute stehen in deutlichem Kontrast zum vokalisierten r [ɐ], das als Ergebnis einer artikulatorischen Reduktion anzusehen ist. So schreibt Ulbrich (Ulbrich 1972, S. 55):

r-Varianten

fakultative
Varianten

velares r
Zäpfchen-r
Zungen-
spitzen-r

„Die vor dem Hintergrund eines Vokals gebildeten Schläge des Zungenspitzen-r und des Zäpfchen-r werden im natürlichen Sprachgebrauch oft unvollkommen oder überhaupt nicht realisiert, so daß nur ein r-Engelaut entsteht. Aber auch die Enge kann so unzureichend gebildet werden, daß das für die r-Engelaute typische Reibegeräusch ausbleibt und ein vokalisierter Laut realisiert wird. Allerdings ist dieser Artikulationsmodus positionsbedingt. r-Öffnungslaute entstehen, wenn der Sprecher die Artikulation eines r-Vibrationslautes oder r-Frikativlautes intendiert, jedoch der in den Sprechtrakt geführte Phonationsstrom weder durch die Artikulatoren *Zungenspitze* und *Zäpfchen* moduliert noch durch Engenbildung modifiziert wird. Der intendierte r-Vibrationslaut oder r-Frikativlaut wird soweit reduziert, daß nur ein vokalischer Laut resultiert und der Gehörseindruck entsteht, als ob /r/ substituiert werden würde. Dieser Substitutionsvokal, dessen Klangfärbung von dem ihm vorangehenden Vokal beeinflußt wird, wird unabhängig von seinen verschiedenen Klangfärbungen als vokalisiertes r bezeichnet."

Das vokalisierte r ist ein Laut, der bedeutungsunterscheidende Funktion haben kann. Es muß akustisch deutlich vom schwachtonigen e abgehoben werden, denn vokalisches r und schwachtoniges e bilden Minimalpaare: bitte – bitter ['bɪtə – 'bɪtɐ]. Das Transkriptionszeichen ist geeignet, auf die Besonderheiten des Lautes aufmerksam zu machen.

Da das Transkriptionszeichen auf dem Kopf steht, kann es sich um einen reduzierten Laut handeln, und da außerdem ein Vokalzeichen verwendet wurde, nämlich das „a", kann es zudem nur ein vokalischer Laut sein, der zu a tendiert. Transkriptionszeichen

Vokalisiertes r kann sowohl silbisch als auch unsilbisch auftreten. Unsilbisch wird es z. B. nach Langvokal (außer nach [ɑː]) mit [ɐ̯] (GWddA 1982) oder [ɐ] (Duden, Aussprachewörterbuch 1973) wiedergegeben; silbisch erscheint es z. B. in der Folge -er als [ɐ] (in beiden Wörterbüchern übereinstimmend). vokalisiertes r

Es empfiehlt sich, [ɐ] nicht isoliert zu üben, weit besser ist es, deutliche Kontraste an den Anfang zu stellen. Man geht z. B. von Tür [tyːɐ] aus, hebt die Akzentuierungsmerkmale des Vokals [yː] hervor und kontrastiert diese mit [ɐ]. Die Lippenentrundung, der Tonhöhenverlust (u. U. bis in die Lösungstiefe), der Verlust von Artikulationspräzision (Lippen und Zunge nehmen nahezu die Ruhelage ein) sind als charakteristische Merkmale festzustellen. Damit aber [ɐ] nicht mit [ə] zusammenfällt, ist der Hinweis notwendig, daß „in Richtung" auf das hintere a zu artikulieren ist. In der Regel stellt sich dann [ɐ] ein, sollte jedoch velares r [ʁ] hörbar werden (gelegentlich auch mit fehlendem Stimmton), dann ist die Entspannungstendenz nicht genügend berücksichtigt worden. Unter Umständen ist noch einmal darauf einzugehen, daß es sich bei [ɐ] um einen konsonantischen Vokal handelt, der mit den r-Lauten nichts gemein hat. In schwierigen Fällen erweist sich ein Umweg als nützlich, indem vokalisiertes r nach gespannt-langem Vokal durch ein halblanges a „ersetzt" wird, das im Laufe der Übungen dann immer stärker reduziert wird. Nun können sich Übungen anschließen, in denen das [ɐ] nach gerundeten Vokalen (z. B. [yː, uː, oː] in Tür, Tour, Tor u. a.) als dynamischer Artikulationsstereotyp gefestigt wird. Danach

109

können auch alle anderen Verbindungen von langen Vokalen und vokalischem *r* geübt werden, wobei langes hinteres *a* laut GWddA kein vokalisches *r* (z. B. in Bar) zulasse. Zugunsten der Regeldurchgängigkeit und zugunsten einer unauffälligeren Aussprache ist der Verstoß minimal, wenn auch in dieser Position vokalisiertes *r* gesprochen oder eine Ersatzdehnung des langen *a* realisiert werden würde.

Nach der Vermittlung der Regeln zum Auftreten des vokalischen *r* in bestimmten Suffixen und Präfixen muß der von der Position abhängige Wechsel zwischen konsonantischem und vokalischem *r* erklärt werden. Dabei ist zwischen initialer und finaler Position innerhalb der Silbe zu unterscheiden. Vokalisiertes *r* steht gewöhnlich final nach langem Vokal (unabhängig davon, ob noch weitere Konsonanten folgen), konsonantisches *r* wird hingegen initial (unabhängig von der Anzahl der vor dem Vokal stehenden Konsonantenfolge) bei der Schreibung von „r" gesprochen. Die von der Flexion abhängige wechselnde Form der graphischen Silbe und die damit in Zusammenhang stehende Positionsänderung eines Graphems muß den Ausgangspunkt bilden.

Beispiel	Position des *r*	konsonantisch	vokalisch
füh-ren	initial	[ʁ, ʀ, r]	–
führst	final nach langem V.	–	[ᵄ]
wer-den	final nach langem V.	–	[ɐ]
wirst	final nach kurzem V.	[ʁ, ʀ, r]	–

Die korrekte Anwendung der einzelnen Varianten ist von der Kenntnis des flexionsabhängigen Positionswechsels von „r", von seiner Schreibung (als rr, rrh z. B.) und nicht zuletzt vom vorhergehenden Vokal abhängig.

Der flexionsabhängige Positionswechsel eines Graphems innerhalb der Silbe ist nicht nur bei den *r*-Varianten von Bedeutung, sondern auch hinsichtlich der Auslautverhärtung.

2.6.2.3.3. Unsilbisches *i*

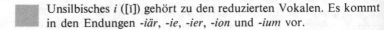
Unsilbisches *i* ([ĭ]) gehört zu den reduzierten Vokalen. Es kommt in den Endungen *-iär*, *-ie*, *-ier*, *-ion* und *-ium* vor.

Einige Beispiele dafür sind: Tertiär [tɛrˈtsĭɛ:ᵄ], Lilie [ˈli:lĭə], Spanier [ˈʃpɑ:nĭɐ], Nation [naˈtĭo:n], Helium [ˈhe:lĭʊm]. In der Regel genügt der Hinweis, daß [ĭ] nicht vom folgenden Vokal mit Hilfe eines vokalischen Neueinsatzes abgesetzt werden darf und daß es von überaus kurzer Dauer zu artikulieren ist, gewissermaßen nur als schwachtoniger Vokal mit der Tendenz nach [ɪ]. Wenn der folgende Vokal, [o:] bzw. [ɛ:], genügend lang artikuliert wird, reduziert sich die Länge ohnehin; außerdem steht unsilbisches *i* von der Position her an der Stelle eines Konsonanten (was die Tatsache beweist, daß Muttersprachler [ï] bei zu hoher Spannung gelegentlich als [j] artikulieren), lang artikulierte Konsonanten aber sind im Deutschen nicht üblich.

2.6.2.4. Konsonanten

Für die Zusammenstellung des Übungsmaterials ist der flexionsabhängige Positionswechsel eines Graphems von großer Bedeutung. Er regelt ja nicht nur die Umsetzung der *r*-Grapheme, sondern darüber hinaus auch die der Verschluß- und Reibelautgrapheme und schließt die Bedingungen für die Auslautverhärtung in sich ein. Das gleiche Graphem erfährt in Abhängigkeit von seiner Position eine unterschiedliche artikulatorische Umsetzung. Es ist klar, daß Konsonanten artikulatorische Merkmale von Vokalen übernehmen müssen, z. B. die für den Vokal typische Lippenrundung oder die Verlagerung der Artikulationsstelle entweder nach vorn oder nach hinten. Zusätzlich zu diesen Gegebenheiten beeinflussen sich auch benachbarte Konsonanten, insbesondere an Silbenbzw. Wortgrenzen. Zwei Dinge sind daher bei der Zusammenstellung des Wortmaterials auf jeden Fall zu beachten, die positionsabhängige Umsetzung eines Graphems und die aus der Lautnachbarschaft erwachsenen Angleichungen (Assimilationen) hinsichtlich Artikulationsintensität und Stimmbeteiligung, wobei vorerst unberücksichtigt bleibt, welche Besonderheiten beim Aufeinandertreffen von gleichartigen Verschlußlauten von der Wort- bzw. Silbengrenze sowie beim Zusammentreffen von Verschlußlauten mit dem Liquid *l* und mit den Nasalen entstehen.

2.6.2.4.1. Auslautverhärtung

Die positionsabhängige Realisierung eines Verschluß- oder Reibelautgraphems (vornehmlich *b, d, g, v, s*) wird von der Auslautverhärtungsregel definiert. Sie zu verstehen erfordert aber, daß die Schriftzeichen in Stimmhaftigkeit signalisierende, die SHG, und Stimmlosigkeit signalisierende, die SLG, eingeteilt werden. Dies fällt dem Ausländer in der Regel sehr leicht, weil er das Einzelgraphem vornehmlich mit Stimmhaftigkeit bzw. Stimmlosigkeit in Beziehung setzt:

Stimmhaftigkeit signalisierende Grapheme	Stimmlosigkeit signalisierende Graphemgruppierungen
die Vokale *a, e, i, o, u, ä, ö, ü*	–
die Diphthonge *ei, au, eu*	–
die Nasale *n, n, ng*	–
die Liquid *l*	–
die Verschlußlautgrapheme *b, d, g*	die Verschlußlautgrapheme *p, t, k*
die Reibelautgrapheme *w, v, s, j, r*	die Reibelautgrapheme *f, ss, ß, sch, ch*

111

Damit ist das System zwar nicht vollständig, gibt aber diejenigen Schriftzeichen wieder, die von der Auslautverhärtung betroffen werden, d. h. in Abhängigkeit von der Position artikulatorisch unterschiedlich realisiert werden, so *b*, *d*, *g*, *v* und *s*. Nunmehr läßt sich die Auslautverhärtungsregel verstehen und leicht auf den Einzelfall anwenden:

Ein Stimmhaftigkeit signalisierendes Graphem b d g v s wird im finalen Bereich einer (graphischen) Silbe als stimmlose Fortis (stimmlos mit großer Artikulationsenergie) [p t k f s] artikuliert, unabhängig davon, ob es sich unmittelbar dem Vokal (bzw. Diphthong) anschließt oder nicht. Im initialen Bereich der Silbe jedoch werden sie dann als stimmhafte Lenis (stimmhaft mit geringer Artikulationsenergie) [b d g v z] realisiert, wenn ihnen ein Vokal, Diphthong, Nasal oder Liquid vorausgeht.

Positionswechsel

Konjugation und Deklination

Der Positionswechsel wird von den Gegebenheiten der Flexion bestimmt. Folgen dem betreffenden *b*, *d*, *g*, *v* oder *s* in der graphischen Silbe nur Konsonanten, dann ist er final zu werten, folgt ihm ein Vokal unmittelbar, so ist er als initial einzustufen. Die von der Konjugation, der Deklination und der Steigerung abhängigen Positionsveränderungen der betreffenden Grapheme *b*, *d*, *g*, *v* *s* sind deshalb um so schärfer ins Auge zu fassen, weil in der Regel nur die im GWddA nachlesbaren Lexikformen korrekt gesprochen werden, während alle anderen Formen zumeist mit Fehlern behaftet sind.

Auf Grund der Formenvielfalt ist bei Verben der silbengrenzabhängige Positionswechsel besonders häufig zu beobachten, s. das Beispiel *geben*:

Infinitiv	ge-ben	[b]		
Imperativ	gib!	[p]	gebt!	[p]
Partizip 2	ge-ge-ben	[b]		

1. Pers. Präs. Sg.	ge-be	[b]	Prät.	gab	[p]
2. Pers. Präs. Sg.	gibst	[p]	Prät.	gabst	[p]
3. Pers. Präs. Sg.	gibt	[p]	Prät.	gab	[p]
1. Pers. Präs. Pl.	ge-ben	[b]	Prät.	ga-ben	[b]
2. Pers. Präs. Pl.	gebt	[p]	Prät.	gabt	[p]
3. Pers. Präs. Pl.	ge-ben	[b]	Prät.	ga-ben	[b]

Bei der Deklination wird der Positionswechsel ebenfalls sichtbar, s. das Beispiel *Dieb*:

Nom. Sg.	der Dieb	[p]	Pl.	die Die-be	[b]
Gen. Sg.	des Die-bes	[b]	Pl.	der Die-be	[b]
Dat. Sg.	dem Dieb	[p]	Pl.	den Die-ben	[b]
Akk. Sg.	den Dieb	[p]	Pl.	die Die-be	[b]

Bei Ausfall des Genitiv-e wird *b* als [p] realisiert.

Innerhalb der Steigerung kann hinsichtlich Auslautverhärtung nur der Superlativ fehlerhaft realisiert werden, da im Komparativ das vokalanlautende Suffix *-er* die Grapheme *b*, *d*, *g*, *v*, *s* in initiale Position drängt:

grob [~p], gröber [~b~], am gröbsten [~ps~]

Die finalen Grapheme *b*, *d*, *g*, *s* sind in unflektierbaren Wörtern immer auslautverhärtet zu sprechen:

ab [~p], ob [~p], deshalb [~p], und [~t], weg [~k], aus [~s], ins [~s], falls [~s]

Das gilt in gleicher Weise für das finale *s* in den Artikeln und Pronomina:

das [~s], des [~s], eines [~s], jenes [~s]

Das Prinzip der Auslautverhärtung läßt sich wie folgt sehr gut verdeutlichen:

Prinzip der Auslautverhärtung

Aus der Folge

Nukleus	Silbengrenze	Verschlußlaut oder Reibelaut	+ Nukleus,	Schwa
[a...ae...]	|	[b, d, g, v, z]	[a...ae...],	[ə]

wird durch Verschiebung der Silbengrenze

Nukleus	+ Verschlußlaut oder Reibelaut	Silbengrenze	Nukleus,	Schwa
[a...ae...]	[p, t, k, f, s]	|	[a...ae...],	[ə]

Für den Aufbau dynamischer Artikulationsstereotype eignen sich unter dem Gesichtspunkt des positionellen Wechsels daher am Anfang Segmentfolgen, die aus einem Nukleus und dem Graphem *b*, *d*, *g*, *v* oder *s* bestehen. In der Regel gehören aber solche zweigliedrigen Segmentfolgen wie *ab*, *ob* oder andere den unflektierbaren Wörtern an. Es wäre nicht sehr sinnvoll, wollte man sie mit einem Vokal verbinden, um die Silbengrenzverschiebung zu üben. Da aber der Konsonant in der Position vor dem Stammvokal assimilatorischen Bedingungen unterworfen ist, die sich vornehmlich im Fehlen bzw. Vorhandensein des Stimmtones äußern, kann diese Position nur von den Nasalen [m] und [n] ([ŋ] ist in dieser Position nicht zugelassen), den Liquiden [l] und [r] sowie den stimmlosen Reibelaut-Fortes [f], [ʃ] und [ç] ([s] und [x] sind nicht zugelassen) eingenommen werden. Die Reihenfolge ist gleichfalls von Bedeutung, weil die Grapheme *p*, *t*, *k* auf keinen Fall einer positionsabhängigen Realisierung unterliegen, wohl aber die Grapheme *b*, *d*, *g*, *v*, *s*. Insofern empfiehlt es sich, letztere an den Anfang zu stellen, was bei den Verben sehr gut zu verdeutlichen ist:

schreiben – schreib!	*schlagen* – schlag!	
schreiben – er schreibt	schlagen – er schlägt	
schreiben – du schreibst	schlagen – du schlägst	
schreiben – ich schrieb	schlagen – ich schlug	
schreiben – du schriebst	schlagen – du schlugst	
schreiben – ihr schriebt	schlagen – ihr schlugt	

lesen – lies!
lesen – er liest
lesen – du liest
lesen – ich las
lesen – du las(es)t
lesen – ihr las(e)t

113

2.6.2.4.2. Assimilation

Angleichungen der Stimmlippentätigkeit

Wenden wir uns nun den Assimilationen zu, die auf Grund von Angleichungen der Stimmlippentätigkeit bei der Aufeinanderfolge von Konsonanten entstehen. Eine solche Angleichung erfolgt, wenn das finale Segment, das als stimmlose Fortis zu sprechen ist ([p, t, h, f, s]), vor einem unmittelbar folgenden Stimmhaftigkeit signalisierenden Graphem steht. Diese Initialsegmente ([b, d, g, v, z, ʒ, j, ʁ]) verlieren dann ihre Stimmhaftigkeit. In diesem Fall sprechen wir von progressiver Assimilation.

progressive und regressive Assimilation

Dieser steht die regressive Assimilation in slawischen und romanischen Sprachen gegenüber, bei der – von Ausnahmen abgesehen – der Finalkonsonant vor der Silbengrenze die Stimmhaftigkeit des initialen nach der Silbengrenze übernimmt, z. B. *aus Berlin* würde [aozbɛɐˈliːn] artikuliert werden. Die auf das Deutsche übertragene, aber nicht realisierte Auslautverhärtung, verbunden mit der obligatorischen Angleichung des Initialkonsonanten, kann im Dekodierungsprozeß zu Mißverständnissen bei der Festlegung der Silbengrenzposition führen, d. h., die Silbengrenze wird fälschlicherweise um ein Segment nach links verschoben. Eine Verwechslung könnte dann entstehen, wenn das auf diese Weise entstandene zweigliedrige – scheinbare – Onset auch als reales Onset denkbar ist: *und ringt* könnte mißverständlich als *und dringt* interpretiert werden, vorausgesetzt, daß eine Reihe anderer Bedingungen erfüllt ist (es muß dem realen Wortpaar ein scheinbares Äquivalent gegenüberstehen, was morphologisch, syntaktisch und lexikalisch möglich sein müßte).

Stimmhaftigkeit

Bezüglich der Stimmhaftigkeit kann also das Initialgraphem entweder als stimmhafte Lenis (stimmhaft mit geringer Artikulationsenergie, s. [b̥, d̥, g̊, ɣ, ʐ]) oder als stimmlose Lenis (stimmlos mit geringer Artikulationsenergie, s. [b, d, g, v, z]) realisiert werden. Welche der beiden Realisierungen notwendig ist, hängt vom Finalsegment der vorausgehenden Silbe ab. Für die Formulierung der Regel erweist sich wiederum die Einteilung der Segmente in Stimmhaftigkeit bzw. Stimmlosigkeit signalisierende Grapheme als nützlich.

stimmhafte Lenis

Stimmhafte Lenis des Initialkonsonanten wird dann gefordert, wenn das Finalsegment ein Stimmhaftigkeit signalisierendes Graphem ist. Als stimmlose Lenis ist der Initialkonsonant dann zu artikulieren, wenn ihm ein Stimmlosigkeit signalisierendes Graphem oder ein auslautverhärtetes Segment vorausgeht.

Für die initial stehenden Grapheme [b, d, g, v, z, j, ʒ, ʁ] lassen sich vier verschiedene Abhängigkeiten beobachten:

R 1

1. [b, d, g, v, z, ʒ, j, ʁ] werden als stimmhafte Lenes [b, d, g, v, z, ʒ, j, ʁ] realisiert, wenn ihnen vor der Silben- oder Wortgrenze ein stimmhafter Laut vorausgeht:

Finalsegment	Silbengrenze	Initialkonsonant
Vokale		[b, d, g, v, z, ʒ, j, ʁ]
Diphthonge		(auch als Startsegmen-
[ə], [ɐ]	|	te eines mehrgliedrigen
Nasale [m], [n]		Onsets, z. B. [br], [bl])
Liquide	die | Bar	
	sei | brav	
	vor | Berlin	
	am | Bahnhof	
	voll | Bier	
	Herr | Bauer	

2. [b, d, g, v, z, ʒ, j, ʁ] werden als stimmlose Lenes [b̥, d̥, g̊, ɣ̊, z̥, ʒ̊, ȷ̊, ʁ̥] **R 2**
gesprochen, wenn ihnen vor der Silben- bzw. Wortgrenze ein Stimm-
losigkeit signalisierendes Graphem oder eine solche Graphemfolge
vorausgeht:

Finalgraphem	Silbengrenze	Initialkonsonant
f, ph, ss, ß, s, sch,		[b̥, d̥, g̊, ɣ̊, z̥, ʒ̊, ȷ̊, ʁ̥]
ch, p, t, k (auch	|	(auch als Startsegmente
als letzte Glieder		eines mehrgliedrigen
einer umfangreiche-		Onsets)
ren Graphemfolge)		
	Stoff | Ballen	
	Triumph | Bogen	
	Kongreß | Beginn	
	Kurs | Buch	
	rasch | beginnen	
	doch | bleiben	
	knapp | berechnen	
	gut | bremsen	
	stark | biegen	

3. [b, d, g, v, z, ʒ, j, ʁ] werden als stimmlose Lenes [b̥, d̥, g̊, ɣ̊, z̥, ʒ̊, ȷ̊, ʁ̥] **R 3**
artikuliert, wenn ihnen vor der Silben- bzw. Wortgrenze ein auslautverhärtetes Segment gegenübersteht:

Finalsegment	Silbengrenze	Initialkonsonant
[p, t, k, f, s, ʃ, ç, x]	|	[b̥, d̥, g̊, ɣ̊, z̥, ʒ̊, ȷ̊, ʁ̥]
		(auch als Startsegment
		mehrgliedriger Onsets)

[ʃ, ç, x] als auslautverhärtete Korrespondenten von [ʒ, j, ʁ] sind
äußerst selten anzutreffen.

ab-	|	bilden
und	|	beide
Weg	|	Biegung
auf-	|	brechen
aus-	|	bilden
rasch	|	beginnen
sich	|	binden
wach	|	bleiben

115

R 4

4. [b, d, g, v, z, ʒ, j, ʁ] werden zu Redebeginn und nach Sprechpausen als stimmlose Lenes realisiert.

Auf zwei Ausnahmefälle sei an dieser Stelle noch hingewiesen. Es gibt einige wenige Wörter, in denen die Auslautverhärtung fakultativ ist. Wird die Auslautverhärtung (vornehmlich der Verschlußlaute vor Liquiden) nicht realisiert, ist diese Aussprachevariante einer höheren Formstufe zuzuordnen, z. B. lieblich, erblich, gelblich ... (vgl. Wildenhain 1971, S. 103 ff.). Diese vom Üblichen abweichende Realisierung hat zweifelsohne ihre Ursache darin, daß eine Silbengrenzverschiebung nach links deshalb stattfinden kann, weil die entstehende Folge auch als Onset im Deutschen üblich ist. Eine Mißdeutung auf Grund der Silbengrenzverschiebung ist jedoch nicht möglich, z. B. lieb\lich – lie\blich, üb\rig – ü\brig.

Silbengrenzverschiebung

2.6.2.4.3. Wort- und Silbengrenzgeminaten

Wort- und Silbengrenzgeminaten

Treffen zwei gleichartige Konsonanten bzw. zwei konsonantische Korrelationspartner (hinsichtlich Spannung und Stimmbeteiligung) an einer Wort- oder Silbengrenze aufeinander, so werden sie akustisch eingliedrig realisiert. Diese akustisch eingliedrigen Ergebnisse – auch Wort- und Silbengrenzgeminaten genannt – erscheinen auf Grund der Besonderheit der Artikulation zeitlich gedehnt und werden – jedoch nur bei Verschluß- oder Reibelauten – von den Merkmalen *Spannung* bzw. *Stimmbeteiligung* des zweiten bestimmt.

Bestimmte Geminaten kommen nicht vor, weil die Segmente positionell beschränkt sind. So gibt es keine Geminate [~ŋ/ŋ~], weil [ŋ] initial nicht zugelassen ist, desgleichen kommt [~h/h~] nicht vor, weil [h] final stumm ist.

Geminaten können von Verschluß- und von Reibelauten, von Nasalen und Liquiden gebildet werden. Bei den Verschluß- und Reibelautgeminaten fallen zwei Arten auf.

In beiden Fällen ist das Finalsegment als stimmlose Fortis zu beschreiben, wohingegen das Initialglied in Abhängigkeit von der Schreibung entweder als stimmlose Lenis oder als stimmlose Fortis realisiert werden muß, also [~p/b̥~] oder [~p/p~]. In dieser Darstellung wird den artikulatorischen Bedingungen bei der Realisierung der Geminaten nicht Rechnung getragen. Der Lernende könnte die Transkriptionszeichenfolge auch als artikulatorisch zweigliedrig deuten, was dazu führte, daß er beide Segmente nicht geminiert, sondern getrennt ausspricht. Mit der Lösung des ersten Verschlußlautes entsteht aber an der Wort- bzw. Silbengrenze eine unübliche Unterbrechung. Daher scheint es angeraten, Wortgrenzgeminaten (und solche an der Silbengrenze innerhalb von Wörtern) als eingliedrig realisierte Laute nicht nur zu sprechen, sondern auch transkriptiv darzustellen, z. B. *und Tante* als [ʊnt:antə], nicht als [unɡ̊:antə]. Eine andere Möglichkeit wäre die Verbindung des finalen mit dem initialen Konsonanten durch einen untergesetzten Bogen, z. B. [unt̯tantə] oder [unt̯d̥antə]. Auf jeden Fall muß erkennbar werden, daß nur ein Verschlußlaut bzw. ein Reibelaut gesprochen werden darf. Die Realisierung der Geminate als stimmlose Fortis oder als stimmlose Lenis hängt dabei vom Initialgraphem des zweiten Wortes bzw. der zweiten Silbe ab. Zwei Regeln wären dazu zu formulieren:

1. [b, d, ɡ, v, z, ʒ, j, ʁ] werden an der Silben- oder Wortgrenze nach ihren stimmlosen Fortis-Korrespondenten [p, t, k, f, s, ʃ, ç, x] als artikulatorisch eingliedrige, lenisierte Verschluß- oder Reibelautsegmente ohne Stimmton realisiert. **R 5**

Finalsegment	Silbengrenze	Initialsegment	Beispiel
[p]	|	[b]	abbauen
[t]	|	[d]	und die
[k]	|	[ɡ]	weggehen
[f]	|	[v]	aktiv werden
[s]	|	[z]	aussuchen
[x]	|	[r]	Nachricht
[ç]	|	[j]	sich jedoch
[ʃ]	|	[ʒ]	rasch gelieren

2. [p, t, k, f, s, ʃ, ç, x] werden an der Silben- oder Wortgrenze nach den Homorganen [p, t, k, f, ʃ, ç] (also nach gleichartigen Lauten) als artikulatorisch eingliedrige, stimmlose und fortisierte Verschluß- oder Reibelaute realisiert. **R 6** Homorgane

Finalsegment	Silbengrenze	Initialsegment	Beispiel
[p]	|	[p]	stop Paul, ob Paul
[t]	|	[t]	hat Thesen, und Theo
[k]	|	[k]	zeig Karl, backe Kuchen
[f]	|	[f]	auffliegen, aktiv finden
[ʃ]	|	[ʃ]	Fischschüssel
[ç]	|	[ç]	sich Chemiker

([s] und [x] sind nur im peripheren System initial zugelassen, daher würden solche Geminaten auch eine große Seltenheit aufweisen, z. B. *nach Charkow, aus Sofia.*)

Wort- und Silbengrenzgeminaten, die aus den Nasalen [m] und [n] bestehen, bereiten kaum artikulatorische Schwierigkeiten. Das gilt auch für die *l*-Geminaten. Solche Geminaten, die auf Grund des Zusammentreffens von *r*-Graphemen zustande kommen, müssen jedoch immer unter dem Gesichtspunkt betrachtet werden, inwieweit vokalisiertes *r* in finaler Position zu artikulieren ist. Von einer *r*-Geminate könnte nur

117

dann die Rede sein, wenn im finalen Sektor des ersten Wortes (der ersten Silbe) ein Kurzvokal in Verbindung mit vollem *r* auftritt, z. B. *Herr Richter*. Das geminierte *r* ist stimmhaft, auch [m], [n], [l] dürfen ihre Stimmhaftigkeit in geminierter Artikulation auf keinen Fall verlieren.

2.6.2.4.4. Lösung von Verschlüssen

Die Lösung von Verschlußlauten stellt eine Besonderheit dar, die sowohl an Wort- oder Silbengrenzen als auch innerhalb der Coda bei Silben unterschiedlich realisiert werden kann. Sie betrifft lediglich die Fortis-Verschlußlaute [p], [t], [k] als Finalsegmente oder als vorletzte Glieder einer Coda, wobei der Umfang dieser Coda von untergeordneter Bedeutung ist.

Auf einer hohen Formstufe würde die den Phonationsstrom unterbrechende Kontaktstellung zwischen artikulierendem Organ und Artikulationsstelle wieder gelöst werden, um den Folgekonsonanten artikulieren zu können; es gibt jedoch eine andere Lösungsmöglichkeit – die nasale Lösung. Bei der Finalfolge [~ pən] steht zwischen [p] und [n] ein schwachtoniges *e*. Dieses [ə] darf in bestimmten Realisierungsformen ausfallen, und das führt dazu, daß nicht etwa die Folge [~ pn̥] gesprochen wird, sondern unter der Voraussetzung der vollständigen Assimilation von [n] entsteht [~ pm̥]. Diese Folge kann aber auch nur dann artikuliert werden, wenn die Aspiration von [p] aufgegeben wird. Sie würde notwendigerweise eine Lösung des Verschlusses nach sich ziehen und schließlich – wenn auch sehr stark reduziert – ein schwachtoniges *e* hörbar machen. Daher wird bei der Realisierung der Folge [~ pm̥] der bilabiale Verschluß nicht labial gelöst; der Übergang von [p] zu [m̥] entsteht, indem das Velum, das bei [p] den nasalen Verschluß sichert, gesenkt wird. Damit kann der Phonationsstrom nasal passieren. In Ver-

nasale Lösung von Verschlüssen

bindung mit dem bilabialen Verschluß entsteht [m̥]. Die nasale Lösung von Verschlußlauten ist also nur dann möglich, wenn Nasale als Folgesegmente auftreten und die entsprechenden Voraussetzungen – Aspiration geht verloren, die Endung *en* wird total zu [m̥, n̥, ŋ̊] assimiliert – erfüllt sind.

laterale Lösung

Die laterale Lösung tritt nur in den Folgen [~ tl̥] und [~ dl̥] auf. Hierbei werden nur die seitlichen Zungenränder von der Verschlußstelle gelöst. Diese Form des Übergangs kann als artikulatorische Realisierung der Folge *-el* oder auch an Wortgrenzen auftreten, z. B. *Spatel* [ˈʃpɑːtl̥], *hat leider* [hatˈlae̯dɐ]. Der Unterschied besteht lediglich darin, daß das *l* in der Endsilbe silbisch ist, es jedoch initial selbstverständlich nicht sein kann.

Verschlußlaute als erste Segmente einer Folge von zwei Verschlußlauten können – verbunden mit dem Verlust der Aspiration – auch mit verdeckter Lösung artikuliert werden, z. B. *sagt, schreibt*. Das bedeutet, daß die Lösung des ersten mit der Verschlußphase des folgenden zeitlich übereinstimmt, so daß nur die Lösung des zweiten akustisch wirksam wird. In gewisser Weise ist das als eine Art Lenisierung zu werten. Ein Fortfall des ersten Verschlußlautes ist auf keinen Fall möglich.

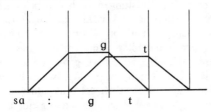

/ = Verschließungsphase
— = Verschlußphase
\ = Öffnungsphase   Abb. 11

Die Tabelle gibt eine Übersicht über die verschiedenen Lösungsmöglichkeiten in Abhängigkeit von der Position der beteiligten Laute. Dabei sind folgende Varianten zu unterscheiden:

Lösungen innerhalb der Coda

	[p]	[t]	[k]	[m]	[n]	[ŋ]	Beispiel
[p]	–	V	–	N	–	–	schreibt, Lappen
[t]	–	–	–	–	N	–	hatten
[k]	–	V	–	–	(N)	N	hacken

Lösungen an der Silbengrenze

	[p]	[b]	[t]	[d]	[k]	[g]	[m]	[n]	Beispiel
[p]	G	G	V	V	V	V	N	N	abpassen, abblasen, abtreten, abdecken, abkanten, abgehen, abmachen, abnähen
[t]	V	V	G	G	V	V	N	N	und Peter, und Beate, mitteilen, mitdenken, mit Karin, mitgehen, mit mir, und nun
[k]	V	V	V	V	G	G	N	N	wegpusten, wegbleiben, wegtreten, wegdrehen, sag' Karin, sag' Gerda, sag' mir, sag' nun

N = nasale Lösung innerhalb der Coda und an Silbengrenzen
V = verdeckte Lösung innerhalb der Coda und an Silbengrenzen   verdeckte
G = Gemination an der Silben- bzw. Wortgrenze   Lösung

Eine Besonderheit stellen Wörter wie *Ebbe, Egge* usw. dar, deren Verschlußlaute durchgehend als eingliedrige stimmhafte Lenis zu sprechen sind. Im Gegensatz zu Silbengrenzgeminaten werden hier die beiden Segmente als eingliedrig initial angesehen, eine Auslautverhärtung des ersten Segments findet nicht statt.   119

2.6.3. Kontrollverfahren

Anfangs sind die sprachproduktiven Leistungen noch sehr begrenzt, die Laut-Graphem-Beziehungen weitgehend lückenhaft und ungefestigt, so daß in der Regel nur das Nachsprechen von Wörtern oder einfachste Texte die Basis für eine Überprüfung bilden können. Auf dieser Stufe kann die Schrift nur in beschränktem Umfang Ausgangspunkt sein und selbstverständlich nur für jene Erscheinungen, die inzwischen behandelt worden sind. Man darf sich daher hinsichtlich der Auswahl von Wörtern und der Bewertung der artikulatorischen Umsetzung nur auf die zu prüfende Erscheinung konzentrieren, und es sollten auch nur solche Texte aufgeführt werden, in denen diese Erscheinung für eine Bewertung häufig genug auftritt.

Lese- und Nachsprech-übungen

Bei Lese- oder Nachsprechübungen kann ein Laut noch relativ frequent pro Zeiteinheit sein; die vom Text losgelöste sprachproduktive Leistung hingegen (eine Nacherzählung, ein freier Vortrag) ist hinsichtlich des Vorkommens von Lauten oder Lautfolgen nicht eindeutig bestimmbar. In manchen Fällen sind solche nichtdeterminierten Übungen einfach ungeeignet, weil die Häufigkeit des Lautes im Gesamtsystem sehr klein ist und weil sich kaum Wörter finden lassen, die in einen geeigneten Zusammenhang gebracht werden können.

In Abhängigkeit vom Kenntnisstand und dem Grad der Sprachbeherrschung gibt es eine Reihe von Möglichkeiten, phonetische Realisierungen zu überprüfen:

1. das einfache Abhören voll-, teil- oder nichtdeterminierter Texte (vorgegebener Text, Wortgeländer, freie Rede)
   - als Nachsprech- oder Leseübung,
   - als Nacherzählung eines Sachverhaltes anhand von Wortgeländern,
   - als Nacherzählung, Bericht, freie Rede usw.
2. das Abhören von Bandmitschnitten unter den gleichen Gesichtspunkten wie bei 1.
3. die Beurteilung der Fähigkeit zum differenzierenden Hören anhand eigener oder fremder Bandmitschnitte auf der Basis voll-, teil- oder nichtdeterminierter Texte
4. die Überprüfung des Regelverständnisses (Regel, Anwendung, Ausnahmen)
5. die Überprüfung der Kenntnisse und Fertigkeiten hinsichtlich der Laut-Graphem-Relation:
   - Darlegung der graphematischen Äquivalente eines Lautes
   - Fixierung der lautlichen Äquivalente von Graphemen bzw. Graphemfolgen
6. die transkriptive Darstellung von
   - Schallfolgen
   - Graphemfolgen
7. die akzentuelle und intonatorische Realisierung
   - regelbezogen (schriftliche Beurteilung)
   - artikulatorisch (lautsprachliche Umsetzung).

Eine solche zu überprüfende Erscheinung, beispielsweise ein Laut oder eine Lautfolge, muß im Text relative Häufigkeit aufweisen. Somit sind Qualität und Quantität der Vokale, Endsilbengestaltung, vokalisiertes *r* und die Auslautverhärtung weitaus leichter zu beurteilen als die im Gesamtsystem relativ selten auftretenden [ø:], [y:] und [ʒ]. Unter der Voraussetzung, daß eine bestimmte Erscheinung im Text tatsächlich relativ frequent ist, muß die Gesamthäufigkeit – unabhängig von der Einzelrealisierung – Ausgangspunkt für die Beurteilung sein. Im determinierten Text (Lese- oder Nachsprechübung) ist die Häufigkeit bekannt. Die Unsicherheit bezüglich des Vorkommens wird um so größer, je weniger eine Übung determiniert ist. Die endgültige Beurteilung hängt jedoch von einer Reihe anderer Faktoren ab (die Bezugsbasis bildet die durch den Text festgelegte Gesamthäufigkeit einer Erscheinung (= 100%)):

1. von dem Verhältnis zwischen korrekten und unkorrekten Realisierungen
2. von der Frage, welche Besonderheiten sich innerhalb der unkorrekten Realisierungen erkennen lassen,
   – ob die zielsprachliche Erscheinung von muttersprachlichen Segmenten substituiert wird, ob
   – ständig,
   – nur in bestimmten Positionen,
   – nur in bestimmter Lautumgebung,
   – ob der artikulatorische Stereotyp noch nicht entwickelt ist und mit Mühe und großer Aufmerksamkeit artikuliert wird,
   – ob es sich um Flüchtigkeitsfehler handelt,
   – ob eine Unkenntnis der Ausnahmen vorliegt,
   – ob die Erscheinung deshalb fehlerhaft ist, weil lautnachbarschaftliche Beziehungen (z. B. Assimilation u. a.) noch nicht bekannt sind,
   – ob der Fehler auf die Unkenntnis übergeordneter Sachverhalte zurückzuführen ist (z. B. das Verhältnis von Qualität – Quantität und Akzent) oder
   – ob nicht erkannte fremde Wörter vorliegen.

Die jeweils zutreffenden Gründe sind dann Ausgangspunkt für die Korrektur.

3 Wortakzent, Ausspruchsakzent, Intonation

prosodische Merkmale

Wortakzent, Ausspruchsakzent und Intonation werden als prosodische Merkmale gewertet. Sie liegen über der segmentalen Ebene und modifizieren den Laut bzw. eine umfangreiche Folge von Lauten, ohne daß die das Phonem konstituierenden Merkmale verändert werden.

Der Wortakzent ist konventionell geregelt, d. h. festliegend und nicht bedeutungsverändernd, wenn von einigen Ausnahmen (z. B. Tẹnor – Tenọr, Kọnsum – Konsụm, mọdern – modẹrn) abgesehen wird. Der

Ausspruchs-akzent

Ausspruchsakzent (Wir verwenden den Terminus *Ausspruchsakzent* anstelle von *Satzakzent*, weil nicht jede Äußerung als Satz definiert werden kann, wohl aber als Ausspruch, selbst wenn sie nur aus einer Silbe oder aus einem Vokal bestünde, z. B. oh.) ist auf der Basis des Wortakzents variabel und kann die Bedeutung einer Aussage durchaus modi-

Intonation

fizieren. Die Intonation regelt die Tonhöhenverläufe auf der Basis des Ausspruchsakzents und kann einen Ausspruch dahingehend verändern, daß er u. a. entweder als Frage oder als Aussage beurteilt wird.

3.1. Der Wortakzent

Wortakzent

Der Wortakzent bzw. die Akzentuierung überhaupt ist eine mit Hilfe stimmlicher Mittel realisierte Hervorhebung von Silben. Die Hervorhebung konzentriert sich auf die Silbenträger, d. h. im wesentlichen auf Vokale bzw. Diphthonge. Die Akzentuierung ist konventionell geregelt; der im Deutschen auf dem Wortstamm übliche Akzent kann von einer Reihe Konstituenten übernommen werden, was für Flexionsmorpheme nicht zutrifft.

Die Hervorhebung und somit Akzentuierung eines Vokals kann mit verschiedenen stimmlichen Mitteln realisiert werden:

1. Mit Hilfe der Tonerhöhung:
   Die betreffende Silbe wird dadurch akzentuiert, daß ihre relative Tonhöhe über der der benachbarten und nicht-akzentuierten liegt.

melodischer Akzent

   Diese Art der Hervorhebung bezeichnet man als melodischen Akzent.
2. Mit Hilfe der Stimmstärke:
   Die betreffende Silbe wird dadurch akzentuiert, daß ihre Lautstärke

dynamischer Akzent

   deutlich über der der benachbarten, nicht-akzentuierten liegt. Diese Art der Hervorhebung bezeichnet man als dynamischen Akzent.

3. Mit Hilfe der zeitlichen Dehnung:
Die betreffende Silbe wird auffällig lang artikuliert und dadurch akzentuiert. Diese Art der Akzentuierung wird als temporaler Akzent bezeichnet.

temporaler Akzent

Die vollkommene Trennung der drei Akzentarten ist nahezu unmöglich. Die Intensivierung der Lautheit ist indirekt mit einer Erhöhung der Tonhöhe verbunden, wobei die Anteiligkeiten durchaus unterschiedlich sein können. Da die Realisierung des temporalen Akzents lediglich durch eine artikulatorische Dehnung des betreffenden Vokals geschieht, ist diese Akzentuierungsart auf kurz-ungespannte Vokale nicht anwendbar, denn die zeitliche Ausdehnung würde eine Veränderung der für den Vokal gültigen Merkmale darstellen. Die gleichen Gesichtspunkte treffen auf Diphthonge zu, reduzierte Vokale sind generell nicht zu akzentuieren. Eine Ausnahme gestattet die emphatische Sprechweise, hier ist es durchaus möglich, auch ungespannt-kurze Vokale temporal zu akzentuieren, wobei die den Vokal umgebenden Konsonanten gleichfalls gedehnt werden, z. B. es *schmeckt* (besonders gut!) – [ɛsˈʃmːɛːktʲ] oder *nicht* – [nːɪˈçːt].

Im Deutschen ist die Akzentposition innerhalb eines Wortes nicht in der Weise geregelt, daß immer die erste, die letzte oder vorletzte Silbe den Akzent erhält. In deutschen Wörtern liegt (von Ausnahmen abgesehen) der Akzent auf dem Wortstamm und kann innerhalb der Wortbildung diese Position verlassen:

Akzentposition

kommen	/ —
kam	— /
bekommen	— — /
bekam	— — /
abkommen	— / — —
abgekommen	/ — — — —
abbekommen	/ — — — —
zuvorkommen	— — / — —
zuvorgekommen	— — / — — —
übersetzenden	/ — — — — —
übersetzenden	— — / — —

Die Tatsache, daß der Akzent innerhalb der Silbenfolge eines Wortes in Abhängigkeit von den Regeln der Wortakzentuierung jede Position einnehmen kann und damit verbunden die jeweils benachbarten Silben auf Grund der beschleunigten Artikulation einer mehr oder minder starken Reduktion unterliegen, ist Anlaß genug, die Hervorhebung mit einem beliebigen Akzent an einer beliebigen Stelle zu üben:

naˈna   ˈnana
nanaˈna   naˈnana   ˈnanana ...

In der Folge müßten dann die konsonantischen Segmente und später die vokalischen ausgetauscht werden, wobei am Anfang nur gespannt-lange Vokale einzusetzen sind:

| ma 'ma | 'mama; | la'la | 'lala; | pa'pa | 'papa; | ... |
| mi'mi | 'mimi; | li'li | 'lili; | pi'pi | 'pipi; | ... |

Aus diesen Übungen ist bereits die zweite Problematik erkennbar, die sich aus der Akzentverlagerung ergibt. Wir müssen zwischen akzentuierten und nicht-akzentuierten gespannt-langen Vokalen unterscheiden. Wenn gespannt-lange Vokale akzentuiert werden, so ist die Hervorhebung ein prosodisches Merkmal, das dem Vokal zusätzlich auferlegt wird. Das bedeutet andererseits, daß der zwar ehemals, nun jedoch nicht mehr akzentuierte gespannt-lange Vokal nicht etwa derartig reduziert werden darf, daß seine ihn konstituierenden Merkmale verlorengehen. Diese Forderung ist nicht nur deshalb zu berücksichtigen, weil mit Hilfe von voran- oder nachgestellten Konstituenten oder auch Zusammensetzungen usw. die Lexikonform erweitert und damit in nicht wenigen Fällen eine Akzentverlagerung bewirkt wird, sondern auch deshalb, weil im Ausspruch bestimmte Wörter ohne Ausspruchsakzent auftreten können. Man denke z. B. an das Wort *nach*, das als Konstituente bei Verben oder Substantiven den Akzent trägt (z. B. *nach*bestellen), als Präposition innerhalb eines Ausspruchs aber akzentlos zu realisieren ist (z. B. Ich fahre *nach* Berlín.).

Die artikulatorische Fertigkeit, Akzente an beliebiger Stelle im Wort zu realisieren, ohne die den Vokal charakterisierenden Merkmale zu verzerren, kann offensichtlich am besten dadurch entwickelt werden, daß solche Silbenfolgen wie ['nɑːnɑː] oder [nɑːˈnɑː] in der Anfangsphase vornehmlich mit melodischem Akzent gesprochen werden. Der dynamische Akzent eignet sich nicht so sehr, weil er bei ungeübten Sprechern stärker als der melodische mit dem temporalen Akzent verbunden wird. Dieser Übungssatz ist auch deshalb sehr günstig, weil innerhalb der Ausspruchsakzentuierung der melodische Akzent vorherrscht, um Kernakzente und Hauptkernakzente hervorzuheben.

Kernakzent,
Hauptkern-
akzent

Akzentuierungsübungen mit sinnleeren Silben sollten nur als „Einstieg" dienen, danach ist auf kommunikativ-funktionale Einheiten zurückzugreifen.

Gelegentlich ist die Verwendung des temporalen Akzents mit Schwierigkeiten verbunden, und zwar dann, wenn in der Muttersprache des Studenten starke Melodiebewegungen üblich sind. Das wird notgedrungen seinen Niederschlag in der Zielsprache finden. Übergroße Tonhöhe wird aber entweder als fremd oder lächerlich empfunden, da im Deutschen der Sprechstimmumfang mit drei bis vier Tönen nur die obere Hälfte des unteren Drittels vom Gesamtstimmumfang umfaßt. Wenn mit Hilfe von Logatomen kein Abbau der übergroßen Tonhöhe erreicht werden kann, ist notwendigerweise der dynamische Akzent anzuwenden, was aber wiederum zu Schwierigkeiten bei der intonatorischen Gestaltung von Aussprüchen führen kann.

3.2. Die Akzentuierung im Ausspruch

Den Satzakzent bilden einzelne Silben des Ausspruchs, die ohnehin schon den Wortakzent tragen. Dabei erhält nicht jede Wortakzentsilbe zugleich den Ausspruchsakzent, sondern nur diejenigen, die für die Aussage von Bedeutung sind, wobei zwischen sachlich-neutraler Rede und kontrastiver unterschieden werden muß.

Satzakzent

Ausspruchsakzent

3.2.1. Die Akzentuierung in sachlich-neutraler Rede

In schneller Rede kann die Lautfolge [ɐˈarbaetətə] in dieser Form als *erarbeitete* – also als attributives Partizip II und damit als Teil eines Ausspruchs – oder als *er arbeitete* – 3. Ps. Sg. + Verb – interpretiert werden. Die Akzentbedingungen sind in beiden Fällen gleich, sonst wäre eine derartig unterschiedliche Wertung nicht möglich. Die eindeutige Zuordnung hängt vom Kontext ab.

In sachlich-neutraler Rede liegt der Akzent in beiden Fällen auf *ar* fest, weil in Aussprüchen nur diejenigen Silben hervorgehoben werden dürfen, die auch den Wortakzent tragen. Würde der Ausspruch *er arbeitete* als [ˈeːɐˌarbaetətə] realisiert werden, würde er nicht mehr sachlich-neutral wirken, sondern kontrastiv. Das akzentuierte Pronomen *er* verändert die Bedeutung der Segmentfolge dahingehend, daß es nun nicht mehr um *arbeiten* geht, sondern darum, daß eine bestimmte Person, nämlich *er*, gearbeitet hat. Weiterhin ist zu erkennen, daß sich die akzentlose Konstituente *er-* vom Pronomen *er* auch in qualitativer und quantitativer Hinsicht unterscheidet. Das *e* im Pronomen ist gespannt-lang, in der Konstituente dagegen erscheint es weitgehend vermindert. Dies steht formal im Gegensatz zu der Behauptung, daß akzentuierbare Vokale keinesfalls die sie charakterisierenden Merkmale verlieren dürfen. Da *er* ein Pronomen, *er-* aber eine Konstituente ist, liegen in diesem Fall jedoch nur scheinbar identische Segmentfolgen vor. Offensichtlich zutreffend wäre der Merkmalsverlust hingegen in der sachlich-neutralen Aussprache von *er arbeitete* als [ɐˈarbaetətə]. In diesem Sinne gilt es aber nur für den Kontrast, denn *ér arbeitete* ist eine Sonderform, auf die im einzelnen noch einzugehen ist. Aus dem Gesagten geht hervor, daß die Akzentuierung eines Personalpronomens immer mit einer kontrastierenden Bedeutungsänderung des Ausspruchs verbunden ist. Das gilt auch für den Fall, daß *er* als Antwort auf eine Frage einzige Silbe eines Ausspruchs sein kann. *Er* als Antwort auf die Frage *Wer kommt denn heute noch?* hebt eine bestimmte Person aus einer Gruppe (von wenigstens 2 Personen) hervor und wirkt damit selektiv, d. h., auch hier ist die kontrastierende Wirkung zu beobachten. In Verbindung mit Verben (z. B. er arbeitet, er kommt, er hat gearbeitet, er wird kommen usw.) ist das Pronomen akzentlos, obwohl es das Subjekt des Satzes dar-

125

stellt. Dieses akzentlose Pronomen steht in unmittelbarer Nachbarschaft der akzentuierten Silbe des Ausspruchs. Das kann sowohl vor als auch hinter dem Akzentwort, muß aber nicht unmittelbar neben der Akzentsilbe sein, was in einer Vielzahl von Fällen auch gar nicht möglich ist, z. B. er überschaut es, wie lange árbeitet er denn usw.

Wir können also feststellen, daß es Wörter gibt, die im Ausspruch niemals akzentuiert werden dürfen, wenn nicht der Eindruck eines Kontrastes erweckt werden soll. Solche akzentlosen Wörter gruppieren sich immer um Akzentsilben in engerem oder weiterem Abstand. Stehen nichtakzentuierbare Wörter v o r einem Akzentwort, dem sie syntaktisch zuzurechnen sind, dann handelt es sich um einen proklitischen Anschluß bzw. um eine Proklise, stehen sie unter gleichen Bedingungen n a c h dem Akzentwort, dann spricht man von einem enklitischen Anschluß bzw. einer Enklise (vgl. Einführung in die Sprechwissenschaft 1976, S. 124).

prokli-
tischer
Anschluß,
Proklise
enklitischer
Anschluß,
Enklise

Nichtakzentuierbare Wörter wie Artikel, Pronomen, Präpositionen und Konjunktionen unter bestimmten Einschränkungen bilden mit einem Akzentwort rhythmische Gruppen, die sogenannten Akzentgruppen, z. B.: Er mácht sich | keine Sórgen. In der Regel fallen die Grenzen der Akzentgruppen mit den Satzgliedern zusammen, wobei notwendigerweise nicht jede Satzgliedgrenze auch als Ausspruchsgrenze – in ihrer artikulatorischen Umsetzung als Pause – realisiert werden muß, z. B.: Er wóllte uns | schon vorige Wóche | mit seiner Fréundin | besúchen. Den Kühlschrank kann ich dir | heute noch reparíeren.

Es gibt im Ausspruch also eine Gruppe von Wörtern, die bei sachlich-neutraler Rede immer akzentlos ist; die verbleibenden Wörter können in Abhängigkeit von der Aussageabsicht und der Position des Satzgliedes, dem sie angehören, akzentuiert werden. Der längere Ausspruch kann gegliedert werden, indem an Satzgliedgrenzen pausiert wird, jedoch nicht notgedrungen an jeder.

Innerhalb eines Ausspruchs ist die Bedeutung der akzentuierten Wörter unterschiedlich. Die Bedeutung nimmt zu, je weiter das akzentuierte Wort am Ende des Ausspruchs steht. Demzufolge ist das letzte akzentuierte Wort (und damit das Wort im Verbunde des ihm zukommenden Satzgliedes) am aussagekräftigsten. In der Literatur wird die Akzentsilbe des letzten akzentuierten Wortes als Schwerpunkt (Essen, a. a. O., S. 18) oder als Hauptkernakzent (Stock/Zacharias, a. a. O., S. 54) bezeichnet, unabhängig davon, ob sich die Regeln syntaktisch oder kommunikationsbezogen orientieren.

Der Ausländer steht immer vor der Schwierigkeit, zwischen akzentuierbaren und nichtakzentuierbaren Wörtern zu unterscheiden. Außerdem sind akzentuierbare Wörter im Ausspruch in Abhängigkeit von der Redeabsicht nicht notwendigerweise mit einem Akzent verbunden. Akzentuierbar bedeutet ja, daß der Akzent nur dann realisiert wird, wenn es die jeweilige Redeabsicht erfordert. Wenn jedoch akzentuierte Silben (in Wörtern) hervorgehoben sind, dann zeigt sich ein weiteres Problem, sie können hinsichtlich der Graduierung – hohe oder weniger hohe Tonhöhe, größere oder geringere Lautstärke, längere oder weniger lange zeitliche Ausdehnung – modifiziert werden. Die Graduierung ist

abhängig von der Position des jeweiligen Satzgliedes, in dem das akzentuierte Wort steht, bezogen auf das Ende des Ausspruchs und von der
Gliederung des Satzes in Akzentgruppen.

3.2.2. Die Kontrastakzentuierung

Die Kontrastakzentuierung (intellektueller Kontrastakzent nach Zacher 1973, S. 175ff.) stellt einen nicht seltenen Sonderfall der Akzentuierung dar. Im Gegensatz zu den Regeln der sachlich-neutralen Rede können unter bestimmten Voraussetzungen auch nichtakzentuierbare Wörter wie Präpositionen, Pronomen, Konjunktionen und Partikeln dynamisch, melodisch oder temporal hervorgehoben werden. Jedes andere akzentuierbare Wort selbstverständlich auch. Der Unterschied zur sachlichneutralen Rede besteht darin, daß nicht nur a l l e Wörter hervorgehoben werden k ö n n e n, sondern zudem auch noch s t ä r k e r prononciert sind, vornehmlich mit melodischen Mitteln. *(Randnotiz: Kontrastakzentuierung)*

Der mit einem Kontrastakzent versehene Ausspruch steht inhaltlich gegen einen aus der Erfahrung geschlußfolgerten Sachverhalt, eine aus bestimmten Gegebenheiten ableitbare, aber nicht eingetroffene Handlung, Aussage oder Bewertung und schließlich in bestimmten Fällen gegen eine getroffene Vereinbarung. *(Randnotiz: Kontrastakzent)*
Eine ganze Gruppe von Wörtern hebt jedoch nicht einen Gegensatz hervor, sondern verstärkt die Eigenbedeutung oder drückt einen unmißverständlichen Willen bzw. eine unumstößliche Absicht aus.

Mein Freund Peter *fährt* heute in die Oper.

Peter ist sonst immer die paar Schritte zur Oper gelaufen. Heute
jedoch hat er sich aus irgendwelchen Gründen, die es noch zu
ermitteln gilt, entschlossen, in die Oper zu *fahren*.

Er hat ihn *schuldig* gesprochen.

Von allen war erwartet worden, daß man ihn freispricht, doch
allen Erwartungen zum Trotz ist das Gegenteil eingetreten. Er ist
schuldig.

Peter geht heute abend in die *Oper*.

Peter hatte uns gestern gesagt, daß er ins Kino gehen wollte, doch
aus irgendwelchen Gründen hat er sich entschlossen, seinen Plan
aufzugeben und die Oper zu besuchen.

Dieser Satz könnte aber auch ein Beispiel für die sachlich-neutrale
Ausspruchsakzentuierung sein. Doch wenn die Schwerpunktsilbe
noch stärker hervorgehoben werden würde als üblich, dann ergibt
sich daraus, daß Peter seine Absicht, ins Kino zu gehen, geändert
hat und nun die *Oper* besucht.

127

Sie werden *mórgen* kommen.

Wir hatten eigentlich vereinbart, uns schon heute zu treffen, doch gibt es eine Reihe von Gründen, die wir sicher noch erfahren werden, die sie veranlaßt haben, erst *morgen* zu kommen.

Ich *kánn* nicht schwimmen.

Ihr könnt es mir wirklich glauben, ich bin tatsächlich nicht in der Lage zu schwimmen. Ich habe es leider (noch) nicht gelernt.

Ich *wérde* ihn nicht besuchen.

Und wenn ihr noch so auf mir herumhackt, ich ändere mein Vorhaben nicht, aus welchen Gründen auch immer. Ich habe absolut nicht die Absicht, ihn zu besuchen.

Ich habe ihn *nícht* getötet.

Ich werde *nícht* kommen.

Nicht ist eigentlich prinzipiell akzentlos, doch in einigen Fällen wird es akzentuiert, und zwar dann, wenn es sich um eine letzte mögliche Antwort handelt, um die letzte mögliche Gegenbehauptung, bei Kindern häufig auch als Trotzreaktion.

Dieser inhaltliche Kontrast schließt sowohl bedeutungsähnliche Wörter oder Wortgruppen als auch Antonyme mit ein:

Er kommt *mórgen*. Er kommt *in einer Wóche*.
Er wollte um *néun* kommen. Er wollte *gegen Míttag* kommen.
Er läuft *schnéll*. (Sonst läuft er immer mäßig.)

Zwei Besonderheiten sind noch hervorzuheben. Wird der unbestimmte Artikel *ein, eine, ein* (unabhängig vom Kasus, in dem er steht) mit einem Kontrastakzent versehen, dann wird er als Zahladjektiv gewertet, das die Einzelheit einer Erscheinung besonders gegen die Vielheit abhebt:

Dort steht *éine* Frau.
Wir begegneten *éiner* Frau.

Die Akzentuierung des bestimmten Artikels *der, die, das, die* (unabhängig von Genus, Numerus und Kasus) bewirkt Demonstrativität bzw. Selektion und ist mit dem Demonstrativpronomen *dieser* in allen seinen Formen gleichzusetzen. Demonstrativität und Selektion entstehen dann gleichzeitig, wenn eine Einzelheit aus einer Gruppe hervorgehoben wird; die Selektion entfällt hingegen, wenn die Einzelheit räumlich-zeitlich von gleichartigen Einzelheiten abgesondert erscheint:

Ich kenne *dén* Mann dort in der Reisegruppe.
Ich kenne *dén* Mann (, der dort oben aus dem Fenster guckt).

Der inhaltliche Kontrast ist – wenn man von der Verstärkung der Eigenbedeutung bestimmter Wörter absieht – in einen bestimmten Zusammenhang mit formal-grammatischen Gegebenheiten zu setzen. Wir wollen ihn als formalen Kontrast bezeichnen. So können nur Wörter der gleichen Wortklasse kontrastiert werden oder solche Wortgruppen, die die gleiche Satzgliedfunktion ausüben:

formaler
Kontrast
128

Peter *g\u00e9ht* heute abend in die Oper.

Gehen als Pr\u00e4dikat kann nur mit einem anderen Pr\u00e4dikat konfrontiert werden, das ebenfalls eine Bewegung ausdr\u00fcckt, diese Bewegungsart mu\u00df jedoch eine logische Beziehung haben: sonst *f\u00e4hrt* er immer in die Oper. *Schwimmen, fliegen* w\u00fcrden sich aus logischen Gr\u00fcnden daher ausschlie\u00dfen.

Peter *geht* heute abend *in die \u00d3per*.

Hier ist zu bedenken, da\u00df *in die Oper gehen* eine Wendung ist, die man mit einem Funktionsverbgef\u00fcge vergleichen kann: eine Bestimmung erlassen, etwas zur Durchf\u00fchrung bringen. In einem solchen Fall soll nicht das Verb mit einem anderen Verb kontrastiert werden, sondern die Bedeutung der gesamten Wendung soll st\u00e4rker hervorgehoben werden: Peter hat die unumsto\u00dfliche Absicht, heute die Oper aufzusuchen.

Peter geht heute abend *\u00edn* die Oper.

Der Kontrast w\u00e4re nur m\u00f6glich, wenn man wei\u00df, da\u00df Peter in der Regel nur *zur* Oper geht, sie aber niemals betreten hat. Der Kontrast kann daher nur solche Pr\u00e4positionen einschlie\u00dfen, die eine lokale Beziehung ausdr\u00fccken. Pr\u00e4positionen kausaler Art schlie\u00dfen sich daher von selbst aus.

Hinsichtlich der Zeit liegen die Verh\u00e4ltnisse nicht so eindeutig. Der Kontrast ist abh\u00e4ngig vom Kenntnisstand, von der Sachlage:

Peter geht *h\u00e9ute* in die Oper.

Je nach der Sachlage kann entweder das Pr\u00e4teritum oder das Futur kontrastiert werden:
Peter wollte doch eigentlich *gestern* in die Oper gehen.
Peter wollte doch eigentlich *morgen* in die Oper gehen.

Innerhalb von Aufz\u00e4hlungen kann es dann zu einer Kontrastakzentuierung kommen, wenn die Bedeutungsdifferenzierung der betreffenden W\u00f6rter von akzentlosen Silben getragen wird. Bei der Kontrastierung werden die Vokale dieser Silben hervorgehoben:

Hier werden Schiffe *b\u00e9*- und *\u00e9nt*laden.
Das Atom besteht aus *Pr\u00f3*tonen, *Ne*utronen und *\u00c9*lektronen.

Das Indefinitpronomen *man* und das Pronomen *es* (als Subjekt) werden nur in denjenigen F\u00e4llen mit einem Kontrastakzent belegt, in denen zuvor ein Handlungstr\u00e4ger Verursacher der Handlung ist, aber im konkreten Fall nicht benannt werden kann:

Nicht *\u00edch* habe, *m\u00e1n* hat gesagt, da\u00df ...
Nicht *si\u00e9* klopft, *\u00e9s* klopft.

Die Partikel *zu*, die den erweiterten Infinitiv anzeigt, darf jedoch nicht akzentuiert werden. Sie hat lediglich eine grammatische Funktion, wohingegen das Verbalpr\u00e4fix *zu*- durchaus einen Kontrast zu *auf*- bilden kann. Akzentuiertes *zu* bei Adverbien hat eine Intensivierungsfunktion:

Hier ist es *z\u00fa* warm.

Vergleicht man die beiden Ausspruchsakzentuierungen miteinander, s
wird die sachlich-neutrale Variante in den Übungen den Vorzug habe
müssen. Fehler in der Akzentuierung werden – eben weil sie Abwe
chungen vom Normalfall darstellen – in der Regel als Kontrastakzer
tuierungen aufgefaßt, wenngleich das vom Ausländer in der Regel auc
nicht beabsichtigt worden ist.

Wie bereits an anderer Stelle dargelegt, handelt es sich in dieser Publ
kation um kommunikativ-funktionale Übungen, d. h., es werden – vo
den Ableitungen abgesehen – keine Einzelwörter geübt, sondern ir
wesentlichen funktionale Einheiten wie Artikel + Substantiv, Artike
+ Attribut + Substantiv, Pronomen + Verb + Adverb usw. Damit is
eine wesentliche Voraussetzung geschaffen, Akzentgruppen zu üben, s
daß sich im Laufe der Zeit – vor dem Hintergrund der bewußtgemach
ten Regel – Akzentuierungsgewohnheiten einschleifen, die dem sachlich
neutralen Feld zuzuordnen sind. Dabei ist gleichzeitig auf die Reduk

Akzelera-
tion

tion und Akzeleration (zeitliche Verkürzung bei schnellerem Sprechen
der nichtakzentuierbaren Wörter zu achten.

3.3. Die Intonation

Wenn wir davon ausgehen, daß ein (längerer) Ausspruch an seinen Satz
gliedgrenzen gegliedert werden kann, dann ist es möglich, diese Gliede
rungsstellen entweder durch Pausen oder durch melodische Verläuf
(oder beides) zu kennzeichnen. Darüber hinaus ist bekannt, daß akzen
tuierte Silben auch durch Veränderungen der Tonhöhe von den benach
barten nichtakzentuierten Silben abgehoben werden können. Schließlic
ist u. a. der melodische Verlauf am Ende eines Ausspruchs ausschlag
gebend dafür, ob dieser Ausspruch als Aussage, Aufforderung ode
Frage gewertet wird. Die Gliederungsstellen, das Verhältnis der akzen
tuierten zu den nichtakzentuierten Silben und die Gestaltung des de
letzten akzentuierten Silbe folgenden Ausspruchsteiles werden vornehm
lich mit Hilfe melodischer Mittel realisiert.

Intonation

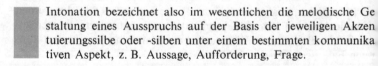

Intonation bezeichnet also im wesentlichen die melodische Ge
staltung eines Ausspruchs auf der Basis der jeweiligen Akzen
tuierungssilbe oder -silben unter einem bestimmten kommunika
tiven Aspekt, z. B. Aussage, Aufforderung, Frage.

Die Melodieführung bewegt sich in relativ engen Grenzen, bezogen au
den Gesamtstimmumfang des jeweiligen Sprechers, der etwa – von
tiefsten bis höchsten musikalisch verwertbaren Ton gerechnet – einein
halb Oktaven umfaßt. Das untere Drittel dieses Gesamtstimmumfang
stellt die eigentliche physiologische Sprechstimmlage dar, während de
Gesamtsprechbereich etwa die untere Oktave des musikalisch verwert

130

baren Stimmumfangs umfaßt.

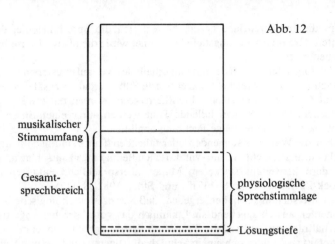

Abb. 12

musikalischer
Stimmumfang

Gesamt-
sprechbereich

physiologische
Sprechstimmlage

←Lösungstiefe

Bei emphatischer oder emotioneller Sprechweise (was hier weitgehend außer acht gelassen werden soll) kann der physiologische Sprechstimmbereich durchaus verlassen werden. Bei der Beschreibung intonatorischer Verläufe konzentrieren wir uns jedoch auf diesen Bereich, dessen untere Grenze die Lösungstiefe markiert. Innerhalb der graphischen Darstellung intonatorischer Verläufe kann die Tonhöhendifferenz einer akzentuierten Silbe aus dem Abstand zur Lösungstiefe abgelesen werden. Daß der Sprechstimmbereich nicht fest umrissen werden kann, ist schon darin begründet, daß Männer- und Frauenstimmen physiologisch unterschiedlich sind und daher keinen absolut identischen Sprechstimmbereich aufweisen können. Das gilt in gleicher Weise sowohl für die Männerstimmen in sich, die den unterschiedlichen Stimmlagen *Tenor, Bariton, Baß* zugeordnet werden können, als auch die Frauenstimmen, die sich in *Mezzosoprane* und *Soprane* gliedern. Daher ist für den Phonetikunterricht die absolute Höhe des Sprechstimmbereiches von geringerer Bedeutung als die in einem bestimmten Bereich von drei bis vier Tönen realisierte Tonhöhenvariation, die in einem bestimmten Maße konventionalisiert ist. Innerhalb dieses Bereiches liegt der mittlere physiologische Hauptsprechton (auch Indifferenzlage, physiologische Sprechstimmlage). Nur um ihn herum kann mühelos, ausdauernd und kräftig gesprochen werden (s. a. Fiukowski 1978, S. 50ff.).

Um das Verhältnis der betonten zu den unbetonten Silben und die Tonhöhenrelationen deutlicher darstellen zu können, bedient man sich des Verlaufsmusters.

physiologischer Hauptsprechton
Vorakzentgruppe
Akzentkorpus
Nachakzentgruppe
Hauptkernakzent (Schwerpunkt)
Kernakzent (Nebenakzent)

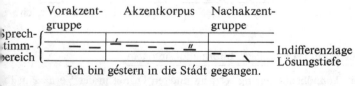

Vorakzent-   Akzentkorpus   Nachakzentgruppe   gruppe

Sprech-
stimm-
bereich

Indifferenzlage
Lösungstiefe

Ich bin géstern in die Stádt gegangen.

⸗ = Hauptkernakzent (auch Schwerpunkt)
́ = Kernakzent (auch Nebenakzent)
– = akzentlose Silben

131

Um die Indifferenzlage herum bewegt sich die Sprechmelodie, dere untere Grenze als Lösungstiefe bezeichnet wird; die obere Grenze blei unbenannt.

Im folgenden wird jede Silbe innerhalb des Verlaufsmusters mit eine Strich (—) gekennzeichnet, akzentuierte Silben erhalten zusätzlich eine Akut ('), Silben mit einem Hauptkernakzent werden mit zwei Akute versehen. Steigende oder fallende Töne werden durch einen Strich au gewiesen, der die jeweilige Richtung angibt.

Für die Wahl des steigenden oder fallenden Tones sind nach heutige Erkenntnissen nicht nur die syntaktischen Bedingungen ausschlaggebenc sondern in weitaus stärkerem Maße außersprachliche Faktoren (vg Stock/Zacharias 1982, S. 137ff., und Stock 1982, S. 112).

„Untersuchungen haben ergeben, daß ... sozialpsychologische Kom ponenten ausschlaggebend sind, nämlich das vom Sprecher angestreb Verhältnis zum Hörer, die Frage, ob er als Sprecher in erster Lini Kontakt sucht oder sich einem Schutzbedürftigen freundlich und helfen nähern will oder ob seine Äußerungen vordringlich Informationen übe mitteln sollen. Im ersten Fall, der insbesondere im Verkaufsgespräc bei netten hilfsbereiten Verkäuferinnen, im Gespräch mit Kleinkinder bzw. mit alten kranken Menschen zu beobachten ist, werden steigend

Tonhöhenbewegungen gewählt. Sie werden deshalb hier als Kontakt motive (nach Stock/Zacharias „Kontaktintonem") bezeichnet, obwol sie in den angegebenen Fällen (Beispiele des Verfassers) auch zur Signal sierung der Frage verwendet werden müssen. Da in der Äußerung vo Fragen aber nicht nur das Informationsbedürfnis, sondern sehr oft auc gleichzeitig ein Kontaktbedürfnis zum Ausdruck kommt, scheint di Verwendung des Begriffes für die Steigformen allgemein gerechtfertig zu sein. Zielt die Äußerung dagegen auch im Verkaufsgespräch usw. i erster Linie auf Information ... so werden Formen mit fallender Ton

höhenbewegung verwendet. Sie werden ... als Informationsmotiv (nach Stock/Zacharias „Informationsintonem") bezeichnet. Die Ton höhe fällt um so tiefer, je selbstbewußter der Sprecher erscheinen möcht oder je sicherer er sich seiner Sache ist."

Zwei Beispiele sollen die Unterschiede zwischen Informationsintonen und Kontaktintonem verdeutlichen; die beiden Beispielsätze sind iden tisch und besitzen nur eine akzentuierte Silbe (vgl. Stock, ebenda, S.136)

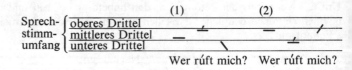

Zur Form (1) mit einem Informationsintonem

Die Tonhöhenbewegung setzt im unteren Drittel in der Vorakzentsilb ein (, wobei unter Vorakzentsilben diejenigen zu verstehen sind, die vo der akzentuierten Silbe des Ausspruchs stehen). Sind mehrere Vorakzent silben vorhanden, so haben sie eine leicht fallende Tendenz. Vor ode in der Akzentsilbe steigt die Tonhöhe, so daß sie an der oberen Grenze des mittleren Drittels notiert werden muß. Danach fällt sie in der (oder den) Nachakzentsilbe(n) (es ist die nach der akzentuierten Silbe auftretende Silbe) bis an die untere Grenze des Sprechstimmumfangs. Sind keine Nachakzentsilben vorhanden, so fällt die Tonhöhe noch in der Akzentsilbe bis in die Lösungstiefe. Diesen Melodieverlauf bezeichnet man als fallende Kadenz.

Nachakzentsilbe

fallende Kadenz

Zur Form (2) mit einem Kontaktintonem

Die Tonhöhenbewegung setzt hier in der Vorakzentsilbe im mittleren Drittel ein, vor oder in der Akzentsilbe fällt die Tonhöhe und steigt dann in der (oder den) Nachakzentsilbe(n) deutlich an. Ein Melodieverlauf dieser Art wird als steigende Kadenz bezeichnet.

In beiden Fällen ist erkennbar, daß sich die Akzentsilbe von den nichtakzentuierten durch große Tonhöhenbewegungen oder Tonhöhenkontraste abhebt. Stock führt weiter aus, daß der Tonhöhenkontrast u.a. auch durch „Dehnung der Phonemvarianten in der Akzentsilbe" und „höhere Geräuschintensität" entstehen kann und akzentlose Silben wiederum durch „Temporaffung" und Lautheitsverlust charakterisiert sind.

steigende Kadenz

3.3.1. Aussprüche mit einem Informationsintonem

Die Grundform eines Informationsintonems wird dadurch gekennzeichnet, daß die Tonhöhe nach der Akzentsilbe in der Nachakzentgruppe (oder in der Nachakzentsilbe) in die Lösungstiefe absinkt.

Informationsintonem

Um dies in die Praxis umsetzen zu lernen, ist zu empfehlen, das Verhältnis von akzentuierten zu nichtakzentuierten Silben vorerst in kurzen Aussprüchen zu üben. Diese sollten nur eine einzige akzentuierte Silbe, aber wenigstens eine Vor- und eine Nachakzentsilbe haben. Um die artikulatorische Belastung weitgehend zu vermindern, ist es günstig, die intonatorischen Verläufe an identischen Silbenfolgen zu üben, wobei angenommen werden soll, daß die akzentuierte Silbe von einem gespannt-langen Vokal repräsentiert wird. Ungespannt-kurze Vokale eignen sich anfangs deshalb nicht, weil der Vokal im Zusammenhang mit der Akzentuierung gespannter gesprochen werden würde, was zu einer Verlagerung seiner distinktiven Merkmale führte. Die bewußte Verlagerung der Akzentsilbe innerhalb einer Silbenfolge wie z. B. *lála, máma, naná* entwickelt die artikulatorische Fertigkeit, die Akzentuierung in Abhängigkeit von den Erfordernissen des Ausspruchs korrekt zu realisieren. Die melodische Herausbebung darf nur so groß sein, wie sie für die Erkennung des akzentuierten Vokals gerade nötig ist. Berücksichtigt man dabei die rhythmische Komponente, indem der Student bei jeder Silbe mit

133

der Hand auf den Tisch schlägt, dann ist festzustellen, daß die Realisierung der Akzentsilbe vor der körpermotorischen Seite wesentlich unterstützt wird und sich die Intensität der Akzentsilbe deutlich erhöht. Diese Methode verfehlt selten ihre Wirkung.

Die Silbenfolge kann wie folgt realisiert werden:

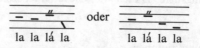

la la lá la   la lá la la

Den Anschluß bilden Silbenfolgen, in denen die Anzahl der Vor- und/ oder Nachakzentsilben umfangreicher wird:

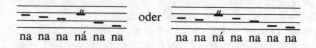

na na na ná na na   na na ná na na na na

Besondere Aufmerksamkeit ist den Nachakzentsilben entgegenzubringen. Die Abgeschlossenheit eines Ausdrucks wird nur dadurch erkennbar, daß es zu einem deutlichen Tonhöhen- und Lautstärkeverlust vornehmlich in den Nachakzentsilben kommt. Das gilt in noch entscheidenderem Maße für die Artikulationspräzision. Man kann darauf orientieren, daß die letzte Silbe nur noch angedeutet wird, eine ganz genaue artikulatorische Ausformung aber nicht realisiert werden darf, weil damit u. U. eine weitere Akzentuierung wirksam werden kann.

Besondere Schwierigkeiten zeigen sich bei Aussprüchen, die keine Nachakzentsilben aufweisen. Hier muß in der letzten Akzentsilbe das Informationsintonem dadurch realisiert werden, daß innerhalb des Akzentvokals bzw. -diphthongs ein deutliches Absinken der Tonhöhe bis in die Lösungstiefe und eine deutliche Schwächung der Artikulationspräzision wirksam wird.

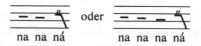

na na ná   na na na ná

Wenn die Vorübungen zufriedenstellend gelöst worden sind, kann zur Realisierung von Aussprüchen übergegangen werden. Auch hier erweist sich ein schrittweises Vorgehen von einfachen Strukturen mit wenigen Vor- und Nachakzentsilben und nur einer Akzentsilbe zu solchen mit erweiterten Vor- und Nachakzentgruppen als günstig:

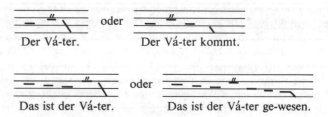

Der Vá-ter.   Der Vá-ter kommt.

134   Das ist der Vá-ter.   Das ist der Vá-ter ge-wesen.

Aussprüche mit zwei oder mehr Akzentsilben werden in der Regel, falls keine Gliederung in weitere Teilaussprüche beabsichtigt ist, mit stufenweise sinkender Melodie realisiert, d. h., daß die erste akzentuierte Silbe den höchsten Ton aller akzentuierten Silben hat, alle anderen hingegen stufenweise tiefer gesprochen werden:

Péter geht heute ábend mit seinem Fréund in die Óper.

Die Vor- bzw. Nachakzentsilben werden genau so behandelt wie im Ausspruch mit nur einer Akzentsilbe, d. h., die Vorakzentsilben haben in mittlerer Tonhöhe (auf den Sprechstimmbereich bezogen) eine leicht fallende Tendenz, wohingegen die Nachakzentsilben bis in die Lösungstiefe fallen müssen. Für Informationsintoneme ohne Nachakzentsilben ist die Melodie innerhalb der letzten Akzentvokale oder -diphthonge selbst bis in die Spannungslosigkeit der Lösungstiefe zu führen.

Im Gegensatz dazu ist es auch möglich, Aussprüche mit mehreren Akzentsilben durch Pausen zu gliedern; das kann nach Satzgliedern oder größeren syntaktischen Einheiten erfolgen.

(Pause)

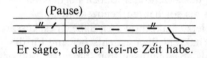

Er ságte, daß er kei-ne Zéit habe.

Es zeigt sich, daß im ersten Teilausspruch die dem letzten Akzent folgenden Nachakzentsilben eine leicht steigende Tendenz aufweisen. Bei fallendem Melodieverlauf würde das Kennzeichen der Informationsintoneme wirksam werden, d. h., der Teilausspruch (zwar grammatisch unvollständig) wäre als abgeschlossen zu betrachten, und erst nach der Realisierung des folgenden (bzw. der folgenden) Teilausspruchs (Teilaussprüche) könnte der Zusammenhang auf logischem Wege wieder hergestellt werden.

Auf Grund der von E. Stock beschriebenen Abhängigkeit der intonatorischen Verläufe von außersprachlichen Faktoren ist es sehr schwierig, durchgängig gültige Modelle für melodische Abläufe längerer Aussprüche zu fixieren (s. Einführung in die Sprechwissenschaft 1982, S. 59ff.). Für die Einführung der Intonation (auf der Grundlage der jeweiligen Akzentuierungsgegebenheiten) lassen sich jedoch einige Prinzipien festhalten:

1. Nichtakzentuierbare Silben bzw. Wörter werden im Ausspruch mit einem höheren Tempo, verminderter Artikulationspräzision in Verbindung mit der Veränderung der Qualität (des Klanges) und der Quantität (der Dauer) realisiert.
Das betrifft besonders solche akzentlosen Wörter, die einen gespanntlangen Vokal aufweisen: Artikel (z. B. der, die), Pronomen (z. B. du, er, wir, ihr, sie), Konjunktionen (z. B. während, obwohl), Präpositionen (z. B. über, vor) usw.

135

2. Der akzentuierte Vokal oder Diphthong wird vornehmlich mit Hilfe melodischer Mittel gegenüber nichtakzentuierten Silben bzw. gegenüber anderen akzentuierten Silben innerhalb eines längeren Ausspruchs wirksam. Dieser melodische Akzent ist als Ausspruchsakzentuierung gegenüber dem Wortakzent, der vornehmlich mit dynamischen Mitteln hervorgerufen wird, abzugrenzen.

3. Trotz sinkender Tonhöhe innerhalb der Akzentsilbenkette eines Ausspruchs kennzeichnet erst der letzte Akzent (er hat die tiefste Tonhöhe aller akzentuierten Silben) den kommunikativen Kern des Ausspruchs. Im Deutschen liegt das sinnwichtigste Satzglied am Ende des Ausspruchs. Eine Ausnahme von der Regel bildet nur die Ausdrucksstellung, die jedoch einer kontrastiven Akzentuierung gleichkommt, vorausgesetzt, daß die syntaktischen Regeln (Zweitstellung des Finitums, Stellung der valenzbedingten und rahmenbildenden Glieder) dabei eingehalten werden, z. B.: In die Óper ist er gestern abend mit seinem Freund gegangen.

4. Akzentlose Silben (mit Ausnahme derjenigen, die dem Hauptkernakzent innerhalb eines Informationsintonems bzw. innerhalb eines Kontaktintonems folgen) haben im wesentlichen die gleiche Tonhöhe wie die ihnen vorausgehende akzentuierte Silbe. Vor Pausen darf ein leichter Tonhöhenanstieg der akzentlosen Silben hörbar werden, um einen Teilausspruch auch als solchen zu kennzeichnen.

5. Die relative Tonhöhe der letzten akzentuierten Silbe eines Ausspruchs im Verhältnis zu den Nachakzentsilben ist entscheidend für die Wirkung dieses Ausspruchs als abgeschlossen (mit Informationsintonem) oder als nicht abgeschlossen (mit Kontaktintonem).

6. Beim Fehlen einer Nachakzentgruppe ist die ein Informationsintonem bzw. ein Kontaktintonem charakterisierende Tonhöhenbewegung im Akzentvokal oder -diphthong selbst zu realisieren, d. h., in der Akzentsilbe kommt es zu einer steigenden oder fallenden Kadenz. Enthält eine solche Silbe Sonanten ([m, n, ŋ, l, r]), so kann die Tonhöhenbewegung innerhalb eines solchen Sonanten den Abschluß finden. Wird jedoch keine Kadenz realisiert, dann ist der Ausspruch als nicht abgeschlossen und syntaktisch unvollständig zu werten – und dann wird die Weiterführung des Ausspruchs erwartet.

7. Die standardsprachliche Realisierung der Intonation kann nur dann erreicht werden, wenn die Erfordernisse der Assimilation sowie die reduktiven Gesichtspunkte der Assimilation und Reduktion im segmentalen Bereich berücksichtigt werden. Sonst würde die volle Realisierung des *e* anstelle eines schwachtonigen oder anstelle der Elision immer als Nebenakzentuierung gewertet werden. Das gilt analog für die akzentlosen Präfixe *be-, ent-, er-, ge-, ver-* und *zer-*.

8. Die Pausierung innerhalb von Satzgliedern (z. B. zwischen Präposition und Artikel, zwischen Attribut und Subjekt ...) sollte weitgehend vermieden werden, obwohl sie gelegentlich möglich ist und eine Hervorhebung des vorausgehenden oder des nachfolgenden Wortes bewirken kann. In der Regel ruft eine solche Pausierung jedoch einen ungewollten Kontrastakzent hervor.

Sonanten

Soweit möglich sollte mit dem Üben von intonatorischen Verläufen gleich in der Anfangsphase des Unterrichts begonnen werden. Das muß selbstverständlich schrittweise erfolgen und sollte einführend auf der Basis von Logatomen, verbunden mit rhythmisierenden Handbewegungen geschehen. Die Übungsschritte könnten wie folgt aussehen:

1. Artikulieren von drei- oder besser viersilbigen sinnleeren Folgen. Der Akzent liegt auf der zweiten Silbe, wobei angenommen werden soll, daß der Vokal gespannt-lang ist. Die Überdehnung des Akzentvokals kann anfangs sehr deutlich sein, muß dann aber bei der Steigerung der Artikulationsgeschwindigkeit wieder auf das Normalmaß zurückgeführt werden. Der Akzentvokal ist unter dem Gesichtspunkt der Wortakzentuierung vornehmlich dynamisch hervorzuheben, die Tonhöhe darf nur leicht über der Vokalakzentsilbe liegen. Rhythmische Handbewegungen (Schlagen auf den Tisch z. B.) unterstützen den artikulatorischen Ablauf derart, daß die Intensität in der Akzentsilbe deutlich stärker ist.

Die Abfolge sollte mehrmals und mit steigender Artikulationsgeschwindigkeit wiederholt werden, wobei die einzelnen Silbenfolgen durch längere Pausen voneinander zu trennen sind. Die Nachakzentsilben müssen hinsichtlich Tonhöhe bis in die Lösungstiefe abgesenkt werden, die Artikulationspräzision nimmt ab, die Lautstärke desgleichen. Die Trennung der einzelnen Silbenfolgen voneinander ist u. a. deshalb notwendig, damit nicht ungewollt eine schwebende Melodie in den Nachakzentsilben realisiert wird, denn das würde zu der Bewertung *nicht abgeschlossen* führen.

na ná na na	Pause	na ná na na	Pause	na ná na na
(langsam,		schneller,		noch schneller ...)

2. Die gleiche sinnleere Silbenfolge wird nun mit Akzent auf der dritten Silbe gesprochen. Die Gestaltung des Informationsintonems kann nun nur noch zwischen der Akzentsilbe und der einzigen Nachakzentsilbe erfolgen. Die Vorakzentgruppe besteht aus zwei Silben, von denen die zweite im Vergleich zur ersten geringfügig tiefer liegt.

na na ná na	Pause	na na ná na	Pause	na na ná na
(langsam,		schneller,		noch schneller ...)

Nach einigen Versuchen mit großer Artikulationsgeschwindigkeit kann die rhythmische Unterstützung weggelassen werden. Dadurch ist es möglich, die Sprechgeschwindigkeit noch weiter zu erhöhen.

3. Die artikulatorische Geschicklichkeit, den Akzent ganz bewußt auf eine bestimmte Silbe der Silbenfolge zu legen, muß sich nun beweisen, wenn die unter 1. und 2. beschriebenen Varianten im Wechsel

artikuliert werden. Der Impuls sollte dabei visuell (z. B. durch Tafelbild, Mitschrift, Handbewegung usw.) gegeben werden.

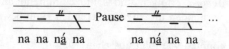

na na ná na   na ná na na

4. Jetzt erst sind Akzentgruppen ins Auge zu fassen, die keine Nachakzentsilben aufweisen. Die Silbenfolge kann aus zwei, drei oder vier Silben bestehen. Die Akzentsilbe ist wiederum unter dem Gesichtspunkt der Wortakzentuierung mit einem dynamischen Akzent zu realisieren, ihre Tonhöhe sollte nur geringfügig höher als die erste der Vorakzentsilben sein. Innerhalb der Vorakzentgruppe haben die einzelnen Silben eine leicht fallende Tendenz.

Die besondere Aufmerksamkeit gilt jedoch der Akzentsilbe, weil in ihr die Merkmale des Informationsintonems zu realisieren sind, d. h., nach dem Akzentgipfel muß im gleichen Vokal bzw. Diphthong und in den eventuell folgenden Sonanten ein melodisches Absinken in die Lösungstiefe hörbar werden. Dieser Vorgang ist wiederum verbunden mit einem Absinken der Lautstärke, einer bedeutsamen Verminderung der Tonhöhe und einer Schwächung der Artikulationspräzision. Wird nur einer dieser Faktoren nicht realisiert, wird der Ausspruch als *nicht abgeschlossen* bewertet:

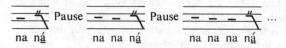

na ná   na na ná   na na na ná

5. Zwei Sonderformen von Aussprüchen mit Informationsintonemen sollten nicht unberücksichtigt bleiben. Das sind diejenigen, bei denen die einzige akzentuierte Silbe den Beginn des Ausspruchs darstellt, und hier ist zwischen den Aussprüchen zu unterscheiden, die eine Nachakzentgruppe aufweisen, und solchen, die nachakzentlos sind, d. h. keine Silben im Bereich nach der Akzentsilbe haben:

    (1)   (2)   (3)

ná na na   ná na na na   ná
(Sieh doch mal!)   (Schreib ihm doch mal!)   (Já!)

Die beiden ersten Fälle werden wohl kaum Schwierigkeiten bereiten, da sie analog zu den Aussprüchen mit Vorakzentintervall gebildet werden können. Die am Beginn stehende Akzentsilbe hat den höchsten Ton, danach sind lediglich die Merkmale des Informationsmotivs artikulatorisch umzusetzen.

Schwieriger ist der einsilbige Ausspruch zu intonieren, in dem im Vokal selbst bzw. im Diphthong ein möglicher Anstieg, dann der Akzentgipfel und schließlich das Absinken der Melodie in einem sehr kurzen Zeitraum zu realisieren sind. Die Vorkommenshäufigkeit solcher intonatorischer Verläufe in den Antworten *ja, nein, doch, gleich, bald, jetzt, ach* ... zwingt dazu, die Übungen in der gleichen Ausgiebigkeit zu absolvieren wie die anderen Ausspruchsformen.

6. Inwieweit der Lernende intonatorische Fertigkeiten erworben hat, läßt sich am besten an Silbenfolgen unterschiedlicher Struktur überprüfen, die in schnell wechselnder Folge gesprochen werden, z. B.:

na ná na   ná na na na   na na ná na   ná   na na ná

7. Die folgende Phase ist dadurch gekennzeichnet, daß die in den Vorübungen gewonnenen Fertigkeiten auf sinnvolle Aussprüche übertragen werden. Dabei ist wiederum vom Leichten zum Schweren vorzugehen. Es ist von Vorteil, wenn der jeweilige Ausspruch nicht noch zusätzlich von Assimilation und Reduktion belastet wird, und es ist günstig, bekannte und wenn möglich frequente Lexik zu nutzen. Dabei sollte am Anfang der Akzentvokal immer von einem gespanntlangen repräsentiert werden. Zu empfehlen sind anfangs auch Aussprüche, die nur eine Akzentsilbe aufweisen, deren Vor- bzw. Nachakzentgruppen jedoch unterschiedlich lang sind. Den Abschluß bilden dann nur solche Aussprüche, die k e i n e Nachakzentsilben haben, also lediglich aus der Akzentsilbe bestehen, z. B. *ja, nein, doch.*

3.3.2. Aussprüche mit Kontaktintonemen

Der Vergleich von Aussprüchen mit Informationsintonemen und solchen mit Kontaktintonemen zeigt einige wesentliche Unterschiede:

	Informationsintonem	Kontaktintonem
	Wer rúft mich?	Ist Stróm da?
Vorakzentsilbe:	tiefer als die Akzentsilbe	höher als die Akzentsilbe
Akzentsilbe:	leicht über der Indifferenzlage liegend	leicht unter der Indifferenzlage liegend
Nachakzentsilbe: – Tonhöhe	fallend bis in die Lösungstiefe	steigend u. U. bis an die obere Grenze des Sprechstimmbereichs
– Artikulationspräzision	nimmt ab	nimmt ab
– Lautstärke	nimmt deutlich ab	nimmt ab
Wirkung:	sachlich-neutral, u. U. kalt, selbstsicher	freundlich, verbindlich, u. U. unsicher

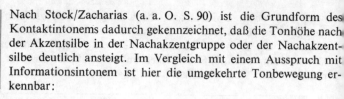

Nach Stock/Zacharias (a. a. O. S. 90) ist die Grundform des Kontaktintonems dadurch gekennzeichnet, daß die Tonhöhe nach der Akzentsilbe in der Nachakzentgruppe oder der Nachakzentsilbe deutlich ansteigt. Im Vergleich mit einem Ausspruch mit Informationsintonem ist hier die umgekehrte Tonbewegung erkennbar:

Ist Stróm da?

Die Tonhöhe der Akzentsilbe muß deshalb deutlich tiefer liegen, weil der Melodieanstieg in der Nachakzentsilbe bzw. der Nachakzentgruppe sonst nicht erkennbar wäre. Auch hier sind Vorübungen zu empfehlen.

Hinsichtlich der Übungsfolge kann wie bei den Aussprüchen mit Informationsintonemen verfahren werden, nur daß nach den Vorakzentsilben eine merkliche Absenkung der Tonhöhe in der Akzentsilbe spürbar wird, um den Tonhöhenanstieg in den Nachakzentsilben wirksam werden zu lassen. Es ist ratsam, die Tonhöhe in der Nachakzentsilbe (oder auch den Nachakzentsilben) nur so weit ansteigen zu lassen, daß ein Unterschied zwischen Akzent- und Nachakzentsilbe hörbar wird. Es ist also nicht nötig, die Tonhöhe bis an die obere Grenze des Sprechstimmbereiches zu führen. Innerhalb einer Nachakzentgruppe kann daher u. U. die Tonhöhendifferenz zwischen den einzelnen Silben sehr klein und kaum erkennbar sein, nur in der Gesamtwirkung muß sie sich von der Akzentsilbe abheben.

Was die Übungsfolge betrifft, so scheint es günstig, wiederum von drei- oder viersilbigen sinnleeren Folgen auszugehen, den Akzent auf die vorletzte Silbe zu legen und die Umsetzung rhythmisch zu unterstützen. Gelingt die Realisierung des Intervalls zwischen Akzent- und Nachakzentsilbe in angemessener Weise, kann die Anzahl der Vorakzentsilben erhöht werden, wobei auch hier wiederum ein sanftes Absinken der Tonhöhe von einer Silbe zur nächsten berücksichtigt werden sollte, jedoch in der letzten Vorakzentsilbe nur so weit, daß sich die Akzentsilbe noch von der Vorakzentgruppe differenzieren läßt:

Ist das Pé-ter?

Wenn diese Übungen ebenfalls zufriedenstellend bewältigt werden, kann man die nachakzentuellen Bedingungen variieren. Das Kontaktintonem (wie umfänglich auch immer) wird durch einen auf die Akzentsilbe bezogenen bestimmten Tonhöhenanstieg in den Nachakzentsilben erkennbar. Die Tonhöhendifferenz selbst muß so groß sein, daß sie ohne Schwierigkeiten bemerkt wird. Das so bestimmte Differenzminimum ist immer gleich, unabhängig davon, wieviele Silben im Nachakzent stehen. Es ist notwendigerweise selbst dann zu realisieren, wenn gar keine Nachakzentsilbe vorhanden ist:

Ist das klár?   Ist das klárer?   Ist das klár gewesen?

Das Differenzminimum ist also fixiert, und zwar weil der zur Verfügung stehende Sprechstimmbereich selbst nur einen geringen Umfang hat und ein Verlassen dieses Bereiches nicht mehr mit den standardsprachlichen Erfordernissen in Einklang zu bringen ist. Hat der Student dieses Problem erkannt, wird ihm die Realisierung auch umfangreicherer Nachakzentgruppen wesentlich leichter fallen.

Fast immer bereiten in der Anfangsphase solche Aussprüche Schwierigkeiten, die keine Nachakzentsilben aufweisen. Das Differenzminimum muß im Vokal selbst realisiert werden. Das ist relativ leicht zu bewältigen, wenn der letzte Konsonant (oder auch die letzten Konsonanten) stimmlose Segmente sind. Bei stimmhaften Konsonanten, Vokalen oder Diphthongen kommt man nicht umhin, die Stimme abzusetzen, wenn die notwendige Tonhöhe erreicht worden ist:

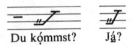

Du kómmst?   Já?

Praktischer Teil

Der Übungsteil befaßt sich mit den wichtigsten Erscheinungen der deutschen Phonetik. Diese werden in der Regel nach einem einheitlichen System abgehandelt, nach der artikulatorischen Beschreibung, den möglichen Fehlbildungen, der Korrektur dieser Fehlbildungen, den positionellen Besonderheiten, den Ausnahmen und schließlich nach ihrer Anwendung in Teilaussprüchen oder Aussprüchen. Das gilt sowohl für den Einzellaut als auch für eine Segmentfolge. Gleichermaßen berücksichtigt werden Probleme der Assimilation und der Auslautverhärtung, der Reduktion und der Akzentuierung sowie die intonatorischen Verläufe in kürzeren oder längeren Aussprüchen. Zudem haben wir versucht, die Übungen mit bestimmten grammatischen Aspekten und lexikalischen Schwerpunkten zu verbinden – ein nicht leicht zu bewältigendes Vorhaben. Dennoch liegt der Vorteil auf der Hand: Durch die Berücksichtigung grammatischer und auch lexikalischer Gesichtspunkte werden sowohl dem Lehrer als auch dem Studenten Übungen zur Verfügung gestellt, die als phonetische und grammatische Übungen zugleich angesehen werden können. Diese Tatsache trägt sicher dazu bei, die phonetischen Bezüge und Probleme in der oft sehr kurzen Ausbildungszeit attraktiver erscheinen zu lassen. Im Einführungsteil haben wir versucht, die Probleme nur soweit theoretisch darzulegen, wie es für die praktische Umsetzung von Bedeutung ist. Das zeigt sich u. a. in der für das Deutsche wichtigen Distinktion zwischen gespannt-langen und ungespannt-kurzen Vokalen, die auch in den Übungen immer als solche gekennzeichnet werden sollen.

Hinsichtlich der Übungsfolge muß ein Problem berücksichtigt werden, die speziellen Bedürfnisse des Benutzers, die sich aus der Konfrontation einer bestimmten Sprache mit dem Deutschen ergeben, und der Kenntnisstand des Lernenden sind nicht bekannt. Zudem werden sich bei jeder Konfrontation einer anderen Sprache mit dem Deutschen neue Bedingungen ergeben. Aus diesem Grunde haben wir uns entschlossen, die Übungsfolge von der Vorkommenshäufigkeit einer Erscheinung sowie den assimilatorischen und reduktiven Besonderheiten des Deutschen bestimmen zu lassen. Akzentuierung und Intonation stehen am Anfang, werden jedoch als Prinzip durchgängig in den Übungen mitgeführt. Insofern durchbrechen wir die übliche Reihenfolge Vokale, Diphthonge, Konsonanten, konsonantische Segmentfolgen, Akzentuierung und Intonation. Dennoch ist die von uns vorgeschlagene Übungsfolge nicht als obligatorisch zu betrachten. So wird u. a. von den Kenntnissen und Fertigkeiten, von den sich aus der jeweiligen Konfrontation ergebenden Problemen, von der Lernleistung und von de jeweiligen Zielstellungen abhängen, welche Reihenfolge im spezielle Fall schneller zum Ziel führt. Diese individuelle Übungsgestaltung wir auch dadurch unterstützt, daß wir innerhalb der Übungen zu den Einzel erscheinungen immer vom Leichten zum Schweren, vom Einfachen zur Komplexen vorgehen. Unsere von der Häufigkeit einer Erscheinung und von grammatischen Gegebenheiten bestimmte Reihenfolge geht davo aus, daß der relative Fehler dann sehr hoch sein wird, wenn die Vor kommenshäufigkeit und die Fremdheit bedeutsam sind, daß zudem be einer lautphysiologisch bestimmten Reihenfolge (Vokale, Konsonanten Akzentuierung usw.) für die frequenten Erscheinungen (Vokalisierun des *r*, Auslautverhärtung, Differenzierung von Qualität und Quantität Endsilbenreduktion usw.) falsche artikulatorisch-dynamische Stereotype eingeschliffen würden, die später mit großem Aufwand korrigiert wer den müßten. Unsere frequenzabhängige Reihenfolge könnte aber der Benutzer u. U. beim Auffinden der jeweiligen Erscheinung in Schwierigkeiten bringen. Dem wollen wir abhelfen, indem wir neben dem Inhaltsverzeichnis noch ein laut- und ein graphemabhängiges Verzeichnis aufführen.

4 Die suprasegmentalen Merkmale

Unter suprasegmentalen Merkmalen verstehen wir die Erscheinungen, die über den einzelnen Segmenten liegen, wie z. B. die Hervorhebung durch Akzentuierung, die intonatorische Gestaltung auf sachlich-neutraler Ebene sowie die davon abweichende emotionale Gestaltung des Satzes.

suprasegmentale Merkmale

Wir können Akzentuierung und Intonation nicht losgelöst voneinander betrachten, da die Intonation auf nicht-akzentuierbaren bzw. auf nicht-akzentuierten Silben aufbaut. Das isolierte und damit funktionslose Üben von Einzelwörtern würde zwar den formalen Bedingungen Rechnung tragen, nicht aber den Gegebenheiten, wie sie innerhalb eines Ausspruchs auftreten. Wir müssen selbst ein einsilbiges Wort kommunikativfunktional als Aussage behandeln.

Bei der Beschreibung der für das Deutsche typischen Akzentuierungen ist zugleich auch das Verhältnis zur Nichtakzentuierung mit ins Auge zu fassen. So kann z. B. Tonhöhe nur dann als Hervorhebung erkannt werden, wenn sie sich von der neutralen Lautnachbarschaft hörbar unterscheidet, d. h. nach oben oder unten abweicht. Innerhalb einer Silbe (z. B. ja) ist demzufolge der Tonhöhenunterschied zwischen der den Akzent bildenden Hervorhebung und ihrem Auslauf, der entweder steigend oder fallend sein muß, das, was den Akzent einerseits ausmacht und andererseits den Ausspruch *ja* kommunikativ funktionalisiert, nämlich als Aussage oder als Frage. Eine Tonhöhendifferenz, die als Unterschied hörend erfaßt werden kann, ist zwingend, weil ansonsten der einsilbige Ausspruch *ja* weder als Frage noch als Antwort zu bewerten wäre, wobei allerdings solche Tonhöhendifferenzen in jedem Fall relative Gebilde sind. Der die Wortakzentuierung ausmachende Tonhöhenteil ist in Abhängigkeit von der kommunikativen Funktion (Frage oder Antwort) im Verhältnis zum Auslauf entweder tiefer oder höher; er ist dann tiefer, wenn die Kadenz steigend verläuft, höher hingegen, wenn die Kadenz fällt. Für den dynamischen und den temporalen Akzent gilt eine andere Regel. Hier ist das Vorhandensein des Merkmals *Lautstärke* bzw. *Lautdehnung* mit seinem Nichtvorhandensein zu kontrastieren, auch dann, wenn der Ausspruch nur aus einem einsilbigen Wort besteht.

Selbstverständlich gilt diese Regelung auch für Wörter, die zwei oder mehr Silben aufweisen, jedoch nur eine Akzentsilbe haben.

| báden! | béide! | Verzúg! | beréden! | árbeiten! |

| báden? | béide? | Verzúg? | beréden? | árbeiten? |

4.1. Akzentmerkmale und ihre Realisierung

Im Deutschen unterscheiden wir drei Akzentuierungsmittel.

1. Der dynamische Akzent

dynamische Akzentuierung Um eine dynamische Akzentuierung handelt es sich dann, wenn ein Vokal oder Diphthong im Verhältnis zu seiner unmittelbaren Umgebung hörbar lauter gesprochen wird.

subglottaler Druck Die Intensivierung der Lautstärke erreicht man, indem die Stimmlippenspannung und der subglottale Druck (die Ausatmungsstärke während der Tonerzeugung) erhöht werden. Der dynamische Akzent wird nur dadurch wirksam, daß seiner Umgebung (bei einsilbigen Wörtern auch der dem Akzent folgende melodisch ansteigende oder sinkende Auslauf) dieses Merkmal fehlt. Die dem dynamischen Akzent folgende Silbe (oder Phase bei einsilbigen Wörtern) muß demzufolge durch eine Verminderung der Lautheit abgehoben werden. Am besten erreicht man das, indem am Anfang der dynamische Akzent in drei- oder viersilbigen Folgen (sinnleeren Silben) auf eine Silbe gelegt wird, die weder den Anfang noch das Ende der Folge bildet:

na-ná-na, na-ná-na-na, beráten, geárbeitet

 Der dynamische Akzent dient vornehmlich der Wortakzentuierung.

2. Der melodische Akzent

melodische Akzentuierung Die melodische Akzentuierung erfolgt mit Hilfe der Tonhöhe. Der zu akzentuierende Vokal oder Diphthong wird im Verhältnis zu seiner Umgebung entweder höher (meistens) oder tiefer gesprochen, in jedem Falle jedoch nur in dem Maße, daß die Hervorhebung erkennbar wird.

Wirksam wird der melodische Akzent dadurch, daß die Stimmlippenspannung leicht erhöht wird, ohne den subglottalen Druck (die Ausatmungsstärke bei der Tongebung) gleichzeitig mit zu verstärken. Die dem melodischen Akzent folgende Phase muß in ihrer Tonhöhe im Verhältnis zur Akzentphase viel höher oder tiefer liegen, so daß eine Kadenz entsteht.

Der melodische Akzent dient vornehmlich der Abstufung der einzelnen Akzentsilben im Ausspruch und ist zugleich ein obligatorisches Mittel, Kontakt- oder Informationsintoneme einzuleiten.

Eine zu starke Tonerhöhung wird als verniedlichend empfunden. Auch hier kann in der Anfangsphase die Tonhöhendifferenzierung auf der Basis sinnleerer Silben geübt werden, wobei nicht ein Maximum, sondern ein Minimum an Tonhöhendifferenz angestrebt werden sollte:

$$\text{na-n}^a\text{-na, na-na-n}^a\text{-na, be-r}^a\text{-ten, ge-}^a\text{r-bei-tet}$$

3. Der temporale Akzent

Eine temporale Akzentuierung wird mit Hilfe der zeitlichen Ausdehnung oder Verkürzung der Vokalöffnungsphase realisiert. Der zu akzentuierende Vokal, der immer nur gespannt-lang sein kann, wird im Verhältnis zu seiner vokalischen Lautnachbarschaft immer länger gesprochen.

temporale Akzentuierung

Eine vorrangige Verwendung dieses Akzentmittels wird als didaktisierend empfunden. Bei ungespannt-kurzen Vokalen und bei Diphthongen ist es nicht einsetzbar. Temporale Veränderungen eines ungespannt-kurzen Vokals sind nur in der Lautnachbarschaft an der geringfügigen Dehnung des unmittelbar davorstehenden Konsonanten erkennbar (z. B. nnein). Hierbei handelt es sich jedoch um ein expressives Mittel, das für die sachlich-neutrale Rede nicht gültig ist.

Der temporale Akzent ist in seiner Realisierung sehr eng mit dem dynamischen verknüpft. Eine gleichzeitige Tonerhöhung sollte jedoch vermieden werden:

na-naa-na, na-na-naa-na, braa-ten, be-raa-ten

Diese drei Akzentuierungsmittel werden nicht unabhängig voneinander realisiert, was einerseits artikulatorisch-phonatorisch nicht möglich und

147

andererseits funktionell (für den Ausspruch) auch nicht notwendig ist. Als Faustregel für die Anwendung der drei Akzente können wir folgendes festhalten:

> Der dynamische Akzent dient vornehmlich zur Kennzeichnung akzentuierter Silben im Verhältnis zu nicht-akzentuierten.
> Der melodische Akzent stuft die akzentuierten Silben untereinander innerhalb eines Ausspruchs ab und kennzeichnet hinsichtlich der Tonhöhe die kommunikativ wichtigste Silbe.
> Der temporale Akzent verdeutlicht als zusätzliches Mittel die Akzentuierung, indem es dem Akzentwort und seiner Bedeutung noch mehr Nachdruck verleiht.

Versuchen Sie einmal, die Wirkung der nachstehenden Aussprüche nachzuempfinden, bei denen der dynamische Akzent immer in der Akzentsilbe realisiert werden muß, der melodische stufenweise ansteigt und – in den letzten beiden Beispielen – vom temporalen begleitet wird. Beachten Sie dabei bitte, daß nur die erste Form als sachlich-neutral bewertet werden kann, während das zweite und dritte Beispiel emotional gefärbt ist:

Sie báden.   Sie baden.   –   einfache Aussage, Feststellung

Der Vokal im Pronomen ist gespannt-kurz und liegt melodisch tiefer als die zudem lautere Akzentsilbe. Die Nachakzentsilbe sinkt bis in die Lösungstiefe ab.

Sie báden!   Sie baden! – Begreif doch endlich!

Die Tonhöhe der akzentuierten Silbe liegt schon höher als im ersten Beispiel. Der Nachdruck steigt. Vorakzent- und Nachakzentsilbe scheinen stärker reduziert.

Sie báden!!   Sie baden!! – Willst du denn immer noch nicht begreifen?!

Die Tonhöhe der Akzentsilbe ist noch höher gestiegen, vergleichsweise länger geworden ist aber auch die zeitliche Ausdehnung der Akzentsilbe. Alle anderen Laute sind in Lautheit und Tempo noch weiter reduziert worden.

Wir wollen nun einmal – gewissermaßen als Vorübung – einen sachlich-neutralen dreigliedrigen Ausspruch üben.

Sie báden.

[zi: 'ba:dn̩]

Dabei ist auf folgendes zu achten:

1. Versuchen Sie, den Ausspruch zu rhythmisieren, indem Sie mit der
   Hand auf den Tisch schlagen, etwa so: mittel – stark – schwach.
2. Die Vorakzentsilbe ist immer kurz (, obwohl der Vokal unter Akzent
   gespannt-lang sein kann). Das gilt für das Pronomen wie für den
   Artikel.
3. Die Nachakzentsilbe liegt viel tiefer, sie reicht bis in die Lösungstiefe.
   Das [ŋ] muß noch artikuliert werden, ist aber nicht mehr deutlich zu
   hören. Die Stimme knarrt.
   Die Nachakzentsilbe wird ohne schwachtoniges e gesprochen.
4. Die Akzentsilbe wird lauter und höher gesprochen.
5. Der Akzentvokal in der dritten Gruppe darf auf keinen Fall gedehnt
   werden.

Sie reden.	die beiden	die Betten	Natürlich.
der Frieden	die Stauden	Sie bitten.	Warum denn?
die Moden	Sie läuten.	Sie wollten.	Ich geh' schon.
die Buden		da unten	Da kommt sie.

Vorakzent-, Akzent- und Nachakzentsilbe unterscheiden sich also in
wesentlichen Punkten. Sie sind mit unterschiedlicher Tonhöhe zu sprechen, und ihre rhythmische Intensität unterscheidet sich. So wird die
Vorakzentsilbe äußerst kurz gesprochen. Die Nachakzentsilbe ist in
unserem Fall sogar durch den e-Schwund gekennzeichnet. Die Sprechweise der akzentlosen Silben ist umfassend geregelt.

4.2. Nicht-akzentuierbare Wörter

Unter akzentlosen Wörtern verstehen wir solche, die im sachlich-
neutralen Ausspruch keinen Satzakzent erhalten dürfen.

Dabei sind zwei Gruppen von nicht-akzentuierbaren Wörtern zu unterscheiden, solche, die immer akzentlos sind, und solche, die in Abhängigkeit von der Wortbildung ohne Akzent realisiert werden müssen. Diese
Aussage gilt für jeden Ausspruch, selbst wenn er nur aus zwei Wörtern

nicht-akzen-
tuierbar

149

besteht. So formulieren wir nach der „Deutschen Satzintonation" von Stock und Zacharias (vgl. Stock/Zacharias 1982, S. 44) wie folgt:

Im Ausspruch sind nicht akzentuierbar:

Artikel	der, die, das; die
Präpositionen	mit, für, vor, über ...
Konjunktionen	während, als, sowohl ...
Hilfsverben bzw. modifizierende Verben, die mit Vollverben verbunden sind	sein, haben, werden, können, wollen, dürfen ...
Relativpronomen	der, welcher ...
Relativadverbien	wo ...
Pronominaladverbien	wovon, woran, worüber ...
Personalpronomen	ich, du, er, sie, es ...
Interrogativpronomen	wer, weshalb, wann ...
Adverbien und	da, dort, dann, hier ...
Reflexivpronomen, ausgenommen in der Präpositionalgruppe *an sich*	mich, dich, sich, uns, euch

vor (proklitisch) oder nach (enklitisch) dem Akzentwort

Es spielt im übrigen keine Rolle, ob die akzentlosen Wörter vor (proklitisch) oder nach (enklitisch) dem Akzentwort stehen. Sie sind immer artikulatorisch schneller und weniger laut zu sprechen.

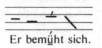

Er bemüht sich.

In der Vorakzentgruppe ist es auch nicht selten, daß zwei nicht-akzentuierbare Wörter nebeneinanderstehen.

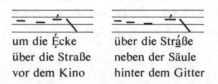

um die Ecke   über die Straße
über die Straße   neben der Säule
vor dem Kino   hinter dem Gitter

Die Vorakzentgruppe kann auch noch durch nicht-akzentuierbare Präfixe erweitert werden.

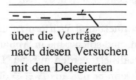

über die Verträge
nach diesen Versuchen
mit den Delegierten

4.3. Die Wortakzentuierungsregeln
4.3.1. Deutsche Wörter

Es macht sich infolge der Akzentuierungsgrundsätze und der unterschiedlichen Qualitäten im Bereich des Vokalismus notwendig, zwischen deutschen und fremden Wörtern zu unterscheiden. Die übliche Regelung der Markierung akzentuierter lang-gespannter (untergesetzter Strich) und kurz-ungespannter Vokale (untergesetzter Punkt) ist bei den Diphthongen noch zu ergänzen. Der Punkt unter dem ersten Vokal des Diphthongs kennzeichnet ihn als akzentuiert (z. B. Aufbau ['a̯ofba̯o]). Das Akzentwort wird immer in kurzen Aussprüchen (zumeist vollständigen Sätzen) geübt. Bei den Substitutionsübungen ist immer nur das Akzentwort innerhalb des vorgegebenen Satzes zu variieren. Die einzelnen Aussprüche sollten jeweils durch eine Pause voneinander getrennt werden.

Jedem Übungskomplex vorangestellt ist ein Intonationsmodell, das den grundsätzlichen Verlauf der Beispielsätze angibt, wobei jedoch zu beachten ist, daß die Anzahl der Vor- bzw. Nachakzentsilben vom Modell abweichen kann. In diesen Fällen ist das vorgegebene Intonationsmuster frei zu variieren.

4.3.1.1. Einfache Wörter

Einfache Wörter haben den Akzent auf dem Wortstamm. Hinzutretende Flexionsmorpheme (*be-*, *ge-* bei Partizipien, Endungen bei Substantiven, Adjektiven und Verben) ändern diese Regelung nicht.

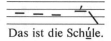

2

Das ist die Schule.

Das ist das Messer.	Das ist die Schule.	Das ist der Wagen.
Wasser	Tafel	Lehrling
Heft	Tasse	Meister
Essen	Kanne	Lehrer
Wissen	Schere	Schüler

Wir schreiben.	Wir schrieben.	Wir haben geschrieben.
lesen	lasen	gelesen
sprechen	sprachen	gesprochen
hören	hörten	gehört
malen	malten	gemalt

4.3.1.2. Akzentlose Konstituenten

> Der Akzent auf dem Wortstamm bleibt erhalten, wenn Substantive, Adjektive oder Verben mit akzentlosen Konstituenten (vgl. Šimečkova 1974, S. 165 ff.) verbunden sind.

vorangestellt	nachgestellt	Substantive	Adjektive	Verben
be-		Besúch		beklẹiden
	-bar		fúrchtbar	
	-chen	Fénsterchen		
	-el	Gríffel		
	-eln			frösteln
enter-		Entgélt		entgélten
er-		Ersátz		erfríschen
	-er	Físcher		
	-erlich		árgerlich	
	-ern			gliẹdern
ge-		Gerúch	gehéim	geschéhen
	-haft		námhaft	
	-haftig		wáhrhaftig	
	-heit	Kíndheit		
	-igen			sättigen
	-ig		mútig	
	-igkeit	Müdigkeit		
	-icht		töricht	
	-in	Léhrerin		
	-isch		tiẹrisch	
	-keit	Eitelkeit		
	-lein	Büchlein		
	-lich		hérrlich	
	-ling	Léhrling		
	-nen			órdnen
	-nis	Bündnis		
	-sal	Schícksal		
	-sam		séltsam	
	-schaft	Féindschaft		
	-selig		féindselig	
	-tum	Áltertum		
	-ung	Zéitung		
ver-		Versúch		versúchen
zer-		Zerfáll		zerfállen

Hinweis:
Die Verben auf *-ieren*, *-isieren*, *-ifizieren* sind auf ie zu akzentuieren.
Die Substantive auf *-ei*, *-erei* und die Ortsnamen auf *-in* sind endbetont.

Beispiele:
Motiv) motivieren, (aktiv) aktivieren, (Kurs) kursieren, (Elektrizität)
lektrisieren/elektrifizieren
Bäcker) Bäckerei, (Fleischer) Fleischerei, (Töpfer) Töpferei, (Glaser)
Glaserei
Berlin, Demmin, Wettin, Malchin, Chorin

Das ist ein Besucher.

3

Hinweis:
Variieren Sie die Lexik im Prädikatsnomen!
Das ist eine Zeitung, ein Bewerber, ein Geschenk, ein Verlierer, ein Ver-
lager, ein Versäumnis, ein Lehrling, eine Gelegenheit, eine Gemeinheit,
eine Eigenschaft, eine Wirtschaft, eine Köchin.

Sie versucht es.

4

Hinweis:
Ersetzen Sie das Verb bzw. das Partizip durch untenstehende Wörter
oder durch eigene Beispiele!
Sie bezählt es, gewinnt es, verkauft es, verbraucht es, entscheidet es,
errät es, beschreibt es, verliert es, bemüht sich, erinnert sich.

Sie hat es bezählt, gewonnen, verkauft, versucht, entschieden, erraten,
beschrieben, verloren, sich bemüht, sich erinnert.

4.3.1.3. Akzentuierte Konstituenten

Der Akzent auf dem Wortstamm wird aufgegeben, wenn eine
Verbindung mit einer akzentuierten Konstituente vorliegt, unabhängig davon, ob zusätzlich Kombinationen mit akzentlosen
Konstituenten (z. B. den Konstituenten be-, ent-, er-, ge-, ver-,
zer-) eingegangen werden.

1. Einfache akzentuierte Konstituenten

ab-	kommen	ábkommen	das Ábkommen	kommt áb
an-	fangen	ánfangen	der Ánfang	fängt án
auf-	geben	áufgeben	die Áufgabe	gibt áuf

153

aus-	legen	áuslegen	die Áuslage	legt áus
bei-	tragen	béitragen	der Béitrag	trägt béi
ein-	setzen	éinsetzen	der Éinsatz	setzt éin
empor-	kommen	empórkommen	der Empórkömmling	kommt empór
fort-	gehen	fórtgehen	der Fórtgang	geht fórt
los-	lassen	lóslassen	(die Lóslassung)	läßt lós
nach-	tragen	náchtragen	der Náchtrag	trägt nách
nieder-	schlagen	níederschlagen	der Níederschlag	schlägt níeder
weg-	gehen	wéggehen	der Wéggang	geht wég
weiter-	gehen	wéitergehen	der Wéitergang	geht wéiter
wieder-	sehen	wíedersehen	das Wíedersehen	sieht wíeder

Hinweis:
Nicht als Konstituente ist in jedem Fall akzentuiert, z. B. Nichtraucher Nichtschwimmer.

2. Die Kombination akzentuierter Konstituenten mit akzentlosen

	be-	ent-	er-	ge-	ver-	zer-
ab-	ábberufen	–	áberkennen	PII	ábverlangen	--
an-	ánbelangen	–	ánerkennen	PII	ánvertrauen	–
auf-	áuf begehren	–	áuferlegen	PII	–	–
aus-	áusbedingen	–	áusersehen	PII	áusverkaufen	–
bei-	béibehalten	–	–	PII	–	
mit-	mít-bekommen	mít-entscheiden	míterleben	PII	mítverkaufen	–
nach-	nách-bereiten	nách-entwickeln	nácherleben	PII	náchvergolden	–
wieder-	wíeder-bekommen	wíeder-entdecken	wíeder-erleben	PII	wíeder-vereinigen	–

Hinweis:
Die Kombination von akzentuierter Konstituente + ge- ist durchgängig im Partizip Perfekt (PII) anzutreffen. Die akzentuierte Konstituente ist trennbar (z. B.: Man beruft ihn ab. Sie erkennt es an. Du bekommst es wieder.).

3. Die Kombination akzentloser Konstituenten mit akzentuierten

be- beábsichtigen, beántragen, beáufsichtigen, beéinträchtigen, bemít-leiden, benáchrichtigen

ver- verábreden, veránschlagen, veráuslagen

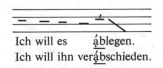

Ich will es   áblegen.
Ich will ihn verábschieden.

Hinweis:
Beachten Sie bitte, daß nicht nur das Pronomen *ich*, sondern auch das Modalverb und (hier) das Objekt als akzentlose Wörter zu behandeln sind.

Ich will es ábgeben, ábmalen, ábhören, ábpausen, áblegen, ábhängen, ábwaschen, ábtrocknen, ábwischen, ábnehmen, ábkürzen, ábsagen, ábwarten.

Ich will es ánmalen, ánsagen, ánheften, ánnähen, ánkleben, ánkündigen, ánkreuzen, ánzeichnen, ánnehmen, ángeben, ánsprechen.

Ich will es áufschrauben, áufdrehen, áufsagen, áufpolieren, áufschreiben, áuflegen, áufknöpfen, áufreißen, áufzeichnen, áufnehmen, áufheben, áufwischen, áufwaschen.

Ich will es fórtwerfen, ihn fórtschicken, jetzt fórtgehen, sie fórtschicken.

Ich will ihn lóslassen, ihn lósschicken, mich lósreißen, jetzt lóslegen, mich lósmachen, mich lóssagen, jetzt lósschlagen.

Ich will es áusschalten, áusknipsen, áussuchen, áuslegen, áuszeichnen, áuspacken, áusschreiben, áusrechnen.

Ich will sie áussortieren, ihn áuszeichnen, sie áuszeichnen, ihn áusrufen, sie áusmalen.

Ich will es béitragen, ihn béisetzen, es béimischen, ihm béistehen, ihr béistehen.

Ich will es éinlegen, es éintragen, es éinzeichnen, es éinschreiben, es éinrichten, ihn éinladen, es éinsehen, ihn éinstellen, sie éinstellen, ihn éinsetzen, es éinschalten, es éinnehmen, es éinweichen, es éinsortieren.

Ich will ihn mítnehmen, sie mítnehmen, es mítschreiben, es míthören, es mítsehen, es mítfühlen, es míterleben, es mítempfinden, mítgehen, mítsingen, mítlaufen, mítschreiben, mítreden, mítlesen.

Ich will es náchtragen, náchkommen, ihm náchgehen, ihr náchsehen, es nácharbeiten, es náchholen, es náchschreiben, es ihm náchmachen, es ihr náchmachen, ihm nácheifern, es ihm náchsehen, es náchfühlen, es náchempfinden, es nácherleben.

Ich will es wégwerfen, wégschmeißen, wéglegen, wégtragen, wégfahren, wégmachen, wégwischen, wégbringen, wégschieben. Ich will ihn wégstecken, wégstoßen.

Ich will ihn wíedersehen, sie wíedersehen.

Ich will mich ver**a**bschieden.

Ich will es nicht be**a**nspruchen, es nicht be**a**nstanden, es nicht be**a**ntra
gen, ihn nicht be**a**ufsichtigen, sie nicht be**a**uftragen, sie nicht be**e**in
drucken, sie nicht be**e**influssen, es nicht be**e**inträchtigen, sie nicht be
n**a**chrichtigen, sie nicht ben**a**chteiligen, es nicht bef**ü**rworten, es nich
be**a**bsichtigen.

Ich will es ver**a**breden.

Ich will es ihm ver**a**breichen, mich ver**a**bschieden, es ver**a**nlassen, e:
ver**a**nschaulichen, es ver**a**nstalten, es ver**a**usgaben, es ver**e**inbaren, e:
ver**e**infachen, es ver**e**inheitlichen, es ver**e**inigen, es nicht ver**e**innahmen,
es nicht vern**a**chlässigen.

7

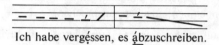

Ich habe verg**é**ssen, es **a**bzuschreiben.

Hinweis:

Beachten Sie bitte, daß beim erweiterten Infinitiv die Partikel *zu* zwischen der akzentuierten Konst**i**tuente und der Stammsilbe steht und
demzufolge den Nachakzentsilben zuzuordnen ist. Desgleichen kann in
vergessen das Endsilben-*e* ausfallen.

Ich habe verg**é**ssen, es **á**bzugeben, **a**bzumalen, **a**bzuhören, **a**bzulichten,
abzulegen, **a**bzuhängen, **a**bzuwaschen, **a**bzutrocknen, **a**bzuwischen, **a**b-
zunehmen, **a**bzukürzen, **a**bzusagen, **a**bzuwarten.

Ich habe verg**é**ssen, es **á**nzuschreiben, es **a**nzumalen, es ihm **a**nzusagen,
es **a**nzuheften, es ihm **a**nzunähen, es **a**nzukleben, es **a**nzukündigen, es
ihm **a**nzukreuzen, es **a**nzuzeichnen, es **a**nzunehmen, es **a**nzugeben, es
anzusprechen.

Ich habe verg**é**ssen, es **á**ufzukleben, es **a**ufzuschrauben, **a**ufzudrehen,
aufzusagen, **a**ufzuschreiben, **a**ufzulegen, **a**ufzuknöpfen, **a**ufzureißen,
aufzuzeichnen, **a**ufzunehmen, **a**ufzuheben, **a**ufzuwischen, **a**ufzuwaschen.

Ich habe verg**é**ssen, es **á**uszuprobieren, es **a**uszuschalten, es **a**uszuknipsen,
es **a**uszurechnen, es **a**uszusuchen, sie **a**uszusortieren, es **a**uszulegen, sie
auszuzeichnen, ihn **a**uszuzeichnen, ihn **a**uszurufen, es **a**uszumalen, es
auszupacken, es **a**uszuschreiben.

Ich habe verg**é**ssen, es b**é**izulegen, es b**e**izutragen, es b**e**izumischen, ihm
b**e**izustehen.

Ich habe verg**é**ssen, mich **é**inzutragen, es **e**inzulegen, es **e**inzutragen, es
einzuzeichnen, es **e**inzuschreiben, es **e**inzurichten, ihn **e**inzuladen, ihn
einzuschalten, sie **e**inzunehmen, es **e**inzuweichen, sie **e**inzuölen.

Ich habe verg**é**ssen, ihn **m**ítzunehmen, es m**i**tzuschreiben, es m**i**tzurechnen, es mįtzuhören, es mįtzusehen, es ihm mįtzuteilen, es ihr mįtzuteilen, es ihm mįtzugeben, es ihm mįtzubringen.

Ich habe vergẹ́ssen, es nắchzusehen, es nạchzutragen, ihm nạchzugeben, es nạchzuarbeiten, es nạchzuschreiben, es nạchzuholen, es ihm nạchzurufen.

Ich habe vergẹ́ssen, es wẹ́gzugeben, wẹgzuwerfen, wẹgzuschmeißen, wẹgzulegen, wẹgzutragen, wẹgzufahren, wẹgzustecken, wẹgzuwischen, wẹgzubringen.

Beachten Sie die Stellung der Partikel *zu* bei nichttrennbaren Konstituenten!

Ich habe vergẹ́ssen, mich zu verạ́bschieden.

Ich habe vergẹ́ssen, es zu beạ́nstanden, es zu beạntragen, ihn zu beạufsichtigen, sie zu beạuftragen, sie zu beẹinflussen, sie zu benạchrichtigen, es zu befụ̈rworten, sie nicht zu benạchteiligen.

Ich habe vergẹ́ssen, mich zu verạ́breden.

Ich habe vergẹ́ssen, es zu verạnlassen, es zu verạnschaulichen, es zu verạnstalten, es zu vereịnbaren, es zu vereịnfachen, es zu vereịnnahmen, es zu vereịnheitlichen, es nicht zu vernạchlässigen.

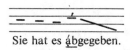

8

Sie hat es ạ́bgegeben.

Hinweis:
Berücksichtigen Sie bitte, daß die mit einer akzentuierten Konstituente verbundenen Verben das Partizip Perfekt mit *ge-* bilden, sofern das Verb nicht auf *-ieren, -isieren* ausgeht. *ge-* ist dann als Nachakzentsilbe zu sprechen.

Sie hat es ạ́bgeschrieben, es ạbgemalt, es ạbgewaschen.

Sie hat es ạ́ngesagt, ạngenäht, ạngekündigt, ạngenommen.

Sie hat es ạ́ufgemacht, ạufgeschrieben, ạufgezeichnet, ạufgenommen.

Sie hat es ạ́usgeknipst, ạusgemacht, ạusgerufen, ạusgerechnet.

Sie hat es beịgelegt, beịgefügt.

Sie hat sich eịngemischt, eịngetragen, ihn eịngeladen, ihn eịngestellt.

Sie hat es mịtgemacht, ihn mịtgenommen, mịtgesungen, es ihm mịtgegeben.

Sie hat es nắchgearbeitet, es nạchgesehen, ihm nạchgeeifert, es nạchgelesen.

Sie hat es wẹ́ggegeben, wẹggeworfen, wẹggetragen, wẹggewischt.

9

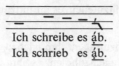

Ich schreibe es ab.
Ich schrieb es ab.

Hinweis:
Die mit einer akzentuierten Konstituente verbundenen Verben sind im Präsens und im Präteritum trennbar. Die Konstituente bildet innerhalb der verbalen Klammer das Ende des Ausspruchs.

Ich lehne es ab. Ich lehnte es ab.

Ich kürze es ab, sage es ab, warte es ab.

Ich schreibe es an, nähe ihn an, klebe es an, kündige es an.

Ich löse es auf, wasche es auf, hebe es auf, esse es auf.

Ich suche es aus, packe es aus, spreche es aus, knipse es aus.

Ich lege es bei, stehe ihm bei, stehe ihr bei, füge es bei.

Ich schreibe es ein, richte es ein, lade sie ein, sehe es ein.

Ich sehe es nach, rechne es nach, gebe ihm nach, hole es nach.

4.3.1.4. Die Konstituenten *da(r)-*, *her-*, *hin-*, *vor-* und *zu-*

 Die Konstituenten *da(r)-*, *her-*, *hin-*, *vor-* und *zu-* sind akzentuiert, wenn sie keine Kombinationen mit anderen akzentuierten Konstituenten eingehen. Das mit ihnen verbundene Verb ist trennbar und bildet das Partizip II mit *ge-*, das zwischen Präfix und Stamm liegt.

10

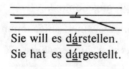

Sie will es darstellen.
Sie hat es dargestellt.

Sie will es darreichen, darbieten, darlegen.

Sie will herkommen, hersehen, es herschicken, sich herbemühen, es herleiten, es herbringen.

Sie will hinsehen, hinhören, es hinschreiben, ihn hinhalten, darauf hinweisen.

Sie will sich vorsehen, sich vordrängen, es vorsingen, es vortragen, ihn vorlassen, sich vorstellen, vorbauen, ihm vorgreifen, sich vorbeugen, es vorführen, es vorlesen, es vorrichten, es ihm vorschlagen.

Sie will es ihm zúsagen, es ihm zumuten, es nicht zulassen, es zuschließen, es zumachen, es zuriegeln, es ihm zuwerfen, es ihm zustellen, es zuschneiden, ihm zustimmen.

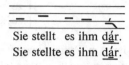

Sie stellt es ihm dár.
Sie stellte es ihm dár.

Sie reicht es ihm dár, bietet es ihm dar, legt es ihm dar.

Sie kommt hér, sieht her, schickt ihn her, bemüht sich her, stellt es her, führt ihn her.

Sie geht zu ihm hín, sieht zu ihm hin, hört hin, hält ihn hin, weist darauf hin.

Sie sieht sich vór, drängt sich vor, zeigt es ihm vor, singt es ihr vor, trägt es ihr vor.

Sie sagt es ihm zú, mutet es ihm zu, läßt es nicht zu, schließt es zu, riegelt es zu, schneidet es zu.

4.3.1.5. Kombinationen akzentuierter Konstituenten

Die Konstituenten *da(r)-*, *her-*, *hin-*, *vor-*, *wo(r)-* und *zu-* verlieren den Akzent, wenn sie mit weiteren akzentuierten Konstituenten kombiniert werden.

akzentlose Konstituente   +   akzentuierte

da(r)-	her-	hin-	vor-	wo(r)	zu-	
–	herab	hinab	vorab	–	–	ab
d(a)ran	heran	hinan	voran	woran	–	an
d(a)rauf	herauf	hinauf	–	worauf	–	auf
d(a)raus	heraus	hinaus	voraus	woraus	–	aus
dabei	herbei	–	vorbei	wobei	–	bei
d(a)rein	herein	hinein	–	–	–	ein
dahinter	–	–	–	–	–	hinter
d(a)rüber	herüber	hinüber	vorüber	worüber	–	über
d(a)runter	herunter	hinunter	–	worunter	–	unter

159

akzentlose Konstituente				+		akzentuierte
da(r)-	her-	hin-	vor-	wo(r)	zu-	
davor	hervor	–	–	wovor	zuvor	vor
–	–	hinweg	vorweg	–	–	weg
dazu	herzu	hinzu	–	wozu	–	zu
dazwischen	–	–	–	–	–	zwischen

Beachten Sie, daß neben den schon genannten Pronominaladverbien (Kombinationen von *wo(r)*- mit Präpositionen) noch weitere bildbar sind, in denen ebenfalls die zweite Konstituente den Akzent trägt, so z. B. wogegen, wonach, wovon. Alle diese Kombinationen dürfen jedoch nicht als Verbbestandteile fungieren.

12

Sie sollen hinábgehen.

Sie sollen herábkommen, es hereinbringen, es hinabtragen, es heranschieben, hineingehen, jetzt schon vorausgehen, sich daraufsetzen (draufsetzen), hinaufklettern, heraufkommen, gleich herauskommen, endlich hinausgehen, schon vorausgehen, immer dabeibleiben, nicht vorbeifahren, sich dreinschicken, später hereinkommen, es darüberstellen, mal herüberkommen, endlich hinüberspringen, nicht vorüberfahren, es herunterziehen, es hinunterwerfen, endlich hervorkommen, schon vorwegnehmen.

Sie haben es hinábgetragen.

Sie haben es heráusgeholt, sich daraufgesetzt, sich dreingeschickt, sich darübergestellt, ihn nicht untergetaucht, ihn nicht heruntergezogen, es nicht hinuntergeworfen, es endlich hervorgeholt, es endlich dazugestellt, es schon vorweggenommen.

Sie sind endlich heráusgekommen.

Sie sind dann endlich hineingegangen, schon vorausgelaufen, mal schnell hinaufgeklettert, doch schon hinausgegangen, viel später hereingekommen, noch nicht hineingegangen, doch nicht vorbeigefahren, doch schon hervorgekommen.

13

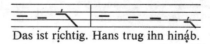

Das ist ríchtig. Hans trug ihn hináb.

Das ist ríchtig. Hans schob es hinaus, ging hinein, ging schon voraus, setzte sich darauf, kletterte hinauf, kam manchmal herauf, kam endlich

eraus, ging endlich hinein, kam mal herüber, sprang endlich hinüber,
ellte ihn einfach darunter, zog ihn herunter, warf es hinunter, kam
ndlich hervor, stellte sich endlich dazu, nahm es einfach vorweg, stellte
ch dahinter.

3.1.6. Die Konstituenten *durch-*, *hinter-*, *über-*, *um-*, *unter-*, *zu-* und *wieder-*

Die mit akzentuierter Konstituente verbundenen Verben bilden
das Partizip Perfekt mit *ge-*, sie sind trennbar und haben meistens
eine konkrete Bedeutung. Die auf der Stammsilbe akzentuierten
Korrespondenten hingegen bilden das Partizip Perfekt ohne *ge-*,
sie sind nicht trennbar und werden in vielen Fällen im übertra-
genen Sinne gebraucht.

as belegen die Wörter der folgenden Übersicht, deren Beispiele der
ublikation „Wörter und Wendungen" entnommen worden sind
\gricola 1982).

urch-

jrchbeißen	(zerbeißen)	durchbeißen	(ganz zerbeißen)
jrchbohren	(sich bohrend durchzwängen)	durchbohren	(durch Bohren durchdringen)
jrchbrechen	(in zwei Teile brechen)	durchbrechen	(durchdringen, übertreten)
jrchdringen	(einen Widerstand überwinden)	durchdringen	(erfüllen)
jrchfallen	(Mißerfolg haben)	durchfallen	(fallend durchmessen)
jrchfliegen	(durch einen Ort fliegen)	durchfliegen	(fliegend durcheilen)
jrchglühen	(ganz glühend machen)	durchglühen	(von etwas erfüllt sein)
jrchhauen	(verprügeln)	durchhauen	(etw. zerspalten)
jrchlaufen	(durchsickern)	durchlaufen	(etw. hinter sich bringen)
jrchschauen	(hindurchsehen)	durchschauen	(etw., jmdn. erken- nen, ergründen)
jrchschneiden	(in 2 Stücke teilen)	durchschneiden	(durchfurchen)
jrchsetzen	(behaupten, erreichen)	durchsetzen	(einstreuen)
jrchsitzen	(durchscheuern)	durchsitzen	(sitzend verbringen)
jrchstechen	(hindurchstechen)	durchstechen	(durchbohren, durchgraben)
jrchstoßen	(hindurchstoßen)	durchstoßen	(durchlöchern)

161

durchstreichen	(tilgen)	durchstreichen	(durchstreifen)
durchweben	(Muster durch-ziehen)	durchweben	(durchwirken)
durchwühlen	(sich durchgraben)	durchwühlen	(erregen)
durchziehen	(hindurchziehen)	durchziehen	(durchwandern, durchfließen)

hinter-

hinterbringen (umg.)	(nach hinten schaffen)	hinterbringen	(verraten)
hintergehen (umg.)	(nach hinten gehen)	hintergehen	(betrügen)
hinterlassen (umg.)	(jmdn. nach hinten gehen lassen)	hinterlassen	(zurücklassen)
hinterlegen (umg.)	(nach hinten legen)	hinterlegen	(sicherstellen)
hintertreiben (umg.)	(nach hinten treiben)	hintertreiben	(vereiteln)
hinterziehen (umg.)	(etw. nach hinten ziehen)	hinterziehen	(unterschlagen)

über-

überfahren	(über einen Fluß setzen)	überfahren	(darüber hinwegfahren/jmdn. übervorteilen)
überfließen	(überlaufen)	überfließen	(überschwemmen, überströmen)
überführen	(an einen anderen Ort bringen	überführen	(eine Tat nachweisen)
übergeben	(schlagen)	übergeben	(überlassen, aushändigen)
übergehen	(überwechseln, verändern)	übergehen	(unbeachtet lassen, vernachlässigen)
überhängen	(umhängen, umlegen)	überhängen	(überdecken)
überholen	(ans andere Ufer hinüberholen)	überholen	(vorbeigehen, vorbeifahren)
überlaufen	(über den Rand laufen)	überlaufen	(überkommen, erschauern)
überlegen	(darüberlegen)	überlegen	(nachsinnen)
überragen	(hervorragen)	überragen	(größer sein)
überschlagen	(übereinander-schlagen)	überschlagen	(sich um seine Querachse drehen/ungefähr berechnen)
übersehen	(überdrüssig werden)	übersehen	(überblicken/nicht beachten)
übersetzen	(hinüberfahren)	übersetzen	(in eine andere Sprache übertragen)

162

berspringen	(von einem zum anderen Ort springen)	übersprịngen	(darüberspringen/ auslassen)
berstehen	(hervorragen, hervorstehen)	überstẹhen	(durchstehen)
bersteigen	(hinüberklettern)	überstẹigen	(kletternd überqueren)
berströmen	(überquellen)	überströmen	(überfluten)
bertreten	(darüber hinwegtreten)	übertrẹten	(gegen etwas verstoßen)
berwerfen	(lose umlegen)	überwẹrfen	(sich verfeinden)
berwiegen	(Übergewicht haben)	überwịegen	(bedecken, darüberstreifen)

m-

mbauen	(baulich verändern)	umbáuen	(umgeben, einfassen)
mbrechen	(umwerfen, umknicken)	umbrẹchen	(den Schriftsatz einteilen)
mfahren	(fahrend umwerfen)	umfạhren	(um etw. herumfahren)
mfassen	(anders einfassen)	umfạssen	(umschlingen, umarmen/einschließen, enthalten)
mgehen	(sich bewegen)	umgẹhen	(einen Bogen machen)
nhängen	(anders aufhängen)	umhạ̈ngen	(umgeben)
nkleiden	(anders kleiden)	umklẹiden	(umgeben)
nlagern	(anders lagern)	umlạgern	(um etw. herumstehen)
nlegen	(umhängen)	umlẹgen	(einfassen, garnieren)
nrahmen	(anders rahmen)	umrạhmen	(umgeben)
nreißen	(zu Boden reißen)	umrẹißen	(den Umriß zeichnen)
nschiffen	(auf ein anderes Schiff bringen)	umschịffen	(zu Schiff umfahren)
nschlingen	(locker umkleiden)	umschlịngen	(fest umarmen)
nschreiben	(anders schreiben)	umschrẹiben	(darlegen, um-, abgrenzen/anders ausdrücken)
nspannen	(anders spannen)	umspạnnen	(umfassen)
nspringen	(plötzlich wechseln)	umsprịngen	(um etw. herumspringen)
nstechen	(anders stechen)	umstẹchen ·	(rings bestechen)
nstellen	(anders stellen)	umstẹllen	(umzingeln)
nwandeln	(verändern)	umwạndeln	(herumgehen)
nwehen	(durch Wehen zu Fall bringen)	umwẹhen	(umstreichen, umgeben)
nwickeln	(anders wickeln)	umwịckeln	(umwinden)
nziehen	(in eine andere Wohnung ziehen)	umzịehen	(vorbeiziehen)

unter-

únterlaufen	(machen)	unterláufen	(darunterlaufen)
únterschieben	(darunterschieben)	unterschieben	(unterstellen)
únterstellen	(darunterstellen)	unterstellen	(unterordnen/fälsch- lich behaupten)
únterziehen	(darunterziehen)	unterziehen	(etw. durchführen)

wieder-

wiederholen	(zurückholen)	wiederhólen	(noch einmal sagen, tun)

14

Versuchen Sie, weitere Sätze zu bilden, in denen die Inhalte der ve: wendeten Verben gleichfalls den unterschiedlichen Akzentuierunge Rechnung tragen!

Du mußt hier dúrchschauen.
    Du wirst ihn schon noch durchscháuen.

Er hat das Band dúrchgeschnitten.
    Das Schiff durchschnitt die See.

Sie hat dieses Wort dúrchgestrichen.
    Er hat den ganzen Wald durchstrichen.

Er hat sich die Schuhsohlen dúrchgelaufen.
    Er hat das ganze Bildungssystem durchláufen.

Er hat ihm das Buch híntergebracht.
    Sie hat ihrem Chef den Vorfall hinterbrácht.

Er hat den Wagen híntergezogen.
    Er hat laufend Steuern hinterzógen.

Der Patient wurde ins Krankenhaus übergeführt.
    Die Polizei hat ihn endlich überführt.

Dieser Felsvorsprung steht hier sehr weit über.
    Sie werden die paar Tage schon überstehen.

Der Weitspringer hat übergetreten.
    Er hat nicht nur einmal die Gesetze übertreten.

Er hatte sich den Mantel übergeworfen und war gegangen.
    Er hat sich erst gestern mit seiner Freundin überworfen.

Sie sind bei dieser Strömung übergefahren?
    Er ist sogar zweimal überfahren worden.

Wir wollen das Haus im nächsten Sommer umbauen.
    Wir wollen den Brunnen noch ein wenig umbauen.

Er hat den Laternenmast einfach umgefahren.
    Warum haben Sie das Hindernis nicht umfahren?

Der Wind war so stark. Er hat mich umgerissen.
    Ich kann Ihnen das Problem kurz umreißen.

Wir sind erst gestern umgezogen.
Viele Fältchen umzogen seine Augen.
Wir müssen die Möbel wieder einmal umstellen.
Die Polizei hat den Täter umstellt und gefaßt.
Wegen der Kälte habe ich mir einen Pulli untergezogen.
Solchen Fingerübungen hat er sich schon immer unterzogen.
Ich muß mir endlich meine Bücher wiederholen.
Ich kann mich nicht ständig wiederholen.

4.3.1.7. Die Konstituente *miß-*

Die Konstituente *miß-* ist in Verbindung mit Substantiven vornehmlich akzentuiert, wohingegen sie in Verbindung mit Verben in der Regel akzentlos ist.

Vergleichen Sie!

Akzent auf der Konstituente	Akzent auf dem Wortstamm		
	Verben im Infinitiv	Verben im Präteritum	Partizip Perfekt
die Míßachtung die Míßbildung	mißáchten	mißáchtete	mißáchtet
der Míßbrauch mißbräuchlich	mißbráuchen	mißbráuchte	mißbráucht
die Míßdeutung der Míßerfolg die Míßernte	mißdéuten	mißdéutete	mißdéutet
das Míßfallen mißgestalten mißstimmen die Míßstimmung	mißfállen	mißfíel	mißfállen
	mißglúcken	mißglúckte	mißglúckt
die Míßgunst	mißgónnen	mißgónnte	mißgónnt
die Míßhandlung auch Mißhándlung)	mißhándeln	mißhándelte	mißhándelt
der Míßklang der Míßkredit die Míßlichkeit die Míßliebigkeit das Míßhagen das Míßbehagen mißbehagen			
	mißlíngen	mißláng	mißlúngen

der Mißmut

	mißráten	mißríet	mißráten
das Mißtrauen	mißtráuen	mißtráute	mißtráut

das Mißvergnügen
das Mißverständnis
die Mißwirtschaft

15

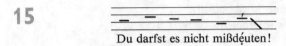

Du darfst es nicht mißdéuten!

Du darfst es nicht mißáchten, es nicht mißbráuchen, sie nicht mißáchten es nicht mißglücken lassen, es ihm nicht mißgönnen, es nicht mißlinger lassen, es nicht mißraten lassen, ihm nicht mißtrauen, ihnen nicht miß trauen.

16

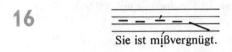

Sie ist mißvergnügt.

Sie ist jetzt mißvergnügt, sehr oft mißvergnügt, leider oft mißvergnügt häufig mißgestimmt, gelegentlich mißgestimmt, manchmal mißgestimmt selten mißgestimmt, mißgünstig, oft mißgünstig, nie mißgünstig, selter mißmutig, gelegentlich mißmutig, manchmal mißmutig, öfter mißmutig häufig mißmutig, immer mißmutig.

4.3.1.8. Die Konstituente *un-*

Die Konstituente *un-* ist in der Regel akzentuiert. Nicht selter jedoch hat der Akzent auf dem Wortstamm eine intensivierende Funktion: únmenschlich – unménschlich.

17

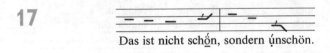

Das ist nicht schön, sondern únschön.

Das ist nicht faír [fɛːɐ], sondern únfair, geréscht – úngerecht, genügend – úngenügend, geráde – úngerade, gesétzlich – úngesetzlich, gewíß – úngewiß, klar – únklar, léserlich – únleserlich, möglich – únmöglich motivíert – únmotiviert, ángenehm – únangenehm, nötig – únnötig vollendet – únvollendet, wirksam – únwirksam, zulässig – únzulässig zúverlässig – únzuverlässig.

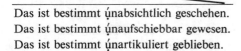

Das ist bestimmt u̧nabsichtlich geschehen.
Das ist bestimmt u̧naufschiebbar gewesen.
Das ist bestimmt u̧nartikuliert geblieben.

Das ist bestimmt u̧nabsehbar ..., u̧nabwendbar ..., u̧nangenehm ...,
u̧nannehmbar ..., u̧nästhetisch ..., u̧naufhaltsam ..., u̧naufrichtig ...,
u̧naussprechlich ..., u̧nbedeutend ..., u̧nbedeutsam ..., u̧nbefriedigt ...,
u̧nbegrenzt wirksam ..., u̧nbegründet ..., u̧nbesonnen ..., u̧nbewußt ...,
u̧ndicht ..., u̧nentdeckt ..., u̧nerquicklich ..., u̧nersprießlich ..., u̧n-
förmig ..., u̧ngesetzlich ..., u̧ninteressant ..., u̧nlauter ..., u̧nmöglich ...,
u̧nnötig ..., u̧nrichtig ..., u̧nsicher ..., u̧nsinnig ...

Hinweis:

Eine Intensivierung der Wortbedeutung ist dann möglich, wenn bei folgenden Wörtern der Akzent auf den Wortstamm gelegt wird, vorausgesetzt, daß dieses Wort als letzte oder einzige Ergänzung fungiert.

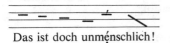

Das ist doch unmḙnschlich!

Das ist doch ungehe̤uerlich, unmöglich, unabwḙndbar, unaufschie̱bbar,
unerläßlich, unersḙtzlich, unausspre̤chlich, unhḙimlich, unmöglich, un-
glaṳblich!

4.3.1.9. Die Konstituente *ur-*

Die Konstituente *ur-* ist immer akzentuiert und meistens mit
gespannt-langem Vokal zu sprechen. In einigen Ausnahmen ist
der Vokal ungespannt und kurz.

u̱raufführen
U̱raufführung, U̱reltern, U̱rgroßvater, U̱rgroßmutter, U̱rheber, U̱rkunde,
U̱rsache, U̱rlaub, U̱rsprung
u̱rbar, u̱reigen, u̱rkundlich, u̱rsächlich, u̱rwüchsig, u̱rsprünglich

Aber:

u̱rteilen, veru̱rteilen, U̱rteil

Hinweis:

Einige Wörter enthalten die Segmentfolge ur-, sie hat jedoch nichts mit
dem Präfix ur- zu tun:
U̱ran, urba̱n

4.3.1.10. Die Konstituente *wider-*

Die Konstituente *wider-* ist in Verbindung mit Verben in der Regel akzentlos, in Verbindung mit Substantiven und Adjektiven hingegen akzentuiert. Bei den Partizipien bleibt der Akzent auf dem Stamm erhalten, wenn es ohne *ge* gebildet wird.

Vergleichen Sie!

akzentuiert	akzentlos	Partizip Perfekt
der Wíderhall	widereinánder	
wíderhallen		hat wídergehallt
das Wíderlager	widerlégen	hat widerlégt
der Wíderpart		
wíderrechtlich		
die Wíderrede	widerráten	hat widerráten
der Wíderruf	widerrúfen	hat widerrúfen
	die Widerrúfung	
der Wídersacher		
der Wíderschein		
	sich widersétzen	hat sich widersétzt
	widersétzlich	
der Wídersinn		
wídersinnig		
wíderspenstig		
wíderspiegeln		
die Wíderspiegelung		hat wídergespiegelt
das Wíderspiel		
der Wíderspruch	widerspréchen	hat widerspróchen
der Wíderstand	widerstéhen	hat widerstánden
wíderstandsfähig		
wíderwärtig		
der Wíderwille		
wíderwillig		

20

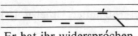

Er hat ihr widerspróchen.

Er hat ihm widerspróchen, seiner Mutter widerspróchen, seinem Lehrer widerspróchen, seinem Ausbilder widerspróchen, dem Nachbarn widerspróchen.

Er hat es widerlégt.

Er hat die Auffassung widerlégt, die Meinung, die Thesen, die Grundsätze, den Lehrsatz, das Dogma, den Unsinn.

Er hat den Versprechungen widerstanden.
Er hat den Verlockungen widerstanden, dem Angebot, ihr, der Versuchung.

4.3.1.11. Zweigliedrige Zusammensetzungen

In zweigliedrigen Zusammensetzungen hat das Bestimmungswort den Akzent vor dem Grundwort, unabhängig davon, ob das Bestimmungswort auf ein Verb (z. B. Fahrschüler), ein Adjektiv (z. B. Rotstift) oder ein Substantiv (z. B. Bahnhof) zurückgeht. Zu beachten ist ferner, daß die Regeln für die Akzentuierung von Konstituenten auch beim Bestimmungswort innerhalb von Zusammensetzungen gelten (z. B. Verlegenheitspause, Benachrichtigungszettel, Beglaubigungsschreiben).

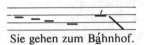

21

Sie gehen zum Bahnhof.

Sie gehen zum Postamt, ins Warenhaus, in den Buchladen, in die Bildergalerie, ins Rathaus, zum Marktplatz, zum Sportplatz, zur Straßenbahn, zur Haltestelle, auf den Bahnsteig, in die Schwimmhalle, ins Krankenhaus, in die Poliklinik, zum Zahnarzt, auf die Eisbahn, in die Eisbar, zum Zeitungskiosk, ins Messehaus, in ein Tanzlokal, in den Studentenklub, auf den Wochenmarkt, ins Fischrestaurant.

22

Sie brauchen einen Kochtopf.
Sie kaufen   einen Kochtopf.

Sie brauchen/kaufen eine Kordhose, eine Sommerbluse, eine Strumpfhose, Turnschuhe, Manschettenknöpfe, Unterwäsche, einen Kleiderstoff, einen Regenschirm, einen Regenmantel, einen Wintermantel, Filzstiefel, Gummistiefel, ein Kopftuch, einen Wollschal, eine Lesebrille, einen Wollpullover, eine Pelzmütze, einen Pelzmantel, eine Taschenuhr, eine Halskette, einen Armreif, Taschentücher, Wollsocken, ein Oberhemd, eine Turnhose, einen Trainingsanzug, eine Windjacke.

Hinweis:
Als Ausnahmen gelten: Jahrhundert, Jahrzehnt, Jahrtausend, stromabwärts, stromaufwärts, Kilometer.

4.3.1.12. Dreigliedrige Zusammensetzungen

Dreigliedrige Zusammensetzungen tragen den Hauptakzent auf dem Bestimmungswort. Der Nebenakzent liegt auf dem letzten Glied, wenn die beiden ersten als Bestimmungswort zum letzten fungieren, er liegt auf dem mittleren Glied, wenn es selbst Bestimmungswort zum letzten Glied ist: Oberhemdenstoff, Bushaltestelle. Die Regeln für die Akzentuierung von Konstituenten sind sowohl beim Hauptakzent als auch beim Nebenakzent zu berücksichtigen.

Vergleichen Sie!

Báustellen-schìld   Gróß-bàustelle

Eísenbahnwàgen	Kínderspìelzeug
Aútobahnàusfahrt	Verkéhrslèiteinrichtung
Fáhrbahnmarkìerung	Verkéhrsknòtenpunkt
Háltestellenschìld	Schwérlàstzug
Fúßgängerùberweg	Aútowàschanlage
Bórdsteinkànte	Háuptverkèhrszeit
Férnverkehrsstràße	Táxihàltestelle
Fúßgängertùnnel	Búsbàhnhof
Wíndschutzschèibe	Geschwíndigkeitskontròllpunkt
Stráßenbahnlìnie	Lástkràftwagen
Eísenbahnstrècke	Persónenkràftwagen

23

Wo ist denn der Fáhrkartenschàlter?

Wo ist denn die Báhnhofsgàststätte, das Háuptpòstamt, die Kínderwagenàusstattung, die Spíelwarenabtèilung, die Lébensmittelabtèilung, das Lándwàrenhaus, die Ráthausstràße, die Fáchbuchhàndlung, der Bóckwurststànd, der Brátwurststànd?

24

Sie hat sich noch einen Wíntermantelstòff gekauft.

Sie hat sich noch eine Schéibenwischeràanlage, Papíertàschentücher, Fléckentfernungsmìttel, eine Schmálfilmkàmera, einen Schmálfilmprojèktor, eine Ármbandùhr, eine Náchttischlàmpe, ein Úhràrmband gekauft.

170

4.3.1.13. Wortreihungen

Bei Wortreihungen liegt der Hauptakzent auf dem letzten Glied.

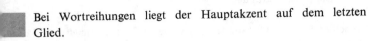

25

Er läuft hin und hér.

Er läuft vor und zurück, auf und ab, hoch und runter, kreuz und quer, hin und zurück.

4.3.1.14. Namensfolgen

Namensfolgen bei Bezeichnungen für Straßen, Plätze, Gebäude, Institutionen oder Verfahren haben den Hauptakzent auf dem letzten Namen.

26

Wo ist denn die Käthe-Kóllwitz-Straße?

Wo ist denn die Max-Liebermann-Straße, der Gustav-Ádolf-Platz, der Johann-Gottfried-Hérder-Ring, die Friedrich-Schíller-Universität, die Ernst-Moritz-Árndt-Universität, die Friedrich-Ludwig-Jáhn-Allee, das Goethe-Schíller-Archiv, der Friedrich-Ébert-Platz, die Franz-Líszt-Straße, das Albert-Schwéitzer-Institut, die Theodor-Fontáne-Siedlung, das Forschungslabor „Louis Pasteúr", die Theaterhochschule „Hans Ótto", die Fachhochschule „Conrad Róntgen"?

das Haber-Bósch-Verfahren, die Nickel-Kádmium-Batterie, die Zinn-Bléi-Legierung, die Chrom-Níckel-Verbindung

4.3.1.15. Weibliche Vornamen und Blumennamen

Eine Reihe weiblicher Vornamen sowie einige Blumennamen haben den Akzent entgegen der im Deutschen üblichen Betonung der ersten Silbe auf der vorletzten Silbe.

171

Sie heißt Math**í**lde.

Sie heißt Christ**í**ne, Christi**a**ne, Ulr**i**ke, Be**a**te, Li**a**ne, Friederi**k**e, Mar**i**na, Mart**i**na, Vi**o**la, Sus**a**nne, An**i**ta, Lu**i**se, Corn**e**lia, Gertr**au**de, Gerl**i**nde, Rosal**i**nde, Ros**a**lie, Charl**o**tte, Kathar**i**na, Elfr**i**ede, Sigl**i**nde, Herm**i**ne, Silv**a**na.

Das ist eine Gladi**ó**le.

Das ist eine Narz**í**sse, Fors**y**tia, Marger**i**te, Pet**u**nie, Chrysanth**e**me, Anem**o**ne, Levk**o**je, Az**a**lie, Hyaz**i**nthe, Ole**a**nder.

Aber:

El**í**sabeth, Azal**éé**, Orchid**éé**

4.3.1.16. Abkürzungen

Bei Abkürzungen, die aus Einzelbuchstaben bestehen, liegt der Akzent auf dem letzten Buchstaben.

Hinweis:

Beachten Sie, daß beim Buchstabieren bzw. bei der Aussprache von Abkürzungen, die aus Einzelbuchstaben bestehen, die Konsonanten mit bestimmten Vokalen verbunden sind.

–	+ [e:]	[ε] +	+ [ɑ:]	
a [ɑ:]				
	b [be:]			
	c [tse:]			
	d [de:]			
e [e:]				
		f [ef]		
	g [ge:]			
			h [hɑ:]	
i [i:]				
				j [jɔt]
			k [kɑ:]	
		l [εl]		
		m [εm]		
		n [en]		
o [o:]				
	p [pe:]			

−	+ [e:]	[ε] +	+ [a:]	
				q [ku:]
		r [er]		
		s [εs]		
u [u:]	t [te:]			
				v [fao]
	w [ve:]			x [ɪks]
				y [ypsilɔn]
				z [tset]
				ß [εstset]

28

Das ist das A B C.
[das ɪst das ɑ: be:'tse:]

Das ist die CDU (die Christlich Demokratische Union), die SPD (die Sozialdemokratische Partei Deutschlands), das ZDF (das Zweite Deutsche Fernsehen), das TüV (der Technische Überwachungsverein), das DRK (das Deutsche Rote Kreuz), die BVG (die Berliner Verkehrsgesellschaft), die FDP (die Freie Demokratische Partei), der DGB (der Deutsche Gewerkschaftsbund), die DHfK (die Deutsche Hochschule für Körperkultur), die EDV (die elektronische Datenverarbeitung), die AG (die Aktien-Gesellschaft), der FCKW (der Fluorkohlenwasserstoff), die ILA (die Internationale Technologiemesse für Luft- und Raumfahrt).

4.3.1.17. Zusammensetzungen *Buchstabe und Wort*

Bei Zusammensetzungen, die aus einem Buchstaben und einem bestimmten Wort bestehen, liegt der Akzent auf dem Buchstaben.

29

Das ist doch ein D-Zug.

Das ist doch eine S-Bahn, eine U-Bahn, der A-Bus, der W-Bus, der O-Bus, ein K-Wagen, eine E-Lok, ein E-Werk, eine M-Größe, eine H-Bombe, ein V-Motor, ein U-Boot.

4.3.1.18. Kurzwörter und Wortkürzungen

Bei Kurzwörtern und Wortkürzungen liegt der Akzent meist auf der ersten Silbe.

die DÉFA, die ÚNO, die NÁTO, die ÚFA,
die BÚGA, die ÉMU,
ein Fóto, ein Kílo, ein Óber; aber: ein Labór
das Kúmo (das Küstenmotorschiff), das Krád (das Kraftrad, das Motor rad), die Kíta (die Kindertagesstätte), die Gála (die Garten- und Land schaftsgestaltung), das Álu (das Aluminium), DáF (Deutsch als Fremd sprache), die TÁZ (die Tageszeitung), die ÍGA (die Internationale Gartenbauausstellung)

4.3.2. Fremde Wörter

Auf Grund der unterschiedlichen Herkunft fremder Wörter und der damit verbundenen vollkommenen oder nur teilweisen Übernahme der Akzentuierung lassen sich nur sehr schwer verallgemeinernde Regeln formulieren. Wir haben dennoch versucht, eine gewisse Übersicht zu geben, und sind dabei den Prinzipien des Rückläufigen Wörterbuchs der deutschen Gegenwartssprache (Mater 1983) gefolgt, um das Auffinden der fremden Wörter zu erleichtern. So entfällt z. B. die unsichere Zu- ordnung zu Suffixen oder bestimmten konsonantischen Finalgruppie- rungen. Die Wörter sind vom Wortende her alphabetisch sortiert, d. h., man beginnt mit der Suche beim letzten Graphem und geht dann schritt- weise zum Wortinneren vor.

Gleiche Endungen bei unterschiedlichen Wörtern weisen relativ häufig unterschiedliche Ausspracheformen auf, z. B. -ier in *Metier* als [meˈtĭe:], in *Kurier* jedoch als [kuˈri:ɐ]. Nicht selten sind auch solche Bildungen, in denen deutsche Suffixe in Verbindung mit fremden Vokalen oder Kon- sonanten ein scheinbar fremdes Suffix ergeben, z. B. -i-er in *Spanier* als [ˈʃpa:nĭɐ].

Sehr oft ist bei den von Substantiven abgeleiteten Adjektiven auch eine Akzentverlagerung zu erkennen, z. B. Biologíe – biológisch.

-íd

Was bedeutet ...?

Sulfíd, perfid, frigid, solid, zyanid, kolloid, rapid, stupid, liquid, Oxid

-oíd

Was bedeutet ...?

Asteroíd, Elipsoid, Planetoid

ánd

Er ist ...

Diplomand, Doktorand

énd

Was ist ...?

ein Reverénd, ein Addend, ein Subtrahend, horrend, ein Minuend, ein Dividend

nce

Das ist ...

die Chánce, die Alliance, die Balance, die Trance, eine Nuance, eine Patience, eine Fayence, eine Annonce

** áde**

Das ist ...

die Brigáde, die Olympiade, eine Blockade, die Dekade, die Zikade, eine Arkade, eine Ballade, Schokolade, Limonade, eine Parade, eine Roulade

íde

eine Pyramíde, der Invalide, der Titanide, der Danaide, stupide

óde

eine Pagóde, die Kathode, die Methode, eine Diode, eine Triode, eine Periode, eine Kommode, eine Anode, die Synode, die Elektrode

ée [eː]

Das ist ...

die Idée, eine Orchidee, eine Moschee, eine Allee, die Armee, die Matinee, die Tournee, eine Chaussee, eine Odyssee, das Dragee [~ ˈʒeː], das Haschee, das Klischee, das Doublee, das Gelee [ʒeˈleː]

Aber:

der Yankee [ˈjɛŋkiˑ]

-áge

Was bedeutet ...?

Gage, Blamage, Garage, Etage, Bagage, Stellage, Page, Rage, Plantage, Montage, Sabotage, Trikotage, Reportage

Hinweis:

Diese Wörter dürfen nicht mit den deutschen verwechselt werden, die auf -age [~ aːgə] enden, z. B. Lage, Klage, Montage (Pl.).

-óge/-ége

Er ist ein guter ...

Geologe, Psychologe, Physiologe, Soziologe, Biologe, Philologe, Technologe, Zoologe, Meteorologe; Kollege, Stratege

Aber:

Loge [ˈloːʒə], Manege [maˈneːʒə], Doge [ˈdoːʒə]

-íe [iː]

Was versteht man unter ...?

Enzyklopädíe, Melodie, Parodie, Magie, Elegie, Neurologie, Nostalgie, Analogie, Trilogie, Geologie, Theologie, Morphologie, Anthologie, Biologie, Lexikologie, Allergie, Energie, Chirurgie, Hierarchie, Telegraphie, Geographie, Biographie, Philosophie, Sympathie, Anomalie, Bigamie, Akademie, Epidemie, Ökonomie, Manie, Kompanie, Sinfonie, Harmonie, Ironie, Therapie, Kopie, Drogerie, Galerie, Raffinerie, Maschinerie

Hinweis:

Beachten Sie bitte, daß bei der Bildung von Adjektiven der Akzent auf die vorletzte Silbe zu setzen ist!

Enzyklopädíe – enzyklopädisch, Melodíe – melodisch, Parodíe – parodistisch, Magíe – magisch, Elegíe – elegisch;
neurologisch, nostalgisch, biologisch, biographisch, diplomatisch

-ie [ĭə]

Hinweis:

Bei einer Reihe von Wörtern liegt der Akzent auf dem Vokal vor dem -ie. Das bewirkt, daß diese Lautfolge als [ĭə] gesprochen werden muß.

Tragödie, Komödie, Studie, Dahlie, Lilie, Familie, Petersilie, Folie, Prämie, Mumie, Geranie, Kastanie, Linie, Pinie, Begonie, Pelargonie, Petunie, Arie, Serie, Bakterie, Arterie, Historie, Glorie, Furie, Injurie, Bestie, Hostie, Akazie, Grazie, Pistazie, Aktie [~ tsĭə]

-lle

Das ist ...

eine Koralle, Mirabelle, Tabelle, Libelle, Lamelle; die Karamelle, Fontanelle, Kapelle, Forelle, Gazelle, Parzelle
eine Kokille, Tonsille, Destille, Bazille; die Kamille, Vanille, Pupille, Fibrille; sind zwei Promille
die Kontrolle, eine Idylle

Hinweis:

Eine Reihe von Wörtern, die auf -ille ausgehen, werden folgendermaßen gesprochen: [~ ljə], z. B.
Medaille, Emaille, Kanaille, Taille, Bataille

-óle

Was ist denn ...?

eine Aureole, Gladiole, Kapriole, Metropole, Barkarole, Parole, Konsole, Pistole

-áne, -äne, -éne, -gne [~ nĭə]**, -íne, -óne, -úne, -üne**

Das ist ...

reine Schikane, ein Germane, eine Banane, die Membrane, eine Kurtisane, eine Platane

176

meine Domäne, Migräne, eine Moräne, eine Fontäne, eine Hyäne
eine Sirene
eine Kampagne, die Bretagne
eine Kabine, Turbine, Blondine, Gardine, Sardine, Aubergine, Praline;
meine Maschine, Vaseline, Violine, Cousine (Kusine); die Marine,
Terrine, Vitrine, Apfelsine, Gelatine, Kantine; reine Routine, Vitamine
meine Schablone, eine Melone, eine Zyklone, eine Anemone, die Kanone,
eine Matrone, eine Patrone
die Tribüne, die Düne
eine Lagune, meine Harpune

-rne

eine Kaserne, Laterne, Zisterne, Kaverne

-áre, -äre, -iere, -üre

Das ist ...
die Isobare, der Bulgare
die Atmosphäre, Ionosphäre, Troposphäre, Megäre
die Barriere, Karriere, Garderobiere
die Konfitüre, meine Lektüre

-ese

Das ist ...
ein Siamese, Vietnamese, Libanese, Albanese, Sudanese, Chinese; die
Genese, Anamnese

-ose

Psychose, Symbiose, Aprikose, Narkose, Glukose, Tuberkulose, Zellulose, Mimose, Osmose, Prognose, Hypnose, Pose, Sklerose, Matrose,
Neurose, Virtuose

-ese

Was versteht man unter ...?
einer These, einer Prothese, einer Hypothese

-sse

Noblesse, Finesse, Adresse, Interesse, Zypresse, Mätresse, Delikatesse,
Akuratesse, Kulisse, Prämisse

-yse

Analyse, Paralyse, Katalyse, Hydrolyse, Elektrolyse

-áte, -éte

Das ist ...
eine Affrikate, Oblate, Tomate, Granate, Sonate; die Koordinate, Geminate
eine Rakete, Trompete, Pastete; die Tapete

-tte

Das ist ...

eine Krawatte, Serviette, Plakette, Palette, Tablette, Bulette, Vignette, Marionette, Pipette, Operette, Rosette, Motette, Kassette, Pirouette, Pinzette; die Etikette, Toilette; meine Klarinette, Zigarette

-ive

Das ist ...

die Offensive, Defensive, Initiative, Legislative, Alternative; unsere Perspektive; eine Lokomotive

-erve

unsere Reserve, eine Konserve

-óg [~ 'o:k]

Das ist ...

der Epilog, ein Dialog, ein Katalog, der Prolog

-ph

ein Paragraph, Telegraph, Photograph, Philosoph

-thék

Wo ist die ...?

Bibliothek, Pinakothek, Kartothek, Diskothek

-ík [~ 'i:k]

publik, Republik, Replik, Aspik, Fabrik, Rubrik, Musik, Politik, Kritik

Hinweis:

Die folgenden Wörter sind auf der vorletzten Silbe betont.

Das ist ...

der Pazifik [~ 'tsi:fik], die Tragik dabei, keine Logik, eine Graphik, eine Symbolik, schöne Keramik; die Mechanik, Panik, Botanik, Technik, Klinik, Chronik, Elektronik, Metrik, Lyrik, Klassik, Thematik, Ästhetik, Kosmetik, Phonetik, Hektik, Romantik, Optik, Gymnastik, Stilistik, Statistik, Linguistik, Slawistik, Diagnostik, Akustik, Mystik, Pharmazeutik; der Atlantik, eine Plastik

-ésk, -ísk

Es ist ...

balladesk, burlesk, pittoresk, grotesk
ein Obelisk, Basilisk

-ál

Was bedeutet ...?

global, verbal, Skandal, modal, feudal, ideal, Lineal, real, legal, Regal, Signal, genial, trivial, sozial, radikal, Lokal, Pokal, Vokal, Kanal, final, original, rational, Personal, Opal, liberal, General, Admiral, Moral, nasal, kolossal, Kapital, vital, dental, total

178

‑bel

Das ist doch ...

blamabel, reparabel, miserabel, transportabel, penibel, sensibel, reversibel, flexibel

-áll, -éll, -eéll, -iéll, -uéll, -óll

Was bedeutet ...?

Vasall, Metall, Kristall, Intervall
Rebell, Modell, formell, originell, kriminell, professionell, rationell, traditionell, funktionell, Skalpell, Appell, Aquarell, generell
ideell, reell
zeremoniell, prinzipiell, materiell, industriell, potentiell, partiell, speziell, offiziell
Duell, manuell, visuell, habituell, aktuell, eventuell, sexuell
Protokoll, Atoll

-ól, -iól

Alkohol, Benzol, Butanol
Vitriol, Karfiol

-ám, -ém, -óm

Was versteht man unter ...?

infam, monogam, polygam, Laktam
einem Diadem, Problem, Theorem, Extrem, Polysem, System, Ekzem
einem Diplom, Phantom, Symptom

-ium

Was bedeutet ...?

Stádium ['ʃtaːd ~], Morphium, Terrarium, Aquarium, Ministerium, Sanatorium, Territorium, Gynmnasium, Konsortium, Kolloquium

Hinweis:
Der Akzent bei -ium, -rium liegt in der Regel auf dem Vokal vor diesem Suffix.

-um

Archáikum, Technikum, Unikum, Physikum, Praktikum

-ým

Was ist ein ...?

Pseudonym, Homonym, Synonym, Enzym

-án

Das ist ...

der Sudan, Dekan, Vatikan; ein Organ, Vulkan, Orkan, Roman, Veteran, Sopran, Fasan; Meißner Porzellan, human

Aber:

Káftan; Jórdan, Túrban, Sátan, Pélikan, Ózean – Ozeán

179

‑nn

Tyr**a**nn

-**ie**ren

Hinweis:

Die Wörter auf -*ieren* und -*isieren* erhalten auf der vorletzten Silbe den Akzent (vgl. S. 152).

-**in** [~ ɪn]¹, [~ ˈiːn]², [~ ī]³

Hinweis:

Wörter auf -*in* haben drei Aussprachevarianten:

1. Das deutsche Suffix -*in* ist unbetont, der Vokal ist in Klang und Dauer reduziert.
2. -*in* ist mit gespannt-langem Vokal zu sprechen:
   Delph**i**n, Anilin, kristallin, Kaolin, Disziplin, Berlin, Insulin, Kamin, Vitamin, Termin, Heroin, Stearin, Pepsin, Magazin, Medizin, Benzin
3. -*in* ist mit nasaliertem Vokal zu sprechen:
   Dauph**i**n, Gobelin, Satin, Bassin, Dessin

Aber:

M**a**nnequin

-**on** [~ ˈoːn]¹, [~ õˑ]², [~ ɔn]³

Hinweis:

-*on* hat drei mögliche Realisierungen, [~ ˈoːn], [~ õˑ] und [~ ɔn], wobei die Wörter auf [~ ɔn] nicht endbetont sind.

1. Horm**o**n, Baron, Schwadron, synchron, Thron, Elektron, Neutron, Garnison, Person, Kanton, Proton, Ozon
2. Bouill**o**n, Kompagnon, Kupon, Perron, Räson, Saison, Chanson, Fasson, Ponton

Hinweis:

Häufig werden die Nasalvokale eingedeutscht durch [ɔŋ] wiedergegeben, z. B. Balk**o**n – [balˈkɔŋ].

3. L**e**xikon, K**o**lon, Ceylon, D**ä**mon, L**i**banon, K**a**non, X**e**non, Rhodod**e**ndron; Philod**e**ndron, **O**beron, M**i**kron, N**a**tron, B**i**son, B**a**riton, Pl**a**nkton, Krypton, P**e**rlon, D**e**deron

-**io**n [~ ĭoːn]

Das ist eine/die ...

Reg**io**n, Million, Union, Vision, Revision, Explosion, Korrosion, Version, Passion, Konzession, Mission, Emission, Kommission, Diskussion, Illusion, Kreation, Delegation, Negation, Navigation, Qualifikation, Publikation, Fabrikation, Relation, Isolation, Nation

Aber:

<u>das</u> Bataill**o**n, das St**a**dion [~ ĭon], das R**a**dion [~ ĭon], <u>der</u> Postill**io**n, der Spi**o**n, der Skorpi**o**n.

-o

In der Regel sind die Wörter auf *-o* auf der vorletzten Silbe zu akzentuieren; eine Ausnahme bildet Bür**ó**.

Tor**ná**do, Torp**e**do, S**a**ldo, Komm**a**ndo, R**o**ndo, M**a**nko, Dyn**a**mo, Pi**a**no, **K**ino, T**e**mpo, P**o**rto, K**o**nto, Gh**e**tto, Libr**e**tto, L**o**tto, M**o**tto, Ris**o**tto

Aber:
Ph**á**rao, St**é**reo, **Í**ndigo

-io

Capr**í**ccio, R**a**dio, St**u**dio, M**o**rdio, Ad**a**gio, F**o**lio, R**a**tio

Aber:
Tr**í**o

-óp

Perisk**o**p, Telesk**o**p, Strobosk**o**p, Biosk**o**p, Mikrosk**o**p, Horosk**o**p, Zyklop, Isotop

-ár

Das ist ...
das Mobil**a**r, velar, unser Jubilar, ein Exemplar, ein Formular, mein Honorar, der Kommissar, das Glossar, ein Husar, der Notar

Aber:
S**í**ngular, J**á**nuar, F**é**bruar

-ár

Das ist ...
famili**ä**r, wirklich populär, sehr ordinär, ein Millionär, ein Funktionär, ein Milizionär, mein Sekretär, sanitär, das Militär, ein Volontär

-íer [~ 'i:ɐ]¹, [~ ïe:]², [~ ïɐ]³

Hinweis:
Wörter mit dem Suffix *-ier* haben drei unterschiedliche Aussprachevarianten; [~ 'i:ɐ], [~ ïe:] und [~ ïɐ].

1. Passag**íer**, Kavalier, Juwelier, Polier, Manier, Tournier, Papier, Kurier, Quartier, Revier, Offizier, Brigadier
2. Romanc**íer**, Financier, Conferencier, Bankier, Atelier, Hotelier, Collier, Premier, Dossier, Portier, Croupier
3. M**á**gier, B**e**lgier, Jord**a**nier, Sp**a**nier, Argent**i**nier, Äthi**o**pier, Veget**a**rier, Prolet**a**rier, Alg**e**rier, Patr**i**zier

-íster

Hinweis:
Der Akzent liegt in der Regel auf der vorletzten Silbe.

Das ist ...
ein Mag**i**ster, das Register, dein Kanister, unser Minister

181

-ir

Nádir, Zephir, Pamir, Saphir, Kaschmir, Tapir, Kephir

Aber:

Souvenír, Vampír, Wesír

-air [ɛ:ɐ]

Air, fair, Pair

-oir [~ŏa:r]

Boudoir, Pissoir, Trottoir, Reservoir

-or, -ör

Hinweis:

Bei der kleinen Gruppe von fremden Wörtern liegt der Akzent auf der letzten, bei der größeren auf der vorletzten Silbe.

Labór, Matador, Ekuador, Meteor, Major, Dekor, Kontor, Likör, Frisör

Aber:

Mótor – Motór, Sénior – Seniór

Revisor, Aggressor, Ventilator, Senator, Moderator, Generator, Organisator, Rezitator, Diktator, Kommentator, Äquator, Faktor, Traktor

-úr

Das ist …

eine gute Figur, eine Frisur, eine Klausur, eine Karikatur, die Muskulatur, die Natur, die Reparatur, eine hohe Temperatur, gute Literatur, eine Garnitur, eine Manufaktur, die Inventur

-éur

Er ist …

Chauffeur, Ingenieur, Souffleur, Jongleur, Masseur, Friseur, Regisseur, Installateur, Spediteur, Redakteur, Instrukteur, Monteur, Dompteur, Graveur, Kommandeur, Provokateur, Kollaborateur, Akteur

-ís-, -aís

Logis [lo'ʒi:], Remis [rə'mi:], Chassis [ʃa'si:], Marquis
Palais [pa'lɛ:], Relais [rə'lɛ:]

Hinweis:

Wörter auf -is werden vornehmlich auf der vorletzten Silbe akzentuiert:

Exlibris, Basis, Skepsis, gratis, Rachitis, Bronchitis, Atlantis, Glottis

Aber:

Génesis ['ge:nezɪs]

-ós, -ös

dubios, grandios, viskos
melodiös, religiös, seriös, minutiös, strapaziös, graziös, deliziös, kapriziös, mukös, venös, ominös, pompös, monströs, muskulös

182

Hinweis:
Nicht endbetont sind folgende Wörter auf -os [~ɔs]:
Páthos, Mýthos, Kokos, Kosmos, humos, Heros, Albatros

-us

Hinweis:
Die meisten auf -us ausgehenden Wörter sind auf der vorletzten Silbe
zu akzentuieren (gelegentlich auch auf der drittletzten).

Bámbus, Jambus, Globus, Modus, Mythos, Radius, Filius, Genius,
Celsius, Zirkus, Diskus, Zyklus, Bazillus, Obolus, Rhythmus

Aber:
diffús, konfus, abstrus

-ismus

Faschismus, Feudalismus, Idealismus, Realismus, Imperialismus, Ma-
terialismus, Sozialismus, Formalismus, Naturalismus, Kapitalismus,
Optimismus, Organismus, Revisionismus, Egoismus, Militarismus,
Marxismus

Hinweis:
Die von diesen Substantiven abgeleiteten Adjektive haben den Akzent
auf der vorletzten Silbe:

optimístisch, sozialistisch, fatalistisch, realistisch
Die auf -ist ausgehenden Substantive sind endbetont:
Kubíst, Sadist, Theist, Pazifist, Anarchist

-at

Er ist / Das ist ...

ein Kandidat, das Proletariat, ein Plakat, das Syndikat, sehr delikat,
ein Duplikat, Brokat, ein Advokat, ein Fabrikat, der Diplomat, ein
Automat, unser Senat, das Direktorat, Spinat, ein Apparat, ein Bürokrat,
ein Demokrat, mein Referat, ein Pirat, der Adressat

Aber:
Heimat, Mónat, Heirat

-ät

Was bedeutet ...?
Realität, Kollegialität, Spezialität, Kriminalität, Generalität, Admirali-
tät, Qualität, Kausalität, Aktualität, Stabilität, Sensibilität, Realität,
Humanität, Solidarität, Popularität, Autorität, Intensität, Universität,
Antiquität, Aggressivität, Elektrizität, Fakultät, Majestät

-et [~e:t][1], [~e:][2]

Das ist / Er ist ...

1. das Alphabet, ein Apologet, ein Prophet, ein Ästhet, ein Paket, ein
   Athlet, ein Prolet, ein Komet, unser Planet, ein Magnet, ein Dekret,
   sehr diskret, das Sekret, wirklich konkret

183

2. das Budg**e**t, ein Stück Filet, ein Complet, sein Signet, das Tapet, mein Toupet

-ít

Das ist / Er ist ...

sein Hab**í**t, ein Kredit, ein Bandit, viel Profit, ein Satellit, Dynamit, Granit, der Zenit, ein Meteorit, sein Favorit, ein Parasit, Appetit

Aber:

Lím**i**t, Férr**i**t, Fáz**i**t, Défiz**i**t

-ákt, -ékt, -íkt, -úkt

Das ist / Er ist ...

ein Kontr**a**kt, wirklich abstrakt, der Extrakt, doch intakt, der Kontakt, sehr exakt

ein Def**e**kt, der Effekt, Konfekt, schon perfekt, das Objekt, der Dialekt, ein guter Aspekt, das/der Prospekt, sehr direkt, wirklich korrekt, ein Insekt, ein Architekt

Aber:

P**é**rfekt – perf**é**kt, **Ó**bjekt – Obj**é**kt, S**ú**bjekt – Subj**é**kt

ein Rel**i**kt, ein Konfl**i**kt, sein Distr**i**kt

unser Prod**u**kt

-ánt

Das ist / Er ist ...

unser Trab**a**nt, der Kommandant, der Intendant, ein Sergeant, ein Elefant, sehr elegant, sehr pikant, ein Fabrikant, ein Musikant, ein Praktikant, ein Spekulant, ein Hydrant, wirklich tolerant, ein Aspirant, sehr brisant, ein Passant, sehr interessant, wirklich amüsant, ein Dilettant, sein Adjutant

Aber:

Le**ú**tnant

-ént [~ ɛnt]¹, [~ ä·]²

Das ist / Er ist ...

ein Stud**e**nt, der Dirigent, der Orient, sein Patient, ein Talent, doch exzellent, das Fundament, ein Ornament, das Testament, ein Element, ein Instrument, nur ein Moment, sein Argument, ein Dokument, der Kontinent, unser Assistent, der Akzent, der Dozent, fünf Prozent, der Produzent

ein Agrem**e**nt, das Detachement, das Reglement, das Abonnement, das Gouvernement, das Etablissement

-ónt

Disk**o**nt, Horizont

Aber:

Affr**ó**nt [~ ɔ·]

184

-ót

Idiot, Patriot, Pilot, Despot, devot

Aber: [~o:]

Depót, Trikót, Paletót

-̣pt

der Adept, das Rezept, das Konzept, abrupt, korupt

-ạst, -ẹst, -ịst

ein Päderast, der Morast, der Kontrast, ein Phantast
ein Podest, der Asbest, das Manifest, der Arrest, der Protest

Er ist ...

ein Atheist, ein Faschist, ein Realist, ein Imperialist, ein Materialist, ein
Spezialist, ein Sozialist, ein Formalist, ein Kriminalist, ein Kapitalist,
ein Philatelist, ein Zivilist, ein Solist, ein Pessimist, ein Pianist, ein
Komponist, ein Humorist, ein Terrorist, ein Tourist, ein Artist, ein
Kabarettist, ein Aktivist, ein Reservist

-ẹtt

Das ist ...

mein Jackett, ein Brikett, ein Etikett, das Bankett, sehr kokett, das
Parkett, ein Tablett, das Ballett, doch violett, doch jetzt komplett, ein
Spinett, sein Bajonett, ein Sonett, brünett, das Kabarett, ein Duett

-ụt

Tribut, Attribut, Skorbut, wirklich akut, Salut, absolut, resolut, Disput,
Rekrut, Statut, Institut

-óut [~u:]

Ragout, partout

-ýt

Hydrolyt, Elektrolyt

-ụ

Híndu, Kakadu, Kanu

Aber:

tabú

-eáu [~o:]

Bureau, Tableau, Plateau, Plumeau, Niveau

-óu [~u:]

Clou

-ív

Das ist/Das ist ein ...

naiv, Archiv, oliv, intensiv, kursiv, passiv (auch Passiv), aggressiv, initiativ, spekulativ, pejorativ, dekorativ, demonstrativ, repräsentativ, Stativ,

primitiv, aktiv, effektiv, objektiv, Objektiv, Kollektiv, Detektiv, produktiv, Motiv, attributiv

Hinweis:

Bei einer Reihe von Wörtern (vornehmlich bei linguistischen Termini) hat sich der Akzent auf die erste Silbe verlagert:

Dátiv, interrogativ, negativ, Negativ, Indikativ, Frikativ, Lokativ, Vokativ, Ablativ, Elativ, relativ, Superlativ, Komparativ, Iterativ, Akkusativ, qualitativ, Rezitativ, Genitiv, Infinitiv, positiv, Positiv, aktiv, Aktiv, Adjektiv, Konjunktiv, Substantiv

-íz

Das ist ...
die Miliz, das Hospiz, eine Notiz, die Justiz

-ánz

Eleganz, Pregnanz, Allianz, Bilanz, Finanz, Toleranz, die Substanz, die Instanz, die Distanz

-énz

die Residenz, eine Tendenz, die Intelligenz, eine Audienz, die Valenz, die Prominenz, die Abstinenz, die Differenz, eine Konferenz, die Essenz, die Potenz, eine Existenz, die Frequenz

-ínz

die Provinz

4.4. Die Ausspruchsakzentuierung

Um Ausspruchsakzente ermitteln zu können, sind 4 Grundsätze zu berücksichtigen:
welche Wörter im Ausspruch sind akzentlos, gibt es Attribute oder Verbergänzungsgruppen, und auf welche Weise wird der Satz bezüglich Thema/Rhema gegliedert.

4.4.1. Akzentlose Wörter

In den vorangegangenen Übungen hat den Kernakzent des Ausspruchs, den Schwerpunkt, immer das Austauschwort getragen. Dieses Wort konnte unterschiedlichen Wortklassen angehören – mit Ausnahme derjenigen, die nach der folgenden Regel bei sachlich-neutraler Rede akzentlos sein müssen (vgl. Stock/Zacharias, a. a. O., S. 44):

Im Ausspruch sind akzentlos:
Artikel, Präpositionen, Konjunktionen, die Verben „haben, sein, werden" (in Verbindung mit einem Prädikativum), die temporalen Hilfsverben sowie die Modalverben (in Verbindung mit einem Vollverb), Relativpronomen, Konjunktionaladverbien, Personalpronomen, Interrogativpronomen und Interrogativadverbien, Reflexivpronomen ...

Die folgenden Beispiele veranschaulichen die Regel, wobei der Kernakzent immer auf der Silbe mit einem untergesetzten Strich (für einen gespannt-langen Vokal) oder mit einem untergesetzten Punkt (für einen ungespannt-kurzen Vokal) liegt. Der untergesetzte Bogen weist den Ausspruchsakzent bei einem Diphthong aus.

4.4.1.1. Artikel

Artikel sind akzentlos.

das Bad, des Bades, dem Bad, ein Bad
die Miete, der Miete, eine Rose
der Student, des Studenten, dem Studenten, den Studenten, ein Student
die Mädchen, der Mädchen, den Mädchen

31

4.4.1.2. Präpositionen

Präpositionen sind akzentlos.

auf der Straße, auf die Straße
an der Ecke, an die Ecke, an dem Haus – am Haus
bei der Schule, bei dem Bäcker – beim Bäcker
hinter dem Schrank – hinterm Schrank, hinter den Schrank
in dem Kino – im Kino
mit der Straßenbahn, mit dem Bus, mit Peter
neben dem Rathaus, neben die Tür
unter dem Teppich – unterm Teppich, unter das Buch
über dem Fenster – überm Fenster, über die Brücke
von dem Fleischer – vom Fleischer
vor dem Haus – vorm Haus, vor das Haus

32

4.4.1.3. Konjunktionen

▓▓▓ Konjunktionen sind akzentlos.

aber, allein, als daß, als ob, (an)statt daß, (an)statt zu, außer daß, außer wenn, bevor, beziehungsweise, bis, da, damit ... zu, das heißt, daß, denn, doch, ehe, entweder ... oder, falls, indem, insofern (als), insoweit (als), je ... desto, je ... um so, je nachdem, jedoch, kaum daß, nachdem, nur daß, ob, ob ... oder (ob), obwohl, oder, ohne daß, ohne ... zu, seit(dem), so daß, sobald, sofern, solange, sondern, sooft, soviel, soweit, trotzdem, um so mehr als, um so weniger als, und, während, weil, wenn, wenn auch ... so doch, wie, wie auch, wie wenn, zumal (vgl. Helbig/ Buscha, a. a. O., S. 409 ff.).

als

Er kam, als es Zeit war. Als sie aussteigen wollten, hielt er. Er aß gerade, als sie kamen. Als es klingelte, öffnete er.

bevor

Er hupte, bevor er bremste. Er stoppte, bevor er die Türen öffnete.

dann

Wenn er kommt, dann rufe mich! Wenn es klingelt, dann öffne!

falls

Du öffnest, falls es klingelt! Du rufst mich, falls er kommt! Bleib ruhig, falls er laut wird!

nachdem

Er setzte sich, nachdem er gesprochen hatte. Er verwarf den Text, nachdem er ihn noch einmal überlesen hatte.

ob

Ich weiß nicht, ob er kommt. Er fragt, ob es regnet.

obgleich

Er raucht, obgleich es ungesund ist. Er lügt, obgleich es ihm nichts nützt.

obwohl

Er kommt, obwohl es regnet. Er kauft es, obwohl es sehr teuer ist. Er liest es, obwohl es ihn langweilt.

oder

diesig oder neblig, warm oder kalt, feucht oder trocken, windig oder stürmisch, bedeckt oder regnerisch

seit

Sie ist krank, seit wir sie kennen. Sie gähnt, seit sie im Zimmer ist. Er hinkt, seit er den Unfall hatte. Er arbeitet, seit es hell geworden ist.

solange

Er arbeitet, solange er kann. Sie liest, solange sie Zeit hat. Sie redet, solange sie Zuhörer hat.

sondern

nicht kalt, sondern warm; nicht windig, sondern stürmisch; nicht nur heiß, sondern auch trocken; nicht nur regnerisch, sondern auch kalt

teils

teils warm, teils kalt; teils windig, teils stürmisch; teils heiter, teils sonnig

und

kalt und regnerisch, Schnee- und Eisglätte, neblig und trüb, heiter und sonnig, kalt und stürmisch

während

Er schreibt, während sie liest. Er schlief immer, während sie las. Ich arbeite, während du faulenzt.

wohingegen

Ich bade, wohingegen du duschst. Ich wasche ab, wohingegen du abtrocknest.

4.4.1.4. Die Verben *haben, sein, werden*

Sie sind als Vollverben akzentlos, wenn sie mit einem Prädikativum verbunden sind, z. B. mit einem Substantiv, Adverb oder Partizip Perfekt.
Als Hilfsverben sind sie ebenfalls akzentlos.

haben

Ich habe Hunger. Du hattest Durst. Er hat Mut gehabt. Sie hatten Zeit gehabt. Sie werden Zeit haben. Ich habe gegessen. Ich habe gearbeitet.

sein

Er ist Lehrer. Er war Lehrer. Er ist Lehrer gewesen. Er war Lehrer gewesen. Er wird Lehrer sein.
Sie ist müde. Sie war fleißig. Ihr seid schnell. Wir waren faul. Sie sind aufmerksam gewesen. Ich bin verletzt. Du warst verabredet. Wir sind benachteiligt worden. Du bist aufgerufen worden.

34

werden

Ich werde Lehrer. Er wird klüger. Sie werden aufgerufen. Es ist eingeschaltet worden.

4.4.1.5. Die Modalverben und „haben/sein + zu + Infinitiv"

Modalverben in Verbindung mit Vollverben sind akzentlos. „haben" und „sein" in Verbindung mit „zu + Infinitiv" sind ebenfalls akzentlos.

sollen

Ich soll kommen. Du solltest arbeiten! Sie hat sich melden sollen.

müssen

Ich muß gehen. Du mußt warten. Sie haben warten müssen?

können

Ich kann schwimmen. Sie kann schon lesen. Er hat schon gehen können.

dürfen

Ich darf bleiben. Er darf schon gehen. Sie hat noch bleiben dürfen.

haben + zu + Infinitiv

Du hast zu warten! Er hatte anzurufen. Sie hatten sich zu melden! Sie hatten sich nicht zu verspäten!

sein + zu + Infinitiv

Er ist zu holen! Sie sind zu rufen! Sie sind zu benachrichtigen! Sie sind davon zu informieren!

Hinweis:

Die Akzentlosigkeit bleibt auch in den konjunktivischen Formen der genannten Verben erhalten.

4.4.1.6. Relativpronomen und Konjunktionaladverbien

Relativpronomen und Konjunktionaladverbien sind akzentlos. Dazu gehören
der, welcher, wer, was und
deshalb, daher, trotzdem, folglich, nämlich, mithin, insofern, deswegen, demnach, sonst, außerdem, allerdings.

der	Das ist der Mann, der mir geholfen hat.
dessen	Das ist der LKW, dessen Motor kaputt ist.
dem	Das ist der Mann, dem wir helfen wollen.
den	Das ist der Mann, den ich dir noch vorstellen werde.
die	Das ist die Frau, die uns alles erklären wird.
das	Das ist das Kind, das gerettet worden ist.
die	Das sind die Leute, die mich ständig aufregen.
welcher	Das ist der Lyriker, welcher dir so imponiert.
deshalb	Er war krank, deshalb ist er so blaß.
trotzdem	Er war krank, trotzdem kam er zum Dienst.
mithin	Er war krank, mithin kann er die neue Regelung nicht kennen.
insofern	Er war krank, insofern ist seine Frage verständlich.
sonst	Er war krank, sonst wäre er informiert.

4.4.1.7. Personalpronomen

Personalpronomen sind akzentlos.

ich komme, du schreibst, er liest, wir baden, ihr wartet, sie gehen, sie **37** singt, es klingt

4.4.1.8. Interrogativpronomen und Interrogativadverbien

Interrogativpronomen und Interrogativadverbien sind akzentlos. Das sind u. a.
wer, wessen, wem, wen, wie, weshalb, weswegen, wieso, wieviel, wann, seit wann, wo, worüber, woher, wohin, woran, worauf, ...

wer	Wer klopft denn? Wer war das? Wer weiß das?	**38**
wessen	Wessen Buch ist das? Wessen Unterschrift ist das?	
wem	Wem willst du helfen? Wem schreibst du denn da?	
wen	Wen lädst du denn ein? Wen willst du davon ausschließen?	
wie	Wie oft siehst du ihn? Wie lange bleibst du?	
wo	Wo wohnst du denn? Wo trefft ihr euch?	
worüber	Worüber unterhaltet ihr euch? Worüber willst du sprechen?	
woher	Woher kommst du jetzt? Woher weißt du das?	
wohin	Wohin gehst du jetzt? Wohin willst du denn?	
woran	Woran erkennst du ihn? Woran siehst du das?	
worauf	Worauf willst du hinaus? Worauf basiert das denn?	

wovon	Wovon finanzierst du das? Wovon sprichst du denn?
warum	Warum bleibst du nicht? Warum besuchst du mich nicht?
weswegen	Weswegen meldest du dich nicht? Weswegen schreist du?

Aber:

In Verbindung mit anderen akzentlosen Wörtern in elliptischen Äußerungen ist das Fragepronomen akzentuiert:

Wer denn? Wessen Haus? Worüber denn? Wovon denn?

Das gilt auch für die Nachfrage:

Wann kommt er? Wovon soll er das bezahlen? Was macht er jetzt? Wann kommen sie? Was sagt er?

4.4.1.9. Das Reflexivpronomen *sich*

▬ Das Reflexivpronomen *sich* ist akzentlos.

39

Ich wundere mich. Du hast dich erinnert. Er duscht sich. Sie will sich noch schminken. Wir kennen uns doch. Sie haben sich verliebt.

4.4.1.10. Indefinitpronomen und Negationswörter

▮ Die Indefinitpronomen *man* und *es* als Subjekt wie als Objekt sowie die Negationswörter *kein* und *nicht* sind akzentlos.

40

man

Man rechnet mit dir. Man hat sich getäuscht. Was soll man denn machen? Was kann man dagegen tun?

es

Es schneit. Es regnet. Er hat es gewußt. Regnet es? Regnet's? Schneit's? Bekommst du's? Bezahl's mal!

kein

Das ist doch kein Auto! Das ist doch keine Musik! Er ist doch kein Ingenieur! Das sind doch keine Tulpen!

nicht

Ich kenne ihn nicht. Wir arbeiten heute nicht. Ich habe es ihm noch nicht gesagt. Wir fahren heute noch nicht.

4.4.1.11. Verben in Funktionsverbgefügen

Verben in Funktionsverbgefügen sind akzentlos (vgl. auch 4.4.3.3.).

ine Verabredung treffen   41
ch treffe eine Verabredung. Ich habe eine Verabredung getroffen.

inkäufe machen
Vir werden Einkäufe machen. Ihr wolltet eigentlich Einkäufe machen.
ch hatte eigentlich Einkäufe machen wollen.

4.4.2. Attribute

Innerhalb von Attributen, die nähere Bestimmungen oder Ergänzungen vor allem zu Substantiven, aber auch Adjektiven oder Pronomen darstellen und aus einem oder mehreren Wörtern bestehen können, liegt der kommunikativ wichtigste Akzent auf dem letzten akzentuierbaren Wort. Beachtet werden muß dabei, daß das Attribut dann auf keinen Fall akzentuiert wird, wenn es das nichtletzte Wort eines Satzgliedes ist, z. B. das Attribut als Adjektiv oder Partizip (vgl. auch Stock/Zacharias, a. a. O., S. 45).

4.4.2.1. Adjektiv und Numerale als Attribut

as gute Buch, die schöne Frau, das neue Auto, der alte Schrank, ein 42
elles Zimmer, der alte Mann, das medizinische Personal, der Finnische
Meerbusen, der französische Wein, der türkische Honig, die polnische
prache

er erste Schultag, das dritte Kind, der fünfundzwanzigste Hochzeits-
g, die zwölfte Klasse, das fünfte Studienjahr, die zweite Halbzeit

4.4.2.2. Partizip I und Partizip II als Attribut

as lesende Mädchen, eine sitzende Beschäftigung, in bleibender Er- 43
nnerung, ein rasendes Auto, ein sinkendes Schiff

ein sich nähernder Zug, ein sich mühender Sportler, ein sich überwinden der Kranker, ein sich streitendes Ehepaar

der eingefahrene Zug, der eingelaufene Pullover, das ausgelaufene Fa das verliebte Mädchen, die zerstörte Brücke, das gewaschene Kleid, da verlorene Portemonnaie, die zerschlagene Fensterscheibe, das geöffnet Tor, ein gefeierter Künstler, ein beliebter Sänger, ein verhaßter Mensch

4.4.2.3. Das Substantiv im Genitiv als Attribut

44

die Arbeit des Vaters, das Auto des Onkels, die Schaufenster des Waren hauses, die Scheinwerfer seines Autos

die Pflicht der Dankbarkeit, das Recht der Arbeit, der Strahl der Hoff nung

die Hälfte des Buches, die Hälfte des Jahres, die Größe des Zimmers die Geschwindigkeit des Fahrzeuges, der Maler des Bildes

einige Stunden des Tages, die Lösung des Schülers, ein Mann der Ver nunft, das Werk des Dichters, das Bild des Malers, ein Mann schnelle Entschlüsse

die Schule meines Bruders, das Geschäft meines Mannes, das Haus mei ner Eltern

das Bild Goethes, die Büste Schillers, das Denkmal Lessings

4.4.2.4. Substantive im Präpositionalkasus als Attribut

45

die Arbeit am Detail, die Wolken am Himmel, die Ankunft am Abend die Abreise am Dienstag

der Mann auf der Straße, das Denkmal auf dem Markt

ein Fehler aus Übereifer, Farben aus Tierprodukten, eine Jacke au Leder, ein Kleid aus Seide, ein Zahn aus Gold, eine Hose aus Baum wolle, ein Pullover aus Schafwolle; ein Student aus Berlin, ein Freund aus Dresden

eine Briefmarke für zehn Pfennig, ein Service für hundert Mark, Materia für eine Million (Mark)

das Haus in der letzten Reihe, das Haar in der Suppe, der Regen in de Frühe, die Antwort in der Erregung ein Platz im Parkett, der Ausbruch im Zorn

der Wunsch nach einem Kind

die Freude über den Erfolg, die Freude über den Sieg, der Ärger über die Nachbarn; der Streit ums Geld

die Abhängigkeit vom Zufall; eine Fläche von zwanzig Quadratmetern, die Gewinnung von Kohle, die Verschmelzung von Atomen, die Verhüttung von Eisen, der Einfluß von Wind und Wetter; der Bau von Kraftwerken, die Konstruktion von Werkzeugmaschinen, die Darstellung von technischen Abläufen, die Berechnung von Verlusten, die Aufführung von Dramen; die Büste von Schiller, der Park von Sanssouci, die Baudenkmäler von Dresden, eine Sendung von Bayern 3, Iphigenie von Tauris; die Antwort von Petras Freund, die Ansichten von Dieters Vater, die Meinung von Petras Mutter

die Angst vor der Fehlentscheidung, die Angst vor der Strafe, die Blumen vor dem Fenster

die Ähnlichkeit zum Verwechseln

4.4.2.5. Der merkmallose Kasus

eine Flasche Sekt, ein Kilo Tomaten, zwei Pfund Pflaumen, eine Schachtel Zigaretten, eine Kiste Zigarren, eine Büchse Fisch, ein Päckchen Kaffee, ein Krug Bier, eine Schüssel Mehl, eine Tube Leim, ein Sack Zement, ein Liter Milch, zwei Zentner Kohle, eine Tonne Koks, ein Glas saure Gurken, eine Packung Tee, drei Meter Stoff, ein Paar Schuhe, ein Stück Zucker, drei Kasten Bier, zwanzig Mark Spesen, hundert Blatt Papier   **46**

eine Menge Fehler, eine Anzahl Münzen, ein Haufen Geld, ein Stapel Hefte, zwei Ballen Stoff, eine Million Menschen

4.4.2.6. Die Apposition

die Komische Oper Berlin, die Schiffswerft Rostock, das Opel-Werk Rüsselsheim, das Buchhaus Gutenberg, der Wirbelsturm Ina, die Insel Rügen, der Maler Picasso   **47**

August der Starke, Karl der Große, Alexander I. (Alexander der Erste), Professor Lange; Paris, die Hauptstadt Frankreichs

4.4.2.7. Der Infinitiv mit *zu*

48

seine Hoffnung zu gewinnen, die Absicht zu siegen, der Wille zu arbei
ten, die Notwendigkeit zu schlafen

4.4.2.8. Der Nebensatz als Attribut

49

ein Mädchen, das hübsch ist; ein Schüler, der klug ist; ein Mann, de
fleißig ist; eine Frau, die schön ist; ein Auto, das schnell ist; Maschinen
die kompliziert sind

4.4.3. Verb-Ergänzungsgruppen

Wie Stock/Zacharias (1971, S. 64) feststellen, liegt in

> „Verb-Ergänzungsgruppen ... der letzte und kommunikativ wich
> tigste Akzent auf dem letzten akzentuierbaren Wort der letzten
> oder einzigen Ergänzung (Adverbien, adverbiale Bestimmungen
> Objekte – d. A.); ausgenommen sind folgende Fälle:
> 1. die Ergänzung (i. d. Regel Objekte – d. A.) ist determiniert,
> 2. die Ergänzung besteht nur aus einem Adverb, das mit einem
>   Partizip II zusammentrifft."
> Des weiteren sind trennbare Präfixe oder die Verben von Funk
> tionsverbgefügen als Teile des prädikativen Rahmens dann nich
> zu akzentuieren, wenn eine nicht determinierte Ergänzung voran
> geht.

4.4.3.1. Adverbialbestimmungen

4.4.3.1.1. Die Adverbien als Adverbialbestimmung

> Adverbien sind unter der Voraussetzung akzentuiert, daß sie allein
> beim Verb stehen. Treten weitere Ergänzungen hinzu (weitere
> Adverbien, adverbiale Bestimmungen oder Objekte), verlieren die
> Adverbien den Ausspruchsakzent.

196

Er arbeitet *hier*.
Er arbeitet *hier* óben.
Er arbeitet *hier* in dieser Abtéilung.
Er arbeitet *hier* an dieser Maschíne.
Er arbeitet *hier* mit seinem Brúder.

Die nicht adverbial oder als prädikative Attribute auftretenden Adverbien sind akzentlos. Das sind vor allem Interrogativadverbien und Konunktionaladverbien. Interrogativadverbien sind ohnehin nur in der Nachfrage akzentuiert.

Wohin géhst du *denn*?
Wo wóhnen Sie? Bitte? *Wó* wohnen Sie?

. Lokaladverbien

Lokaladverbien sind akzentuiert, wenn sie als einzige Ergänzung beim Verb stehen. Sie sind akzentlos, wenn weitere Ergänzungen auftreten.

Akzentuierte Lokaladverbien

hier, da, dort, draußen, drinnen, drüben, innen, außen, rechts, links, oben, unten; irgendwo, anderswo, nirgendwo, nirgends; hierher, daher, dorther, überallher, irgendwoher, anderswoher, nirgendwoher; hierhin, dahin, dorthin; aufwärts, abwärts, seitwärts, vorwärts, rückwärts, heimwärts; fort, weg, heim, bergauf, bergab, querfeldein; überallhin, irgendwohin, anderswohin, nirgendwohin:

50

Er stand híer.
Er kam von réchts.
Sie haben sich drínnen unterhalten.
Er war nírgends.
Komm doch híerher!
Der Weg führt zuerst bergáuf.
Er ging wég.

Akzentlose Lokaladverbien

Lokaladverbien werden akzentlos, wenn weitere Ergänzungen hinzutreten:

Er arbeitet hier dráußen.
Er wohnt dort óben.
Der Fehler ist hier rechts óben.
Er wohnt hier auf dem Lánde.
Er hat unten seine Wérkstatt.
Er steht dort drüben mit seiner Fréundin.

197

2. Temporaladverbien

 Temporaladverbien sind in Verbindung mit einem Verb akzentuierbar; treten jedoch weitere Ergänzungen hinzu, verlieren sie den Akzent.

Akzentuierte Temporaladverbien

51

jetzt, bald, dann, niemals;
damals, neulich, eben, soeben, nun, seinerzeit, vorhin, niemals, zugleich;
stets, immer, nie, zeitlebens, lange, allezeit, seither, bisher;
oft, zeitweise, manchmal, bisweilen, selten, häufig, nochmals, niemals,
vielmals, täglich, wöchentlich, monatlich, jährlich;
vorher, nachher, seitdem, seither, unterdessen

> Er grüßt stéts.
> Er hat stets gegrüßt.
> Ich werde ihn jetzt ánrufen.
> Er hat oft ángerufen.
> Er hat vorher ángerufen.
> Wirst du mich täglich ánrufen?

Akzentlose Temporaladverbien

In Verbindung mit weiteren Ergänzungen können alle Temporaladverbien akzentlos sein.

> Ich werde jetzt ins Kíno gehen.
> Ich bin damals nicht zu Háuse gewesen.
> Sie sind immer aktív.
> Sie haben vorher oft ángerufen.
> Sie sind vorher oft noch in ein Restauránt gegangen.

3. Modaladverbien

 Die Modaladverbien sind in der Regel akzentuiert, wenn sie als einzige Ergänzung bei einem Verb stehen. Treten weitere Ergänzungen hinzu, verlieren sie den Akzent.

Akzentuierte Modaladverbien

52

gern, so, anders, vergebens, umsonst, derart, ebenfalls, wie;
rittlings, jählings, blindlings

> Ich komme gérn.
> Wir machen das ánders.
> Sie warten umsónst.
> Sie werden vergébens warten.

Adjektive, die adverbial als einzige Ergänzung beim Verb stehen, sind ebenfalls akzentuiert, z. B. gut, schlecht, fleißig, tüchtig, schnell, langsam usw.

> Sie arbeiten fleißig.
> Er rechnet schnéll.
> Er geht lángsam.

Akzentlose Modaladverbien

Akzentlos sind alle Wörter mit der Endung -weise.

> Er kommt glücklicherweise vorbéi.
> Wir tráfen uns zufälligerweise.

4. Kausaladverbien

Die Kausaladverbien sind in der Regel akzentlos.

deshalb, daher, seinetwegen, folglich, demnach, mithin, infolgedessen, andernfalls, sonst, trotzdem, jedenfalls, gleichwohl **53**

> Du mußt es daher gleich kláren.
> Es wird sich folglich ánders darstellen.
> Er muß jedenfalls néu anfangen.
> Aber: Sie ruft séinetwegen an.
>   Sie hat es trótzdem nicht verstanden.

5. Interrogativadverbien

Interrogativadverbien sind in der Regel akzentlos; eine Ausnahme bildet die Nachfrage; hier sind Interrogativadverbien immer akzentuiert.

Interrogativadverbien mit lokalem Charakter

wo, woher, wohin

> Wo wóhnst du denn?
> Woher kómmst du eigentlich?
> Wohin géhst du denn jetzt?
> Aber: Wó wohnst du?

Interrogativadverbien mit temporalem Charakter

wann, wie lange, seit wann, bis wann, wie oft

> Wann kommst du nach Háuse?
> Wie lange wirst du bléiben?

199

Seit wann schläft er denn?
Bis wann wirst du wárten?
Wie oft trainíerst du eigentlich?
Aber: Wíe oft trainierst du?

Interrogativadverbien mit modalem Charakter

wie

Wie géht es dir?
Wie hat er geántwortet?
Aber: Wíe hat er geantwortet?

Interrogativadverbien mit kausalem Charakter

warum, weshalb, weswegen

Warum schréibt er nicht?
Aber: Wárum schreibt er nicht?

4.4.3.1.2. Die Substantive als Adverbialbestimmung

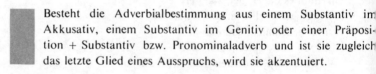 Besteht die Adverbialbestimmung aus einem Substantiv im Akkusativ, einem Substantiv im Genitiv oder einer Präposition + Substantiv bzw. Pronominaladverb und ist sie zugleich das letzte Glied eines Ausspruchs, wird sie akzentuiert.

Enthält der Ausspruch eine zusammengesetzte Zeitform und damit am Ende einen Infinitiv oder ein Partizip II, so erhalten selbstverständlich sie den letzten und wichtigsten Akzent.

Sie liest jeden Tág.
Aber: Sie wird den ganzen Tag lésen.
Sie hat den ganzen Tag gelésen.

54 **1. Substantiv im Akkusativ**

Er arbeitet die ganze Wóche.

Er arbeitet	
Er schreibt	eine geschlagene Stunde, den ganzen Tag, schon
Sie liest	eine Wóche, drei Tage, einen Monat, ein Wó-
Wir warten	chenende, die Ferien, die Feiertage.
Hans verreist	

55 **2. Substantiv im Genitiv**

| Er kommt | des Mórgens, des Abends, des Nachts. |

3. Präposition + Substantiv bzw. Pronominaladverb

Er verpflichtet sich für drei Jahre. Er schloß den Vertrag vor drei Jahren. **56**
Sie kommen für vier Wochen. Sie kommen erst nach drei Tagen. Sie
rufen uns erst in einer Woche an.

Er arbeitet Sie arbeitet Du arbeitest doch Er wartet auf dich Sie warten auf uns	auf dem Bahnhof, auf der Post, beim Rat der **57** Stadt, auf der Sparkasse, im Warenhaus, bei der Polizei, im Krankenhaus, in der Verwaltung, bei der Stadtreinigung, in der Poliklinik, auf der Baustelle, an der Trasse
Wir gehen dann	zum Rat der Stadt, zur Sparkasse, ins Waren- haus, in die Poliklinik, in die Verwaltung, auf die Baustelle, zum Markt, ins Kino, ins Theater, in die Oper, in eine Gaststätte, in den Garten, in den Betrieb, auf die Bank.
Er liest es Er hört es Sie vernimmt es Sie erklärt es	mit Begeisterung, mit Freude, mit Anteilnahme, **58** mit Sachkenntnis, mit Ärger, mit Zorn, mit Wut, mit Ironie, mit Unruhe, mit großer Eile.
Er verspätet sich	wegen des schlechten Wetters, wegen des Ge- **59** witters, wegen des Regens, wegen seiner Ver- letzung, wegen der Umleitung
Sie kam Er wird ... kommen. Sie wollte ... kom- men.	trotz des schlechten Wetters, trotz des Gewit- **60** ters, trotz des Regens, trotz ihrer Verletzung, trotz des Verbotes, trotz der Erkältung, trotz aller Schwierigkeiten, trotz der schlechten Nach- richt, trotz der Warnung, trotz Zeitmangels.
Er geht/muß	zur Erholung, zur Behandlung, zur Durchsicht, zur Reparatur, zum Unterricht, zur Arbeit, zum Essen, zu Besuch.

Hinweis:
Die für Präposition + Substantiv stehenden Pronominaladverbien sind
in der Regel nicht akzentuiert:

Er arbeitet mit einem Hammer. Er arbeitet damit.

4.4.3.2. Objekte

Objekte sind akzentuiert, wenn sie nicht determiniert sind. Die
Determinierung zeigt sich formal in der Wahl des bestimmten
Artikels.

201

Inhaltlich ist über das determinierte Objekt bereits gesprochen worden. Der Gegenstand bzw. die Sache ist bekannt, von Interesse ist nunmehr, was mit ihm bzw. ihr geschieht.

Er hat ein Fáhrrad gekauft.	**Aber!** Er hat das Fahrrad gekáuft.
Er liest ein Buch.	Er liest das Buch.
Er las ein Buch.	Er las das Buch.
Er hat ein Buch gelesen.	Er hat das Buch gelesen.
Er wird ein Buch lesen.	Er wird das Buch lesen.
Er will ein Buch lesen.	Er will das Buch lesen.
Er hat ein Buch lesen wollen.	Er hat das Buch lesen wollen.

1. Das Akkusativobjekt

61

Realisieren Sie die folgenden Sätze einmal mit einem determinierten Objekt und im Kontrast dazu mit einem nichtdeterminierten Objekt!

Er kauft ... Sie hat ... gekauft Karin will sich ... kaufen. Sie hat sich ... kaufen wollen.	einen Hut, eine Mütze, eine Sonnenbrille, einen Schal, eine Bluse, eine Jacke, einen Pullover, ein Hemd, eine Weste, ein Kleid, eine Hose, eine Strumpfhose, einen Schlips, eine Krawatte, ein Halstuch, ein Kopftuch, einen Ring, eine Kette, eine Brosche, eine Uhr, eine Armbanduhr

Hinweis:
Beachten Sie, daß das einzusetzende Objekt in den folgenden Beispielen auf keinen Fall akzentuiert werden darf!

Er káuft ... Sie hat ... gekauft. Karin will sich ... kaufen. Sie hat sich ... kaufen wollen.	den Hut, die Mütze, die Sonnenbrille, den Schal, die Bluse, die Jacke, den Pullover, das Hemd, die Weste, das Kleid, die Hose, die Strumpfhose, den Schlips, die Krawatte, das Halstuch, das Kopftuch, den Ring, die Kette, die Brosche, die Uhr, die Armbanduhr

Hinweis:

62

Beachten Sie bitte, daß im Plural Determinierung durch den bestimmten Artikel, Nichtdeterminierung jedoch durch das Fehlen des Artikels (Nullartikel) angezeigt wird!
Achten Sie auf die Akzentuierung!

Er kauft ... Sie hat ... gekauft. Karin will sich ... kaufen. Sie hat sich ... kaufen wollen.	Ohrringe, Strümpfe, Schuhe, Socken, Pantoletten, Sandalen, Handschuhe, Hausschuhe, Stiefel, Ohrclips

Er kauft ...
Sie hat ... gekauft.
Karin will sich ...
kaufen.
Sie hat sich ...
kaufen wollen.

die Ohrringe, die Strümpfe, die Schuhe, die
Socken, die Pantoletten, die Sandalen, die Handschuhe, die Hausschuhe, die Stiefel, die Ohrclips

2. Das Dativobjekt 63

Er hilft ...
Sie hat ... geholfen.
Wir wollten ...
helfen.

einem Freund, Freunden, einem Kollegen, seinem Nachbarn, seiner Mutter, einem Studenten,
einem Behinderten, einem Rentner, Kindern,
einem Verletzten

Er hilft ...
Sie hat ... geholfen.
Wir wollten ...
helfen.

dem Freund, den Freunden, dem Kollegen,
seinem Kollegen, seiner Mutter, den alten Leuten, den Studenten, dem Rentner, den Kindern,
dem Verletzten, den Verletzten, den Nachbarn,
den Kranken

3. Das Genitivobjekt 64

Wir gedenken eines Toten.
Wir erinnern uns eines Vorfalles.

Wir gedenken des Toten.
Wir erinnern uns des Vorfalles.

4. Das präpositionale Objekt

Hinsichtlich der Akzentuierung besteht zwischen den präposi-
tionalen Objekten (Er wartet *auf seinen Freund.*) und den Adverbialbestimmungen (vornehmlich Lokalbestimmungen: Er wartet *auf dem Bahnhof.*) kein Unterschied. In beiden Fällen wird
das letzte akzentuierbare Wort akzentuiert.

Wir diskutieren
über ...
Er hat über ...
diskutiert.
Wir wollten noch
über ... diskutieren.
Sie hatten eigentlich
über ... diskutieren
wollen.

den Vortrag, die Verteidigung, die Veranstal-
tung, die Ausstellung, das Prinzip, den Roman,
den Artikel, die Filmkritik, die Premiere, den
Entwurf, den Aufruf, das Konzept, die Haus-
ordnung, das Fußballspiel

65

66

Er wartet auf ...
Sie hat auf ...
gewartet.
Sie wollte auf ...
warten.
Wir haben auf ...
warten wollen.

| den Váter, die Mutter, ihren Bruder, seine Schwęster, ihre Nachbarin, die Lęhrerin, den Mejster, unseren Chęf, den Bekąnnten, den Kollegen, die Sekretärin, ihren Onkel, den Ober, den Gąststättenleiter

67

5. Objekte zum Prädikativ

Er ist ... ähnlich.
Ich glaube, daß er
... ähnlich ist.
Ich glaube, er ist ...
ähnlich.

seinem Vater, seiner Mutter, seiner Schwester, seinem Bruder, seinem Onkel, seiner Tante

4.4.3.3. Das Substantiv im Funktionsverbgefüge

In den Funktionsverbgefügen, bestehend aus einem Funktionsverb und einem Substantiv oder einer Präpositionalgruppe, hat das Verb seine Bedeutung „weitgehend oder vollständig eingebüßt"; es besteht vornehmlich eine „grammatisch-syntaktische Funktion" (vgl. auch Helbig/ Buscha, a. a. O., S. 74); das Verb ist in diesen Fällen in der Regel akzentlos.

 Den Akzent im Funktionsverbgefüge erhält das Substantiv im Akkusativ oder das Substantiv einer Präpositionalgruppe, sobald es letztes akzentuierbares Wort eines Ausspruchs ist.

68

ums *Leben* bringen

Er wollte sich ums Lében bringen.
Sie hat sich ums Lęben bringen wollen.

zur *Sprache* bringen

Wir müssen es endlich zur Spráche bringen.
Er hat es endlich zur Sprąche gebracht.

in *Ordnung* bringen

Wir werden das in Órdnung bringen.
Ich bringe das in Ordnung

zu *Hilfe* kommen

Er kam ihm zu Hílfe.
Ich komme dir zu Hilfe.

Antwort geben

Hat er dir Ántwort gegeben?
Du mußt ihm Ąntwort geben!

Versprechen geben	Er hat mir das Verspréchen gegeben.
	Du mußt ihm das Versprechen geben!
Verbesserung erfahren	Die Angelegenheit wird eine Verbésserung erfahren.
	Hat es eine Verbesserung erfahren?
Aufnahme finden	Er hat Aufnahme gefunden.
	Ich hoffe, ich werde Aufnahme finden.
Vorsitz führen	Du wirst den Vórsitz führen.
	Willst du den Vorsitz führen?
Mitteilung machen	Ich werde ihm Mitteilung machen.
	Hast du ihm Mitteilung gemacht?
Hilfe leisten	Wir werden ihm Hilfe leisten.
	Ihm ist Hilfe geleistet worden.
Bad nehmen	Du wolltest doch ein Bád nehmen.
	Ich würde gern ein Bad nehmen.
sich zur *Wehr* setzen	Du mußt dich zur Wéhr setzen!
	Hast du dich zur Wehr gesetzt?
Frage stellen	Wollten Sie nicht eine Fráge stellen?
	Ich würde gern eine Frage stellen.
Vereinbarung treffen	Sie haben eine Vereinbarung getroffen.
	Treffen Sie doch eine Vereinbarung!

4.4.4. Die Thema-Rhema-Gliederung

In einem Ausspruch, der aus einem Subjekt, einem Prädikativ und eventuell noch weiteren Satzgliedern besteht, wird das Thema vom Subjekt gebildet, während alle übrigen Satzglieder zum Rhema gehören.

Nach Stock/Zacharias liegt der Kernakzent innerhalb des Rhemas, wobei das jeweilige Wort durch die bereits dargestellten Regeln (1. nichtakzentuierbare Wörter, 2. Beifügungsgruppen, 3. Verb-Ergänzungsgruppen) zusätzlich bestimmt wird.

Er arbeitet fleißig.
Sie arbeitet den ganzen Tag.
Er hat dem Meister Bescheid gegeben.
Er wird sein Leben lang für den Frieden kämpfen.
Er hat sein ganzes Leben lang für den Frieden gekämpft.
Wir wissen, daß er sich sein Leben lang für den Frieden eingesetzt hat.

Hinweis:
Eine Ausnahme bildet lediglich die Ausdrucksstellung, in der das sinn-

wichtigste Satzglied die erste Stelle im Satz einnimmt und damit eine besondere Wertung erfährt.

Fleißig arbeitet er.

Für den Frieden hat er sein ganzes Leben lang gekämpft.

4.4.5. Algorithmus für das Ermitteln des Kernakzentes

Eine solche Arbeitsvorschrift wird vornehmlich für die Interpretation schriftlich vorliegender Texte von Nutzen sein. Das Abarbeiten der einzelnen Schritte wird von formalen Gesichtspunkten bestimmt:

1. Wenn im Satz eine Thema-Rhema-Gliederung vorhanden ist, sollte die Grenze markiert werden.

   Mein Freund Peter / ist gestern in die Oper gegangen.

2. Wird das Thema nicht vom Subjekt repräsentiert, dann kann nach der Akzentuierungsregel zu „Beifügungsgruppen" oder „Verb-Ergänzungsgruppen" das letzte akzentuierbare Wort den Kernakzent erhalten. Es handelt sich dabei um die sogenannte „Ausdrucksstellung", d. h., das Satzglied, das bei sachlich-neutraler Rede die letzte Stelle des gesamten Ausspruchs einzunehmen hat (ausgenommen sind Bestandteile des prädikativen Rahmens), steht jetzt – um es besonders hervorheben zu können – an der Spitze des Ausspruchs.

   In die Oper / ist gestern mein Freund Peter gegangen.

   Der nach dem Kernakzent stehende Ausspruchsteil (in unserem Beispiel mit der Silbe *per* beginnend) ist als Nachakzentgruppe in die Lösungstiefe abzusenken. Der gesamte Ausspruch hat in diesem Falle nur einen Akzent, der gleichzeitig Kernakzent ist.

3. Im verbleibenden Ausspruchsteil (dem Rhema) sind die einzelnen Aussagen nach dem Wichtigkeitsgrad geordnet. Zunächst sind die akzentuierten Silben zu markieren, so daß die nicht mit einem Akzent versehenen ausfallen. Das Sinnwichtigste steht an letzter Stelle.

   ... ... / ist gestern in die Oper gegangen.

4. Nach der Regel zu den „Verb-Ergänzungsgruppen" ist die Lokalbestimmung *in die Oper* das Satzglied, in dem das letzte akzentuierbare Wort bzw. die letzte akzentuierbare Silbe den Kernakzent tragen muß. Er liegt in unserem Beispiel auf dem O.

   Das Partizip *gegangen* kann den Akzent nicht erhalten, weil es von der Lokalbestimmung näher erklärt wird und die Lokalbestimmung selbst durch den bestimmten Artikel determiniert ist; zudem würde eine Hervorhebung des Partizips einen Kontrast zur Art der Bewegung bilden (z. B. in die Oper *gegangen/gefahren*).

5. Im Thema ist nach der Regel zu den „Beifügungsgruppen" die Apposition *Peter* Akzentwort. Somit liegen für den gesamten Ausspruch drei Akzentworte vor, *Peter*, *gestern* und *Oper* – und damit die Akzentsilben *Pe-*, *ge-* und *O*. Die erste Silbe (*Pe-*) eröffnet den Akzentkorpus und beginnt mit der höchsten Tonhöhe aller akzentuierten Silben, wohingegen *O-* den Akzentkorpus abschließt und damit die niedrigste Tonhöhe aller akzentuierten Silben aufweist.

Mein Freund Peter ist ge-stern in die Oper gegangen.

6. Im letzten Schritt muß untersucht werden, ob ein Satzglied, das den Akzent erhalten könnte, determiniert ist oder nicht, z. B.

einen Füller kaufen

„Füllhalter" ist nicht determiniert, kann daher den Akzent erhalten, im Gegensatz zu *den Füllhalter kaufen*. In diesem Fall zwingt die Determinierung des Objekts (Füllhalter) zur Verlagerung des Kernakzents, im folgenden Ausspruch auf das Partizip II:

Er hat gestern einen Füllhalter gekauft.

Er hat gestern den Füllhalter gekauft.

Folgende Abfolge zur Ermittlung des Kernakzentes ist daher zweckmäßig:

1. Thema-Rhema-Gliederung (falls vorhanden) markieren.
   Ist das Thema nicht vom Subjekt repräsentiert, dann ist dessen letztes akzentuierbares Wort Kernakzent des Ausspruchs.
2. Markierung der Akzentsilben in den akzentuierbaren Wörtern (nach der Regel zu den nicht-akzentuierbaren Wörtern).
   Das letzte akzentuierbare Wort nach der Regel zu den Beifügungs- oder Verb-Ergänzungsgruppen ist Träger des Kernakzentes.
3. Akzentverlagerung beachten, wenn die Determinierung des betroffenen Satzgliedes erkennbar ist.
4. Festlegung des Akzentkorpus und damit der Vorakzent- und Nachakzentgruppen (oder -silben), falls vorhanden.

Versuchen Sie nun zu begründen, warum in den folgenden Sätzen die jeweils markierten Silben den Kernakzent tragen!

69

Er kommt auf dem Flugplatz an.

Sie hat es nicht zugeben wollen.

Das ist der Betrieb meiner Frau.

Er hat zwei Flaschen Sekt bestellt.

Wir konnten uns nicht von den Freunden trennen.

Tut mir leid, die Kollegin ist nicht da.

Nach zwei Stunden war er völlig erschöpft.

Er hat es wirklich mit Begeisterung erzählt.

Wir haben uns neulich im Warenhaus getroffen.

Sie hatte sich wegen der Umleitung verspätet.

Eigentlich wollte ich einen Mantel kaufen.

Haben Sie den Entwurf fertig?

Ich werde über den Vorfall Mitteilung machen.

Er hat nun endlich das Fahrrad repariert.

5 Akzentlose vokalische Laute

Wir wollen innerhalb der Übungen zu den vokalischen Lauten eine Dreiteilung vornehmen, die einerseits von der Vorkommenshäufigkeit dieser Laute bestimmt wird, andererseits aber dem Studenten helfen soll, aus der Position eines Vokalgraphems (Stammsilbe/Nicht-Stammsilbe) und aus den Besonderheiten der Kombinationsfolge z. B. bei Diphthongen die lautsprachlich korrekte Umsetzung regelhaft zu erschließen. Insofern ergeben sich folgende Gruppen:

– nichtakzentuierbare vokalische Laute [ə, ɐ]
– akzentuierbare vokalische Laute in den Ausprägungen
   gespannt-lang   [ɑː, eː, iː, oː, uː, øː, yː]
   ungespannt-kurz [a, ɛ, ɪ, ɔ, ʊ, œ, y]
   ungespannt-lang [ɛː]
– akzentuierbare vokalische Diphthonge [a͜e, a͜o, ɔ͜o]

Einige Schwierigkeiten sind bei dem nichtakzentuierbaren reduzierten vokalischen r zu erwarten, da es im Grunde zwei Ausprägungen hat, wobei die eine auftritt, wenn das vokalische r Bestandteil von Konstituenten wie auch von finalen Segmentfolgen ist (siehe -er, -ers, -ern, -ert, -erst, -ernd, her-, ver-, zer-, er-), die andere hingegen nach gespannt-langen Vokalen erscheint.

Bezüglich der Transkription gibt es in den einschlägigen Aussprachewörterbüchern einige Unterschiede:

	Großes Wörterbuch der deutschen Aussprache	Duden-Aussprachewörterbuch	Siebs, Deutsche Aussprache
-er *bitter*	[ɐ] [ˈbɪtɐ]	[ɐ] [ˈbɪtɐ]	[ɐ] [ˈbɪtɐ]
-r (nach Langvokal) *Tür*	[ᵄ] [tyːᵄ]	[ɐ] [tyːɐ]	[ɐ] [tyːɐ]

Ein weiterer die Übungen erschwerender Umstand ist die Tatsache, daß es von der Position innerhalb der graphischen Silbe abhängt, ob das Graphem r in seiner Ausprägung entweder als nichtakzentuierbarer vokalischer Laut oder als voller konsonantischer r-Laut zu realisieren ist. Doch schon die Vorkommenshäufigkeit der r-Varianten ist ein hinreichendes Kriterium für die Spitzenstellung des r innerhalb des Übungssystems.

5.1. Vokalisches r [ɐ]

Für die Schreibung r (von allen anderen Schreibweisen abgesehen) gibt es im Deutschen vier Aussprachevarianten. Dabei läßt sich eine Zweiteilung erkennen. Es existieren sowohl ein vokalischer Laut [ɐ] als auch drei konsonantische oder „volle" r-Formen. Die Verteilung und damit die Wahl des einen oder des anderen ist sowohl von der Position als auch von der Lautnachbarschaft abhängig. Wo konsonantische r-Formen realisiert werden dürfen, kann kein vokalisches r auftreten und umgekehrt. Für das vokalische r gibt es nur eine artikulatorische Ausprägung, wohingegen die drei konsonantischen r-Formen für die ihnen zugewiesene Position frei wählbar sind. Zu den konsonantischen Formen gehören velares Reibe-r [ʁ], Zäpfchen-r [ʀ] und Zungenspitzen-r [r]. Die Schwierigkeit besteht in der Entscheidung für die richtige r-Form, denn die Position des Schriftzeichens r wechselt innerhalb der graphischen Silbe in Abhängigkeit von der Wortform, so wird *hören* z. B. mit konsonantischem, *hört* mit vokalischem r realisiert.

In den Übungen kommt es somit darauf an, sowohl die artikulatorische Ausprägung des vokalischen r als auch seine positionellen Besonderheiten zu erlernen.

Transkriptionszeichen und Schreibung

[ɐ]   r

Positionen

r wird nach langem Vokal (gespannt oder ungespannt) vokalisch realisiert, sofern es zur gleichen graphischen Silbe gehört und unabhängig davon, ob noch weitere Konsonanten folgen.

langer Vokal (gespannt oder ungespannt)	+ r	+ evtl. Konso- nant oder Konsonanten	Beispiele
[y:]	+ r	(+ K)	für, (du) führst
[u:]	+ r	(+ K)	nur, (du) fuhrst
[ø:]	+ r	(+ K)	Stör, (du) störst
[o:]	+ r	(+ K)	Chlor, (du) bohrst
[i:]	+ r	(+ K)	Stier, (du) stierst
[e:]	+ r	(+ K)	Meer, (du) kehrst
[ɛ:]	+ r	(+ K)	Bär, (du) fährst
([ɑ:]	+ r	(+ K)	Bar, Bart)

Zur Realisierung von r nach langem *a* vgl. S. 215.

Verschiebt sich jedoch die graphische Silbengrenze nach links – zwischen *r* und den langen Vokal –, dann ist eine der konsonantischen *r*-Formen zu realisieren:

vokalisches *r*	konsonantisches *r*
(du) führst	(wir) füh-ren
Uhr	Uh -ren
(du) hörst	hö -ren
(er) bohrt	boh -ren
Stier	Stie -re
Meer	Mee-re
Star	Sta -re

Darüber hinaus wird *r* in Verbindung mit dem *e* in einigen Konstituenten (in Suffixen auch dann, wenn Konsonanten folgen) vokalisch gesprochen:

Konstituente	-er + Flexions-morphem	Beispiel
er-	-er	erleben, Bauer
her-	-ers	herkommen, Bauers
ver-	-ern	verlassen, Bauern
zer-	-ern	zerstört, flüstern
	-ert	flüstert
	-erst	flüsterst
	-ernd	flüsternd

Ebenfalls vokalisch realisiert wird *r* in den Personalpronomen *er*, *wir*, *ihr* und in den Präpositionen, in denen *r* auf einen Vokal folgt, z. B. *vor*, *für*, ... *her-* und *vor-* sind mit vokalischem *r* zu sprechen, wenn sie als einfache Konstituenten fungieren. Sie sind jedoch mit kurzem Vokal und konsonantischem *r* zu realisieren, wenn sie in Verbindung mit vokalanlautenden Präpositionen auftreten:

vokalisches *r*	konsonantisches *r*
herkommen	hereinkommen
vorkommen	vorüberkommen

Das gilt analog auch für *wo(r-)* und *da(r-)*, z. B. worüber, worin, darüber, daraus u. a.

Lautbeschreibung

Beim vokalischen *r* handelt es sich nicht mehr um einen Konsonanten. In den genannten Positionen ist ein Vokal zu sprechen, der als ein leicht in Richtung auf das hintere (dunklere) *a* verlagerter Mittelzungenvokal zu beurteilen ist und der im Ergebnis der nachakzentualen Position durch einen Verlust an Artikulationspräzision sowie einen Verlust an Stimmtonhöhe (bei Informationsintonemen) und Stimmstärke gekennzeichnet ist.

Die artikulatorische Andersartigkeit im Vergleich zum schwachtonigen *e* ist minimal.

In Verbindung mit langen Vokalen läßt sich beobachten, daß der labiale Anteil (die Lippenartikulation) vollkommen schwindet und gewissermaßen ein Zwielaut entsteht, dessen zweite Komponente [ɐ] als artikulatorisch zentralisiert angesehen werden muß. Im Gegensatz zu den Schließdiphthongen ist hier die zweite Komponente – das vokalische *r* – mit relativ größerer Öffnungsweite zu artikulieren. In Verbindung mit kurzen Vokalen (z. B. in *er-*) ist diese Bewegung von einer zur anderen Komponente weit weniger deutlich zu hören (vgl. auch Ulbrich 1972, S. 56).

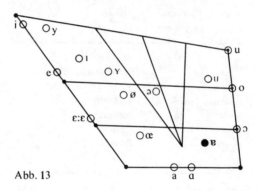

Abb. 13

Ableitungen

Eine isolierte Artikulation des vokalischen *r* führt in der Regel nicht zum Erfolg. Deshalb sollte man von der Folge *langer und gerundeter Vokal + r* ausgehen, wobei noch einmal darauf hinzuweisen ist, daß es sich bei der Umsetzung keinesfalls um ein konsonantisches *r* handeln darf. Das an dieser Stelle stehende Graphem muß artikulatorisch als Vokal realisiert werden.

So kann die Folge [y:ɐ] z. B. als fallender Öffnungsdiphthong beschrieben werden. Nach der Artikulation von [y:] ist die Lippenstülpung und -rundung aufzugeben, der Zahnreihenabstand geringfügig zu vergrößern (d. h. der Unterkiefer leicht abzusenken), die Grundtonhöhe zu senken und die Lautstärke zu vermindern. Der gesamte artikulatorische Ablauf des vokalischen *r* geht in Richtung auf das hintere *a*:

[y:ɐ], [u:ɐ], [ø:ɐ], [o:ɐ], [i:ɐ], [e:ɐ], [ɛ:ɐ],
[ɑ:ɐ]

212

Sollte diese Ableitung nicht zum gewünschten Ergebnis führen, muß eine Vergröberung vorgenommen werden. Das vokalische *r* wird durch [a] ersetzt. Das führt in dem beschriebenen Beispiel zu [y:a]. Wenn man nun die Sprechgeschwindigkeit erhöht und das [a] nur noch als Zielpunkt, nicht aber als zu realisierenden Laut annimmt, ergibt sich in der Regel [y:ɐ]. Diese Abfolge müßte analog auf andere Vokale übertragen werden.

Die vokalischen *r*-Laute müssen in ihrer Verbindung mit langen Vokalen relativ häufig artikuliert werden, damit sich im akustischen Gedächtnis eine gültige Klangvorstellung herausbildet, die schließlich als Ausgangspunkt für die Eigenkontrolle genutzt werden kann.

Abweichungen

1. Statt des vokalischen *r* [ɐ] wird ein konsonantisches [ʁ, ʀ, r] gesprochen, z. B. [ty:r] an Stelle von [ty:ɐ].

   Abhilfe:
   Hinweis auf die Regeln.

2. [ɐ] wird als [a] gesprochen.

   Abhilfe:
   Stärkere Akzentuierung des langen Vokals bei gleichzeitiger Verkürzung und deutlicher Verminderung der Artikulationspräzision des [a].

Übungsmaterial

1. Erklären Sie, warum die hervorgehobenen *r*-Grapheme als vokalisches *r* umzusetzen sind!

70

ich lehre	ich lehrte	ich habe gelehrt
du lehrst	du lehrtest	du hast gelehrt
er lehrt	er lehrte	er hat gelehrt
wir lehren	wir lehrten	wir haben gelehrt
ihr lehrt	ihr lehrtet	ihr habt gelehrt
sie lehren	sie lehrten	sie haben gelehrt

schön, schöner, am schönsten
feierlich, feierlicher, am feierlichsten
schwer, schwerer, am schwersten

der Fahrer	die Fahrer	die Fahrerinnen
des Fahrers	der Fahrer	der Fahrerinnen
dem Fahrer	den Fahrern	den Fahrerinnen
den Fahrer	die Fahrer	die Fahrerinnen

meiner Frau, einer Arbeiterin, welcher Lehrerin, unsern Nachbarn, keinerlei Verpflichtungen, weniger vier

213

71

2. Realisieren Sie das vokalische *r* nach langen Vokalen! (Beachten Sie bitte, daß nach den Regeln der Ausspruchsakzentuierung Präpositionen, Artikel und Pronomen akzentlos gesprochen werden müssen!)

[y:]

die Tür, die Kür, wofür, dafür, er führt, führte, hat geführt, er schürt, schürte, hat geschürt, er spürt, spürte, hat gespürt, er entführt sie, entführte sie, hat sie entführt, natürlich

[ø:]

Stör, Gehör, Dekorateur, Installateur, Ingenieur, er hört, hörte, hat gehört, er stört, störte, hat gestört, er betört sie, betörte sie, hat sie betört, er empört sich, empörte sich, hat sich empört

[u:]

die Spur, pur, nur, Dur, Tour, stur, Natur, Garnitur, zur Schur, Kur, Ruhr, Flur, Schnur, Zufuhr, Ausfuhr, Abfuhr, er fuhr zur Kur, die Figur, die Frisur, die Natur

[o:]

Tor, vor, davor, hervor, zuvor, das Moor, der Chor, der Doktor, der Rektor, der Sektor, er bohrt, bohrte, hat gebohrt, das Ohr, der Motor

[i:]

hier, wir, ihr, dir, das Bier, das Papier, das Revier, der Offizier, vier, das Quartier, der Stier, die Gier, das Turnier, er schmiert, schmierte, hat geschmiert

[e:]

das Meer, das Heer, der Teer, sehr, sehr schwer, noch mehr, er lehrt es, lehrte es, hat es gelehrt, er leert es, leerte es, hat es geleert, er beschwert sich, beschwerte sich, hat sich beschwert, daher, woher, nachher, vorher, hinterher

[ɛ:]

das Märchen, das Härchen, Klärchen, sehr populär, sehr prekär, der Sekretär, der Revolutionär, der Aktionär, er klärt es, klärte es, hat es geklärt, sehr gefährlich, sehr spärlich, das Pärchen

[ɑ:]

Beachte! Laut „Großem Wörterbuch der deutschen Aussprache" muß *r* nach [ɑ:] konsonantisch realisiert werden. Eine vokalische Umsetzung ist der umgangssprachlichen Ebene zuzuordnen.

die Bar, das Haar, der Star, klar, er spart, sparte, hat gespart, sehr zart, viel zarter, fahr doch, der Notar, der Basar, das Exemplar, das Formular, er war da

3. Beachten Sie in fremden Wörtern das vokalische *r* in den Endungen! **72**

ar [ɑːr]

der Jubilar, das Glossar, das Exemplar, der Notar

är [ɛːr]

familiär, sehr populär, der Millionär, der Sekretär

ier [iːr]

der Passagier, der Kavalier, der Juwelier, das Papier

[ɪɐ]

der Magier, der Belgier, der Georgier, der Spanier

or [oːɐ]

der Matador, der Doktor, der Major, das Kontor, der Aggressor, der Ventilator, der Generator, der Projektor

ör [øːɐ]

der Frisör

ur [uːɐ]

die Figur, die Karikatur, die Natur, die Agentur, die Inventur

eur [øːɐ]

der Ingenieur, der Masseur, der Regisseur, der Redakteur

4. Sprechen Sie vokalisches *r* in den akzentlosen Konstituenten *er-*, *her-*, **73**
ver-, *zer-* und in den akzentuierbaren *her-* und *vor-*! (Vgl. auch
S. 211!)

er-

er erduldet es, erduldete es, hat es erduldet, er erzählt es, erzählte es, hat es erzählt, er erkennt es, erkannte es, hat es erkannt, er erfaßt es, erfaßte es, hat es erfaßt, er erbaut es, erbaute es, hat es erbaut, er erarbeitet es, erarbeitete es, hat es erarbeitet

ver-

er vernimmt es, vernahm es, hat es vernommen, er verneint, verneinte, hat verneint, er versucht es, versuchte es, hat es versucht, er verzehrt es, verzehrte es, hat es verzehrt, der Versuch, der Verdacht, der Verweis, die Verwandtschaft, das Versteck

zer-

er zertritt es, zertrat es, hat es zertreten, er zerlegt es, zerlegte es, hat es zerlegt, er zerhackt es, zerhackte es, hat es zerhackt, er zerstört es, zerstörte es, hat es zerstört, der Zerfall, das Zerwürfnis

her- (akzentlos)

herbei, hernach, hervor, herzu (aber: he-rein, he-rüber)

her- (akzentuiert)

er kommt hér, kam hér, ist hérgekommen, er sieht hér, sah hér, hat hérgesehen, er hört hér, hörte hér, hat hérgehört, er zieht hér, zog hér, ist hérgezogen

vor- (akzentlos)

er läuft vorbei, lief vorbei, ist vorbeigelaufen, er kommt vorbei, kam vorbei, ist vorbeigekommen (aber: vo-ran, vo-raus, vo-rüber)

vor- (akzentuiert)

er liest vór, las vór, hat vórgelesen, er geht vór, ging vór, ist vórgegangen, er schlägt vór, schlug vór, hat vórgeschlagen, vórher, vórläufig, vórlaut, am Vórmittag, der Vórtrag, der Vórname, die Vórliebe

Hinweis:

Beim Zusammentreffen zweier *r*-Grapheme an Silbengrenzen muß den Regeln entsprechend das erste vokalisch, das zweite jedoch konsonantisch artikuliert werden:

erreichen, erregen, erringen, erraten, verrechnen, verraten, verreisen, verrohen, zerreiben, zerreden, zerreißen, vorrangig, Vorrede

74

5. Realisieren Sie vokalisches *r* in der Konstituente *-er*!

[f] der Hafer, der Käfer, der Schäfer, der Läufer, viel tiefer
[ts] der Tänzer, der Setzer, der Ketzer, der Seufzer
[s] der Verfasser, der Schweißer, der Gießer, der Schlosser
[ʃ] der Wäscher, der Fleischer, der Forscher, der Herrscher
[r] der Lehrer, der Fahrer, der Führer, der Hörer, der Bohrer
[d] die Feder, das Leder, der Kalender, der Sender, das Luder
[t] die Leiter, der Leiter, der Arbeiter, das Alter, der Schalter
[n] der Redner, der Schaffner, der Gegner, der Afrikaner
[l] der Wähler, der Fehler, der Tischler, der Kühler, der Füller
[v] der Pullover, das Pulver, das Manöver, der Westover
[f] der Hafer, der Käfer, die Kiefer, das Ufer, der Dampfer
[b] das Fieber, die Leber, das Silber, der Zauber, der Räuber
[p] der Schlepper, der Körper, der Kipper, die Oper, super
[m] der Krämer, der Eimer, die Kammer, das Zimmer, immer
[g] der Sieger, der Bagger, der Bürger, der Pfleger, der Träger
[k] der Bäcker, der Wecker, der Zucker, der Musiker, der Kerker
[x] der Taucher, der Kocher, der Locher, der Raucher
[h] der Erzieher, der Aufseher, der Vorsteher, der Geher

Hinweis:

In den maskulinen Substantiven auf *-er* wird in allen Kasus vokalisches *r* gesprochen, unabhängig davon, welche Konsonanten folgen:
der Redner, des Redners, dem Redner, den Redner
die Redner, der Redner, den Rednern, die Redner

[b] fiebern – er fiebert, fieberte, hat gefiebert; erobern – er erobert
es, eroberte es, hat es erobert; zaubern – er zaubert, zauberte, hat
gezaubert; er ist albern, es glänzt silbern

[p] stolpern – er stolpert, stolperte, ist gestolpert; sich räuspern – er
räuspert sich, räusperte sich, hat sich geräuspert; klappern – es
klappert, klapperte, hat geklappert

[m] jammern – er jammert, jammerte, hat gejammert; wimmern – er
wimmert, wimmerte, hat gewimmert; dämmern – es dämmert,
dämmerte, hat gedämmert; flimmern – es flimmert, flimmerte,
hat geflimmert

[d] ändern – er ändert es, änderte es, hat es geändert; sich wundern –
er wundert sich, wunderte sich, hat sich gewundert; schildern –
er schildert es, schilderte es, hat es geschildert

[t] füttern – er füttert es, fütterte es, hat es gefüttert; zittern – er
zittert, zitterte, hat gezittert; umblättern – er blättert um, blät-
terte um, hat umgeblättert; stottern – er stottert, stotterte, hat
gestottert

[n] sich erinnern – er erinnert sich, erinnerte sich, hat sich erinnert;
zerkleinern – er zerkleinert es, zerkleinerte es, hat es zerkleinert;
steinern, tönern

[s] sich äußern – er äußert sich, äußerte sich, hat sich geäußert;
vergrößern – er vergrößert es, vergrößerte es, hat es vergrößert;
gipsern

[z] gläsern, eisern

[f] liefern – er liefert es, lieferte es, hat es geliefert; pfeffern – er
pfeffert es, pfefferte es, hat es gepfeffert; opfern – er opfert es,
opferte es, hat es geopfert

[ʃ] plätschern – es plätschert, plätscherte, hat geplätschert; zwit-
schern – es zwitschert, zwitscherte, hat gezwitschert

[g] sich steigern – er steigert sich, steigerte sich, hat sich gesteigert;
zögern – er zögert noch, zögerte noch, hat noch gezögert; sich
weigern – er weigert sich, weigerte sich, hat sich geweigert

[k] meckern – er meckert, meckerte, hat gemeckert; versickern – es
versickert, versickerte, ist versickert

[x] stochern – er stochert, stocherte, hat gestochert

[ç] kichern – sie kichert, kicherte, hat gekichert, sie kichert immer
noch; sich versichern – er versichert sich, versicherte sich, hat
sich versichert

[ae] feiern – er feiert oft, feierte oft, hat oft gefeiert

[ao] zumauern – er mauert es zu, mauerte es zu, hat es zugemauert

[ɔø] steuern – er steuert es, steuerte es, hat es gesteuert; erneuern – er
erneuert es, erneuerte es, hat es erneuert; beteuern – er beteuert
es, beteuerte es, hat es beteuert

76

7. Üben Sie im Satz!

Schüler – [ˈʃyːlɐ]

Ich bin Schüler. Er ist Schüler. Er war Schüler.

Maler, Schlosser, Klempner, Eisenbahner, Kellner, Verkäufer, Schauspieler, Monteur, Sänger, Tänzer, Musiker, Künstler, Tischler, Glaser, Bäcker

Hinweis:

Beachten Sie, daß initial konsonantisches *r* [ʁ] zu sprechen ist!

Maurer – [ˈmaʊʁɐ]

Kraftfahrer, Handwerker, Lehrer, Pförtner, Professor, Dekorateur, Elektriker, Sportler, Drucker, Bergarbeiter, Direktor, Regisseur

77

in der Oper – [ɪn deːɐ ˈoːpɐ]

Er war gestern in der Oper.

Er war erst gestern in der Oper.

Er war vorgestern in der Oper.

Er war vor vier Tagen in der Oper.

auf der Sparkasse, auf der Bank, in der Bibliothek, in der Gemäldeausstellung, auf der Post, in der Verwaltung, auf der Polizei, in der Disko, in der Poliklinik, in der Unfallstation, in der Intensivstation

78

zu seiner Mutter – [tsuː zaɛnɐ ˈmʊtɐ]

Er fährt übermorgen zu seiner Mutter.

Er fährt in vier Tagen zu seiner Mutter.

zu seiner Tante, zu seiner Großmutter, zu seiner Freundin, zu seiner Bekannten, zu seiner Lehrerin, zu seiner Frau, zu seiner Briefpartnerin, zu seiner Chefin, zu seiner Vorgesetzten, zur Kur, zur Erholung

79

Er erfährt es erst in einer Stunde.

übermorgen, in vier Stunden, in vier Tagen, in vier Wochen, in der nächsten Woche, in der nächsten Zeit, in der nächsten Sitzung, in der Beratung, in der Leitungssitzung, in der Versammlung

80

Er erfuhr es schon vor einer Stunde.

vor vier Stunden, vor vier Tagen, vor vier Wochen, vor einiger Zeit, vor vier Monaten, vor der Sitzung, vor der Beratung, vor der Versammlung, vor dem Seminar, vor der Vorlesung, vor der Nachtschicht, vor Feierabend

81

Er fuhr mit der Straßenbahn zur Post.

zu seiner Tante, zu seiner Großmutter, zu seiner Freundin

82

Er kam erst vor vier Tagen aus der Sowjetunion.

ČSSR, MVP, VRP, UVR, VRB, DDR, SRR, Schweiz, Türkei

Er war zuerst <u>auf der Post</u>, dann <u>auf der Sparkasse</u>. **83**

auf der Sparkasse ... auf der Bank, auf der Bank ... in der Bibliothek, in der Bibliothek ... bei seiner Tante, bei seiner Tante ... auf
der Polizei, auf der Polizei ... in der Versammlung, in der Versammlung ... in der Klinik, in der Klinik ... in der Ausstellung

Er studiert im vierten Semester <u>Mathematik</u>. **84**

Deutsch/Geschichte, Deutsch/Sport, Biologie, Chemie, Mathematik,
an der Universität Wirtschaftswissenschaft, Medizin, Jura, Landwirt-
schaft, Germanistik, an der Hochschule für Musik, an der Technischen
Hochschule, am Institut für Musikwissenschaft

Er hatte <u>dem Vortrag</u> sehr interessiert zugehört. **85**

der Darlegung, der Beweisführung, der Erklärung, der Einführung,
der Interpretation, der Argumentation, der Erläuterung, der Diskussion, der Auseinandersetzung, der Darbietung, der Erzählung, der
Lesung

Herr Müller fährt <u>mit der Bahn</u> zur Arbeit. **86**
Herr Müller fuhr schon immer <u>mit der Bahn</u> zur Arbeit.

mit dem Bus, mit der S-Bahn, mit der U-Bahn, mit der Straßenbahn,
mit dem Taxi, mit dem Fahrrad, mit dem Moped, mit dem Motorrad,
mit dem Zug, mit seinem Auto

Herr Müller hört sehr gern <u>klassische Musik</u>. **87**

Schlager, Jazz, Blasmusik, Volkslieder, Stimmungsmusik, Volks-
musik, Pop-Musik, Marschmusik, Orgelmusik, Zirkusmusik, Streich-
musik, Estradenmusik

Laut Fahrplan fährt der Zug <u>4.40 Uhr (vier Uhr vierzig)</u>. **88**

4.24 Uhr, 4.34 Uhr, 4.43 Uhr, in vier Stunden, erst in vier Stunden,
schon in vier Minuten, vom Bahnsteig vier, nur an Feiertagen, nur
am Donnerstag

Wem gehört denn das Buch? **89**
Das Buch gehört <u>seiner</u> (meiner/deiner) <u>Frau</u>.

Schwester, Mutter, Kollegin, Nachbarin, Freundin, Kommilitonin,
Verlobten, Braut, Schwägerin, Nichte, Großmutter

Das ist <u>der Mann meiner</u> (deiner/seiner) <u>Kollegin</u>. **90**

der Kollege, der Chef, der Vorgesetzte, der Meister, der Mitarbeiter, der Abteilungslei- ter, der Nachbar, der Fahrer, der Bekannte, der Freund, der Vater, der Onkel, der Bruder, der Schwager, der Stiefbruder	Frau, Schwester, Mutter, Freundin, Kommilitonin, Ver- lobte, Schwägerin, Nachbarin

91 Wir werden ihr <u>den Inhalt</u> erzählen.

den Vorgang beschreiben, den Hergang berichten, den Ablauf schildern, die Gründe erklären, den Ablauf erklären, die Vorlesung mitschreiben, die Argumentation erläutern, die Gründe darlegen, den Vertrag vorlegen

92 Er telefoniert schon seit mehr als <u>einer Stunde</u>.

einer Viertelstunde, einer halben Stunde, vierzig Minuten

93 Wir werden erst übermorgen <u>anrufen</u>.

Ihr werdet wohl erst zwei Tage später <u>anrufen</u>?

Werdet ihr auch wirklich übermorgen <u>anrufen</u>?

Wir hoffen, ihr werdet morgen <u>anrufen</u>.

Bescheid geben, anreisen, abfahren, Prüfung haben, nach Berlin fahren, das Seminar abschließen, die Versuche beenden, den Vortrag halten, eine Versammlung einberufen, die Fahrt antreten, die Fahrkarten kaufen, den Professor sprechen, feiern, die Ergebnisse erwarten, die Übersetzung abgeben

94 Ihr werdet in der nächsten Woche <u>ausgezeichnet</u> werden.

Ihr werdet sicher <u>ausgezeichnet</u> werden.

Herr Müller wird vermutlich auch <u>ausgezeichnet</u> werden.

belobigt, lobend erwähnt, befördert, noch benachrichtigt, informiert, umgesetzt, abkommandiert, prämiiert, degradiert, einberufen, abberufen

95 Er war schon immer <u>schneller</u> als wir.

langsamer, größer, kleiner, fleißiger, fauler, klüger, korrekter, nachlässiger, interessierter, talentierter, mutiger, feiger, gesprächiger, temperamentvoller, ausdauernder, trainierter, exakter, witziger, sportlicher, besser

96 Er qualifiziert sich zum <u>Meister</u>.

Er qualifizierte sich zum <u>Meister</u>.

Er hat sich zum <u>Meister</u> qualifiziert.

Abteilungsleiter, Manager, Lektor, Facharbeiter, Schweißer, Baggerfahrer, Sachbearbeiter, Vorarbeiter

97 Er läuft <u>schneller und schneller</u>.

Er fliegt höher und höher, weiter und weiter; erzählt lauter und lauter, leiser und leiser; wird mutiger und mutiger, klüger und klüger

98 Ihr werdet <u>schneller</u> werden, wenn ihr <u>häufiger trainiert</u>.

langsamer/schwächer ... weniger trainiert, klüger/sicherer ... mehr lernt, schneller/wendiger ... mehr übt, ausdauernder/weniger ermüdbar ... mehr trainiert, sachlicher/überzeugender ... besser argumentiert, sachkundiger ... mehr lest

Wenn er schnéller wäre, könnte er den Zug noch scháffen.　**99**

fleißiger ... die Prüfung bestehen, zuverlässiger ... die Arbeit übernehmen, umsichtiger ... die Versammlung leiten, sprachlich besser ... die Stadtführung übernehmen, sorgfältiger ... die Leitung übernehmen

Er geht (läuft/fährt) zur Post. (wohin?) Er ging zur Post.　**100**
Er wartet (steht/sitzt) auf der Post. (wo?) Er wartet auf der Post.

wohin?
Post, Haltestelle, Markthalle, Gaststätte, Sporthalle, Tür, Sparkasse, Brücke, Telefonzelle, Verwaltung, Kasse, Bank, Bibliothek

wo?
an der Haltestelle, vor der Markthalle, in der Gaststätte, in der Sporthalle/vor der Sporthalle, an der Tür/vor der Tür, vor der/in der Sparkasse, unter der Brücke, vor der/an der Telefonzelle, auf der Verwaltung, an der/neben der Kasse, auf der/vor der Bank

5.2. Schwachtoniges e [ə]　　　　　　　　　　[ə]

Das Graphem e hat mehrere phonetische Ausprägungen, so die akzentuierten Vokale [eː], [ɛː], [ɛ] und [e] (vornehmlich in fremden Wörtern), von denen das schwachtonige e deutlich zu trennen ist. Die Schwachtonigkeit des [ə] und sehr häufig sogar sein völliger Schwund haben ihre Ursachen darin, daß das [ə] niemals Akzentträger sein kann, weil es stets in akzentloser Position vorkommt. Im Verhältnis zu akzentuierten Lauten wird das schwachtonige e wie andere akzentlose Laute auch etwas schneller gesprochen.

Transkriptionszeichen und Schreibung

[ə]　　　　　e

Positionen

Das schwachtonige e kann selbst Morphem, Bestandteil eines Morphems oder Bestandteil einer Morphemkette sein (z. B. -e, -en, -eltest). Als Variante des Pluralmorphems ist es obligatorisch (z. B. Tisch – Tische), als Kennzeichen der 1. Person Singular Präsens Aktiv und im Präteritum kann es jedoch fortgelassen werden.

221

Der Ausfall des schwachtonigen *e* tritt häufig dann auf, wenn die Sprech-geschwindigkeit sehr hoch ist und es sich nicht um standardsprachliche Rede handelt (z. B. ich geh*e*, ich geh'). Die häufigsten artikulatorischen Reduktionen oder Ausfälle des schwachtonigen *e* sind bei der Folge *-en*, *-el*, *-eln* bei Adjektiven, Substantiven oder Verben zu beobachten, wie die Tabelle auf S. 224 zeigt. Dieser Ausfall bezieht sich auf eine sachlich-neutrale Rede, bei der auf Grund einer günstigen Schallüber-tragung (keine größeren Entfernungen, keine Störgeräusche, keine Schwerhörigkeit des Kommunikationspartners und u. U. zusätzlicher Gebrauch von Verstärkeranlagen) die allgemeine Artikulationsspannung klein sein kann. Fällt schwachtoniges *e* unter solchen Bedingungen nicht aus (z. B. nach Verschluß- und Reibelauten), erhält die Aussprache damit einen leicht gekünstelten Anstrich.

Ausländer sollten aus zwei Gründen die Assimilationsformen und Positionen des Ausfalls kennen. Einerseits würde das schwachtonige *e*, wenn es nicht tatsächlich schwachtonig ist, zu einer Nebenakzentuierung führen, was die satzakzentuellen Bedingungen stört, andererseits müssen auch salopp-umgangssprachliche Formen semantisiert werden können.

Bei Endsilbenketten (z. B. *-enden*, *-ender*, *-endes*, *-endem*, *-elte*, *-eltest*, *-eltet*, *-elnder*, *-elnden*, *-elnder*, *-elndes*, *-elchen*) wird das erste *e* in Ver-bindung mit dem folgenden Konsonanten entsprechend der Regel assi-miliert, während das zweite als schwachtoniges *e* zu realisieren ist (z. B. rasch*elndes* ['raʃ|ndəs] Gras).

In den Morphemen *-em*, *-es*, *-eten*, *-ete*, *-et* sowie in den Präfixen *be-* und *ge-* ist das schwachtonige *e* in jedem Fall zu realisieren.

Lautbeschreibung

Das schwachtonige *e* ist ein mittelhoher Mittelzungenvokal. „Die Lippen sind locker geöffnet. Der Zahnreihenabstand richtet sich nach der Lautumgebung. Der vordere Zungenrand hat Kontakt mit den unteren Schneidezähnen. Die Mittelzunge wölbt sich

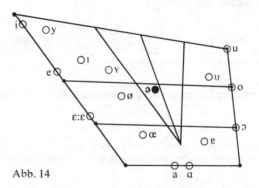

Abb. 14

mäßig zum harten Gaumen auf, so daß ein indifferenter Vokal-klang zwischen den *ö-* und den *e*-Lauten entsteht. Das Gaumen-segel ist gehoben." (Großes Wörterbuch der deutschen Aussprache, a. a. O., S. 33)

Ableitung

Um die besten Voraussetzungen zur Ableitung des schwachtonigen *e* zu erhalten, sollten die Artikulationsorgane völlig entspannt werden. Man atmet durch den Mund, die Lippen dürfen keineswegs aktiviert werden. Im Gegensatz zur Ruhelage der Artikulationsorgane muß der Unter-kiefer geringfügig abgesenkt werden. Bei kurzem Phonieren ergibt sich das schwachtonige *e*.

Abweichungen

1. Akzentuierung statt Reduktion, [ə] wird zu [ɛ:]

   Abhilfe:
   Hinweis auf die Akzentlosigkeit und die verminderte Dauer des [ə]

2. Ausfall des [ə] in nicht zugelassenen Positionen

   Abhilfe:
   Hinweis auf die Regeln, daß schwachtoniges *e* nur nach Verschluß- und Reibelauten ausfallen darf, wenn das Redetempo groß ist bzw. wenn die höchste Formstufe der Standardsprache verlassen wird.

Übungsmaterial

1. Versuchen Sie, die Lautdauer des Nasals *m* bzw. *n* relativ lang und die des *e* relativ kurz zu halten, wobei die Lippen nur leicht geöffnet werden sollten! me, me, me; ne, ne, ne ... **101**

2. Achten Sie darauf, daß der Akzentvokal besonders hervorgehoben wird, so daß das schwachtonige *e* artikulatorisch tatsächlich nur an-gedeutet wird! **102**

[mə] kómm*me*, ich komme, ich komme schon, ich komme ja schon; schwímme, ich schwimme, ich schwimme dann, ich schwimme noch; die Stímme, seine Stimme, meine Stimme; die Blúme, eine Blume; die Súmme, eine Summe; die Pfláume, eine Pflaume

[bə] schréi*be*, ich schreibe, ich schreibe schon, ich schreibe ja schon; die Líebe, meine Liebe; die Schéibe, eine Scheibe; bléibe doch; die Grúbe, eine Grube; die Stúbe, eine Stube

[pə] eine Púp*pe*; ein Teller Súppe; die Gríppe, er hat die Grippe; die Grúppe, eine Gruppe; die Púmpe, pumpe doch

223

Vorhandensein oder Ausfall des schwachtonigen *e* in Abhängigkeit von der Endsilbe bzw. der Endsilbenkette bei sachlich-neutraler Rede

Stamm bzw. Stammauslaut	+ -e [ə]	Beispiel	+ -en [m̩, n̩, ŋ̩, l̩]	Beispiel	[l̩]	Beispiel
[b]	[ə]	habe [~bə]	[m]	haben [~bm̩]	[l̩]	Hebel [~bl̩]
[p]	[ə]	Suppe [~pə]	[m]	stoppen [~pm̩]	[l̩]	Stapel [~pl̩]
[d]	[ə]	Mode [~də]	[n̩]	baden [~dn̩]	[l̩]	Nadel [~dl̩]
[t]	[ə]	Miete [~tə]	[n̩]	bitten [~tn̩]	[l̩]	Kittel [~tl̩]
[g]	[ə]	sage [~gə]	[n̩]	sagen [~gn̩]	[l̩]	Segel [~gl̩]
[k]	[ə]	Ecke [~kə]	[n̩]	Ecken [~kn̩]	[l̩]	Deckel [~kl̩]
[v]	[ə]	aktive [~və]	[n̩]	aktiven [~vn̩]	[l̩]	Struwwelpeter [~vl̩~]
[f]	[ə]	hoffe [~fə]	[n̩]	hoffen [~fn̩]	[l̩]	Kartoffel [~fl̩]
[z]	[ə]	Wiese [~zə]	[n̩]	Rosen [~zn̩]	[l̩]	Esel [~zl̩]
[s]	[ə]	lasse [~sə]	[n̩]	Essen [~sn̩]	[l̩]	Fessel [~sl̩]
[ʒ]	[ə]	Gage [~ʒə]	[n̩]	Trikotagen [~ʒn̩]	[l̩]	–
[ʃ]	[ə]	wasche [~ʃə]	[n̩]	waschen [~ʃn̩]	[l̩]	rascheln [~ʃl̩n]
[j]	[ə]	Boje [~jə]	[ən]	Bojen [~jən]	[l̩]	–
[ç]	[ə]	reiche [~çə]	[n̩]	reichen [~çn̩]	[l̩]	Speichel [~çl̩]
[x]	[ə]	Sache [~xə]	[n̩]	Sachen [~xn̩]	[l̩]	Kachel [~xl̩]
[r]	[ə]	höre [~rə]	[ən]	hören [~rən]	[l̩]	–
[l]	[ə]	Falle [~lə]	[ən]	fallen [~lən]	[l̩]	–
[m]	[ə]	komme [~mə]	[ən]	kommen [~mən]	[l̩]	Stummel [~ml̩]
[n]	[ə]	kenne [~nə]	[ən]	kennen [~nən]	[l̩]	Tunnel [~nl̩]
[ŋ]	[ə]	lange [~ŋə]	[ən]	langen [~ŋən]	[l̩]	Angel [~ŋl̩]
Vok + h	[ə]	gehe [~ə]	[ən]	gehen [~ən]	[l̩]	–
Diphth.	[ə]	baue [~ə]	[ən]	bauen [~ən]	[l̩]	Pleuel [~l]

[nə]	eine Kánne, nimm eine Kanne; die Bádewanne; eine Fáhne; eine Pánne, er hatte eine Panne; máhne ihn, ermahne ihn; besínne dich, entspánne dich, ich erkénne ihn, benénne es
[də]	réde, rede doch, eine Rede; eine Wúnde, noch eine Stúnde, eine Sekúnde, eine alte Methóde, verbínde ihn; ich báde, er badet, er badete, er hatte heute gebadet; es schádet ihm, er benéidet ihn, er léidet; er entschéidet sich, du entscheidest dich
[tə]	die Míete, eine Ákte; héute, ich habe heute keine Zéit; eine Bítte, bitte; eine Gáststätte, eine Schnítte, die Mítte, er bíttet ihn, ich bereite es vór; ich rétte ihn, er rettet ihn; er árbeitet, er arbeitete, er arbeitete heute
[zə]	eine Réise, ich reise áb; eine Thése, eine Róse, eine Blúse, eine Wíese, eine Váse; léise, sehr leise
[sə]	ich ésse, die Mésse, eine Kásse, zwei Ásse, eine Klásse, die Trásse, das ist eine Hítze, ich schwítze, ich sítze
[və]	aktíve Léute, eine aktive Klásse, eine Kúrve, eine Konsérve, eine Olíve, eine Sálve, der Skláve
[fə]	ich scháffe es, er schaffte es; ich pféife, ich pfeife darauf; ich stópfe das Loch, ich hóffe es; ich klopfe án, ich káufe es; eine Stráfe, ich bestrafe ihn; eine Wáffe, die Séife, viele Stóffe
[ʒə]	eine Garáge; die zweite Etáge, die dritte Etage; die Gáge
[ʃə]	ich wísche, ich wische es áuf; zwei Físche, ich fische; meine Wásche, eine Flásche, viele Wúnsche, die Ásche, eine Kútsche, ein Búrsche, eine Kírsche, ich behérrsche es
[jə]	eine Bóje, die Taílle ['taljə], eine Kanaílle [~ 'naljə]
[çə]	eine Éiche, eine reiche Tánte, eine weiche Schále, viele Flúche, ich réiche es dir; ich stréiche es, ich streiche es rót; eine Wéiche, ich réiche es, ich schleiche herán
[gə]	ságe, sage es doch; ich wáge es nicht, schláge ihn nicht, bewége dich doch, bekláge dich nicht, bíege es, verzáge nicht, eine Fráge, ich frage ihn, ich vertráge es nicht, ich ertráge es nicht, steige hináuf, steige áb
[kə]	eine Jácke, eine Écke, eine Lócke, eine Glócke, eine Wólke, ich stárke mich, ich entkórke sie, ich bemérke sie, eine Klínke; ich wínke, ich winke ihm; der Fúnke, ich funke
[xə]	ich láche, ich fache das Féuer an, eine Sáche, eine Spráche, noch eine Wóche; ich máche es, ich mache es doch; ich wáche, eine Wache; ich kóche, ich koche eine Súppe
[lə]	sehr steíle Bérge, Eile mit Wéile, ich vertéile es; ich beéile mich, eine Tabélle, helle Náchte, nicht álle, fast álle, eine volle Flásche, ich záhle, ich bezáhle, ich stelle es hín, ich stelle es áb; eine Fálle, ich falle
Vok. [~:ə]	ich géhe, ich stéhe, ich bestéhe darauf; ich rúhe, ich ruhe mich áus, eine himmlische Ruhe

225

Diphth. ich freue mich, ich baue eine Hütte, ich betreue ihn, ich ver
[~ə]   traue dir, eine neue Halle

Hinweise:
Beachten Sie bitte, daß das schwachtonige *e* bei einer Reihe von Ver
ben in der 1. Pers. Sg. Präs. Aktiv und bei einer Reihe von Imperati
ven in einem ruhigen, sachlichen Gespräch ausfallen darf:

Ich komm' jetzt nach Hause. Komm' jetzt!
Ich schreib' jetzt einen Brief. Schreib' doch!
Ich rat' Ihnen gut! Rat' doch mal!

Das gilt auch für Wortfolgen, in denen ein Verb (z. B. 1. Pers. Sg
Präs. Aktiv oder Imperativ) und das Pronomen *es* nebeneinander
stehen. Dabei wird auch das anlautende *e* des Pronomens weggelassen

Ich schreib's jetzt. Schreib's jetzt!
Ich kann's schon. Sag's ihm!

Die Formen o h n e schwachtoniges *e* wirken im allgemeinen verbind
licher.

103

3. Achtung beim schwachtonigen *e* als Bestandteil des Morphems *-er*
Beachten Sie, daß das schwachtonige *e* nach den Konsonanten [j,
r, m, n, ŋ] sowie nach Vokalen und Diphthongen obligatorisch i
(s. auch Tabelle S. 224)!

[lən]   sie zah*len*, sie spielen, sie wühlen, sie fühlen, sie feilen, sie fa
        len, sie rollen, sie füllen, sie fällen, die Kohlen, die Sohlen, d
        Dielen, sie verkohlen ihn, sie holen ihn, sie stehlen es, sie b
        zahlen es

[rən]   sie erklä*ren* es, sie lehren es, sie leeren es, sie fahren nun, s
        führen ihn, sie informieren ihn, sie akzeptieren es, sie quali
        zieren sich, ein Karren

[mən]   sie kom*men* schon, sie kamen zeitig, sie stimmen ab, sie b
        stimmen es, sie nehmen ab, sie nehmen zu, sie leimen es, s
        wärmen sich, sie stürmen es, die Pflaumen, mein Daumen

[nən]   sie kön*nen* es doch, sie ordnen es jetzt, sie dienen ihm, s
        öffnen ihm, sie ahnen es, sie nennen es, sie gähnen schon, s
        betonen es, sie lernen es, sie kennen mich, innen

[ŋən]   sie fa*ngen* ihn, sie fangen an, sie springen auf, sie springen a
        sie singen gut, sie langen zu, sie zwingen ihn, sie bedräng
        mich, sie hängen an ihm, die Bedingungen, die Zeitungen

104

4. Schwachtoniges *e* ist in *be-* und *ge-* zu realisieren!

[bə]   *be*kommen, sie bekommen es, sie bekamen es; bestimmen,
        bestimmen es; bestellen, sie bestellen es; sie benehmen sic
        sie sind befangen, sie sind bezwungen, viel befahren

[gə]   sie sind *ge*fahren, sie sind gefallen, sie sind gekommen, sie
sind gefangen, sie gefallen sich, sie haben angefangen, sie sind
abgefahren, sie sind ausgegangen, sie sind abgesprungen

5. Beachten Sie, daß -*en* nach [d, t, v, f, z, s, ç, x, ʃ, ʒ] in einem ruhigen, sachlichen Gespräch als [n̩] realisiert wird!

[dn̩]   sie re*den*, sie reden über jeden; sie baden, wir werden baden;
im Süden, im Norden, in zwei Stunden, sie binden ihn, sie
werden ihn finden, sie landen, sie stranden

[tn̩]   sie strei*ten* sich, sie werden ihn retten, sie wetten, sie warten
auf mich, sie starten jetzt, sie husten immer, im Osten, im
Westen, ein Kasten Bier, sie beraten mich

[fn̩]   sie schaf*fen* es, sie beschaffen es, sie verschaffen es sich, sie
streifen umher, wir kaufen es, sie hoffen es, sie verkaufen es,
sie bestrafen ihn, sie treffen sich

[vn̩]   die Mö*ven*, die Slawen, mit aktiven Leuten, die Initiativen

[sn̩]   sie es*sen* jetzt, sie sitzen noch, sie erfassen es, sie reißen sich
darum, sie stoßen an, wir lassen es zu, sie wissen es doch, sie
küssen sich, sie verlassen mich

[zn̩]   sie rei*sen* ab, sie lesen noch, sie rasen, auf den Wiesen, meine
Hosen, viele Rosen, zwei Besen, er muß niesen, drei Düsen,
sein Wesen, sie beweisen es, schöne Weisen

[çn̩]   es wird rei*chen*, sie streichen es, viele Zeichen, zwei Eichen,
sie stechen ihn, sie zechen heftig, sie schleichen, sie weichen
nicht, sie gleichen ihm, manche horchen

[xn̩]   sie la*chen* wieder, sie brauchen es noch, sie kochen gut, sie
rauchen wieder, sie machen es, sie entfachen das Feuer, sie
suchen ihn, sie besuchen ihn, er versucht es

[ʃn̩]   sie wa*schen* sich, sie fischen, sie wischen auf, sie waschen ab,
sie duschen sich, die Wipfel rauschen, sie pfuschen

[ʒn̩]   viele Gara*gen*, die Gagen, in den Etagen

Achten Sie darauf, daß *el* nach [b, p, d, t, g, k, v, f, z, s, ʃ, ç, x] zu
[l̩] werden kann!

[bl̩]   sie ho*bel*n, zwei Gabeln, sie knebeln ihn, sie jubeln schon, im
Nebel, unsere Möbel, ein Kabel, zwei Kabel, ein Hobel

[pl̩]   die Am*pel* zeigt rot, wo ist der Stempel, sie gehen stempeln, sie
zappeln noch, eine Pappel, ein Stapel Bretter

[dl̩]   die Nu*del*n, ein Tadel, sie tadeln ihn, sie rodeln noch, wir
pendeln täglich, die Windel, sie windeln es, wir handeln, wir
behandeln ihn gut, wir verhandeln noch, ein Rudel Wölfe

[tl̩]   mein Kit*tel*, mein Mantel, ein Achtel, ein Neuntel, ein Viertel,
sie tüfteln schon wieder, die Hanteln, sie schütteln sich

[gl̩]   der Na*gel*, der Spiegel, sie nageln es zu, der Riegel, sie riegeln
es ab, ein Vogel, eine Kugel, ein Ziegel, sie beflügeln uns

[kl̩]	ein Arti*kel*, die Fackel, ein Sockel, sie häkeln, sie wickeln es ein, sie fackeln nicht lange, die Stöckelschuhe
[vl̩]	der Struw*wel*peter, der Häwelmann
[fl̩]	der Teu*fel*, der Stiefel, mein Löffel, die Kartoffel, der Gipfel sie büffeln wieder, sie scheffeln Geld, sie schaufeln es zu, sie tafeln, sie schnüffeln herum, sie würfeln
[zl̩]	ein Pin*sel*, nur Gefasel, ein Esel, ein Kiesel, ein Wiesel
[sl̩]	die Fes*sel*, die fesseln ihn, es fesselt mich; sie wechseln das Geld, sie wechseln sich ab, sie wechseln ihn aus; ein Kessel mein Schlüssel, sie drechseln es
[ʃl̩]	ein Bü*schel* Haare, eine Muschel, sie kuscheln sich an, sie rascheln, sie watscheln, sie betätscheln ihn
[çl̩]	sie fä*cheln*, ein Stichel, unser Michel, die Sichel
[xl̩]	eine Ka*chel*, der Stachel

6. Beachten Sie bei der Assimilation der Endung *-en* nach [b, p, g, k] folgenden Hinweis!

Die artikulatorische Angleichung wird erreicht, indem die Artikulationsstelle beibehalten wird und erst nach der Realisierung des Verschlußlautes das Gaumensegel gesenkt wird, so daß ein homorganer Nasal entsteht. Bei den Tenues entfällt die Aspiration; dabei entstehen aus *ben* – [bm̩], *pen* – [pm̩], *gen* – [gŋ̍] und *ken* – [kŋ̍].

Vergleichen Sie hierzu bitte auch den Abschnitt 2.6.2.4.4. zur Lösung von Verschlüssen!

107	[bm̩]	sie ha*ben*, sie haben es; schreiben, geschrieben, sie haben geschrieben; sie leben, sie leben gut; sie sterben, sie vertreiben ihn, oben, neben, daneben, sie üben jetzt, sieben, wir verschieben es, sie sind zu Hause geblieben, wir bleiben da
108	[pm̩]	ein Lap*pen*, es wird klappen, sie kippen es um, zwei Suppen, zwei Puppen, sie steppen, sie schnappen ihn, sie nippen nur, sie foppen ihn, ein Happen, sie stoppen ihn
109	[gŋ̍]	sie sa*gen* es, seinetwegen, ihretwegen, meinetwegen, sie beklagen sich, sie vertragen sich, sie belügen mich, sie sind umgezogen, sie zeigen es, sie schweigen immer, sie steigen um meine Augen, in wenigen Tagen, sie mögen es, morgen schon, übermorgen erst, sie legen sich hin, sie liegen hier
110	[kŋ̍]	sie pa*cken* ihn, sie wecken mich, sie stecken mich an, zwei Glocken, meine Socken, sie merken es nicht, sie bestärken ihn sie melken die Kuh, sie winken ihm zu, sie schenken es ihr sie verschenken es, sie zanken sich, sie schwanken, die Funken
228		sie hinken ja, zwei Jacken

7. Übungen im Satz

Ich schreibe dir nächste Woche.
Ich schreibe es nächste Woche ab.

einen Aufsatz, einen Auftrag, den Bericht, den Artikel, einen Essay,
die Stellungnahme, das Gutachten, die Beglaubigung, die Bestellung,
die Nachricht mit, die Erklärung

Kommende Woche gehe ich ins Warenhaus.
Brigitte sagte, daß sie heute ins Kino gehe.
Brigitte sagte, sie gehe heute ins Kino.

ins Theater, ins Konzert, ins Kaffeehaus, ins Museum, ins Werk, ins
Stadion, ins Bad, ins Hotel, ins Hochhaus, ins Institut, ins Rathaus,
ins Warenhaus, ins Wohnheim

Beate erzählte uns, daß sie keine freie Minute habe.
Beate erzählte uns, sie habe keine freie Minute.

keine ruhige Stunde, keine richtige Lust, keine vernünftige Meinung,
keine speziellen Fragen, keine ernsthaften Probleme, keine rechte Ausdauer, keine klare Vorstellung, keine mündliche Prüfung, keine
schriftliche Prüfung, keine ausreichende Begründung

Irene sagte, daß sie heute ihre Mütze vergessen hätte.
Irene sagte, sie hätte heute ihre Mütze vergessen.

Handschuhe, Hefte, Hefter, Bilder, Zeitungen, Zeitschriften, Bücher,
Mitschriften, Unterlagen, Kette, Ohrclips, Brille, Lupe, Medizin,
Pillen

Gabriele meinte, sie müsse heute noch ihre Freundin anrufen.

Hose bügeln, Miete bezahlen, Wäsche waschen, Beiträge bezahlen,
Schuhe abholen, Medizin nehmen, Tante besuchen, Fahrkarte kaufen, Hose ändern, Tante einladen, Eltern benachrichtigen, Fenster
putzen, Aufsätze korrigieren, Einkäufe machen, Fische füttern, Bücher
abholen

Brigitte erzählte, daß sie heute noch ihre Freundin anrufen müsse.
Brigitte erzählte, sie müsse heute noch ihre Freundin anrufen.

Hinweis: Benutzen Sie ein Modalverb Ihrer Wahl, müsse (m), solle (s),
dürfe (d), könne (k) oder wolle (w)!

m s d k w   ihre Beiträge bezahlen
m   k w   ihre Rate bezahlen
m s   k w   ihre Tasche von der Reparatur abholen
m s   k w   ihre Uhr abholen
m s   k w   ihre Söhne/ihre Tante/ihre Freunde benachrichtigen
m s d k w   ihre Tante/Freunde besuchen

m s		w	ihre Schuhe / Fenster putzen
m s	k w		ihre Fahrkarte / Tasche kaufen, eine Flasche Wein Schnaps kaufen
m s d k w			ihre Reise antreten
m		w	ihre Bluse / Hose / Jacke ändern
m s	k w		eine Nachricht hinterlassen
m s	k w		Einkäufe machen
m s	k w		ihre Küche / Stube / Bude aufräumen
m		w	ihre Aufsätze korrigieren
m s		w	eine Rede halten, Ansprache halten

117 Ihrem <u>Nachbarn</u>, sagte sie, habe sie es (sie's) geborgt.

Bruder, Freund, Vater, Onkel, Kollegen, Cousin, Neffen, Vetter, Schwiegersohn, Chef, Bekannten, Schwager

118 Glaubst du wirklich, daß sich Beate <u>eine Wohnung gemietet</u> hätte? – Nein, du hättest an ihrer Stelle ja auch <u>keine Wohnung gemietet</u>.

einen Bungalow/eine Zweizimmerwohnung/eine Dreizimmerwohnung/eine Dachkammer/einen Wagen/ein Boot gemietet
eine Flasche Weißwein/eine Flasche Rotwein/eine Flasche Dessertwein/eine Pelzjacke/eine Waschmaschine geleistet

119 Glaubst du wirklich, daß Sabine vorige Woche keine <u>freie Minute gehabt hat</u>? →
Sie sagte mir jedenfalls, daß sie vorige Woche keine <u>freie Minute gehabt hätte</u>.

ruhige Stunde/richtige Lust/speziellen Fragen/ernsthaften Sorgen/rechte Ausdauer/klare Vorstellung/vernünftige Begründung/klare Begründung gehabt hat
gute Note/große Prämie/finanzielle Unterstützung/gute Nachricht bekommen hat

120 Hätten sich Schulzens eine neue <u>Schrankwand</u> leisten können? →
Ich glaube schon, daß sich Schulzens eine neue <u>Schrankwand</u> hätte leisten können.

Wohnzimmereinrichtung, Couchgarnitur, Liege, Küche, Wohnzimmerlampe, Flurgarderobe, Bettumrandung, Bettdecke, Couchdecke, Tischdecke, Stereoanlage, Verstärkeranlage, Gefriertruhe, Tiefkühltruhe, Garage

121 Sie sagen, sie würden <u>das Buch</u> heute noch lesen.

das Gutachten/Kommuniqué/Konzept/Programm/Referat
den Aufsatz/Bericht/Aufruf/Essay/Nachruf
die Notiz/Anzeige/Annonce/Bekanntmachung

Müssen Sie das Buch wirklich heute noch lesen?

122

Steffen sagte uns jedenfalls, daß Sie das Buch heute noch lesen müßten (müssen).

Verwenden Sie das Wortgut der Übung 121!

Was denn, keine Zeit? →

123

Ja, sie sagten uns ganz offen, daß sie keine Zeit hätten.

Lust, Fragen, Sorgen, Ausdauer, Freude daran, Freunde, Bekannten, freie Minute, ernsthaften Absichten, ruhige Stunde

Wollen Sie nicht mal nach Paris? →

124

Im großen und ganzen würde es (würde's) mich schon reizen, mal nach Paris zu fliegen.

Bukarest, Damaskus, Tunis, Florenz, Lissabon, Brüssel, Warschau, Oslo, Österreich, Island, Mexiko, Indien

Was machen Sie jetzt? →

125

Sie sagten doch, wir dürften (dürfen) uns ein bißchen ausruhen.

umsehen, unterhalten, die Gegend ansehen, den Film ansehen, die Bilder ansehen, die Zeit vertreiben, die Beine vertreten

Sie sagten doch, wir dürften (dürfen) ein bißchen ruhen.

schlafen, spazierengehen, radfahren, fernsehen, Radio hören, bummeln gehen, lesen, schwimmen gehen

Ach hätten Sie die Freundlichkeit, mir den Zucker zu reichen?

126

Würden Sie so freundlich sein, mir den Zucker zu reichen!

das Salz, den Senf, das Brot, das Brötchen, die Butter, die Wurst, den Pfeffer, das Besteck, die Marmelade, den Essig, den Honig, das Fett, das Öl, die Servietten, den Öffner

Wir treffen uns also vor dem Theater? →

127

Ja, wir sollten uns am besten vor dem Theater treffen.

an der Normaluhr, an der Haltestelle, an der Bushaltestelle, an der Ecke, an der Fußgängerbrücke, an der Eisenbahnbrücke, im Kino, im Kaufhaus, im Reisebüro, im Hochhaus, im Zentrum, im Foyer, am Kiosk, am Bahnhof, am Zoo

Sie können erst dann wieder laufen, wenn Sie's versuchen.

128

Sie könnten schon längst wieder laufen, wenn Sie's wenigstens versucht hätten.

gehen, lesen, sitzen, greifen, radfahren, singen, arbeiten, auftreten, schwimmen, fliegen, stehen

Am 2. März? →

129

Ja, sie sagten, sie würden uns am liebsten am zweiten März besuchen.

231

Sie würden uns noch anrufen, wenn sie am zweiten März Zeit hätten.

am 8. März, am 1. Mai, am 8. Mai, am 1. April, am 12. Juni, am 5. August, am 10. Juli, am 9. März, am 3. April, am 6. Juli, am 13. April, am 6. August, am 15. Februar

130 Sie haben ihm eben gesagt, sie hätten sich geirrt.

verlaufen, verspätet, getäuscht, verschätzt, verirrt, verschrieben, verfehlt, versehen, verrechnet, verfahren, gewundert, geändert, versprochen

131 Haben Meyers denn nichts gegessen? →

Wenn sie uns nicht beschwindelt haben, dann haben sie Schinkenbrötchen gegessen.

Rührei mit Schinken, Wiener Würstchen, Seelachsbrötchen, eine Ochsenschwanzsuppe, Kartoffeln mit Quark, ein Glas Linsen, Fischfilet, geräucherten Aal, Steak mit Champignons, Rührei mit Zwiebeln, Fadennudeln mit Rindfleisch, bloß Schnitten, sogar warm, auch noch eine Tomatensuppe

132 Was haben Meyers denn wirklich gegessen? →

Wenn wir richtig verstanden haben, dann haben sie Marmeladenschnitten gegessen.

Fettschnitten, Erbsen mit Speck, Rouladen mit Rotkraut und Kartoffeln, Erbseneintopf, Schweinebraten, nur ein paar Scheiben Weißbrot, Bouletten mit Mischgemüse, Gulasch mit Klößen, eine Beutelsuppe, Bockwurst mit Salat, kalt, bloß belegte Brötchen, wohl Rinderbraten mit Rosenkohl, einen Bananeneisbecher, Bratkartoffeln

133 Möchtet ihr wirklich nicht noch etwas essen? →

Ja, wenn wir uns irgendwo noch zehn Mark borgen könnten, dann könnten wir uns noch ein Steak leisten.

ein Eisbein mit Erbsen, zweimal Gulasch mit Kartoffeln, zweimal Rouladen mit Rotkraut und Kartoffeln, zwei Gemüsesuppen, zweimal Wiener Würstchen, zwei Eisbecher mit Früchten, zwei kalte Platten, zweimal Rippchen mit Sauerkraut, zwei Gulaschsuppen, zwei Kaßlerbraten, einmal Makkaroni mit Tomatensoße

134 Es geht ihm wohl nicht gut? →

Ja, er sagte, er hätte Magenschmerzen, weil er zu stark gewürzt gegessen hätte.

Er sagte, er würde Magenschmerzen haben, weil er zu stark gewürzt gegessen hätte.

zu viel Suppe, ein zu stark gewürztes Steak, zu scharf gebraten Schaschliks, zu viel, fünf Bockwürste, zu schweren Kartoffelsalat, s etwas Scharfes noch nie, noch einmal Nachschlag, zu viel fettes Fleisch, zu hastig

Haben Sie etwas dagegen, wenn ich sie <u>zu einer Flasche Wein</u> einlade? →

135

Nein, warum sollten wir etwas dagegen haben, wenn Sie uns <u>zu einer Flasche Wein</u> einladen.

zum Essen, zu einem Eisbecher, zu einem Schnitzel, zu einem Umtrunk, zum Abendessen, zum Kaffee, zu einem Glas Wein, zu einem Glas Rotwein, zu einer Flasche Wodka, zu einem Glas Cognac, zu einem Festessen, zu einem Glas Bowle, zum Katerfrühstück

<u>Die Milch</u> war schon <u>sauer</u>. →

136

Na, Sie hätten es ihm doch sagen müssen, daß die <u>Milch schon sauer</u> war.

die Butter schon ranzig, das Öl schon tranig, das Eisbein zu fett, das Schnitzel zu stark gepfeffert, die Suppe versalzen, der Braten schon kalt, das Rumpsteak zu zäh, das Bier zu warm, die Roulade zu klein, das Beefsteak wohl vom Bäcker, das Bier schon schal, der Wein zu warm, die Suppe angebrannt

<u>Kalbsnierenbraten</u>? →

137

Könnten Sie mir sagen, wie man am besten <u>Kalbsnierenbraten</u> zubereitet?

ein Brathähnchen, eine Gans, Krautrouladen, Kartoffelpüree, eine Soljanka, ein Ragout fin, Würzfleisch, Sülze, Kartoffelsuppe, Spargel, Fleischsalat, Prager Schnitzel, Kartoffelsalat, ein Huhn, einen Broiler

Haben Sie denn nichts gegessen? →

138

Ja, wenn es <u>Eisbein</u> gegeben hätte, dann hätte ich etwas gegessen.

Sülze mit Remoulade, Steak au four, Schnitzel, Rehbraten, Bockwurst, Bauernfrühstück, Broiler, Currywurst, Schmorbraten, Pommes frites, Ochsenschwanzsuppe, Kartoffelsalat, Möhreneintopf, Bohneneintopf, Nudeln, Linsen, Rouladen, Nierchen, Spargel, Rührei mit Schinken

6 Auslautverhärtung und Assimilation

Auslautverhärtung und Assimilation wollen wir mit an die Spitze des Übungssystems stellen, weil ihre Vorkommenshäufigkeit groß ist. Vornehmlich fünf Grapheme werden in Abhängigkeit von ihrer Position innerhalb der graphischen Silbe unterschiedlichen artikulatorischen Realisierungen unterliegen, es sind *b*, *d*, *g*, *v* und *s*.

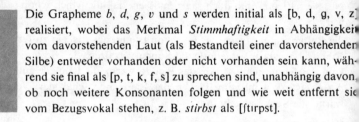

Die Grapheme *b*, *d*, *g*, *v* und *s* werden initial als [b, d, g, v, z] realisiert, wobei das Merkmal *Stimmhaftigkeit* in Abhängigkeit vom davorstehenden Laut (als Bestandteil einer davorstehenden Silbe) entweder vorhanden oder nicht vorhanden sein kann, während sie final als [p, t, k, f, s] zu sprechen sind, unabhängig davon, ob noch weitere Konsonanten folgen und wie weit entfernt sie vom Bezugsvokal stehen, z. B. *stirbst* als [ʃtɪrpst].

Die Realisierung ist also positionsabhängig, und die Position wird von der Flexion bestimmt. Die assimilatorischen Gegebenheiten richten sich nach der Lautnachbarschaft, werden an den Silbengrenzen wirksam und bewirken bei den nachfolgenden Lenis-, Verschluß- und Reibelauten eine progressive Assimilation.

6.1. Die Auslautverhärtung

Unter Auslautverhärtung verstehen wir also die Realisierung von *b*, *d*, *g*, *v*, *s* im finalen Bereich einer graphischen Silbe als stimmlose Fortes [p, t, k, f, s]. (Vgl. auch 2.6.2.4.1.!)

Positionen

1. In einer Reihe unflektierbarer Wörter und festliegender Formen werden die Grapheme *b*, *d*, *g*, *v*, *s* im finalen Bereich als [p, t, k, f, s] gesprochen, z. B.:

   b als [p]   a*b*, hina*b*, hera*b*, o*b* (o*b*wohl, o*b*gleich) ...
   d als [t]   bal*d*, sobal*d*, alsbal*d*, und (Han*d*schuh) ...
   g als [k]   we*g*, Ta*g*, Sie*g*, er sa*g*t (Mitta*g*essen) ...
   v als [f]   Moti*v*, passi*v*, die akti*v*sten Studenten ...

s als [s]   was, es, bis, als, teils, -falls (ebenfalls), ums, ans, ins, eins, uns, los, öfters, vors, fürs, daß, rechts, aus ...

2. Das Graphem s wird in flektierbaren Wörtern als [s] artikuliert, wenn

s   Finalsegment im Nominativ ist, z. B. das, Haus, Eis,

s   Allomorph des Pluralmorphems ist, z. B. die Tanks,

s   Allomorph oder Bestandteil des Allomorphs für den Genitiv Singular ist, z. B. des, Laubs, Fisches,

s   im Superlativ auftritt, z. B. schönste, reichste, teuerste,

s   in der Folge st der Verben in der 2. Pers. Sg. Präs. und Prät. erscheint, z. B. arbeitest, arbeitetest,

s   in der Folge st der Verben in der 3. Pers. Sg. Präs. und Prät., deren Stamm auf s ausgeht, vorkommt, z. B. reist, reiste, verwest, verweste, beweist, bewies,

s   in den kontrahierten Formen von Verb + es für den Imperativ steht, z. B. schreib's, mach's,

s   in den kontrahierten Formen von Präposition + Artikel erscheint, z. B. aufs, ins,

s   als Fugen-s fungiert, z. B. Vorkaufsrecht, Ratsversammlung, Wirtshaus.

3. Die Auslautverhärtung von b, d, g, v, s wird nicht realisiert, wenn sie in der graphischen Silbe initial auftreten:

	b, d, g, v, s		
auslautverhärtet als [p, t, k, f, s]		nicht auslautverhärtet als [b, d, g, v, z]	
der Stab	[ʃtaːp]	die Stäbe	[ʃtɛːbə]
ein Rad	[raːt]	die Räder	[rɛːdɐ]
der Tag	[taːk]	die Tage	[taːgə]
aktiv	[akˈtiːf]	aktive	[akˈtiːvə]
ein Haus	[haos]	die Häuser	[hɔozɐ]
er schreibt	[ʃraept]	schreiben	[ʃraebm̩]
ich lag	[laːk]	lagen	[laːgŋ̍]
er reist	[raest]	reisen	[raezn̩]

Das Übungsmaterial

Voraussetzung für das Üben der Auslautverhärtung ist selbstverständlich die Beherrschung der Einzellaute. Sollten die Einzelumsetzungen der Grapheme b, d, g, v, s nicht beherrscht werden, sind diese zuerst zu erarbeiten.

1. b als [p]
   er schreibt jetzt, er bleibt noch, er glaubt es, sie liebt ihn, sie be-

139

schreibt es, er treibt es an, er erlaubt es ihr, ganz verstaubt, gut ge-siebt, das Laub, das Lob, der Stab, das Sieb, der Staub, er ist taub

140

d als [t]

un*d* Hans, der Band, das Band, der Hund, die Hand, der Bund, das Hemd, er ist blind, ein Kind, ein Land, der Stand, die Wand, ein Feld, ein Bild, der Herd, ein Pferd, sie ist blond, es ist beruhigend

141

g als [k]

er zei*g*t es, sie sagt es, er schweigt, er steigt ab, er wagt es sich, er zeigt es, er sorgt sich, er mag es, er verbeugt sich, er verneigt sich, er trägt es, er verfügt es, er bog es, er verborgt es, er betrügt sie

142

v als [f]

sehr akti*v* sein, sehr initiativ, ein Motiv, das Aktiv, er ist passiv, ein Stativ, der Akkusativ, der Dativ, der Genitiv, der Nominativ, der Elativ, der Komparativ, der Superlativ

143

s als [s]

e*s*, was, bis, das, aus, los, nichts, aus dem Haus, ins Kino, vors Fenster, unters Bett, nichts Neues, nichts Interessantes, er ist nicht da, er ist zu Haus, du schreibst es ab, du liebst ihn, du erlaubst es, du glaubst es, du steigst aus, du schweigst immer, du beklagst dich, du kannst das, du willst es, du darfst es, du möchtest es, du sollst es tun, du kennst ihn, du hörst es

Hinweis:
Beachten Sie bitte, daß *f*, *ch*, *sch* auch vor stimmhaften Lauten nie-mals stimmhaft werden dürfen, z. B. au*f*machen, na*ch*gehen, i*ch* muß, na*ch* Berlin, Fi*sch* essen.

144

2. Vermischte Übungen

gib's auf, schreib's ab, wieg's ab, leg's weg, verkauf's, hol's später, die schönsten / die reichsten / die treuesten / die lustigsten ..., das Haus meines Onkels, des schönsten Tages, des herrlichsten Wetters, des besten Schauspielers, des längsten Tages, des schnellsten Autos

3. Übungen im Satz

Beachten Sie bitte bei den folgenden Strukturen, daß das auslautende [t] der Verben in der 2. Pers. Sg. mit dem [d] des Pronomens *du* eine Geminate bildet, d. h., beide Verschlußlaute werden als ein einziger gesprochen, der etwas länger artikuliert wird und zudem stimmlos ist (stimmlose Lenis): bis*t du* [bɪsd̥u:]. Vgl. auch Assimilation und Ge-minierung!

145

Schreib*s*t du mir au*s* <u>Dresden</u>?
Ruf*s*t du mich au*s* <u>Dresden</u> an?

Kommst du jetzt erst aus Dresden?

Bis wann bleibst du in Dresden?

Was machst du in Dresden?

Was willst du in Dresden?

Was wirst du in Dresden kaufen?

Kommst du erst nächsten Donnerstag aus Dresden?

Schreibst du mir bis Dienstag eine Karte aus Dresden?

Aus welchem Grund fährst du nach Dresden?

Willst du mich nicht wenigstens aus Dresden anrufen?

Mit welchem Zug fährst du nach Dresden?

Willst du mir nichts aus Dresden mitbringen?

Bist du schon mehrmals in Dresden gewesen?

Stimmt es, daß du erst nächsten Dienstag nach Dresden fährst?

Rostock, Greifswald, Potsdam, Cottbus, Heringsdorf, Eisleben, Falkenberg, Rheinsberg, Schönefeld, Wermsdorf, Zerbst, Magdeburg

Wirst du Bernd erst (am) Dienstag besuchen?   **146**

Du wolltest es ihm erst am Dienstag sagen, stimmt's?

Kommst du Dienstag mit ins Kino?

Bleibst du bis (zum) Dienstag hier?

Willst du's bis (zum) Dienstag geschafft haben?

Montag, Donnerstag, Freitag, Sonnabend, Sonntag, nächsten Montag, nächstes Jahr, nächste Woche, nächsten Monat, Tag des Kindes, Tag der Eröffnung

Und Klaus kommt auch erst morgen?   **147**

Bernd, Gerhard, Manfred, Ingrid, Harald, Eduard, Siegfried, Irmgard, Gerd

Schreibst du das Diktat bis Dienstag ab?   **148**

Gutachten, Schreiben, erste Stück, Vorwort, Nachwort, Register, Inhaltsverzeichnis, Vokabular

Legst du's bitte ins Heft?   **149**

aufs Radio, ins Regal, unters Bett, aufs kleine Tischchen, ins Fach, aufs Telefonbuch, ins Wohnzimmer, ins Schlafzimmer, ins Kinderzimmer, ins Bad

Was habt ihr am Montag im Rathaus gemacht?   **150**

Weshalb seid ihr am Montag im Rathaus gewesen?

Weswegen sind Sie am Montag im Rathaus gewesen?

auf der Post, vor dem Kino, am Busbahnhof, auf Bahnsteig 1, an der

Endstelle, auf der Fundstelle, in der Eisbar, beim Hausmeister, beim
Platzmeister, beim Bahnhofsvorsteher, beim Verlag, beim Meister

151

Ist das aus Eisen?

Ist diese Plastik aus Eisen?

Kannst du mir sagen, ob das Eisen ist?

Metall, Stahl, Bronze, Aluminium, Kupfer, Messing, Plast, Papier,
Gold, Silber, Platin, Glas, Keramik, Holz

152

Wie hoch soll der Preis des Tischchens sein?

des Zinntellers, des Zinnbechers, des Tonbandgerätes, des Detektors,
des Gemäldes, des Kaninchens, des Leuchters, dieses alten Möbel-
stückes, des Grammophons, des Kandelabers, des Kaffeeservices

153

Weshalb sagst du mir's nicht?

rufst du mich nicht an, kommst du denn nicht, besuchst du ihn nicht,
rauchst du so viel, trinkst du so viel, schläfst du nicht mehr, bist du
schon wach, traust du dich nicht, sagst du's denn nicht

Hinweis:
Zur Erarbeitung der Auslautverhärtung können ebenfalls die Übungen zur Assimilation (s. S. 236 ff.) herangezogen werden.

6.2. Die Assimilation

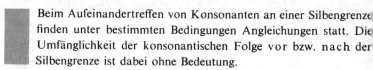

Beim Aufeinandertreffen von Konsonanten an einer Silbengrenze
finden unter bestimmten Bedingungen Angleichungen statt. Die
Umfänglichkeit der konsonantischen Folge vor bzw. nach der
Silbengrenze ist dabei ohne Bedeutung.

Einige zweigliedrige Sequenzen sollen diesen Sachverhalt stellvertretend
für alle umfänglichen Folgen verdeutlichen:

    und schon   [~t | ʃ~]
    ist schlapp [~st | ʃl~]
    willst stricken [~ lst | ʃtr~]

Folgende Gegebenheiten müssen dabei regelhaft erfaßt werden:

1. die geminierte (artikulatorisch eingliedrige) Realisierung zweigliedri-
   ger Sequenzen, die aus homorganen Konsonanten bestehen, z. B.
   hat Tante [hattantə], sag' Karin, komm' mit,

2. der Verlust der Stimmhaftigkeit in Abhängigkeit vom Finalsegment
   der Sequenz, z. B.
   hat wieder [hat'ɣi:dɐ], und Susi, aufsuchen,

238

3. der Verlust der Aspiration bei verdeckter oder bei nasaler Lösung des Finalsegmentes (vgl. 2.6.2.4.4. die Lösung von Verschlüssen).

Die Regeln

Nach [p, t, k, f, s, ʃ, ç, x] werden /b, d, g, v, z, ʒ, j, r/ an Wort- **R 1** bzw. Silbengrenzen als [b̥, d̥, g̊, v̥, z̥, ʒ̊, j̊, ʀ̥] gesprochen, unabhängig davon, ob es sich um auslautverhärtete oder prinzipiell stimmlose Fortissegmente handelt (vgl. S. 114–116). Das gilt auch für Geminaten.

ob du, ob gegen, ab wann, ob sie, ob Jean, ob jeder, ob Rita; ob bei
und bei, und gleich, und vor, hat sie, hat Jean, hat jeder, hat richtig; und du
zeig bitte, zeig die, steck weg, pack sie, pack Jean, frag' jeden, frag' richtig; sag' gleich
kauf Bier, auf dich, aufgehen, aufsuchen, auf Jean, aufreihen, aufwaschen
aus Berlin, aus Dresden, ausgehen, hinauswerfen, des Jean, rausjagen, ausrichten; aussuchen
Fischbude, wisch das auf, falsch gesungen, forsch werden, forsch sein, Kirschjoghurt, falsch raten
ich bin, ich denke, ich gehe, ich war, ich suche, gleich Jean, ich rede
Nachbar, nachdenken, auch gleich, doch warten, auch suchen, nach Jean, nachjagen, Nachrichten

/b, d, g, v, z, ʒ, j, r/ werden nach Sprechpause oder am Satz- **R 2** anfang (nach einer Sprechpause) als stimmlose Lenis [b̥, d̥, g̊, v̥, z̥, ʒ̊, j̊, ʀ̥] gesprochen.

/b, d, g, v, z, ʒ, j, r/ werden nach Vokalen, Diphthongen und **R 3** nach [r, l, m, n, ŋ] als stimmhafte Lenis [b, d, g, v, z, ʒ, j, ʀ] gesprochen.

die Buche, sie denkt, eine Gans, die Ware, sie sieht, die Journalistik, wie jeden Tag, sie rät
bei beiden, bei den, bei Gert, neu sein, bei jedem
der Bau, der Dunst, der Gast, der Wald, versalzen, für Jean, herjagen, herrichten
Herr Bauer, Herr Damm, irrgehen, starr werden, starr sein, Herr Jean, Herr Jesperson, Herr Rausch
Vollbier, will dann, will gleich, will wieder, still sein, mal Jean, will jeder

im Bach, am Deich, komm gleich, am Wasser, am See, beim Jean, komm jetzt, im Regen

in Berlin, in Dresden, eingehen, einweisen, man sucht, wenn Jean, wenn jeder, in Riesa

bring' bitte, bring' doch, fang' gleich an, sing' weiter, bring' sie, bring' Jean, fang' jeden, sing' richtig

R 4 Geminaten werden beim Zusammentreffen homorganer Laute gebildet. Sie erscheinen bei Verschlußlauten, bei Reibelauten, bei Liquiden und bei Nasalen.

Verschluß- und Reibelautgeminaten, deren zweites Segment (das ursprüngliche Onsetstartglied der Silbe nach der Silbengrenze) von einem stimmlosen Fortis-Verschlußlaut bzw. einem Reibelaut repräsentiert wird, bestimmen die Geminate als stimmlose Fortis. [p/p], [t/t] und [k/k] werden dabei zu [~p:~], [~t:~], [~k:~], [f/f], [ʃ/ʃ] und [ç/ç] werden zu [~f:~], [~ʃ:~], [~ç:~], z. B.

abpassen, ab Potsdam, mittrinken, mit Tina, sag' Karl, auffällig, Waschschüssel, wenig Chemie.

Verschluß- und Reibelautgeminaten, deren zweites Segment ursprünglich von einem stimmhaften Lenis-Verschlußlaut bzw. von einem Reibelaut repräsentiert wurden, bestimmen die Geminate als stimmlose Lenis. [p/b], [t/d] und [k/g] werden zu [~b̥:~], [~d̥:~], [~g̊:~], [f/v], [s/z], [ʃ/ʒ], [ç/j] und [x/r] werden zu [~v̥:~], [~z̥:~], [~ʒ̊:~], [~j̥:~] und [~r̥:~], z. B.

abbauen, ab Berlin, und du, hast du, weggehen, aufwaschen, aussuchen, falsch Jean, gleich jeder, Nachrichten.

R. 5 Beim Zusammentreffen ungleichartiger Verschlußlaute in der Sequenz und auch in finalen Gruppierungen kann der erste Verschlußlaut „verdeckt" gelöst werden (vgl. 2.6.2.4.4. die Lösung von Verschlüssen). Bei verdeckter Lösung entfällt die Aspiration.

Die Sequenz wird als stimmlose Fortis artikuliert, wenn das ursprünglich zweite Segment eine stimmlose Fortis ist:

[p/t], [p/k], [t/p], [t/k], [k/p], [k/t], z. B.

ob Theo, glaub' Karin, mit Paul, mitkommen, sag' Peter, wegtreten, wegtreiben.

Die Sequenz wird als stimmlose Lenis artikuliert, wenn das ursprünglich zweite Segment von [b, d, g] repräsentiert ist:

[p/d], [p/g], [t/b], [t/g], [k/b], [k/d], z. B.

ob du, abgeben, und bei, und geht, sag' bloß, sag' doch.

Beim Zusammentreffen von Verschlußlaut und Nasal kann der Verschlußlaut nasal gelöst werden (vgl. S. 118). Dabei entfällt ebenfalls die Aspiration.

R 6

[p/n], [t/n], [k/n] und [p/m], [t/m], [k/m], z. B.

ob nicht, hat nicht, sag' nicht, ob man, hat man, sag' mal

Beim Zusammentreffen von [t] und [l] kann eine laterale Lösung artikuliert werden. Die Aspiration entfällt wiederum.

R 7

[t/l], z. B.

hat leider, steht lieber, mit Licht

Diese in den Regeln erfaßten Arten von Lösungen sind sehr häufig bei Endungen und an Wort- und Silbengrenzen zu beobachten.

Das Übungsmaterial

In den folgenden Übungen ist neben der Assimilation der Stimmhaftigkeit die Auslautverhärtung mit zu berücksichtigen. Das den Stimmtonverlust verursachende finale Segment ist mit dem Initialsegment durch eine Klammer verbunden, z. B. bis͜ dann. Bei der einfachen Auslautverhärtung, die sich nicht auf den Nachbarlaut auswirkt, ist das betreffende Graphem kursiv ausgewiesen. Diese Kennzeichnung gilt auch für prinzipiell stimmlose Laute, die vor einem stimmhaften Segment stehen. Es soll dadurch auf Laute und Positionen aufmerksam gemacht werden, die bei (im Deutschen nicht auftretender) regressiver Assimilation fälschlicherweise stimmhaft wurden.

Muß man das machen?

154

mitschreiben, mitlesen, mitsprechen, mitrechnen, melden, merken, modernisieren, malen, mixen, mischen, messen, mit ansehen, mitmachen

Das neue Buch ist nicht besonders teuer.

155

Haus – groß, Faß – groß, Kino – modern, Kleid – teuer, Auto – schnell, Regal – groß, Stück – interessant, Hörspiel – spannend, Hemd – modisch

Ist es wirklich͜ das richtige Bad?

156

Rad, Kleid, Feld, Bild, Hemd, Band, Land, Kind, Zeug, Haus

Es geschah erst͜ gestern 12.02 Uhr.

157

12.06, 12.10, 12.15, 12.18, 12.20, 12.22, 12.42, 11.05, 11.06, 11.10, 11.15

Was͜ willst͜ du heute abend machen?

158

kochen, essen, lesen, braten, schreiben, tun, auswerten, lernen, sehen, erzählen, darlegen, berichten, vorführen, anziehen, vorbereiten

159   Kommst du heute mit in die Vorlesung?

zum Seminar, zur Versammlung, ins Konzert, ins Theater, ins Kino, ins Bad, ins Schwimmbad, ins Hallenbad, zur Disko, ins Museum, ins Reisebüro, ins Vortragszentrum, ins Fußballstadion, ins Schwimmstadion, ins Trainingszentrum

160   Kannst du das lesen?

verstehen, erkennen, begreifen, abschätzen, öffnen, schließen, verschließen, berichtigen, kontrollieren, übersehen, einsehen, ändern, ausmachen, abstellen, einschalten

161   Kannst du radfahren?

Auto fahren, Taxi fahren, LKW fahren, schwimmen, Brustschwimmen, Rückenschwimmen, Kraulen, tauchen, balancieren, jonglieren, Maschineschreiben, stenografieren, Steno

162   Hast du das schon gelesen?

Hattest du das nicht bereits gestern gelesen?

Woltest du das nicht schon bis gestern gelesen haben?

übersetzt, ausgerechnet, ausgewertet, ausgearbeitet, ausgesucht, ausgeschnitten, aufgeschrieben, aufgemacht, aufgezeichnet, aufgearbeitet, abgeschlossen, ausgemalt, abgelehnt

163   Wann wolltest du das lesen?

Warum konntest du das nicht gleich lesen?

Weshalb durftest du das nicht gleich lesen?

Willst du das jetzt gleich lesen?

übersetzen, ausrechnen, auswerten, ausarbeiten, ausmachen, auslesen, ausschneiden, aufschreiben, aufmachen, aufzeichnen, aufarbeiten, abschließen, ausmalen, ablehnen

164   Ist das jetzt gleich zu lesen?

Hattest du das nicht bereits gestern zu lesen?

zu übersetzen, auszurechnen, auszuwerten, auszuarbeiten, auszumachen, auszulesen, auszuschneiden, aufzubereiten, aufzumachen, aufzuzeichnen, aufzuarbeiten, abzuschließen, auszumalen, abzulehnen

165   Sind das alles seine Bücher? →

Ja, das sind alles seine Bücher.

Lexika, Bänder, Schallplatten, Ansichtskarten, Kinder, Söhne, Enkel, Schwestern, Töchter, Verwandten, Bekannten, Nachbarn, Kollegen, Studienfreunde

166   Sind das die schönsten Bücher? →

Ja, das sind sicherlich (vermutlich) die schönsten Bücher.

Was sind denn davon die schönsten Bücher?
Glaubst du, daß das die schönsten Bücher sind?
Meinst du, das sind die schönsten Bücher?

interessantesten Zeitschriften, modernsten Häuser, schnellsten Autos, modernsten Möbel, breitesten Straßen, schwierigsten Probleme, entlegensten Winkel, hübschesten Kinder, besten Freunde, lustigsten Gedichte, ausgedehntesten Bodenschätze, besten Illustrationen, witzigsten Zeichnungen, klügsten Gedanken, dümmsten Argumente, billigsten Sachen, höchsten Bauwerke, berühmtesten Wissenschaftler

Das ist jetzt doch besser als sonst.   **167**
Ist das jetzt wirklich besser als sonst?

schöner, schlechter, größer, kleiner, schwächer, schärfer, stumpfer, schmutziger, kürzer, fester, leichter, besser, schwerer, dunkler, heller

Bis gestern warst du also noch in Rostock?   **168**
Du bist gestern erst aus Rostock gekommen?

Greifswald, Potsdam, Leipzig, München, Dresden, Magdeburg, Naumburg, Sondershausen, Eisleben, Aschersleben

Wirst du dir nächste Woche das Kleid kaufen?   **169**
Hast du die Absicht, dir nächste Woche das Kleid zu kaufen?
Beabsichtigst du, nächste Woche das Kleid zu kaufen?
Kaufst du dir nächste Woche wirklich das Kleid?
Und du willst dir wirklich nächste Woche das Kleid kaufen?
Meinst du, daß du nächste Woche das Kleid noch kaufen kannst?
Du willst dir tatsächlich das Kleid kaufen?
Und du willst dir ausgerechnet das Kleid kaufen?

den Mantel, die Bluse, den Rock, den Anzug, die Handschuhe, den Hut, die Krawatte, das Hemd, die Hose, den Gürtel, die Schuhe, die Brille, die Kette, die Ohrringe, das Armband, die Spange, den Anhänger, die Armbanduhr, die Taschenuhr

Hilfst du uns mit beim Umziehen?   **170**
Wirst du uns beim Umziehen helfen?

Vorbereiten, Umgraben, Renovieren, Malern, Tapezieren, Streichen, Spritzen, Entrümpeln, Saubermachen, Abräumen, Kochen, Waschen, Backen, Einlegen, Abtrocknen, Ausräumen, Fensterputzen, Bügeln, Stricken, Nähen, Stopfen, Gemüseputzen, Schälen der Kartoffeln

Hilfst du uns beim Abwaschen des Geschirrs?   **171**
Wirst du uns beim Abwaschen des Geschirrs helfen?
Könntest du uns nicht beim Abwaschen des Geschirrs helfen?

Hast du nicht Lust, uns beim Abwaschen des Geschirrs zu helfen?

Weshalb hilfst du uns nicht beim Abwaschen des Geschirrs?

Renovieren des Zimmers, Tapezieren des Kinderzimmers, Spritzen des Autos, Entrümpeln des Bodens, Saubermachen des Hofes, Kochen des Essens, Backen des Kuchens, Einlegen des Obstes, Abtrocknen des Geschirrs, Ausräumen des Schrankes

172

Brauchst du das Buch eigentlich noch?

Benötigst du das Buch wirklich noch?

Wie lange wirst du das Buch noch brauchen?

Kannst du mir das Buch nicht endlich zurückgeben?

den Bildband, die Schallplatte, das Geld, das Wörterbuch, das Lexikon, das Bild, das Handwerkszeug, den Sprachführer, den Stadtplan, die Verkehrskarte, das Tankstellenverzeichnis, den Reiseatlas

7   Die akzentuierbaren vokalischen Laute

Im Deutschen gibt es vier Gruppen vokalischer Laute, die Diphthonge, die gespannt-langen, die ungespannt-kurzen und die reduzierten Laute. Mit Ausnahme der reduzierten Laute sind alle akzentuierbar.

Von diesen vier Gruppen sind die Diphthonge und das schwachtonige *e* relativ leicht aus der Silbenstruktur zu ermitteln. Die gespannt-langen von den ungespannt-kurzen Lauten zu unterscheiden, bereitet hingegen einige Mühe. Die für die Differenzierung gültigen Regeln sind leicht überschaubar, gelten jedoch nur für betonte Vokale. Wir gehen dabei wieder von der graphischen Silbe aus und erinnern noch einmal daran, daß eine auf einen Vokal ausgehende Silbe als offen und eine auf einen Konsonanten ausgehende Silbe als geschlossen zu bezeichnen ist.

7.1. Allgemeine Ausspracheregeln

Gespannt-lange Vokale

Ein betonter Vokal ist immer dann gespannt und lang, wenn er in einer offenen Silbe steht.

R 1

reden, Räder, raten, rufen, Rügen, Boden, biegen

Ein betonter Vokal ist immer dann gespannt und lang, wenn er vor *h* steht, das zur gleichen Silbe gehören muß.

R 2

Fehler, Fähre, fahren, Möhre, Bohne, Fuhre

Ein betonter Vokal ist immer dann gespannt und lang, wenn er doppelt geschrieben wird, unabhängig davon, ob die Silbe offen oder geschlossen ist.

R 3

Reede, Beet, Beere, Staat, Saat, Seenot, Boot, Haar

Eine Verdopplung ist jedoch nur bei den Graphemen *e*, *a* und *o* möglich.

245

Um eine scheinbare Verdopplung handelt es sich in solchen Wörtern wie *Be/erdigung, ge/endet*; auf die erforderliche Trennung weisen die Präfixe *be* und *ge* hin.

R 4

 Ein betonter Vokal ist immer dann gespannt und lang, wenn er in einer Silbe steht, die auf eine offene zurückgeführt werden kann.

(ihr) h<u>a</u>bt → h<u>a</u>/ben, (sie) h<u>ö</u>rt → h<u>ö</u>/ren, K<u>ü</u>r → k<u>ü</u>/ren, k<u>a</u>m → k<u>a</u>/men

Beachte:
1. Zur Bildung einer offenen Silbe darf bei Verben nur die Stammform herangezogen werden, zu der die zu untersuchende konjugierte Form gehört. Ein Wechsel vom Präteritum zum Präsens z. B. gibt über die Qualität und Quantität der Vokale nicht immer sicheren Aufschluß. w<u>a</u>r → w<u>a</u>/ren, l<u>a</u>g → l<u>a</u>/gen, **aber** nicht k<u>a</u>m → k<u>o</u>mmen
2. Die Qualität und Quantität eines Vokals einsilbiger Substantive kann mit Sicherheit im Genitiv Singular oder im Nominativ Plural erkannt werden.
   der R<u>a</u>t → des R<u>a</u>/tes, die R<u>ä</u>/te
   der F<u>u</u>ß → des F<u>u</u>/ßes, die F<u>ü</u>/ße
   aber: das F<u>a</u>ß → des F<u>a</u>s/ses, die F<u>ä</u>s/ser
3. Verschiedene Wörter mit der Lautkombination *Vokal + Verschluß-laut + l* oder *Vokal + Verschlußlaut* lassen sich sehr oft auf andere Wörter zurückführen, in denen der Vokal in offener Silbe steht und deshalb lang-gespannt zu sprechen ist.
   b<u>i</u>blisch → B<u>i</u>/bel, erh<u>e</u>blich → erh<u>e</u>/ben, w<u>i</u>drig → w<u>i</u>/der

R 5

 Der Vokal *i* ist immer dann gespannt und lang, wenn er durch *e* oder *eh* gedehnt wird.

d<u>ie</u>, s<u>ie</u>, d<u>ie</u>se, Fr<u>ie</u>den, S<u>ie</u>g, Br<u>ie</u>f;
st<u>e</u>hlen, (du) st<u>ie</u>hlst, (er) st<u>ie</u>hlt

Beachte:
In einer Reihe z. T. unflektierbarer Wörter kann mit Hilfe des vor-gegebenen Regelwerks nicht ermittelt werden, ob es sich um einen gespannt-langen oder einen ungespannt-kurzen Vokal handelt, z. B. sind
gespannt-lang: er, wir, mir, dir, nur, für, nun, schon; her-, vor- (wenn sie als betonte Konstituenten auftreten),
ungespannt-kurz: her-, vor- als Konstituenten in Verbindung mit Prä-positionen, z. B. herein, voraus usw.

Ungespannt-kurze Vokale

Ein betonter Vokal ist immer dann ungespannt und kurz, wenn **R 6** er in einer geschlossenen Silbe steht, unabhängig davon, ob ihm ein Konsonant, zwei gleiche oder mehrere verschiedenartige Konsonanten folgen.

wissen, essen, bin, bitte, rasten, können, hacken, kämpfen

Beachte:
In diesem Fall darf die geschlossene Silbe aber nicht auf eine offene zurückgeführt werden können.

Ein betonter Vokal ist immer dann ungespannt und kurz, wenn **R 7** er in einer geschlossenen Silbe vor feststehenden Konsonantenfolgen steht.

mp (Pump), lb (Kalb), rb (Korb), cht (nicht), cht (Nacht), nd (Band), nk (Bank), lk (Volk), rk (Kork), pf (Topf), mpf (Strumpf), mph Triumph), nf (Senf), lf (elf), rf (Dorf), ps (Gips), chs (Dachs), ms (Wams), ns (Hans), ls (Hälse), rs (Mars), psch (hübsch), sch (Fisch), msch (Ramsch), nsch (Punsch), lsch (falsch), rsch (forsch), ch (ich), nch (manch), lch (Kelch), rch (Storch), ch (Dach), lm (Qualm), rn (Korn), rl (Karl)

Beachte:
1. Innerhalb dieser Folgen darf keine Silbengrenze auftreten, die es zuläßt, daß der erste Konsonant zu einer Silbe gehört, die in anderen Ableitungen als relativ offen bezeichnet werden muß, z. B.
   tz → Satz, **aber:** tz → Tat|zeuge (→ Tat und Zeuge)
2. In einigen Fällen steht die Silbengrenze vor der Konsonantenfolge; der Vokal bleibt aber auch in der offenen Silbe ungespannt und kurz, weil diese Folge als Ausnahme gilt:
   ch → ste/chen, st → Ki/ste, sch → mi/schen

Unbetonte Vokale

Ein unbetonter Vokal ist immer dann ungespannt und kurz, wenn **R 8** er vor mehreren Konsonanten steht.

Girlande, Lektor, Spektrum

Ein unbetonter Vokal ist immer dann ungespannt und kurz, wenn **R 9** er in Suffixen steht, die akzentlos sind.

-chen (Häuschen), -el (Griffel), -eln (kuscheln), -er (Fischer), -erlich (ärgerlich), -ern (eisern), -haft (namhaft), -haftig (wahrhaftig), -igen (sätt*igen*), -*ig* (mut*ig*), -*igkeit* (Müd*igkeit*), -*icht* (tör*icht*), -*in* (Lehrer*in*), -*isch* (tier*isch*), -*lich* (herr*lich*), -*ling* (Lehr*ling*), -*nen* (ord*nen*), -*nis* (Bünd*nis*), -*schaft* (Freund*schaft*), -*ung* (Zeit*ung*)

Eine Ausnahme von dieser Regel bilden folgende Suffixe mit unbetonten gespannt-langen Vokalen:

-*bar* (furcht*bar*), -*sal* (Schick*sal*), -*sam* (selt*sam*), -*selig* (saum*selig*), -*tum* (Alter*tum*)

R 10 Ein unbetonter Vokal ist immer dann ungespannt und kurz, wenn er in akzentlosen Verbalkonstituenten steht.

be- (*bekommen*), *ent*- (*entgelten*), *er*- (*ersetzen*), *ge*- (*geschehen*), *ver*- (*versuchen*), *zer*- (*zerstören*)

Hinweis: Das *e* ist in *ent*- mit [ɛ], *be*- und *ge*- mit [ə] und *er*-, *ver*-, *zer*- mit vokalischem *r* [ɐ] zu sprechen.

her- und *vor*- in Verbindung mit Präpositionen weisen ebenfalls ungespannt-kurze Vokale auf.

Das Übungsmaterial

Begründen Sie, warum in den nachstehenden Wörtern der Akzentvokal entweder gespannt-lang oder ungespannt-kurz ist!

173 bin, bist, ist, sind, war, waren, gewesen, werde, wirst, wird, werden, wurde, wurden, geworden, habe, hast, hat, haben, habt, hatte, hatten, gehabt, gehen, ging, gegangen, liegen, lag, gelegen, stehen, stand, gestanden, sprechen, sprach, gesprochen, sitzen, saß, gesessen, hören, hörte, gehört, sehen, sah, gesehen, fühlen, gefühlt, geben, gebe, gibst, gibt, gab, gaben, gegeben, wissen, wißt, wußte, gewußt, kennen, kannte, gekannt, esse, ißt, aß, essen, gegessen, trinken, trinkt, trank, getrunken, schlafen, schlafe, schläft, schlief, lerne, gelernt, lehre, gelehrt, komme, gekommen, fahre, fährst, fuhr, fuhrt, gefahren, schwimme, geschwommen, helfe, geholfen, suche, suchst, sucht, suchen, gesucht, finde, findest, gefunden, verliere, verlierst, verlor, verloren, Aal, Kanal, Wal, Stahl, Metall, Nacht, nach (A), hasten, Beet, Bett, Meer, mehr, sehr, schnell, schwellen, Held, lieb, nie, gibt, sieht, Miete, wild, Wind, Wirt, Kiste, Mode, Kohle, wohnen, Kolonne, Sonne, rot, schon, Boot, Mut, Fuß, Ruder, Schuß, Genuß, Schluß, Mulde, hundert, Bühne, führen, Fürst, mündlich, stündlich, verkünden, Enzym, höflich, rötlich, köstlich, völlig, örtlich, benötigen, Mädchen, schälen, verspäten, gnädig, schändlich, März

Hinweis:

248   Die von den Regeln her nicht erkennbaren Qualitäten und Quantitäten

werden bei den jeweiligen Vokalkapiteln im Abschnitt *Ausnahmen* gesondert aufgeführt:

Mond, Hochzeit; auch Infinitiv und 2. Pers. Präs. aktiv wie lassen, läßt

7.2. Die Vokale im einzelnen

7.2.1. Die *i*-Laute

Transkriptionszeichen und Schreibung

gespannt-langes *i*   [i:]   als i, ie, ieh
ungespannt-kurzes *i*   [ɪ]   als i
unsilbisches *i*   [ĭ]   als i (immer akzentlos)

Positionen

Das *i* kann sowohl im Silbenanlaut als auch im Silbeninlaut und -auslaut stehen.

7.2.1.1. Gespannt-langes *i*   [i:]

Lautbeschreibung

Das [i:] ist ein hoher Vorderzungenvokal. Die Vorderzunge wölbt sich zum vorderen Hartgaumen, z. T. auch in Richtung der Alveolen auf. Die seitlichen Zungenränder haben Kontakt mit den Backenzähnen, wohingegen der vordere Zungenrand Kontakt mit den unteren Schneidezähnen hat. Die Lippen sind leicht abgehoben und weisen einen geringen Breitzug auf. Das Gaumensegel ist gehoben.

Abb. 15   Abb. 16

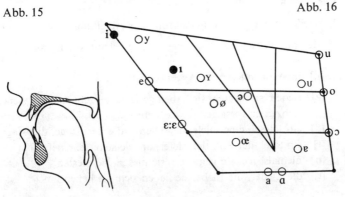

249

Ableitungen

A →

von [d]

Ableitung von [d]

1. Fixierung der Artikulationseinstellung von [d] ohne Lösung des Verschlusses.
2. Langsames, geringfügiges Absenken des Unterkiefers, so daß sich die Vorderzunge von der für [d] typischen Kontaktstellung gerade so weit entfernt, daß medial (in der Mitte) der Artikulationsstrom (die Ausatmungsluft mit dem Stimmton) passieren kann. Die Bewegung darf nur minimal sein.
3. Wiederholung der Folge, bis im akustischen Gedächtnis der für [i:] typische Klang gespeichert ist und der artikulatorische Ablauf auch ohne Hilfe reproduziert werden kann,
   [d::] → [d:ɪ] → [dɪ] → [di::] → [i:]

A →

von [z]

Ableitung von [z]

1. Überlanges Artikulieren von [z]. Dabei muß kontrolliert und zugleich bewußtgemacht werden, ob der vordere Zungenrand mit den unteren Schneidezähnen leicht kontaktiert.
2. Nun wird wiederum der Kiefer geringfügig gesenkt, jedoch nur so weit, bis das für [z] typische Reibegeräusch verschwindet.
   [z::] → [z::i::] → [zi::] → (i:]
3. Wiederholung der Ableitung

Abweichungen

Gespannt-langes *i* wird zu kurz gesprochen, [i:] wird zu [i].

Abhilfe: Kontrastierungsübungen zwischen ungespannt-kurzem und gespannt-langem *i* in Wortpaaren, z. B. wieder – Widder.

Das Übungsmaterial

174

1. Wiederholung und Weiterführung der Ableitung

   Melodie, Prosodie, Rhapsodie, Poesie, Phantasie, für sie

175

2. [i:] im Wortinneren als Akzentvokal

   [z] sieden, sie siegten, sie haben gesiegt, siebzehn, sieben, siebenundsiebzig, er versiegelt es, sie sieht ihn

   [d] ein Diesel, eine Diele, der Dienst, die Dienstage, dienstags

   [t] ein Stiel, der Stil, tief, tiefer, am tiefsten, sehr tief

   [n] niemals, nie, sie genießen, sie niesen, sie niesten

   [l] die Lieder, die Liebe, sie lieben sich, sie lieben ihn

[s] sie zielen, sie zielen darauf, sie ziert sich, sie zierte sich, sie hat sich geziert, die Ziegel
[ʃ] eine Schiene, sie schielt, schielte, hat geschielt
[g] sie gießen, sie begießen es, die Giebel
[k] ein Kilo, der Kiel, eine Kiefer, die Kiefern, der Kies
[v] sie wiegt sich, sie wiegt es ab, eine Wiese, die Zwiebel
[f] vier, viermal, sie fiel, sie fielen hin, sie gefiel ihm
[b] sie bieten es an, sie verbieten es, sie gebieten es, sie biegen es; vier Bier, eine Bibel
[p] sie spielen, sie spielten, sie haben gespielt, der Spiegel
[m] die Miete, sie vermieten es, eine Schmiede, sie schmieden es

3. [iː] in fremden Wörtern   **176**

-id   Sulf*id*, perfid, solid, kolloid, rapid, frigid, Zyanid
-oid   Aster*oid*, Ellipsoid, Planetoid
-ide   Pyram*ide*, Hybride
-ie   Mag*ie*, Elegie, Regie, Neurologie, Biologie, Physiologie, **aber:** Komödie, Tragödie [~ ĭə]
-ine   Kab*ine*, Maschine, Violine, Turbine, Kantine, Routine
-ik   Repub*lik*, Aspik, Fabrik, Musik, **aber:** Trágik, Gráfik, Komik, Lyrik, Pazifik
-ibel   horr*ibel*, sensibel, plausibel, reversibel
-ieren   aktiv*ieren*, initieren, marschieren, intensivieren
-in   Morph*in*, Delphin, **aber:** Satin, Gobelin, Dessin [~ sɛ̃·]
-ier   Juwel*ier*, Grenadier, Musketier, Füsilier, **aber:** Romancier [~ ĭeː], Belgier [~ gĭɐ]
-is   Rem*is* [~ iː]
-it   Band*it*, Kredit, Transit, Meteorit
-ir   Souven*ir*, Saphir, Tapir
-iv   Mot*iv*, Stativ, aktiv
-iz   Mil*iz*, Hospiz

4. Wirkliche (und scheinbare) Ausnahmen

Gespannt-langes *i* ist auch in folgenden Wörtern zu sprechen:

es gibt, du gibst es mir, das Kaninchen

7.2.1.2. Ungespannt-kurzes *i*   [ɪ]

Lautbeschreibung

Im Verhältnis zum gespannt-langen *i* ist dieser Vokal weniger stark gespannt. Die Artikulationspräzision ist bedeutend geringer. Der vordere

Zungenrücken wölbt sich weniger intensiv zum vorderen Gaumen empor. Der Zahnreihenabstand ist im Verhältnis zum [i:] größer. Der vordere Zungenrand hat auch hier Kontakt mit den unteren Schneidezähnen, die Lippen sind leicht abgehoben. Das Gaumensegel ist ebenfalls gehoben. [ı] ist sehr kurz zu realisieren (vgl. Vokalviereck S. 249).

Das Übungsmaterial

177

1. Wir kontrastieren gespannt-langes *i* mit ungespannt-kurzem. Dabei kann durchaus übertrieben werden. Die Spannungslosigkeit, die Kürze und der Präzisionsverlust des [ı] müssen gegenüber [i:] deutlich werden. Beim Üben ist folgende Rhythmisierung wichtig:

⌣ – ¦ – ⌣ – ¦ [di:: – dı]

Stiel – still, Lied – litt, lieben – Lippen, Ried – Ritt, Riese – Risse, Kien – Kinn, bieten – bitten, Miete – Mitte

178

2. Nun folgt die umgekehrte Rhythmisierung, wobei zu beachten ist, daß das ungespannt-kurze *i* nicht zu einem gespannt-langen wird:

¦ – ⌣ – ¦ – ⌣ [dı – di::]

still – Stiel, litt – Lied, Lippen – lieben, Ritt – Ried, Risse – Riese, Kinn – Kien, bitten – bieten, Mitte – Miete

3. [ı] im Wortinneren als Akzentvokal

Beachten Sie bitte, daß u. a. die Artikel und Pronomen nur unter Kontrastakzent gespannt-lange Vokale enthalten, während sie in sachlich-neutraler Rede akzentlos und daher mit gespannt-kurzen Vokalen zu realisieren sind, z. B.

Sie haben das gemacht [zi: ˈhɑ:bm̩ das gəˈmaxt]
→ *Nein, Sie haben* ... [naen ˈzi: ˈhɑ:bm̩ ...]

179

[z] sie sitzen, sie besitzen es, die fünf Sinne, die Silbe
[d] sehr dick, viel dicker, am dicksten, eindicken
[t] die Tinte, der Tisch, er tippt, sie tippen
[n] sie nickt, sie nickt zustimmend, sie nippt nur daran
[l] es blitzt, sie blickt sich um, sie ist blind, eine Liste
[s] es zischt, die Ziffer vier, das Zinngeschirr, der Zimt
[ʃ] er schickt es, sie schimpfen, sie hat geschimpft, ein Schiff
[g] viele Gipfel, das Gitter, etwas vergittern, die Gischt
[k] viele Kinder, viele Kirschen, viele Kisten, es kippt um
[r] die Rinne, ganz richtig, ein Schritt, die Schrift
[v] sehr witzig, viel witziger, etwas abwischen, etwas abwimmeln
[f] sie finden es, die Fischer fischen, es ist finster
[h] sie hindern ihn, sie verhindern es, hinten

[p] sie spinnen, viele Pinsel, die Spitzen, spitz
[m] sie mischt es, sie vermischt es, sehr mild, viel milder

4. [ɪ] in fremden Wörtern

-ik   Pazif*ik*, Tragik, Komik, Klassik, Statik, Romantik, **aber:** 180
         Republik, Aspik, Replik [~i:k]
-ist   Ideal*ist*, Pazifist, Realist, Moralist
-ismus   Ideal*ismus*, Pazifismus, Realismus, Kubismus
-ister   Phil*ister*, Minister, Kanister
-inz   Prov*inz*

5. Halblanges gespanntes *i* im Auslaut

das Abi (Abitur), der Kohlrabi, der Rabbi, das Alibi, die Wüste Gobi,
der Kadi, das Kali, dalli-dalli, im Juli, im Juni, eine Salami, der
Gummi, ein Teller Makkaroni, das Okapi, der Kolibri, quasi, Vati,
Mutti, das Taxi, **aber:** der Schi, die Schi, das Kikeriki, das Halali,
das Etui

7.2.1.3. Unsilbisches *i*   [ĭ]

Lautbeschreibung

Das unsilbische *i* ist überkurz zu artikulieren. Es ist nicht akzentuiert
und daher mit dem nachfolgenden Vokal eng verbunden. Im Grunde
genommen bildet das *i* mit dem nachfolgenden Vokal einen steigenden
Diphthong, bei dem das *i* als unpräziser Vokal den akzentlosen Bestandteil vertritt. Die Artikulationspräzision ist minimal, die Lautstärke gering, die Lippenausformung indifferent.

Das Übungsmaterial

-ie   die Tragöd*ie*, die Komödie, die Lilie, die Prämie, die Linie, die 181
         Serie, die Mumie, die Studie, die Kastanie, **aber:** [i:] in Philatelie,
         Enzyklopädie, Manie, Biologie
-iere   die Garderob*iere*, die Barriere, die Karriere
-ier   der Romanc*ier*, der Financier, der Conferencier, der Bankier,
         das Atelier, das Metier, der Premier, das Dossier, **aber:** [~i:ɐ]
         in der Grenadier, der Passagier, das Spalier und [ɪɐ] in ein Spa-
         nier, ein Georgier, ein Belgier
-ien   in Span*ien*, in Georgien, in Italien, in Jordanien, in Bulgarien,
         in Rumänien, in Belgien, in Tunesien, in Algerien, in Turkme-
         nien, in Albanien, in Syrien, in Sizilien, in Indien, in Australien   253

-ianer	der Indianer, der Sizilianer
-iener	der Italiener
-iole	die Gladiole, die Phiole, die Kapriole, die Gloriole
¹-ion	die Kaution, die Nation, die Region, die Station, die Funktion, die Operation, die Generation, die Aktion
-ium	das Kollegium, das Stadium, das Studium, das Helium, das Opium, das Ministerium, das Aquarium, das Gymnasium

Akzentlose i-Laute in sachlich-neutraler Rede

Beachten Sie bitte, daß bei sachlich-neutraler Rede die Vokale in akzentlosen Wortteilen oder in nichtakzentuierbaren Wörtern im Verhältnis zu ihrer akzentuierten Form hinsichtlich Qualität und Quantität reduziert erscheinen. Charakteristisch ist die Verminderung der Artikulationspräzision (etwas größerer Zahnreihenabstand, verminderte Zungenhebung, verminderte Lippenausformung) und eine noch geringere zeitliche Ausdehnung. Selbstverständlich können auch Vokale in akzentuierbaren Wörtern davon betroffen sein, sofern sie im gegebenen Ausspruch akzentlos sind.

182

-igen	sättigen, benötigen, beglaubigen, begradigen, bescheinigen
-ig	mutig, eilig, günstig, wenig, billig, fleißig, fleißiger, am fleißigsten
-icht	töricht, töricht sein, der Unterricht
-in	die Lehrerin, die Schülerin, die Ärztin, die Verkäuferin
-isch	stürmisch, hektisch, elliptisch, sie spricht Polnisch/Russisch/ Griechisch/Ungarisch/Arabisch/Chinesisch
-lich	herrlich, niedlich, fürchterlich, sachlich, künstlich
-ling	Lehrling, Sperling, Findling, Günstling, Dichterling
-nis	das Bündnis, das Hindernis, die Finsternis, das Gedächtnis

In sachlich-neutraler Rede ist i in folgenden Wörtern akzentlos, deren flektierte Formen ein i enthalten:

sich	ich wasche mich, du wäschst dich, er wäscht sich
sein	ich bin, du bist schon dort, er ist nicht da, wir sind ja gekommen, sie sind doch schon wieder fort
werden	du wirst nicht kommen, sie wird nicht kommen, das wird er nicht tun
wollen	ich will dir helfen, er will mir auch helfen
nicht	ich komme heute nicht, sie wollen wirklich nicht kommen
nichts	er hat nichts gesagt, es wird nichts passieren
mit	mit ihr, mit ihm, mit uns, mit dir, mit niemandem, **aber:** mitbringen, mitbekommen, Mitteilung, mitschuldig
in	in der Disko, in der Eisdiele, im Kino, im Bus, im Zoo
bis	bis morgen, bis übermorgen, bis Dienstag, bis Mittwoch

-igt	(in den Partizipien)
	befähigt, beteiligt, genehmigt, beschäftigt, berechtigt, genötigt, belästigt, gesättigt, verängstigt, **aber:** geneigt [gə'naekt], verzweigt, abgeneigt, angezeigt
hin-	hineingehen, hineinsehen, hineinfahren, hineinschreiben, hineinlegen, hineinstellen, hineinsetzen, hineinwerfen,
	aber: hingehen, hinsehen, hinfahren, hinschreiben, hinlegen, hinstellen, hinsetzen, hinwerfen, hinschmeißen

Hinweis:

Beachten Sie bitte, daß in den nichtakzentuierbaren Pronomen, Präpositionen, Artikeln, Negationswörtern usw. auf Grund ihrer Akzentlosigkeit ein Quantitätsverlust durchaus korrekt ist und unbedingt berücksichtigt werden sollte!

sie	sie kommt, sie liest, sie liebt ihn, sie spielt jetzt
wir	wir wissen es, wir singen jetzt, wir finden es bestimmt
ihr	ihr findet es nicht, wir schicken es ihm, wir spielen
sie	sie bedienen ihn, sie garantieren es ihm, sie ziehen um
ihn	sie liebt ihn, sie beschwichtigen ihn, sie richten ihn
ihm	sie spielen mit ihm, sie haben es ihm geschrieben
sie	wir finden sie, wir besiegen sie, wir rufen Sie an
ihr	sie schicken es ihr, sie erzählen es ihr, sie schrieben ihr
ihnen	sie schicken es ihnen, sie wird es Ihnen schicken
die	die Biene, die Bienen, die Wiese, die Wiesen, die Schiene
wider	sie fährt wider seines Wissens nach Berlin

Aber:

Eine Ausnahme stellen die Negationswörter *nie, niemals, niemand* mit gespannt-langem *i* dar, die in der Regel akzentuiert vorkommen:

nie	sie hat es nie gesagt, sie wird es nie bereuen
niemals	sie wird niemals schwimmen lernen
niemand	dort ist niemand, sie hat niemanden gesehen

Die Akzentuierung dieser Negationswörter bewirkt einen größeren Nachdruck der Aussage.

Übungen im Satz

Beachten Sie bitte, daß kurze Vokale auch unter Akzent niemals lang gesprochen werden dürfen. Lediglich Tonhöhe und Lautstärke sind variabel.

Sabine will schwimmen lernen.

183

Sabine will in diesem Jahr noch schwimmen lernen.

Sabine wird nie schwimmen lernen.

Sabine wird bestimmt noch schwimmen lernen.

Will Sabine noch in diesem Jahr schwimmen lernen?

radfahren, kraulen, tauchen, stricken, Auto fahren, nähen, kochen, backen;
Deutsch, Polnisch, Russisch, Tschechisch, Bulgarisch, Italienisch, Spanisch, Französisch, Englisch, Schwedisch, Finnisch

184
Spielst du Tischtennis?

Spielen Sie Tischtennis?

Wie oft im Monat spielen Sie Tischtennis?

Wieso spielen Sie nicht Tischtennis?

Spielst du gern Tischtennis?

Basketball, Korbball, Eishockey, Handball, Fußball, Wasserball, Faustball, Völkerball; Schach, Dame, Halma, Mühle, Skat, Rommee, Bridge; Violine, Klavier, Cello ['tʃɛloˑ], Schlagzeug, Gitarre, Mandoline, Trompete, Posaune, Horn, Flöte, Saxophon, Klarinette, Oboe

185
Lieben Sie (die Musik von) Beethoven?

Brahms, Bruckner, Eisler, Dessau, Haydn, Mozart, Schubert, Bach, Verdi, Vivaldi, Schostakowitsch, Rachmaninow, Händel, Telemann, Orff, Offenbach

186
Interessieren Sie sich für die Gedichte von Goethe?

Schiller, Lessing, Fontane, Bürger, Brecht, Maurer, Braun, Hauff, Herder, Keller, Klopstock, Wieland, Hacks, Weinert, Strittmatter, Rilke, Hölderlin

187
Sie wird den Wettkampf im Turmspringen bestimmt gewinnen.

Es sieht so aus, als ob sie Sieger im Turmspringen wird.

über vierhundert Meter Lagen / Delphin / Rücken / Hürden, im Streckentauchen, im Weitsprung, im Hochsprung, im Stabhochsprung, im Bodenturnen, im Eiskunstlauf, im Eistanzen, am Balken

188
Sie trainiert täglich vier Stunden auf der Aschenbahn.

am Barren, am Balken, Weitsprung, Hochsprung, in der Eishalle, Freistil, Schmetterling, Kugelstoßen, auf der Matte, auf dem Schießplatz, auf der Pferderennbahn

189
Wissen Sie, wann die Schwimmwettkämpfe beginnen? / ... beginnt?

Wissen Sie, bis wann die Schwimmwettkämpfe dauern? / ... dauert?

Wissen Sie, wie lange die Schwimmwettkämpfe dauern? / ... dauert?

die Meisterschaften, die Ausscheidungskämpfe, die Weltmeisterschaften, die Europameisterschaften, die Ausscheidungskämpfe im Ringen; die Spartakiade, die Olympiade, das Fußball-Länderspiel, das Entschei-

dungsspiel um den Europapokal, das Leichtathletiksportfest, das Ren-
nen, das Springreiten, die Friedensfahrt, das Pferderennen

Sie interessieren sich seit vielen Jahren für Musík. **190**

Malerei, Geschichte, alte Kulturen, Literatur, Mode, alte Stiche, alte
Möbel, alte Musikinstrumente, den Film, das Theater, ganz bestimmte
Komponisten, ganz bestimmte Schriftsteller, Soziologie, die Impres-
sionisten, Sprachen

Wenn ich richtig informiert bin, sammelt sie Briefmarken. **191**

Kunstdrucke, Stiche, Ersttagsbriefe, Originale, Münzen, alte Uhren,
Miniaturbilder, Holzfiguren, Wimpel, Zinngeschirr, Kristall, Schallplatten, Porzellan, Antiquitäten

n ihrer Freizeit málen sie. **192**

basteln sie Flugmodelle/Schiffsmodelle, spielen sie Fußball, modellieren
sie mit Ton, musizieren sie, gehen sie viel tanzen, beschäftigen sie sich
mit ihrem Steckenpferd, gehen sie gern spazieren, lesen sie immer

Sie wissen doch, sie ist wirklich eine gute Philatelístin. **193**

Ich bin sicher, daß sie eine gute Philatelístin ist.

gute Pianistin, gute Cellistin, gute Sopranistin, gute Tänzerin, bekannte
Künstlerin, berühmte Schauspielerin, talentierte Filmschauspielerin, gute
Sportlerin, schnelle Sprinterin, guter Numismatiker, eine gute Schwim-
merin, eine sichere Autofahrerin

Sie will ihre Ferien in Thüringen verbringen. **194**

Sie schrieb mir, daß sie ihre Ferien in Thüringen verbringen will.

In der Sächsischen Schweiz, im Erzgebirge, in Mecklenburg, an der Ostsee, am Schweriner See, auf der Insel Rügen, im Kinderferienlager, im
Harz, im Zittauer Gebirge, in einem Urlauberheim, auf dem Lande,
nicht in der Großstadt

Sie schrieb ihm, daß sie sich in den Ferien richtig áusschlafen wollten. **195**

austoben, aalen, in der Gegend umsehen, entspannen, ausruhen, in ihr
Hobby vertiefen

Sie schrieb ihm, daß sie in den Ferien einmal richtig Cámping machen.

ausgehen, tanzen gehen, faul sind, ausspannen, wandern, baden gehen ...

257

7.2.2. Die ü-Laute

Transkriptionszeichen und Schreibung

gespannt-langes *ü*   [y:]   ü, üh, ue, y
ungespannt-kurzes *ü*   [Y]   ü, y

Positionen

Die beiden Laute können sowohl im Silbenanlaut, als auch im Silbeninlaut und im Silbenauslaut stehen.

[y:]   ### 7.2.2.1. Gespannt-langes *ü*

Lautbeschreibung

Das [y:] ist ein gespannt-langer, hoher Vorderzungenvokal. Bei der Bildung dieses Lautes sind die Lippen sehr stark, aber unverspannt vorgestülpt, sie bilden eine kleine runde Öffnung wie beim Pfeifen. Diese
Einstellung muß schon vor dem eigentlichen Phonieren (im vorangehenden Konsonanten oder in der vorangehenden Pause) erreicht sein. Der
Zahnreihenabstand ist minimal, weil der vordere Zungenrand Kontakt
mit den unteren Schneidezähnen hält, während sich die Vorderzunge
dem Hartgaumen entgegenwölbt und nur eine geringe Rinne offenläßt
um den Phonationsstrom austreten zu lassen. Das Gaumensegel is
gehoben.

Abb. 17   Abb. 18

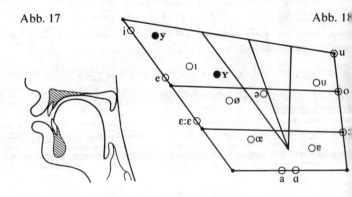

258

Ableitungen

Ableitung von [i:]

1. Artikulationseinstellung wie bei [i:]
2. Starkes Vorstülpen der Lippen zu einer bleistiftstarken Öffnung, ohne die Zungenlage zu verändern. Der Zahnreihenabstand soll ebenfalls unverändert bleiben. Nun wird phoniert, so daß sich [y:] ergibt.
3. Wiederholung der Ableitung mit deutlicher Überdehnung des [y:]

A ⟶
von [i:]

Ableitung vom Lippenpfeifen

1. Pfeifen eines relativ hohen Tones mit den Lippen
2. Kontrolle im Spiegel
3. Nun wird der Ausatmungsdruck vermindert, so daß der Pfeifton ausbleibt und der Stimmton hinzugesetzt werden kann. Es entsteht [y:].
4. Mehrfache Wiederholung zur Festigung des Klangeindrucks und der artikulatorischen Einstellung

A ⟶
vom Lippen-
pfeifen

Abweichungen

1. Qualitätsverlust durch Entrundung oder mangelnde Vorstülpung: [y:] klingt fast wie [i:]
   Abhilfe: Bewußt starke Vorstülpung der Lippen und Kontrolle mit dem Spiegel
2. Diphthongierung: [y:] wird zu einem Teil wie [i:] gebildet. Die Labialisierung wird zu spät artikuliert.
   Abhilfe: Die Lippenvorstülpung muß im vorhergehenden Konsonanten oder schon in der Sprechpause vor [y:] erfolgen.

Das Übungsmaterial

Hinweis:
y:] entsteht nur, wenn die Lippenvorstülpung sowohl deutlich als auch echtzeitig, d. h. im vorhergehenden Konsonanten oder in der Sprechpause davor, realisiert wird.

Abb. 19

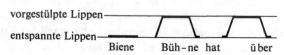

vorgestülpte Lippen —
entspannte Lippen —
Biene   Büh-ne hat   über

. Wiederholung der Ableitung unter Zusatz von [n]

[y:], [y::], [y:n], ... [y:nə] ...

259

196   2. [y:] im Wortinneren

- [z]   süß, viel süßer, im Süden, nach Süden, südlich
- [d]   sehr düster, viel düsterer, am düstersten, eine Düse
- [t]   eine Tüte, alle Türen, alle Stühle, der Typ, die Type
- [n]   viele Schnüre, sie verschnürt es, der Schnürsenkel
- [l]   du lügst, sie ist viel klüger, alles blüht, eine Blüte
- [ts]   sie sind zynisch, sie zügeln sich, zwei Züge
- [ʃ]   ein Schüler, eine Schülerin, sie schüren das Feuer
- [r]   er ist berühmt, sie ist viel berühmter, eine Berühmtheit
- [g]   du meine Güte (!), ein Güterwagen, der Güterzug
- [k]   sehr kühl, noch viel kühler, unser Kühlschrank, kühn
- [v]   ich bin wütend, in der Wüste, es ist sehr schwül
- [f]   ich fühle es, das Gefühl, eine Führung, ein Verführer
- [b]   eine Bühne, eine Gebühr, sie büßen es, das Bühnenbild
- [p]   ich spüre es, das Gespür, eine Spülung, das Spülwasser
- [m]   ich bin müde, sie ermüdet schnell, sie spielen Mühle

197   3. [y:] in fremden Wörtern

-ym   das Pseudon<u>ym</u>, das Homonym, das Synonym, das Enzym
-yse   die Anal<u>yse</u>, Paralyse, Katalyse, Hydrolyse, Elektrolyse
-yt   der Hydrol<u>yt</u>, der Elektrolyt

4. Wirkliche (und scheinbare) Ausnahmen

Gespannt-langes *ü* kann auch in folgenden Wörtern gesprochen wer
den:

ein L<u>ü</u>gner, wirklich betr<u>ü</u>blich, ganz <u>ü</u>blich, noch <u>ü</u>brig, er f<u>ü</u>hlt sic
bem<u>ü</u>ßigt, eine B<u>ü</u>ste, f<u>ü</u>r, f<u>ü</u>g(lich, sam ...), ein Gr<u>ü</u>bler, ganz grün
Herr Gr<u>ü</u>nlich

[Y]   **7.2.2.2. Ungespannt-kurzes *ü***

Lautbeschreibung
Im Vergleich zum gespannt-langen *ü* haben die Lippen nur noch ein
Tendenz zur Vorstülpung; die Vorderzunge wird beim [Y] weniger star
aufgewölbt. Der Grad der Zungenhebung liegt etwa zwischen ungespann
kurzem *i* und gespannt-langem *ö*. Der vordere Zungenrand hat Kontak
mit den unteren Schneidezähnen. Das Gaumensegel ist gehoben.

. Gespannt-langes und ungespannt-kurzes *ü* in Wortpaaren   **198**

Hinweis: Das gespannt-lange *ü* soll akzentuiert und leicht überdehnt, das ungespannt-kurze hingegen akzentlos und stark zurückgenommen sein: [y::] – [ʏ], z. B.

Düne – dünne, Tür – dürr, Wüste – wüßte, Mühle – Müller, fühlen – füllen, berühmt – berüchtigt, betrügen – bedrücken.

Nun wiederholen Sie die Übung, indem Sie die Reihenfolge umkehren, ohne jedoch den ungespannten Vokal zu akzentuieren:

dünne – Düne, dürr – Tür, wüßte – Wüste, Müller – Mühle, füllen – fühlen, berüchtigt – berühmt, bedrücken – betrügen

. [d] dünn, viel dünner, auch viel dümmer, sie verdünnt es   **199**
  [t] sie stürzen, sie ist bestürzt, sie spricht Türkisch
  [n] sehr nützlich, es nützt mir, hat es dir genützt(?)
  [l] sie lüftet, der Heizlüfter, sie flüchtet, in den Lüften
  [ts] sie zündet es an, der Zünder, der Zeitzünder, sehr zünftig
  [ʃ] zwei Schüsseln, der Schütze, sie wird beschützt, ganz schüchtern
  [r] die Rüstung, viele Früchte, sie brüllen
  [g] wirklich günstig, der Gürtel, der Günstling, sehr günstig
  [k] er küßt sie, kürzlich, künftig, er kümmert sich darum
  [v] sie wünscht es sich, sie verwünscht ihn, viele Wünsche
  [f] fünf Füchse, fünf Füller, fünf Fürsten, sie erfüllt es
  [b] eine Büchse, er bückt sich, ein Bückling, zwei Büsche
  [p] sie ist pünktlich, die Pünktlichkeit, sei doch pünktlich(!)
  [m] Herr Müller, meine Mütze, sie schmückt sich, der Müll

. Akzentlose *ü*-Laute in sachlich-neutraler Rede

In akzentlosen Wortteilen oder in nichtakzentuierbaren Wörtern in der sachlich-neutralen Rede sind diese Vokale im Verhältnis zu ihrer akzentuierten Form hinsichtlich Klang und Dauer deutlich reduziert. Charakteristisch ist die Verminderung der Artikulationspräzision: ein etwas größerer Zahnreihenabstand, eine verminderte Zungenhebung, eine schwächere Lippenrundung bei einer zeitlichen Verkürzung.

für	für ihn, für sie, für sich, für uns, für euch, für alle
über	über die Straße, über den Platz, über die Brücke, über das Buch
hinüber	er geht zur Bank hinüber, er geht zur Post hinüber
herüber	komme doch herüber, er wollte doch herüberkommen
vorüber	das ist längst vorüber, gehst du da vorüber(?)
müssen	wir müssen noch arbeiten, wir müßten es schaffen(!)
dürfen	das dürfte stimmen, ihr dürft uns nicht im Stich lassen(!)

Hinweis:

hinüber, herüber, vorüber sind jedoch akzentuiert, wenn sie die eir zigen Bestimmungen des Satzes sind.

Er kommt herüber.

Aber: Er kam géstern schon herüber.

Übungen im Satz

200 Frau Kühn fühlt sich wirklich kránk.

gut, schlecht, gesund, müde, abgespannt, wie zerschlagen, überforder übergangen, veralbert, beleidigt, überrumpelt, benachteiligt, verrater nicht ernst genommen

201 Frau Müller ist bedrückt, daß man sie für kránk hält.

Frau Kühn ist bestürzt, weil man sie für kránk hält.

Frau Kübler ist wütend, weil man sie für kránk hält.

langweilig, schüchtern, launisch, intrigant, unkollegial, unzuverlässi; uninteressiert, unsachlich, dumm, faul, unklug, kaltblütig, abhängi; erpreßbar, fachlich schwach, häßlich

202 Herr Kühn bemüht sich, pünktlich zu sein.

Herr Mühsam rühmt sich, immer pünktlich zu sein.

Herr Kübler führt an, immer pünktlich gewesen zu sein.

Herrn Kühn hat es genützt, immer pünktlich gewesen zu sein.

interessiert, belesen, witzig, schlagfertig, vielseitig, zuverlässig, kollegia offen, sachlich, behilflich, treu, nachsichtig, verschwiegen

203 Herr Kühn gibt sich alle Mühe, ein erfolgreicher Journalíst zu werder

ein anerkannter Experte, ein berühmter Erfinder, ein tüchtiger Meiste ein führender Politiker, ein guter Ehemann, ein treffsicherer Schütze, ei erfolgreicher Publizist, ein anerkannter Künstler, ein guter Beobachte

204 Sie amüsieren sich über Rüdigers Kühnheit.

Sie führen ein Gespräch über Rüdigers Kühnheit.

Sie amüsieren sich über die Kühnheit Rüdigers.

Ängstlichkeit, Ratlosigkeit, Genußsüchtigkeit, Freigiebigkeit, Sparsan keit, Vertrauensseligkeit, Trägheit, Mutlosigkeit, Verschwendungssucl

205 Herr Kübler überlegt, warum sein Schüler so schüchtern ist.

Herr Kühn macht sich Gedanken darüber, weshalb sein Schüler s schüchtern ist.

262 Herr Müller spürt (fühlt), weshalb sein Schüler so schüchtern ist.

ch wünschte mir, daß er nicht so schüchtern ist.

ch würde mich freuen, wenn du nicht so schüchtern wärst.

aktlos, empfindlich, träge, langsam, vertrauensselig, stur, verschwen-
erisch, freigiebig, feige, mutlos, arrogant, schweigsam, gesprächig, neu-
ierig, leichtsinnig, starrköpfig, nachlässig, oberflächlich, unordentlich

Kollege Krüger würde gern ergründen, worüber sich Kollege Kühn **206**
rgert.

reut, wundert, Gedanken macht, Sorgen macht, den Kopf zerbricht,
o aufregt

Kühns würden sich überaus freuen, wenn du sie übermorgen ánrufen **207**
vürdest.

Kühns würden es begrüßen, wenn du sie übermorgen ánrufen würdest.

esuchen, empfangen, informieren, zum Abendessen einladen, vom Bahn-
of abholen, zum Bahnhof bringen, in die Stadt begleiten, im Auto mit-
ehmen, nach Berlin bringen, vom Theater abholen, durch die Stadt
ihren

.2.3. Die *ö*-Laute

ranskriptionszeichen und Schreibung

espannt-langes *ö*   [ø:]   als ö, öh, oe
ngespanntes-kurzes *ö*   [œ]   als ö

ositionen

⁾as *ö* ist sowohl im Silbenanlaut als auch im Silbeninlaut und -auslaut
u finden.

.2.3.1. Gespannt-langes *ö*   [ø:]

autbeschreibung

⁾as [ø] ist ein mittelhoher Vorderzungenvokal. Die Zungenhebung ist
eniger intensiv als beim ungespannt-kurzen *ü*, der Zahnreihenabstand
us diesem Grunde jedoch etwas größer. Auch die Lippenrundung ist   263

leicht vergrößert, wohingegen die Lippenvorstülpung etwa den gleiche Grad wie bei [y:] aufweist. Der vordere Zungenrand hat Kontakt mi den unteren Schneidezähnen. Das Gaumensegel muß gehoben sein. Di Artikulationspräzision hat einen hohen Grad und das insbesondere be der Lippenvorstülpung.

Abb. 20

Abb. 21

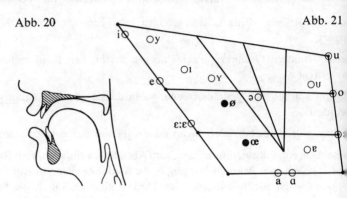

Ableitungen

A →
von [y:]

Ableitung von [y:]

1. Artikulationseinstellung von [y:]
2. Der Zahnreihenabstand wird so lange vergrößert, bis sich der Klan von [ø:] einstellt. Dabei sollte versucht werden, die Lippen nicht z aktivieren und auch die Zungenlage nicht bewußt zu verändern.
3. Wiederholung der Ableitung

A →
vom Lippen-
pfeifen

Ableitung vom Lippenpfeifen

1. Artikulationseinstellung von [y:] und Pfeifen eines Tones
2. Aktive Veränderung des Zahnreihenabstandes, der Lippenöffnun und der Lippenvorstülpung, so daß ein niedrigerer Ton beim Pfeife entsteht. Die Veränderung muß solange erfolgen, bis die entspr chende Einstellung gefunden worden ist.
3. Wiederholung dieser Ableitung

A →
von [e:]

Ableitung von [e:]

1. Sollte [e:] beherrscht werden, dann kann [ø:] abgeleitet werden, i dem lediglich die Lippen aktiv vorgestülpt werden, ohne jedoch de Zahnreihenabstand oder die Zungenlage zu verändern.
2. Wiederholung der Abfolge zur Festigung des Klangeindruckes

Abweichungen

1. Qualitätsänderung durch Entrundung: [ø:] klingt wie [e:]

Abhilfe: Verstärkung der Lippenvorstülpung, evtl. Ableitung vom Lippenpfeifen

2. Diphthongierung von [ø:]. Es klingt wie [œe:].

Abhilfe: Hinweis auf die Übertragung des Merkmals *Lippenvorstülpung* auf den vorhergehenden Konsonanten oder die Sprechpause vor [ø:]

Das Übungsmaterial

1. Wiederholung der Ableitung

Hinweis:
Auch [ø:] ist ein gerundeter Vokal. Um eine Diphthongierung zu vermeiden (evtl. Ableitung vom Lippenpfeifen), muß die Lippenstülpung bereits im vorhergehenden Konsonanten oder in der Sprechpause vor [ø:] artikuliert werden!

Abb. 22

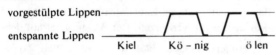

vorgestülpte Lippen — entspannte Lippen

Kiel   Kö – nig   ö len

2. [ø:] im Wortinneren

208

[z]   viele Söhne, sie versöhnen sich, sie haben sich versöhnt
[d]   er döst, in Döbeln, er fährt nach Döbeln, in Dölitz
[t]   einige Töne, er stöhnt, sie betört ihn, er hat ihn getötet
[n]   in Nöten sein, ich benötige es jetzt, sie nötigen ihn
[l]   der Löwe, in der Höhle, ich löse ihn ab, die Flötentöne
[ʃ]   sehr schön, noch viel schöner, eine Schönheit, etwas beschönigen
[r]   von rötlicher Farbe, sie' errötet, ein Brötchen, er tröstet sie
[g]   der Dichter Goethe, in Gören, sie fährt nach Gören
[k]   der König, wirklich königlich, ein Köhler, sie wohnt in Köthen
[v]   er verwöhnt sie, sie gewöhnen sich daran, sie schwören es
[f]   viele Vögel, der Fön, sie fönt sich die Haare
[b]   sehr böse, sie ist auf mich böse, sie wohnen in Böhlen
[p]   ein Pökelschinken, etwas einpökeln
[m]   sie mögen es, wir ermöglichen es schon, sie sind vermögend

3. [ø:] in fremden Wörtern

-ör   der Fris*ör*
-eur   der Fris*eur*, Chauffeur, Ingenieur, Masseur, Redakteur
-ös   wirklich kaprizi*ös*, muskulös, monströs, venös

4. [ø:] als wirkliche (oder scheinbare) Ausnahme

eine Behörde, sie regeln es behördlich, das Brötchen, schon möglich
das Gelöbnis ablegen, höchstens morgen, höflich sein, löblich scheinen, Salz ist löslich, es ist nicht möglich, es ist tödlich

[œ]   ## 7.2.3.2. Ungespannt-kurzes *ö*

Im Vergleich zum gespannt-langen *ö* hat das ungespannt-kurze eine
weniger intensive Zungenhebung. Die Artikulationsspannung ist schwächer, die Lippen sind weniger stark vorgestülpt, die Lippenöffnung ist
daher etwas größer. Das gilt auch für den Zahnreihenabstand. Der vordere Zungenrand liegt an den unteren Schneidezähnen, und das Gaumensegel ist gehoben (vgl. Vokalviereck, S. 264).

Das Übungsmaterial

209   1. Versuchen Sie, den Kontrast zwischen [ø:] und [œ] zu artikulieren
indem Sie den gespannt-langen Laut bewußt überdehnen und der
ungespannt-kurzen bewußt verkürzen. Der Akzent liegt auf dem [ø:]

Höhle – Hölle, Höker – Höcker, blöken – Blöcke, Öfen – öffnen

210   2. Nun eine Akzentverlegung durch die Umkehrung der Reihenfolge:

Hölle – Höhle, Höcker – Höker, Blöcke – blöken, öffnen – Öfen

211   3. [œ] im Wortinneren

[z]   der Söldner, das Söckchen, sie wohnt in Sömmerda
[t]   der Tölpel, sie übertölpeln ihn, der Töpfer, eine Töpferei
[n]   zwei Knöpfe, den Mantel zuknöpfen, sie nörgelt, ein Schnörkel
[l]   der Löffel, die Suppe auslöffeln, plötzlich, urplötzlich
[ts] der Zöllner, zwei Zöllner, zwei Zöpfe
[r]   zwei Röcke, Kaffee rösten, röstfrisch, sie frösteln
[g]   eine Göttin, sie vergöttern ihn, der Gönner, sie gönnen es ihr
[k]   ich könnte es schon, ganz köstlich, eine Köstlichkeit
[v]   es ist zwölf Uhr, viele Wölfe, ein Wölkchen, es bewölkt sich
[f]   viele Völker, sie bevölkern es, völlig neu, sie fördern Erz
[b]   eine Böschung, der Böllerschuß, zwei Böcke, der Böttcher
[m]   der Mörder, eine mörderische Hitze, ich möchte nicht

Akzentlose Laute in sachlich-neutraler Rede

Nichtakzentuierbare Wörter mit *ö* sind relativ selten. Wenn jedoch *können* und *mögen* im Ausspruch akzentlos sind, dann sind die Vokale hinsichtlich Qualität und Quantität erheblich reduziert. Das bedeutet, daß der Grad der Zungenhebung, die Lippenausformung weniger intensiv, der Zahnreihenabstand größer und der Laut insgesamt kürzer zu artikulieren sind.

können	ich könnte jetzt schlafen, hast du das lesen können
mögen	ich möchte endlich gehen, ich möchte dich doch besuchen
Aber:	ich möchte jetzt nicht, ich könnte das gar nicht

Übungen im Satz zu [ø:] und [œ]

Herr Möbius, Sie könnten bei uns als Dekorateur arbeiten.

Herr Möbius, es wäre schön, wenn Sie bei uns als Dekorateur arbeiten könnten.

Hören Sie, Herr Möbius, Sie könnten bei uns als Dekorateur arbeiten.

Ingenieur, Installateur, Redakteur, Konstrukteur, Metteur, Spediteur, Masseur, Friseur, Pförtner

212

Ich möchte Sie nicht stören, ich komme später noch einmal.

während der Frühstückspause, während der Mittagspause, im Laufe der Frühschicht, gegen Mittag, nach zwei, am Nachmittag, nach Feierabend, gegen sechs, nach Arbeitsschluß, in der Spätschicht, gegen Abend, in der Nachtschicht, morgen, morgen vormittag, am Dienstag

213

Hören Sie, wäre es möglich, daß Sie mich mit Kollegen Möbius verbinden?

Es wäre schön, wenn Sie mich mit Kollegen Möbius verbinden könnten.

König, Röhl, Schön, Schöndorf, Möller, Möllendorf, Höfer, Rösler, Rößler, Röhricht, Böwe, Böse, Köhler

214

Möchten Sie mit dem Redakteur sprechen?

Ich könnte Sie mit dem Redakteur verbinden.

Konstrukteur, Dekorateur, Installateur, Chefredakteur, Spediteur, zuständigen Bauingenieur, dafür verantwortlichen Ingenieur

215

Herr Möbius hat sich daran gewöhnt, öfters bei der Arbeit gestört zu werden.

In der Sitzung, während der Besprechung, während der Dienstberatung, während der Versammlung, am Tage, in der Nacht, bei der Vorbereitung; für seinen Kollegen einspringen zu müssen, kritisiert zu werden

216

7.2.4. Die *o*-Laute

Transkriptionszeichen und Schreibung

gespannt-langes *o*   [o:]   als o, oo, oh
ungespannt-kurzes *o* [ɔ]   als o

Positionen

Das *o* kann im Anlaut, Inlaut und Auslaut einer Silbe stehen.

[o:]   ### 7.2.4.1. Gespannt-langes *o*

Lautbeschreibung

[o:] ist ein mittelhoher Hinterzungenvokal, der die gleiche Lippenstülpung wie [ø:] hat, bei dem sich jedoch die Hinterzunge zum weichen
Gaumen aufwölbt. Der vordere Zungenrand hat Kontakt mit den unteren Schneidezähnen, das Gaumensegel ist gehoben. [o:] ist gekennzeichnet durch eine große Artikulationspräzision und eine relativ hohe
Artikulationsspannung. Im Vergleich zum [ø:] ist die Zungenhebung
weiter hinten zu lokalisieren. Die Lippenstülpung muß deutlich erkennbar und deutlich fühlbar sein. Die Zahnreihen haben etwa den gleichen
Abstand wie beim [ø:].

Abb. 23   Abb. 24

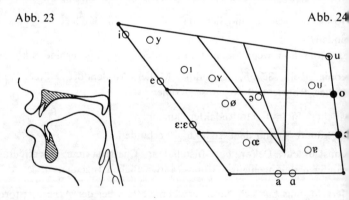

Ableitungen

A →
von [ø:]   **Ableitung vom [ø:]**

1. Artikulationseinstellung von [ø:]
2. Ohne den relativ kleinen Zahnreihenabstand und die für [ø:] typische

Lippenvorstülpung zu ändern, sollte die Zunge leicht nach hinten verlagert werden, jedoch ohne den Zungenspitzenkontakt aufzugeben und ohne die Phonation zu unterbrechen.

3. Mehrfache Wiederholung zum Zwecke der Festigung des Klangeindrucks und der Artikulationseinstellung.

Ableitung vom Lippenpfeifen

1. Pfeifen eines relativ tiefen Tones (vgl. [y:], [ø:])
2. Leichte Entspannung der Lippen, ohne den Zungenspitzenkontakt aufzugeben. Zusatz des Stimmtones.
3. Wiederholung zum Zwecke der Festigung

A ⟶
vom Lippen-
pfeifen

Abweichungen

1. Qualitätsänderung durch fehlende Lippenvorstülpung: [o:] klingt wie offenes *o* [ɔ]
   Abhilfe: Bewußte Aktivierung der Lippen
2. Qualitätsänderung durch zu intensive Lippenvorstülpung: [o:] klingt wie [u:]
   Abhilfe: Aktives Vergrößern des Zahnreihenabstandes und damit der Lippenrundung
3. Qualitätsänderung durch Diphthongierung: [o:] klingt wie [o̯u]
   Abhilfe: Fixierung der Zungenlage und der Lippenausformung. Zu beachten ist auch, daß die Lippenvorstülpung bereits im vorhergehenden Konsonanten oder in der Sprechpause vor [o:] zu realisieren ist.

Das Übungsmaterial

1. Wiederholung der Ableitung, anfangs mit einer starken Überdehnung des Vokals [o:]

   Hinweis:
   [o:] ist ein gerundeter Vokal, daher muß die Lippenvorstülpung bereits im vorhergehenden Konsonanten oder in der Sprechpause vor [o:] artikuliert werden.

   Abb. 25

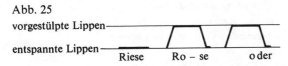

vorgestülpte Lippen—
entspannte Lippen—
Riese   Ro – se   o der

2. [o:] am Wortanfang

   Ohm, ohne, Ohnmacht, Ober, Oberst, Oberin, Olaf, Opa, Opus

217

3. [o:] im Wortinneren

[g] ein gotisches Bauwerk, die Gotik, die Neogotik, in Gotha
[k] viel Kohle, sie verkohlen ihn, der Kohl, eine Kohlroulade
[ʀ] sehr rot, noch roh, das Stroh, zwei Rosen, sie drohen mir
[h] ganz hohl, sehr hoch, sie erholt sich schon, der Hof, eine Hose
[ʃ] jetzt schon, eine Schonung, sie schonen sich, viel Schokolade
[z] der Sohn, das Sofa, eine Sole, eine Sohle, die Stiefel besohlen
[ts] die graue Zone, sie sind umgezogen, der Zobel
[l] der Lohn, sie belohnen ihn, eine Belohnung erhalten, das Diplom
[d] der Dom, eine Dose, eine Dohle, der Doge
[t] der Tod, sie ist tot, sie toben herum, der Ton, der Toast [to:st]
[n] sie ist in Not, ein Knoten, sie verknoten es, Nora kommt
[v] eine Wohnung, sie wohnen hier, die Gewohnheit
[f] das Fohlen, das Forum, das Foto, sie haben es empfohlen
[m] es ist in Mode, sehr modisch, eine Mole, sie mogeln, das Moos
[b] das Boot, der Bogen, ein Bote, sie erbosen sich, auf dem Boden
[p] der Pol, ein Pole, in Polen, das Podium, sie pokern

4. Halblanges gespanntes *o* im Auslaut

Hinweis: Der Wortakzent liegt niemals auf dem *o*.

das Kommando, in Stéreo, der Trafo, das Echo, das Radio, im Studio, ein großes Risiko, in Méxiko, der Sakko, ein Kilo, ein Solo, hallo, der Dynámo, das Piano, im Kino, im Kasino, mit großem Tempo, also, netto, das Lotto, das Motto, brutto, das Auto, das Intermezzo, **aber:** das Rollo, das Bistro, das Rokoko

5. [o:] in fremden Wörtern

-ole   eine Pist*ole*, Metropole, Parole, Konsole
-one   eine Schabl*one*, eine Kanone, eine Patrone, eine Matrone
-ose   eine Aprik*ose*, die Tuberkulose, die Prognose, die Hypnose
-om   das Dipl*om*, das Phantom, das Symptom
-og   der Dial*og*, der Epilog, der Prolog, der Katalog
-on   das Horm*on*, der Sermon, eine Person, die Garnison
-ion   eine Reg*ion*, eine Vision, eine Nation, die Television
-or   der Maj*or*, der Matador, der Meteor, das Dekor, **aber:** der Doktor, der Motor, der Kantor, der Äquator
-os   wirklich dubi*os*, ganz grandios
-ot   der Patri*ot*, der Pilot
-eau   das Niv*eau*, das Plateau, das Tableau

6. Wirkliche (und scheinbare) Ausnahmen

Gespannt-langes *o* kann auch in folgenden Wörtern gesprochen werden:

vor, bevor, hoch, eine Botschaft, höher empor, der Gehorsam, ganz
groß, ein Jodler, der Knoblauch, der Lotse, unser Mond, frisches
Obst, zu Ostern, der Stoß

7.2.4.2. Ungespannt-kurzes *o* [ɔ]

Lautbeschreibung

Das Vokalviereck (S. 268) zeigt, daß beim ungespannt-kurzen *o* der
hintere Zungenrücken weit weniger aufgewölbt ist als beim gespannt-
langen. So ergibt sich, daß auch der Zahnreihenabstand größer und die
Lippenöffnung nicht so klein ist. Auch hier hat der vordere Zungenrand
Kontakt mit den unteren Schneidezähnen. Das Gaumensegel ist gehoben. Das ungespannt-kurze *o* tendiert lediglich zum gespannt-langen *o*.
Es ist jedoch bedeutend kürzer.

Das Übungsmaterial

1. Gespannt-langes und ungespannt-kurzes *o* in Wortpaaren

   Hinweis:
   Die folgenden Wortpaare sollten so gesprochen werden, daß das gespannt-lange *o* leicht überdehnt und akzentuiert ist, während das
   ungespannt-kurze *o* vollkommen akzentlos und stark verkürzt realisiert werden muß.

   Gose – Gosse, Koma – Komma, Robe – Robbe, Ofen – offen, Schoß – **220**
   schoß, Sohn – Sonne, Mode – Motte

   Jetzt wiederholen Sie die Übung in umgekehrter Reihenfolge, wobei
   [o:] jedoch weiter den Akzent behalten soll:

   Gosse – Gose, Komma – Koma, Robbe – Robe, offen – Ofen usw.

2. [ɔ] im Wortinneren **221**
   [g] das Gold, am Golf, eine Gondel, der Gott, sie spielen Golf
   [k] sie kommen, das Komma, zwei Kommata, eine Kontrolle, das
       Konto
   [ʀ] eine Rolle, der Roller, es rollt weg, der Rollmops, ein Rock
   [ʃ] eine Scholle, der Schock, der Schotter, das ist schockierend
   [z] das Soll, sie sollen kommen, sie sondern sich ab, eine Sonne
   [ts] der Zorn, sie ist zornig, der Zopf, der Zoll, er verzollt es
   [l] sie locken es an, eine Verlockung, das Loch, der Block
   [d] doppelt so viel, etwas verdoppeln, der Donner grollt, das Dock
   [t] ganz toll, eine Tonne, der Topf, der Stock, sehr stolz

[n]	im Norden, eine Knolle, ein Knopf, in Nossen, ein Genosse
[v]	viel Wolle, wollen Sie es denn(?), zwei Worte, die Wolga
[m]	eine Motte, das Motto, sie mochten es nicht, in Moll, der Most
[b]	der Bock, das Bord, an Bord gehen, sie borgen sich etwas
[p]	der Posten, die Post, der Postbote, sie hat die Pocken, der Spott

222

3. [ɔ] in fremden Wörtern

-ǫn das Lexikon, der Kanon, das Mikron, der Bariton

Aber: Beachten Sie bitte die Formen mit gespannt-langem bzw. mit nasaliertem Vokal: Sermon, Tampon [tampɔ̃]!

-ǫ das Kommando, das Tempo, das Konto, der Dynamo, der Torpedo

Aber: Auslautendes o ist in der Regel halblang-gespannt.

-ǫs das Pathos, der Mythos, der Kosmos, der Albatros

4. Wirkliche (und scheinbare) Ausnahmen

Ungespannt-kurzes o wird auch in folgenden Wörtern gesprochen:
sie hat Hǫchzeit, der Hǫchzeiter

Akzentlose o-Laute in sachlich-neutraler Rede

In bestimmten akzentlosen Wortteilen und in einer Reihe nichtakzentuierbarer Wörter bei sachlich-neutraler Rede werden die Vokale im Verhältnis zu ihrer akzentuierten Form hinsichtlich Qualität und Quantität erheblich reduziert. Charakteristisch ist die Verminderung der Artikulationsintensität (etwas größerer Zahnreihenabstand, verminderte Zungenhebung, schwächere Lippenaktivität) und eine geringere zeitliche Ausdehnung.

223

noch	er kommt noch, er läuft noch schneller, sie bewegt sich noch
(je)	je mehr man ihn lobt, desto besser lernt er
desto	
ob	ich weiß nicht, ob er kommt und ob er es mitbringt
obwohl	sie arbeitet, obwohl sie krank ist
obgleich	sie schläft, obgleich sie arbeiten sollte
obschon	sie beeilen sich, obschon es doch zu spät sein wird
sogar	er hat es sogar gestern schon abgegeben
sondern	das sind keine Apfelsinen, sondern Zitronen
trotz	er hat es trotz widriger Umstände doch noch geschafft
ohne	du solltest bei diesem Wetter nicht ohne Schirm gehen
vor	er hat dich schon vor einer Stunde erwartet
vor-	er kommt gleich vorbei, das geht schon vorüber
wo	wo arbeitest du denn(?), ich weiß nicht, wo er arbeitet
wo-	wozu dient das denn(?), wovon spricht er eigentlich(?)

Übungen im Satz

Wie lange wóhnen Sie schon im Hóchhaus? → **224**

Hier im Hóchhaus wohnen wir schon drei Wóchen.

in diesem Einfamilienhaus, in diesem Reihenhaus, in diesem Wohnheim, in diesem Hotel, in dieser Etagenwohnung, in dieser Zweizimmerwohnung, in diesem Neubau, in dieser Altbauwohnung, in dieser Villa, in diesem Flachbau, in dieser Siedlung

Wo haben Sie vórher gewohnt? → **225**

Vorher haben wir in diesem Hóchhaus gewohnt.

Wohnten Sie nicht noch vor drei Wóchen in diesem Hóchhaus? →

Ja, vor drei Wóchen haben wir noch in einem Hóchhaus gewohnt.

Reihenhaus, Wohnheim, Hotel, Motel, Wochenendhaus, Neubau, Altbau, Flachbau

Um unser Wóhnzimmer wohnlicher zu gestalten, haben wir uns vorige **226**
Woche eine neue Cóuchgarnitur [kaotʃ ~] gekauft.

eine Ofenbank, neue Gardinen, neue Übergardinen, neue Stores, eine neue Schrankwand, einen neuen Teppich, einige Bilder, einen Ohrensessel, eine antike Wanduhr, eine alte Standuhr, einen neuen Vorhang, einen Wandteppich, einen Schaukelstuhl

Wolltest du nicht am kommenden Montag das Wóhnzimmer renovieren? **227**

den Korridor/das Kinderzimmer/das Schlafzimmer/das Bad, die Toilette/die Abstellkammer/den Balkon renovieren; die Fenster streichen, die Türen streichen, das Schloß reparieren, die Klingel reparieren, das Wohnzimmer tapezieren, den Fußbodenbelag verlegen, das neue Regal anbringen, die Steckdose reparieren

Monika ist vollkommen erschöpft, dennoch muß sie schon wieder die **228**
Fénster putzen.

den Fußboden wischen, den Korridor bohnern, den Teppich saugen, Staub wischen, Wäsche waschen, Hemden bügeln, Essen kochen, das Frühstück vorbereiten, Gemüse putzen, das Geschirr abwaschen, die Gläser polieren, einkaufen gehen, Ordnung schaffen, die Hosen stopfen, einen Knopf annähen

Schobers haben Lotto (Toto) gespielt und sogar gewonnen, so daß sie **229**
sich einen neuen Fárbfernseher kaufen konnten.

eine neue Stereoanlage, ein neues Radio, einen neuen Kassettenrecorder, ein Tonbandgerät, einen Stereoplattenspieler, einen Kontaktgrill, einen Boiler fürs Bad, einen neuen Toaster [to:stɐ], eine neue Küchenmaschine, einen Heizlüfter, eine neue Kaffeemaschine, ein Frittiergerät

Roland muß schon wieder das Schloß ölen, obwohl er das erst vorgestern gemacht hat.

den Lichtschalter auswechseln, die Steckdose überprüfen, eine Fensterscheibe im Kinderzimmer einsetzen, eine Glühbirne wechseln, die Antenne richten, den Antennenverstärker überprüfen, eine Sicherung wechseln, die Klingel nachsehen, den Wasserhahn auswechseln, die Zündflamme regulieren, den Fön reparieren, den Heizlüfter reparieren

7.2.5. Die *u*-Laute

Transkriptionszeichen und Schreibung

gespannt-langes *u*   [u:]   als u, uh
ungespannt-kurzes *u* [ʊ]   als u

Positionen

Das *u* steht sowohl im Silbenanlaut als auch im Silbenin- und -auslaut.

[u:]   **7.2.5.1. Gespannt-langes *u***

Lautbeschreibung

Gespannt-langes *u* ist ein hoher Hinterzungenvokal, bei dem sich der hintere Teil der Zunge sehr stark zum weichen Gaumen aufwölbt. Der Zahnreihenabstand ist wie bei [y:] sehr klein, und der vordere Zungenrand hat Kontakt mit den unteren Schneidezähnen. Das Gaumensegel ist gehoben. Die Lippen sind von den Zähnen abgehoben, nach vorn gestülpt und bilden eine sehr kleine Öffnung.

Abb. 26   Abb. 27

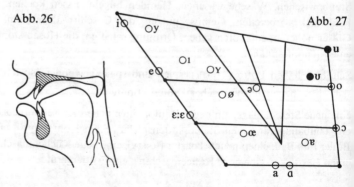

Ableitungen

Ableitung von [o:]

1. Artikulationseinstellung von [o:]
2. Die für [o:] typische Artikulationseinstellung wird zum [u:] verändert, indem der Zahnreihenabstand noch mehr verringert wird. Damit verkleinert sich auch die Lippenöffnung. Die Bewegung vom [o:] zum [u:] sollte sehr langsam erfolgen, damit die klangliche Veränderung und am Ende das Ergebnis gut beurteilt werden können.
3. Wiederholung der Ableitung mit dem Ziel, die o-Komponente mit jedem Schritt zu verringern, bis sie weggelassen werden kann.

A ⟶ von [o:]

Ableitung vom Lippenpfeifen

1. Pfeifen eines sehr tiefen Tones
2. Beurteilung der Artikulationseinstellung, anschließend leichte Entspannung im Bereich der Vorderzunge

A ⟶ vom Lippenpfeifen

Abweichungen

1. Qualitätsänderung durch Entrundung der Lippen und Abflachung der Zungenhebung: [u:] klingt wie [o:]

   Abhilfe: Intensivierung der Artikulationsspannung, Verkleinerung des Zahnreihenabstandes bei stärkerer Rundung und Vorstülpung der Lippen

2. Qualitätsänderung durch Diphthongierung: [u:] klingt wie [u:ə]

   Abhilfe: Fixierung der Artikulationseinstellung mit dem Hinweis, daß die Lippenstülpung erst im nachfolgenden Konsonanten oder in der Sprechpause nach [u:] aufgegeben werden darf.

Das Übungsmaterial

1. Wiederholung der Ableitung bei starker Überdehnung des auslautenden [u:]

   nanu(!), hinzu(!), der Schuh(!), die Kuh(!), wozu(!)

   Hinweis:
   Wie [y:, ø:, o:] ist auch [u:] mit stark vorgestülpten Lippen zu artikulieren. Die Lippenaktivität muß auf die Nachbarlaute übertragen werden, sonst kommt es zu einer Diphthongierung.

   Abb. 28

vorgestülpte Lippen —

entspannte Lippen —

mu – tig   U fer   nan u

2. [u:] im Wortinneren

[k] der Kuchen, eine Kur, eine Kugel, eine Kufe
[g] sehr gut, das Gut
[ʀ] sie ruft mich, ein Krug Milch, der Betrug
[h] eine Hupe, sie hupt, der Humus, der Ruf, ein neuer Hut
[ʃ] eine Schule, sich schulen lassen, der Schuh, der Schuhmacher
[z] zu Besuch sein, sie sucht ihn, sie besucht ihn
[ts] im Zug, am Zug sein, sie schließt zu, zufällig im Zug
[l] eine Luke, der Flug, das Flugzeug, sie ist klug, das Blut
[d] der Duden, sie duzen sich, der Dudelsack
[t] eine Tube Zahnpasta, tugendhaft, die Tugend, stur sein
[n] eine Nudel, eine Schnur, schnurgerade, schnurstracks
[v] der Wutanfall, ein Schwur
[f] eine Fuhre Holz, er fuhr schon gestern fort, die Fuge
[m] das Mus, der Mut, sehr mutig sein, sie schmusen
[b] der Bug, das Buch, etwas abbuchen, eine Bude
[p] eine Spule, etwas abspulen, der Puder, sie pudert sich

3. Gespannt-halblanges *u* im Auslaut

der Marabu, das Zebu, der Kakadu, der Hindu, der Uhu, der Akku, das Kanu, das Tohuwabohu; **aber:** das Tabu, sie macht Schmuh, in Peru

Hinweis:
Die Wörter *zu, dazu, hinzu* werden dann mit gespannt-langem Vokal gesprochen, wenn in einem Ausspruch keine weiteren Bestimmungen beim Verb stehen:
sie schließt zu, er kommt dazu, sie ziehen ihn hinzu

4. [u:] in fremden Wörtern

-une eine Lag*une*, eine Harpune
-ur eine gute Fig*ur*/Klausur/Karikatur/Natur
-ut der Trib*ut*, das Attribut, der Skorbut, das Akut, der Salut, absolut gut
-out part*out* [par'tu:], das Ragout
-ou Bij*ou*, Clou, Filou
-u es ist tab*u*, das Tabu

5. Wirkliche (oder scheinbare) Ausnahmen

Gespannt-langes *u* ist auch in folgenden Wörtern zu sprechen:
der Flug, das Abitur, der Buchstabe, die Geburt, es ist genug, die Genugtuung, die Kur, etwas lutschen, stur sein, einen Schwur ablegen, die Schnur zerschneiden, nur heute, mein Urgroßvater

7.2.5.2. Ungespannt-kurzes *u* [ʊ]

Lautbeschreibung

Im Verhältnis zum gespannt-langen *u* hat das ungespannt-kurze eine weit geringere Artikulationsspannung, eine schwächere Lippenstülpung und damit verbunden eine etwas größere Lippenöffnung. Die Hinterzunge ist nicht so intensiv gehoben, der Zahnreihenabstand ist größer. Das [ʊ] ist weitaus kürzer als das [uː].

Das Übungsmaterial

1. In den folgenden Wortpaaren soll der gespannt-lange Vokal leicht überdehnt und akzentuiert, der ungespannt-kurze jedoch relativ kurz und akzentlos realisiert werden:

   Ruhm – Rum, Schule – Schulden, Luv – Luft, Schnur – schnurren, Buch – Bucht, Schub – Schubs

   232

   Zur Festigung des artikulatorischen und des klanglichen Eindrucks erfolgt die Übung nun in der umgekehrten Reihenfolge:

   Rum – Ruhm, Schulden – Schule, Luft – Luv, schnurren – Schnur usw.

2. [ʊ] im Wortinneren

   233

   [g] der Gurt, der Sicherheitsgurt, sie guckt sich um
   [k] sehr kunstvoll, eine Kupplung, der Kuß, der Kurs
   [ʀ] wirklich rund, der Bruch, der Druck, eine Frucht
   [z] eine Suppe, eine Summe, ein Summer, er hat Gelbsucht
   [ts] sie zuckt zusammen, ein Zupfinstrument, viel Zucker
   [l] mehr Luft, eine Kluft, der Schlupfwinkel, auf der Flucht, der Plunder
   [d] der Duft, es duftet gut, der Dunst, der Durst, sehr durstig
   [t] der Tunnel, mit Tusche zeichnen, der Tupfer, der Turban
   [n] der Nutzen, sie nutzen es, eine Nuß, der Nußknacker
   [v] eine Wunde, sie ist verwundet, sie wundern sich, ein Wunder
   [f] der Fuchs, der Fund, sie hat es gefunden, eine Fundsache
   [m] sie ist munter, der Mund, sie ermuntert ihn, der Schmutz
   [b] eine Bucht, der Bus kommt, sehr bunt, diese Burg
   [p] eine Puppe, sie putzen es, wirklich putzig, der Punkt

3. Wirkliche (oder scheinbare) Ausnahmen

   ungespannt-kurzes *u* ist auch in folgenden Wörtern zu realisieren:

   duschen, etwas beanspruchen, der Spruch

4. [ʊ] in fremden Wörtern

-ium   das Magnes*ium*/Kollegium/Terrarium/Aquarium/Sanato-
rium

-ųm   das Technik*um*/Physikum/Praktikum/Panoptikum/Narkoti-
kum

-ųs   der Glob*us*/Radius/Diskus/Modus/Zirkus/Zyklus

Akzentlose *u*-Laute in sachlich-neutraler Rede

In den akzentlosen Wortteilen und in den nichtakzentuierbaren Wörtern
werden die *u*-Laute bei sachlich-neutraler Rede im Verhältnis zu ihrer
akzentuierten Form hinsichtlich Qualität und Quantität reduziert artikuliert. Charakteristisch ist dabei die Verminderung der Artikulationsintensität (verminderte Zungenhebung, etwas größerer Zahnreihenabstand, eine größere Lippenöffnung) und eine geringere zeitliche Ausdehnung.

uns	(nur als Reflexivum) wir waschen uns, wir wundern uns
und	Vater und Mutter, heute und morgen, recht und schlecht
zu	(als Präposition und als Partikel beim erweiterten Infinitiv) ich komme morgen zu dir, er geht zum Tanz; vergiß nicht, die Tür abzuschließen
	aber: *zu* als Verbalkonstituente ist akzentuierbar: du mußt ihm zureden(!), du sollst zuschließen(!)
	zu als Intensivierungspartikel ist akzentuiert: zu dumm(!)
müssen	er muß arbeiten, du mußt es ihm sagen, ich müßte ihn wie- der anrufen, du mußt ihm Bescheid geben, ich muß jetzt gehen
dürfen	das darf doch nicht wahr sein(!), durftest du schon auf- stehen(?)
	Hinweis: *müssen* und *dürfen* sind nur in Verbindung mit anderen Verben akzentlos.
unter	es liegt unter dem Tisch, er liegt unter dem Auto, unter Tage
unten	sie wartet unten auf der Straße/unten im Hof
hinunter	er geht die Treppe hinunter, du mußt weiter hinunter gehen
mitunter	es kommen mitunter lustige Dinge zum Vorschein
worunter	Worunter sortieren Sie das ein?
darunter	Ich kann mir gar nichts darunter vorstellen!
hierunter	Ich habe es hierunter abgelegt!
un-	(akzentlos in betont emphatischer Rede) un'menschlich
-tum	sein Reichtum ist bedeutend, das kann doch nur ein Irrtum sein
-ung	die heutige Zeitung, welche Richtung, eine lange Sitzung, eine gründliche Auswertung

Übungen im Satz

Der Zug fährt 4.25 Uhr (vier Uhr fünfundzwánzig).   **234**

Der Zug kommt um 4.25 Uhr (vier Uhr fünfundzwanzig) án.

Ich muß mit dem Zug 4.25 Uhr (vier Uhr fünfundzwanzig) nach Súhl (fahren).

Rudi ruft mich genau 4.25 Uhr (vier Uhr fünfundzwanzig) án.

1.20 Uhr, 2.25 Uhr, 3.35 Uhr, 7.06 Uhr, 8.07 Uhr, 13.21 Uhr, 15.23 Uhr, 8.00 Uhr, 9.01 Uhr, 22.31 Uhr, 0.00 Uhr, 0.06 Uhr

Der Zug hat (ungefähr) eine Stunde (60 Minuten) Verspätung.   **235**

zwei Stunden (120 Minuten), eine halbe Stunde (30 Minuten), anderthalb Stunden (90 Minuten), etwas mehr als eine Stunde (60 Minuten)

Das Flugzeug landet in (ungefähr) einer Stúnde.   **236**

Die S-Bahn kommt erst in (ungefähr) einer Stúnde.

einer viertel Stunde, einer halben Stunde, einer dreiviertel Stunde, anderthalb Stunden, einer reichlichen halben Stunde

Die Untersuchung dauert ungefähr eine halbe Stunde, das heißt von   **237**
halb drei bis úm drei.

viertel eins / zwei / drei / vier bis ...
halb fünf / sechs / sieben / acht bis ...

Es ist nun Viertel vor eins, also dreiviertel eins oder 12.45 Uhr.   **238**

12.45 Uhr, 1.45 Uhr, 2.45 Uhr, 7.45 Uhr, 10.45 Uhr

Es ist jetzt Viertel nach eins, also Viertel zwei oder 13.15 Uhr.

1.15 Uhr, 2.15 Uhr, 3.15 Uhr, 6.15 Uhr, 7.15 Uhr, 8.15 Uhr, 11.15 Uhr

Unter einer halben Stunde ist es nicht zu schaffen, zú dir zu kommen.   **239**

einer viertel Stunde, einer dreiviertel Stunde, anderthalb Stunden, zwanzig Minuten

Der Lauf dauerte genau 1:01,1 (eine Stunde, eine Minute und eine Se- **240**
kúnde).

3:03,31, 4:04,10, 5:15,23, 5:05,07, 4:13,01, 2:59,10, 1:14,08
6:22,40 (sechs Minuten, 22 Sekunden und vierzig Hundertstel), 1:14,27,
2:33,57, 0:14,10, 3:00,22, 2:59,10

Die Schußfahrt dauerte genau 1.01,01 (eine Minute, eine Sekunde, ein **241**
Húndertstel).

4.03,02, 3.21,04 (drei einundzwanzig Null vier), 1.58,99, 2.01,00 (zwei
Minuten, eine Sekunde glatt), 2.15,01, 3.41,50, 0.59,91, 1.39,10, 3.04,02

7.2.6. Die e-Laute

Zu den e-Lauten gehören das gespannt-lange, das ungespannt-kurze, das ungespannt-lange sowie das schwachtonige e. Letzteres soll in diesem Kapitel nur in den Übungen im Satz vertreten sein (vgl. S. 288).

Transkriptionszeichen und Schreibung

gespannt-langes e   [e:]   als e, ee, eh
ungespannt-kurzes e   [ɛ]   als e, ä
ungespannt-langes e   [ɛ:]   als ä, äh, ai
schwachtoniges e   [ə]   als e

Positionen

Mit Ausnahme von [ə] sind diese Vokale in allen Positionen zu finden.

[e:]   **7.2.6.1. Gespannt-langes e**

Lautbeschreibung

Das gespannt-lange e ist ein mittelhoher Vorderzungenvokal. Die Zunge wölbt sich daher im vorderen Bereich gegen den harten Gaumen, jedoch nicht so stark wie beim [i:]. Der Zahnreihenabstand ist relativ klein, jedoch etwas größer als beim [i:]. Ein leichter Lippenbreitzug (Mundwinkel nach außen) ist möglich. Der vordere Zungenrand hat Kontakt mit den unteren Schneidezähnen. Das Gaumensegel ist gehoben. [e:] wird mit relativ großer Artikulationsspannung und mit großer Präzision gesprochen.

Abb. 29   Abb. 30

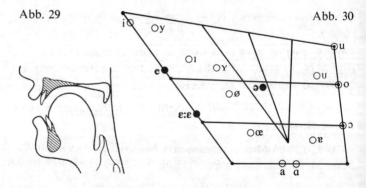

280

Ableitungen

Ableitung von [i:]

A ⟶
von [i:]

1. [i:] wird überlang artikuliert: [i:::].
2. Während dieser Artikulation wird der Unterkiefer geringfügig gesenkt, jedoch nur so weit, bis [e:] erreicht ist. Zu beachten ist dabei, daß die Vorderzunge der Bewegung des Unterkiefers vollkommen passiv folgt. Auch die Lippen passen sich dem veränderten Zahnreihenabstand völlig passiv an.
3. Wiederholung der Ableitung zur Festigung des Gehörseindrucks sowie der artikulatorischen Einstellung. Gelegentlich hilft ein leichter Lippenbreitzug, den für [e:] typischen Klang zu unterstützen.

Ableitung aus der Ruhelage der Artikulationsorgane

A ⟶
aus der
Ruhelage

1. Aus der Ruhelage der Artikulationsorgane wird bei entspannter Mundatmung der Unterkiefer leicht abgesenkt. Ein leichter Lippenbreitzug wird erreicht, indem man die Vorstellung entwickelt, den Gesprächspartner freundlich anzulächeln. Die Öffnungsbewegung darf nur minimal sein.
2. Wiederholung der Ableitung und evtl. Kontrastierung mit [i:].

Abweichungen

1. Qualitätsänderung auf Grund eines zu großen Zahnreihenabstandes: [e:] klingt wie [ɛ:]
   Abhilfe: Verminderung des Zahnreihenabstandes (s. Ableitung von [i:])
2. Qualitätsänderung durch Diphthongierung: [e:] klingt wie [e̯i:]
   Abhilfe: Fixierung der Artikulationseinstellung von [e:] am besten in finaler Position. Erst nach dem Abbruch der Phonation darf dann die Artikulationseinstellung verändert werden.
3. Qualitätsänderung auf Grund eines zu geringen Zahnreihenabstandes: [e:] klingt wie [i:].
   Abhilfe: Veränderung des Zahnreihenabstandes mit Hilfe der Ableitung von [i:]. Der Zahnreihenabstand darf jedoch nicht zu groß werden, sonst ergibt sich [ɛ:].

Das Übungsmaterial

1. Wiederholung der Ableitung in Wörtern mit finalem *e*: Schnee, Klee, Komitee, See, Kaffee, Tee.

Hinweis:

Wenn die „Lächelstellung" (der Lippenbreitzug) als artikulatorische Hilfe benutzt wird, dann muß diese Lippenartikulation auf die Nachbarkonsonanten übertragen werden, sonst würde sich eine Diphthongierung einstellen, besonders dann, wenn dem [e:] dentale oder dental-alveolare Konsonanten folgen ([d, t, n, s, z, l]).

242

2. [e:] im Wortinneren

[h]	die Hefe, sie heben es auf, der Hehler, Hegel
[d]	die Dehnung, die Ausdehnung, sie überdehnt es
[t]	eine These, eine Prothese, sie steht auf
[n]	sehr neblig, der Schnee, den Hörer abnehmen
[l]	sie lesen, sie ist sehr belesen, sie lehnt es ab
[z]	sie sehen es, das Segel, der Segler, die Seefahrt
[ʃ]	das Schema, die Schemata, die Schemen, eine Schere
[r]	es regnet, eine Regel, eine Rede, sie reden, der Krebs
[g]	es geht, wie geht's, sie gehen jetzt, sie geben es ab
[k]	ein Kegel, sie kegeln heute, zwei Kegler, meine Kehle
[v]	das Wesen, wesentlich, sehr beschwerlich, sie weben
[f]	viele Fehler, sie fehlt heute, sie haben sich verfehlt
[b]	der Besen, das Beben, eine Beere, sie bebt vor Wut
[p]	hallo Peter, der Pegel, der schwarze Peter, hohe Spesen
[m]	das Meer, noch mehr, viel mehr, das Mehl, ganz mehlig

3. [e:] in fremden Wörtern

-ee	die Id*ee*/Armee/Matinee, das Klischee/Resümee/Frikassee
-é	das Caf*é*, das Coupé, **aber:** der Kaffee [ka'fe·]
-ege	der Strat*ege*, der Kollege
-ene	eine Sir*ene*
-ese	der Vietnam*ese*/Sudanese/Chinese, die Anamnese/These
-ete	eine Rak*ete*/Trompete/Tapete/Pastete
-thek	die Biblio*thek*/Diskothek/Pinakothek/Kartothek
-em	das Probl*em*/Theorem/Lexem/Graphem/Phonem/Semem
-ier [~ ĭe:]	der Conferenc*ier*/Bankier/Premier/Portier, das Atelier
-et	das Alphab*et*/Paket, der Athlet/Prolet/Magnet, diskret
-et [e:]	das Fil*et*/Budget/Signet/Toupet/Complet

4. Wirkliche (und scheinbare) Ausnahmen

Gespannt-langes *e* muß auch in folgenden Wörtern gesprochen werden:

der L*e*bkuchen, l*e*blos, das Pf*e*rd, der R*e*dner, das Schw*e*rt, der S*e*gler, es regnet, erstens, zuerst, vorerst, der Wert, sehr wertvoll, ganz beweglich, angeblich, die Begegnung, sie begegnen sich, eine Beschwerde, derartig, dergestalt, in Dresden, alles ebnen, die Erde, erheblich, erstmalig, unser Gegner, am Herd, eine große Herde, auf der Herfahrt, komm doch her, indem, jegliche, ganz klebrig, Krebs

7.2.6.2. Ungespannt-kurzes *e*   [ɛ]

Lautbeschreibung

Verglichen mit [e:] ist das ungespannt-kurze e mit geringerer Artikulationsspannung zu sprechen. Die Artikulationspräzision ist ebenfalls geringer, der Zahnreihenabstand etwas größer und die Hebung der Vorderzunge nicht so stark ausgeprägt. Die Lippenformung ist auch bei diesem Vokal vom Öffnungsgrad und dem Zahnreihenabstand abhängig. Die Vorderzunge hat Kontakt mit den unteren Schneidezähnen. Das Gaumensegel ist gehoben. Der Vokal wird sehr kurz gesprochen. Auf keinen Fall sollten die Mundwinkel nach außen gezogen werden, denn das würde zu einer Intensivierung der Spannung führen.

Das Übungsmaterial

1. [ɛ] in Wortpaaren   **243**

   Hinweis:
   Es sollte eine deutliche Rhythmisierung angestrebt werden, wobei der gespannt-lange Vokal den Akzent trägt und der ungespannt-kurze im Vergleich dazu besonders kurz mit wenig Spannung zu artikulieren ist.

   Hehler – Heller, reden – retten, Kehle – Kelle, fehlen – fällen, beten – betten, Degen – Decken, legen – lecken

2. Nun wird die Folge umgekehrt. Der gespannt-lange Vokal bleibt jedoch weiterhin akzentuiert: **244**

   Heller – Hehler, retten – reden, Kelle – Kehle usw.

3. [ɛ] im Wortinneren   **245**

   [h]   sie hemmt sich, das Hemd, der Händler, sie helfen sich, sie hält an, sie hängt es auf, das Herz

   [d]   eine Decke, sie denken daran, zwei Dämme

   [t]   der Tänzer, der Tempel, das Tempus, in der Steppe, der Stempel

   [n]   sehr nett, das Netz, nächtlich, sehr schnell

   [l]   viel Lärm, sie lernt jetzt, sie klettern, das letzte Mal, sie verletzt sich, der Klecks

[z]	sie setzt sich, das Gesetz, zwei Sätze, der Sender
[ts]	das Zelt, sie zelten hier, der Zettel, zänkisch
[ʃ]	das Geschenk, eine Schenkung, viele Schätze
[r]	sie rettet ihn, der Rentner, der Rest, das Rennen, unsere Presse, die Trennung, eine Grenze, es brennt
[g]	unser Geld, gestern, aber gern, ganz gelb, sie hat's vergessen
[k]	eine Kette, sie kennen sich, sie kämmt sich, sie erkennt mich
[v]	mein Wecker, sie wetten miteinander, welcher ist es, wessen Haus, das Wetter, vorwärts, zwecklos, ein Zwerg
[f]	das Fenster, auf dem Feld, viele Fässer, das Fest, sie ist fertig, sie fällt hin, zwei Felle
[b]	das Bett, das ist das beste, unser Bäcker
[p]	viel Pech, ein Pechvogel, unsere Pässe, in petto
[m]	die Herbstmesse, es schmeckt, die Schneeschmelze, im März

4. [ɛ] in fremden Wörtern

-end	der Refer*end*, der Advend, die Dividende, horrend
-elle	eine Par*zelle*/Mirabelle/Kapelle/Forelle/Libelle
-esse	die Nob*lesse*/Finesse/Adresse/Delikatesse
-ette	die Laf*ette*/Plakette/Palette/Toilette/Klarinette
-esk	balad*esk*, burlesk, pittoresk, grotesk
-ell	offiz*iell*, industriell, materiell, kriminell
-ekt	der Def*ekt*/Architekt/Präfekt, das Subjekt/Insekt, **aber:** das Perfekt, das Objekt (gram.)
-ent	der Stud*ent*/Dirigent/Patient/Akzent/Moment, das Moment/Instrument
-est	das Pod*est*, das Manifest, der Asbest, der Arrest
-ett	das Kabar*ett*/Spinett/Kabinett/Parkett/Ballett
-enz	die Kad*enz*/Intelligenz/Tendenz/Differenz/Konferenz

5. Wirkliche (und scheinbare) Ausnahmen

Ungespannt-kurzes *e* wird gesprochen in:

der Becher, sie versprechen sich, brechen, fächeln, die Fläche, stechen

[ɛ:] 7.2.6.3. Ungespannt-langes *e*

Lautbeschreibung

Das ungespannt-lange *e* ist nur die zeitlich längere Form des ungespannt-kurzen *e*, wie es auch die Transkription ausweist: [ɛ] und [ɛ:]. Es ist jedoch zu beachten, daß anstelle des doch auffälligen ungespannt-langen *e* immer häufiger das gespannt-lange gesprochen wird. Im Beispiel *Mädchen* wird statt [ˈmɛːtçən] [ˈmeːtçən] artikuliert. Lediglich in den korrespondierenden Konjunktivformen ist diese Differenzierung zwischen [ɛː] und [eː] noch klar zu beobachten: *bete* [ˈbeːtə] – bäte [ˈbɛːtə].

Ableitungen

Ableitung von [eː]

A →

von [eː]

1. Artikulationseinstellung von [eː]
2. Während des überlangen Artikulierens von [eː] muß der Zahnreihenabstand langsam vergrößert werden, dabei sind die Lippen nicht zu aktivieren, und ein evtl. Breitzug muß aufgegeben werden.
3. Wiederholung mit Überdehnung des Lautes zur Gehörsschulung.

Ableitung von [ɛ]

A →

von [ɛ]

1. Artikulationseinstellung von [ɛ]
2. Neubeginn von [ɛ] mit starker zeitlicher Überdehnung
3. Wiederholung mit Zusatz von [n]: [ɛːːn]

Abweichungen

1. Qualitätsänderung auf Grund eines zu geringen Zahnreihenabstandes: [ɛː] klingt wie [eː]
   Abhilfe: Ableitung von [eː] mit starker Überdehnung
2. Falsche Umsetzung des Graphems *ä*: [ɛː] klingt wie [ɑː]
   Abhilfe: Regelschulung und Bewußtmachen der bedeutungsdifferenzierenden Funktion von [ɛː] und [ɑː]

Das Übungsmaterial

1. Wiederholung der Ableitung

2. [ɛː] im Anlaut

   ähnlich, eine große Ähnlichkeit, ätzen, es ätzt, sie äsen

3. [ɛː] im Wortinneren

   [h] sie häkelt einen Schal, hämisch, zwei Hähne, zwei Häfen
   [d] in Dänemark, der Däne, die Dänen, eine Dänin
   [n] sie nähert sich, sie näht es, der Nähkasten, nämlich zwei
   [l] ein gelähmtes Bein, sie schlägt es ihm vor, sie erklärt es ihm, ganz kläglich
   [z] eine Säge, er zersägt es, unsäglich viel, sie sät Gras

246

[ts]	sie zählt, meine Zähne, unzählige Märchen, sie zähmt das Pfer(zärtlich
[ʃ]	sie beschämt mich, sie schädigt uns, sie schält Kartoffeln
[r]	sehr träge, ein Träger, eine Träne, eine Prämie, eine Krähe, zw(Kräne, sehr schräg, eine Haarsträhne, sträflicher Leichtsinn
[g]	sie gähnt, der Wein gärt, die Gärung
[k]	der Käfig, zwei Kähne, ein schlechter Käse, hallo Käthe
[v]	sie wählt, sie erwähnt ihn, viele Schwäne, meine Schwägerin
[f]	eine Fähre, sie fährt nach Hause, sie ist fair/unfair
[b]	sie sind bärtig, ein Bär, zwei Bären, ein Kind gebären
[p]	sehr spät, spätestens morgen, sie verspätet sich, spärlich
[m]	sehr mäßig, eine Ermäßigung, das Mädchen, sie schmäht ihn

4. [ɛ:] in fremden Wörtern

-äne	die Mond*äne*/Migräne/Moräne/Domäne
-äre	die Atmosph*äre*/Troposphäre/Stratosphäre/Ionosphäre
-är	wirklich famili*är*, popul*är*, der Millionär, der Sekretär
-ais	das Pal*ais* [pa'lɛ:]
-ät	die Universit*ät*/Mentalität/Aktualität/Legalität

5. Wirkliche (und scheinbare) Ausnahmen

Ungespannt-langes *e* ist auch in folgenden Wörtern zu sprechen:

ein Mädchen kommt, ein Märchen hören, sie hat viel erzählt, das ist mir ein Rätsel, das ist doch schädlich, ein kläglicher Versuch, täglich neu, eine sitzende Tätigkeit, sehr verschämt, der Nächste bitte, eine Ärztin, eine Gebärde, sehr gemächlich gehen, ein schönes Gemälde, gemäß dem Grundsatz, die Beine grätschen, das Häschen

Akzentlose *e*-Laute in sachlich-neutraler Rede

In einer Reihe nichtakzentuierbarer Wörter und einigen akzentlosen Wortteilen werden bei sachlich-neutraler Rede die Vokale im Verhältnis zu ihrer akzentuierten Form hinsichtlich Qualität und Quantität reduziert. Das äußert sich in einer Verminderung der Artikulationsspannung (etwas größerer Zahnreihenabstand, geringere Zungenhebung und verminderte Lippenaktivität) und einer etwas geringeren zeitlichen Ausdehnung. Alle *e*-Laute sind davon betroffen, sofern sie akzentlos sind:

1. Akzentloses gespannt-langes *e* [e:]

der	der Mann, der Hut der Frau, der Sohn der jungen Frau
dem	ich geb's dem Mann, ich hab's dem Kind gegeben
den	der Arzt besieht sich den Bruch, er kennt den Typ nicht

wer	Wer ist das? Wer kann das erklären? Wer kommt mit?
wen	Wen hast du denn getroffen? Wen hast du denn angerufen?
wem	Wem willst du denn damit eine Freude machen?
wegen	meinetwegen, deinetwegen, unseretwegen
weswegen	Weswegen fragst du denn?
nachdem	Er kam, nachdem er angerufen hatte.

Hinweis: Die Folge *nach dem* ist homophon und gleichermaßen reduziert zu sprechen: Er kam nach dem Kino zu mir.

indem	Er trainiert, indem er täglich zehn km läuft.

Hinweis: Die Folge *in dem* ist gleichermaßen reduziert zu sprechen: Er sprach in dem gleichen Ton zu mir. Er las in dem Buch, in dem er gestern schon gelesen hatte.

je (desto)	je schöner, desto besser; je älter, desto teurer
jedenfalls	Ich habe ihn jedenfalls schon vorgestern getroffen.

2. Akzentloses ungespannt-kurzes *e* [ɛ]

des	im Haus des Kindes, im Haus des Lehrers
wessen	Wessen Buch ist das? Wessen Mantel hängt denn dort?
welche	welcher Stock, welche Etage, welches Kind
weswegen	Ich weiß nicht, weswegen sie kommen.
weshalb	Weshalb rufst du nicht an? Ich weiß nicht, weshalb er …
dessen	das ist der Mann, dessen Kind …/dessen Auffassung …
denn	Er schläft, denn er hat Zeit. Er ruft an, denn er will …
wenn	Du kannst kommen, wenn du Zeit hast/wenn es dir gefällt.
es	es regnet, schneit es denn, kennst du es

Hinweis: Das Pronomen *es* kann als Subjekt oder als Objekt zu [s] verkürzt werden, ohne daß die Kommunikativität eingeschränkt ist. Als Geminate vor Wörtern mit initialem [z] wird es schwer erkennbar sein: S'regnet. Schneit's? Hast du's ihr gegeben? Hast du's Sabine schon gezeigt? Hast du's Sonja schon erklärt?

her-	sie kommt herauf / herunter / herbei

Hinweis: *her* als einzige Konstituente wird mit gespannt-langem *e* gesprochen: sie kommt her [heːɐ]

ver-	sie verspricht es ihm, sie verlangt viel, der Vertrag
zer-	sie zerbricht es, sie zerschlägt es, sie zerreißt es
ent-	es ist entmutigend, sie entschuldigt sich, der Entwurf
weg-	sie geht schnell weg, sie ist schon gestern weggefahren

Aber: *weg* kann auch Bestandteil eines Kompositums sein und ist dann mit gespannt-langem Vokal zu sprechen: Weggefährte.

3. Akzentloses ungespannt-langes *e* [ɛ:]

während er raucht, während er arbeitet

Übungen im Satz

247 Die Ärztin stellt fest, daß das Mädchen Husten hat.

Die Ärztin erklärt ihr eben, daß sie Husten hat/heiser ist.

Schnupfen, Angina, eine Mandelentzündung, Karies, Ziegenpeter, die Masern, die Röteln, eine Blutvergiftung, eine Lungenentzündung, ein Magengeschwür, eine Verdauungsstörung, eine Verstauchung, eine Quetschung, eine Gehirnerschütterung, ein Ekzem
schwerhörig, magenkrank, sehschwach, sprachgestört, nicht arbeitsfähig

248 Wenn die Ärzte ihm nicht rechtzeitig hätten helfen können, wäre er an einem Herzinfarkt gestorben.

an dem Schlaganfall, an dem Atemstillstand, an Leukämie, an Krebs, an dem Magendurchbruch, an der Blinddarmentzündung, an den Verbrennungen, an den Verbrühungen, an der Unterkühlung; an den Folgen der Verletzung/der Überanstrengung/des Unfalls/des Sauerstoffmangels

249 Peter hat Magenschmerzen.

Kopfschmerzen, Halsschmerzen, Rückenschmerzen, Bauchschmerzen, Gallensteine, Nierensteine; Schmerzen in der Schulter/im Oberarm/beim Bücken/beim Atmen/beim Laufen/beim Schlucken

250 Peter erzählte, daß er sich gestern das Bein gebrochen hätte.

den Arm/Unterschenkel/Mittelfinger gebrochen; die Schulter ausgekugelt, die Kniescheibe verletzt, den Knöchel verstaucht, die Haare versengt, den Fuß verbrüht, das rechte Auge verletzt

251 Das Mädchen erzählte, daß es eben von einem Hund gebissen worden wäre.

von einem Pferd getreten, von einer Wespe gestochen, von einem Auto angefahren, von einem Hahn gehackt, von dem Strudel mitgerissen, von dem herabfallenden Ziegel verletzt, von der Explosion umgerissen

252 Wenn ich die Medikamente regelmäßig nehme, werde ich bestimmt wieder besser gehen können.

sehen, hören, greifen, laufen, sitzen, liegen

253 Er hätte sich schon eher den Zahn ziehen lassen müssen.

den Magen operieren, eine Plombe einsetzen, eine Spritze geben, das

Medikament verordnen, die Lunge röntgen, den Blutdruck messen, den Bruch behandeln, das Bein schienen, das Gehör überprüfen, auf Herz und Nieren untersuchen, eine Brille verschreiben, ein Hörgerät verschreiben

Jedesmal wenn Herr Bär Kopfschmerzen hat, geht er zum Arzt. **254**

Zahnschmerzen – zum Zahnarzt; sich geschnitten – in die Chirurgie/ zum Chirurgen; Magenschmerzen/Bauchschmerzen – zum Internisten; psychische Probleme – in die Neurologie/zum Psychologen

Wenn Frau Bär gleich ins Krankenhaus gegangen wäre, hätte man ihr **255**
bestimmt noch helfen können.

Wenn Frau Bär nicht gleich ins Krankenhaus gegangen wäre, dann hätte man ihr bestimmt nicht mehr helfen können.

zum Zahnarzt, zum Augenarzt, zum Hautarzt, zum Hals-Nasen-Ohren-Arzt, zum Chirurgen, zum Internisten, zum Gynäkologen, zum Orthopäden, zum Neurologen, zum Physiotherapeuten, in die Poliklinik, zum Betriebsarzt

Wenn es helfen soll, dann reiben Sie die Entzündung dreimal täglich mit **256**
dieser Salbe ein!

die entzündete Stelle, die gerötete Fläche, die Haut, das Gelenk, den Bauch, das Bein, den Rücken, den Hals

Wenn er gesund werden will, dann muß er diese Medizin einnehmen. **257**

die Tabletten einnehmen/schlucken, die Tropfen nehmen, die Zäpfchen nehmen, sich regelmäßig behandeln lassen, regelmäßig spazierengehen, mit dem Rauchen aufhören, Überanstrengungen vermeiden, regelmäßig essen, die Diätvorschriften einhalten, Sport treiben, viel schwimmen gehen

Er erklärt dem Arzt, daß ihm ständig das Auge tränt. **258**

der Bauch weh tut, der Kopf schmerzt, die Ohren sausen, die Haut juckt, der Rücken schmerzt, schwindlig wird, unwohl wird, die Medikamente nicht bekommen, die Hitze zu schaffen macht, übel ist

Er erklärte der Ärztin, daß er sich sehr schwach fühle/fühlt. **259**

sehr benommen, sehr angegriffen, überfordert, überlastet, sehr müde, sehr krank
gesund, erholt, ausgeruht, frisch, munter, gut, wiederhergestellt, wie neugeboren, wie verjüngt

7.2.7. Die *a*-Laute

Transkriptionszeichen und Schreibung

vorderes, helles *a*   [a]   als a
hinteres, langes *a*   [ɑ:]   als a, aa, ah

Positionen

Die *a*-Laute kommen in allen Positionen vor.

[a]

7.2.7.1. Vorderes, helles *a*

Lautbeschreibung

Das vordere, helle *a* ist ein Flachzungenvokal mit einem relativ großer Zahnreihenabstand, der auch die sehr große Lippenöffnung bewirkt Dabei sind die Lippen von den Zähnen abgehoben, wobei die Mund winkel etwas nach unten gezogen sein können. Der vordere Zungenran der abgeflachten Zunge hat Kontakt mit den unteren Schneidezähnen Das Gaumensegel ist gehoben. Der Laut ist sehr kurz.

Abb. 31   Abb. 3

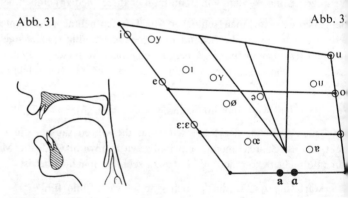

Ableitungen

A →

von [ɛ]

Ableitung vom [ɛ]

1. [ɛ] wird gesprochen und in der Wiederholung überlang artikuliert.
2. Dabei ist der Unterkiefer so weit abzusenken, daß der für [a] cha rakteristische Klang entsteht. Die Lippen folgen der Kieferbewegur vollkommen passiv.

. Die nun noch überlange Artikulation ist schrittweise zu verkürzen, bis ein sehr kurzes [a] entsteht.

. [ɛ] und [a] sollten nun häufig gegenübergestellt werden, um die standardgemäße Klangvorstellung zu fixieren.

Ableitung aus der Folge [ɪ – ɛ – a]

A ⟶
von der
Folge
[ɪ – ɛ – a]

. Zuerst werden [ɪ] und [ɛ] artikuliert, wobei auf den zu [ɛ] hin sich vergrößernden Zahnreihenabstand aufmerksam gemacht werden muß. Die Lippen folgen dieser Bewegung passiv.

. Der Folge [ɪ – ɛ] wird nun ein dritter Laut angefügt, das [a], indem der Zahnreihenabstand noch weiter vergrößert wird. Der Grad der Vergrößerung ist zwischen [ɛ] und [a] jedoch intensiver als zwischen [ɪ] und [ɛ].

. Danach sollte die gesamte Folge häufiger wiederholt werden, um Sicherheit bei der Bildung des [a] zu gewinnen.

. Den Abschluß bildet die Artikulation von [a] in Verbindung mit finalen Konsonanten.

Abweichungen

. Klangveränderung durch zu geringen Zahnreihenabstand; [a] klingt wie [œ]

Abhilfe: Vergrößerung des Zahnreihenabstandes bewußt anstreben

. Klangveränderung durch zu geringen Zahnreihenabstand: [a] klingt wie [ɛ]

Abhilfe: Entspannung der Lippen, Vergrößerung des Zahnreihenabstandes

Das Übungsmaterial

. Wiederholung einer Ableitung in Verbindung mit Folgekonsonanten:

an, ab, As, Ast, alt, altern, anders, Anna, Analogie

.. [a] im Wortinneren   **260**

[h]   sie hat es, du hast es, sie hat angehalten, eine Halle
[g]   ganz alt, eine Gasse, unser Gast, im Garten
[k]   es ist sehr kalt, sie kann zeichnen, eine Karte
[ʀ]   sie ist gerannt, ein Rand, der Brand, am Strand, ganz prall
[ʃ]   der Schatten, ein Schatz, der Schall, Schach(!)
[ts] sie zappelt, ein Zander, eine Zange, ein Eiszapfen
[z]   ein Satz, das Salz, sehr sacht, im Sand, der Saft
[l]   auf dem Land, sie landen gerade, sie lacht, es klappt

[n]   sie ist naß, ganz nackt, es ist drei Uhr nachts, er schnarcht, der Schnaps, der Knall, ganz knapp
[d]   vielen Dank, ein Dampfer, das Dach
[t]   meine Tasche, deine Tante, der Stamm, der Stall, unsere Stadt, der Stachel, sie stand am Strand
[v]   eine Wanderung, sie wacht auf, sehr gewachsen, ganz schwach
[f]   ein Fall, es hat ihr gefallen, das Pfand
[b]   das Band, ein dicker Band, auf bald, der Bach, ein Bagger
[p]   sie hat Panne, sie packt es ein, ein Paß, aufgepaßt(!)
[m]   ganz matt, eine Mappe, mein Mantel, sie macht es schon

3. [a] in fremden Wörtern

-and   der Diplomand, der Doktorand, der Proband
-alle   die Koralle
-atte   die Krawatte
-all   der Vasall, der Kristall, das Metall, das Intervall
-akt   der Kontrakt, Extrakt, Kontakt, sehr abstrakt, exakt
-arkt   der Infarkt
-ant   der Trabant, Pedant, Musikant, Praktikant, ganz elegant
-ast   der Morast, der Kontrast, Phantast, Päderast
-anz   die Eleganz, Substanz, Bilanz, Toleranz, Instanz

4. Wirkliche (und scheinbare) Ausnahmen

Das vordere, helle *a* muß auch in folgenden Beispielen gesprochen werden:

meine Tasche, eine Flasche, wir machen es, die Abmachung, ein Feuer entfachen, endlich aufwachen, Fasching feiern, eine Gamasche, eine Lasche, sie nascht schon wieder

[ɑː]   **7.2.7.2. Hinteres, langes *a***

Lautbeschreibung

Das [ɑː] ist der Vokal mit dem größten Zahnreihenabstand, er ist noch etwas größer als beim [a]. Ihm gleichen sich die Lippen passiv an. Eine leichte Spannung hat ihre Ursache in dem großen Zahnreihenabstand. Der vordere Zungenrand hat Kontakt mit den unteren Schneidezähnen. Das Gaumensegel muß gehoben sein. Der Laut wird sehr lang artikuliert.

Ableitung

Das hintere, lange *a* läßt sich am besten vom vorderen, hellen *a* ableiten, indem der Zahnreihenabstand bei kontinuierlicher Phonation stetig vergrößert wird, bis der für [ɑ:] typische Klang entsteht. Der Klangunterschied zwischen [a] und [ɑ:] ist jedoch sehr gering.

Abweichungen

. Qualitätsänderung durch Verdumpfung: [ɑ:] klingt wie [o:]

Abhilfe: Die Vergrößerung des Zahnreihenabstandes und die Kontaktierung der unteren Schneidezähne mit dem vorderen Zungenrand bringen eine Korrektur.

. [ɑ:] klingt leicht maniriert.

Abhilfe: Ursache des Fehlers ist ein sehr starkes Herabziehen der Mundwinkel oder eine sehr flache Zungenlage. Etwas weniger Spannung in beiden Bereichen führt zur korrekten Lautbildung.

Das Übungsmaterial

. Die Ableitung wird wiederholt und ein finaler Konsonant angeschlossen:

a, aß, Aas, Aal, Ahn, ahnen, Ahnung, Atem, Atmung

. Kontrastierung des vorderen, kurzen mit dem hinteren, langen *a*: **261**

All – Aal, Stall – Stahl, Fall – fahl, Ass – Aas, Ball – Baal

. [ɑ:] im Wortinneren **262**

[h] sie haben es, der Hase, meine Haare, unser Hahn
[g] eine Gabe, sie ist begabt, eine Gabel, gar nichts, das Gas
[k] mein Kahn, ganz radikal, ein Kahlkopf
[ʀ] sein Rad, unser Rat, eine Frage, unsere Straße
[ʃ] wirklich schade, es ist schal, sie schadet ihm, ganz schamhaft
[ts] sie bezahlt es, eine ganze Zahl, mein Zahn
[z] im Saal, sie sagen es, saure Sahne, der Satan, sagen sie mal
[l] im Laden, das ist geplant, eine Klage, sie schlafen noch
[n] eine Nadel, meine Nase, mein Name, lange danach, sein Schnabel
[d] eine Dame, damals, das Datum, etwas darlegen
[t] das Tal, am Tage, unter Tage, unser Staat, viel Stahl
[v] der Wagen, sie wagt es, sie hat die Wahl, eine Waage
[f] eine Fahne, unser Fahrer, sie fahren Fahrrad, am Pfahl
[m] mein Magen, wirklich mager, sie malt es, sehr schmal
[b] das Bad, sie baden, diese Bahn, eine Bar, auf der Aschenbahn

4. halblanges, hinteres *a* im Auslaut [aˑ]

auf Kuba, in Kanada, in Uganda, auf der Veranda, das Soda, ir
Korea, auf dem Sofa, die Oberliga, an der Wolga, in Somalia, i»
Kenia, sie hat Malaria, an der Adria, Angelika und Erika, in Europa
in Afrika und Amerika, der scharfe Paprika, auf Korsika, in Alaska
die Skala, eine Villa, in der Aula, das Drama, das Schema, mei»
Thema, das Dogma, das Klima, das Aroma, meine Firma, in Burma
die Flora in der Tatra, in der Mensa, auf Kreta, auf Malta, in de
Biskaya, eine Regatta, auf Java

5. [aː] in fremden Wörtern

-ade	eine Brig*ade*/Olympiade/Ballade/Schokolade/Limonade
-age [~ aːʒə]	eine Blam*age*/Montage/Sabotage/Reportage/Tonnage
-ane	der Pyrom*ane*, der Germane, die Ottomane/Platane, Schikane
-ate	eine Affrik*ate*/Tomate/Granate/Geminate
-aph [aːf]	der Paragr*aph*/Telegraph/Photograph (Fotograf)
-al	sehr glob*al*, radikal, monumental, der Skandal, das Signal
-abel	doch blam*abel*, miserabel, variabel, transportabel
-am	doch inf*am*, monogam, polygam, das Laktam
-an	der Kard*an*/Orkan/Vatikan/Elan/Veteran; sehr human
-ar	das Exempl*ar*/Honorar/Formular, der Basar, das Glossar, der Kommissar
-ator	der Ventil*ator*/Moderator/Organisator/Diktator/Aligator
-at	der Akrob*at*/Automat/Apparat/Demokrat, das Fabrikat, delikat

6. Wirkliche (und scheinbare) Ausnahmen

Hinteres, langes *a* wird auch in folgenden Wörtern gesprochen:

nur einmal, der Angeklagte, das ist doch seine Art, sie ist artig, mein
Hausarzt, die Atmung, sie atmet noch, sehr aufmerksam, in der Bar,
sie bezahlt bar, ein langer Bart, wirklich behaglich, ihm nach(!), jemanden benachrichtigen, sie spielt Bratsche, sie nimmt ein Darlehen
auf, sehr fraglich, ganz geradlinig, sie ist habgierig, sie geht zur Jagd,
ein Makler, das Maß ist voll, der Papst, auf dem Radweg, eine
Schmach, sehr nachdenklich

Akzentlose a-Laute in sachlich-neutraler Rede

In betonten Wortteilen und in einigen nichtakzentuierbaren Wörtern werden die a-Laute in sachlich-neutraler Rede kürzer gesprochen, ohne jedoch ihre Qualität zu verändern.

bar	doch furcht*bar*, zahlbar, reizbar, steuerbar, bewohnbar
sal	das Schick*sal*, das Scheusal, die Labsal, die Trübsal
sam	sehr streb*sam*, kleidsam, beredsam, duldsam, empfindsam
ab, ab-	*ab* Berlin, ab Rostock, *ab*fahren, ab Ostbahnhof, ab drei
als	Er kam, *als* es dunkel war/als es zu spät war.
an, an-	*an* der Wand, an sich, er kam um drei *an*
haft	wirklich traum*haft*, lebhaft, glaubhaft, wohnhaft in
haftig	teil*haftig* sein, wahrhaftig, leibhaftig
schaft	eine Eigen*schaft*/Freundschaft/Feindschaft
haben	**Hinweis:** *haben* ist dann akzentlos, wenn im Ausspruch eine weitere Bestimmung oder Ergänzung vorhanden ist (vgl. nichtakzentuierbare Wörter, S. 186ff.): sie hat Zeit, sie hat geschlafen
nach, nach-	Er geht *nach* Hause, er muß dort etwas *nach*sehen. **Aber:** Bei zeitlicher oder räumlicher Nachfolge wird *nach* akzentuiert: Er kommt nach ihr an die Reihe. Er geht nach ihr hinein.
nachdem	Er kommt, *nachdem* er gerufen worden ist. **Hinweis:** Die Folge *nach dem* ist gleichermaßen akzentlos: Er sucht nach dem Buch, nach dem er gestern noch greifen wollte.
als	er ist größer *als* sie, er arbeitet als Mechaniker, er kam, als es dunkel wurde, sowohl grün als auch rot
falls	Du rufst an, *falls* der Zug Verspätung hat.
können	**Hinweis:** *kann, kannst, kann* sind reduziert, sofern das Modalverb mit weiteren Ergänzungen oder Bestimmungen verbunden ist: Er *kann* schwimmen. Kannst du das denn erkennen?
sobald	Er kommt, *sobald* es wieder hell wird/sobald er fertig ist.
wann	*Wann* paßt es dir? Ich weiß nicht, wann er kommt!
warum	*Warum* geht es denn nicht? Ich weiß nicht, warum es nicht geht.
was	*Was* machst du denn da? Ich weiß nicht, was er da macht.

Übungen im Satz

264

Karl hat mehr als acht Jahre als Agronóm gearbeitet.

Wann hast du denn angefangen, als Agronóm zu arbeiten?

Seit wann hast du denn in Schöndorf als Agronóm gearbeitet?

Wie lange hast du denn in diesem Dorf als Agronóm gearbeitet?

Warum hast du denn als Agronom aufgehört?

Was hat dich veranlaßt, als Agronom aufzuhören?

Was war eigentlich der Anlaß, daß du nicht mehr als Agronóm arbeiten wolltest?

Hat es dir denn nicht Spaß gemacht, als Agronóm zu arbeiten?

Traktorist, Maschinenschlosser, Melker, Schweizer, Tierarzt, Getreidezüchter, Tierzüchter, Geflügelzüchter, Schäfer, Landwirt, Gärtner, Schmied, Kraftfahrer

265 Gestern haben wir das Feld/den Schlag abgeerntet.

gemäht, gepflügt, umgebrochen, geeggt, gedüngt, von Unkraut befreit, von Steinen befreit, vermessen

266 Morgen nachmittag haben wir die Kartóffeln zu lesen.

den Weizen zu mähen, den Mais zu häckseln, die Rüben zu verziehen, das Korn zu dreschen, die Bäume zu verschneiden, die Kirschen zu pflücken, die Gurken abzunehmen, die Bohnen zu pflücken, die heruntergefallenen Äpfel aufzulesen

267 Sag mal (Harald), ist der Mähdrescher noch kapútt?

Sag mal, habt ihr den Mähdrescher schon wieder in Gang gebracht?

der/den Pflug, die/die Kartoffelvollerntemaschine, der/den Rübenlader, der/den Binder, die/die Egge, die/die Walze, der/den Traktor, der/den Hänger, die/die Zugmaschine, die/die Drillmaschine, die/die Melkanlage, der/den Roder

268 Nachdem er sich einen Garten angeschafft hatte, mußte er einige Bäume roden. →

Nachdem er einige Bäume gerodet hatte, mußte er einen Komposthaufen anlegen. →

den Komposthaufen angelegt – umgraben; umgegraben – Salat pflanzen; den Salat gepflanzt – Tomaten pflanzen; die Tomaten gepflanzt – Blumen pflanzen; Blumen gepflanzt – Stachelbeerbüsche pflanzen; Stachelbeerbüsche gepflanzt – Zwiebeln stecken; die Zwiebeln gesteckt – Radieschen gesät; Radieschen gesät – konnte er endlich nach Hause gehen.

269 Hast du den Salat tatsächlich selbst gemacht. →

Ich habe den Tomatensalat nach einem alten Rezept gemacht.

den Salat – den Obstsalat/Gurkensalat/Kartoffelsalat; die Marmelade – die Kirschmarmelade/Stachelbeermarmelade/Pfirsichkonfitüre; den Wein – den Kirschwein/Apfelwein/Hagebuttenwein

7.2.8. Die nasalierten Vokale in fremden Wörtern $[\tilde{\alpha}]$ $[\tilde{\epsilon}]$ $[\tilde{o}]$

Einige Wörter aus dem Französischen werden auch im Deutschen mit einem nasalierten Vokal gesprochen.

Lautbeschreibung

Der jeweilige nasalierte Vokal ist dadurch gekennzeichnet, daß bei seiner Bildung der Phonationsstrom sowohl durch den Mund als auch durch die Nase geht und damit den typisch nasalen Klang erzeugt. Es gibt daher im velaren Bereich auf keinen Fall eine Verschlußstelle, vielmehr nimmt das Gaumensegel eine Zwischenstellung ein und läßt damit sowohl eine orale als auch eine nasale Resonanz zu. Der nasalierte Vokal ist in der Regel halblang bis lang.

Ableitung am Beispiel des nasalierten *o* [õ]

Man bildet den „Basisvokal", z. B. [o:] und artikuliert diesen überlang, um Zeit für eine Veränderung zu gewinnen. Während der Artikulation sollte das Gaumensegel langsam gesenkt werden, damit sich eine zusätzliche nasale Komponente im Klang einstellt. Ob der Vokal nun tatsächlich ein nasaler ist, läßt sich feststellen, wenn man mit der Hand abwechselnd den Mund oder die Nase zuhält. Ist in beiden Fällen lediglich eine Änderung des Klanges zu vernehmen, hat das Gaumensegel die erforderliche Zwischenstellung eingenommen. Ist jedoch nichts mehr zu hören, wenn man den Mund zuhält, dann ist der Vokal nicht nasal.

Abweichungen

Beim Sprechen wird der nasalierte Vokal oft durch die Folge *Basisvokale + ang-Laut* ersetzt. Das ist bei frequenten Wörtern als Ausdruck des fortschreitenden Eindeutschungsprozesses zu werten, wie das für andere fremdsprachliche Laute ([w], [θ]) ebenfalls zutrifft.

Die Beispiele

[ã]   die Ch*ance*, die Alliance, die Balance, die Nuance, die Fayence
    aber: eingedeutscht: [~aŋs]
    das Agrem*ent*, das Reglement, das Abonnement, das Etablissement
    aber: eingedeutscht: [~aŋ]
[ɛ̃]   das Dess*in*, der Satin, der Gobelin, das Mannequin
    aber: eingedeutscht: [~ɛŋ]
[õ]   die Boull*ion*, der Tampon, der Perron, die Saison
    aber: eingedeutscht: [~ɔŋ]

7.3. Die Diphthonge

Die Diphthonge sind akzentuierbare, einsilbige Zwielaute, die durch eine einheitliche Artikulationsbewegung gekennzeichnet sind. So ist der erste Teil einer solchen Folge jeweils ein ungespannt-kurzer Vokal, wohingegen der zweite als gespannt-kurz zu artikulieren ist. Auf Grund der Kürze des zweiten Vokals ist die damit verbundene Spannungszunahme relativ gering. Der erste Vokal ist dominant. Er trägt den Akzent, hat demzufolge die größere Lautheit und ist mit einem größeren Zahnreihenabstand und geringerer Zungenhebung zu sprechen. Der Übergang vom ersten zum zweiten Vokal ist durch eine artikulatorische Schließbewegung gekennzeichnet, verbunden mit einer Verminderung der Lautstärke. Von den vier deutschen Diphthongen [ae̯, ao̯, ɔø̯, uy̯] kommt letzterer nur in Interjektionen vor, z. B. *pfui.*

[ae̯]

7.3.1. Der Diphthong *ei*

Transkriptionszeichen und Schreibung

[ae̯]   als ei, ai, ey, ay, y

Positionen

Der Diphthong [ae̯] kann in allen Positionen auftreten.

Lautbeschreibung

Von der Artikulationseinstellung des vorderen, hellen *a* wird auf gespannt-kurzes *e* ohne einen artikulatorischen Neueinsatz übergegangen. Dieser Artikulationsvorgang ist durch eine Schließbewegung zu realisieren. Im Übergang vom ersten zum zweiten Vokal muß bei nichtinterrogativer Intonierung ein Verlust an Tonhöhe und an Lautstärke erkennbar sein. Der Übergang muß relativ schnell erfolgen, weil sich sonst ein Triphthong ergibt. (Vgl. auch Abb. 5, S. 27.)

Ableitungen

A ⟶

syntheti-
sche Ab-
leitung

Synthetische Ableitung

1. Die beiden Komponenten des Diphthongs werden nacheinander getrennt artikuliert, wobei [a] als akzentuiert von [e] abzuheben ist. Die Folge wird rhythmisch unterstützt und immer schneller realisiert.

. Die Pause zwischen beiden ist zu verkürzen, bis es dann gelingt, die beiden Vokale miteinander zu verbinden, ohne die Differenzierung hinsichtlich Spannung und Schließbewegung aufzugeben.

Analogieableitung

A →
Analogie-
ableitung

1. Eine Dreierwortgruppe, z. B. *Mann – mein – Mann*, wird in schneller Folge gelesen, wobei das mittlere Wort im Vergleich zu den beiden anderen vollkommen akzentlos gesprochen wird. Damit soll bewußtgemacht werden, daß die dominante Komponente des Diphthongs (auch bei Schreibung *ei*) das [a] ist.
2. Die Festigung der Artikulationsbewegung erfolgt dann in Wörtern, in denen [a̯e] akzentuiert ist, z. B. *heiß*.

Abweichungen

1. Qualitätsänderung durch Akzentverlagerung: [a̯e] klingt wie [a̯'e:].
   Abhilfe: Ableitung mit Hilfe von Dreierwortgruppen. Hinweis auf die Akzentlosigkeit, die geringere Tonhöhe und die verminderte Lautheit des zweiten Vokals.
2. Qualitätsänderung durch Akzentverstärkung: [a̯e] klingt wie ['a:e]
   Abhilfe: Hinweis auf die relative Kürze von [a] und seine geringe Artikulationsspannung.
3. Qualitätsänderung als Folge der Graphemumsetzung: [a̯e] klingt wie [ei]
   Abhilfe: Hinweis auf die Komponenten des Diphthongs und auf die Möglichkeiten der Schreibung.

Das Übungsmaterial

1. Wiederholung einer Ableitung

2. Dreierwortgruppen für die Analogieableitung

   Mann – mein – Mann, kann – kein – kann, Wall – weil – Wall, dann – dein – dann, satt – seit – satt, Bann – Bein – Bann, wann – Wein – wann

3. [a̯e] am Silben- bzw. Wortanfang

   Ei, Eis, Eiche, Eile, Eisen, Eifer, Einheit, Einigkeit

4. [a̯e] im Wortinneren

   [h] sehr heiß, wie heißen Sie(?), sie geht heim, sie heiratet
   [g] eine Geige, sie ist geizig, der Geizhals, sein Geist

270

[k]	der Kaiser, der Keil, kein Heim, keine Zeit
[ʀ]	der Reiz, er kann reiten, der Reifen, viel Kreide, drei Kreise, viel Freizeit
[ʃ]	der Schein, es scheint so, die Sonne scheint, eine Scheibe
[ts]	sie zeigt es, der große Zeiger, sie hat keine Zeit
[z]	ein Stück Seife, am Seil, eine Seite schreiben
[l]	leider nicht, das Kleid ist zu klein, das Gleis, beim Fleischer, sie ist fleißig
[n]	der Neid, sie verneigt sich, nein, es schneit, abschneiden
[t]	der fehlende Teil, sie verteilt es, sehr steif, eine große Steigung
[v]	viel Wein, sie weint, ein weißes Kleid, sie schweigt, der Zweig
[f]	sehr fein, sehr feige, unser Feind, eine Pfeife, es pfeift
[m]	mein Meister, sie meistert es, im Mai, sie schmeichelt ihm
[p]	eine Speisekarte, sie speisen schon, wirklich peinlich
[b]	das Bein, am Bein, er steht ihr bei, beide Beine, beinahe

in der Fleischerei, in der Molkerei, in der Bücherei, in der Kartei

Der akzentlose Diphthong *ei* in sachlich-neutraler Rede

In akzentlosen Wortteilen und in nichtakzentuierbaren Wörtern wird der Diphthong im Gegensatz zu seiner akzentuierten Aussprache reduziert artikuliert. Hinsichtlich Qualität und Quantität ist zu beobachten, daß die Schließbewegung nicht mehr so intensiv realisiert wird und er zeitlich noch kürzer ist.

alldieweil	Er wird kommen, alldieweil ihn das sehr interessiert.
bei	Er wohnt bei Müllers. Er hat beim Gehen noch Schmerzen.
	Hinweis: Die Konstituente *bei-* ist jedoch dann akzentuiert, wenn im Ausspruch keine weiteren Bestimmungen oder Ergänzungen auftreten:
	Er ist Beifahrer. Ich werd's dir beibringen. Er kommt vorbei.
	Aber: Er fährt schnell vorbei. Kommst du heute noch vorbei?
dieweil	Er raucht, dieweil sie Zeitung liest.
ein	(in allen Kasus und Genera) ein Mann, eine Frau, der Ruf eines Kindes, das Versprechen eines Freundes, bei einem Fremden
ein-	*ein-* als Konstituente ist akzentlos, wenn im Ausspruch weitere Bestimmungen oder Ergänzungen vorhanden sind: Sie müssen sich hier eintragen!
-heit	die Menschheit, die Freiheit, die Gleichheit, die Frechheit
-keit	die Menschlichkeit, die Freundlichkeit, die Gerechtigkeit
kein	Er hat kein Geld. Er hat überhaupt keine Zeit. Keine Ahnung!
-lein	das Bürschlein, das Mägdelein, das Weiblein, das Kindlein

sein	(in allen Kasus und Genera) sein Vater, seine Mutter, seine Kinder, der Beruf seines Vaters, die Freundlichkeit seiner Mutter
seit	er ist seit zwei Jahren verheiratet, seit der Entlassung
seitdem	Er hatte einen Unfall, seitdem hinkt er.
weil	Er ist entschuldigt, weil er leider krank ist.
wobei	Ich weiß nicht, wobei das passiert sein soll.

Übungen im Satz

271 Herr Meyer muß zur Polizei, weil er einen neuen Ausweis braucht.

einen neuen Führerschein bekommt, einen neuen Reisepaß erhält, einen Verkehrsunfall hatte, seinen Ausweis verloren hat, im Halteverbot geparkt hat, einem Radfahrer die Vorfahrt genommen hat, bei Rot über die Kreuzung gefahren ist, sein neues Auto anmelden will, viel zu schnell gefahren ist, als Zeuge aussagen soll

272 Bitte sei vorsichtig beim Überholen!

beim Bremsen, beim Linksabbiegen, beim Bremsen auf nasser Straße, beim Überholen von Fußgängern, beim Anfahren, beim Tanken, beim Kuppeln, beim Schalten, beim Rückwärtsfahren, beim Überholen von Radfahrern, bei Glatteis, bei Schnee, bei Sturm, bei Nebel, bei schlechter Sicht, bei spielenden Kindern, beim Aussteigen

273 Herr Meyer wollte gleich in die Werkstatt, weil einer der Scheinwerfer kaputt war.

einer der Nebelscheinwerfer kaputt war, einer der Scheibenwischer gebrochen war, eine der hinteren Bremsen nicht funktionierte, eins der Rücklichter kaputt war, einer der Reifen gewechselt werden mußte, einer der Reifen fast ohne Profil war, eins der Schlösser defekt war, einer der Gänge klemmte, einer der Reifen platt war, einer der Kerzenstecker defekt war

274 Herr Meyer wollte eine zweite Werkstatt aufsuchen, weil keiner Zeit hatte, ihm gleich den Reifen zu wechseln.

Herr Meyer weiß vielleicht nicht so genau (Bescheid), wie man den Reifen zu wechseln hat.

eine neue Frontscheibe einzusetzen, einen neuen Scheinwerfer einzubauen, einen neuen Vergaser einzubauen, die Zündung einzustellen, die Lichtmaschine zu reparieren, den Anlasser zu überprüfen, die Scheibenbremsen zu überprüfen, die Kupplung einzustellen, das Getriebe zu überprüfen, den Motor durchzusehen, den Kühler zu wechseln, die Benzinpumpe auszuwechseln, die Lichtanlage zu überprüfen, den Keilriemen zu wechseln, die neue Heizung einzubauen

275   Herr Meyer fährt seit einiger Zeit einen Wartburg.

einen Trabant, einen Skoda, einen Fiat, einen Shiguli, einen Wolga, einen Volvo, einen Dacia, einen schrottreifen P 70, einen alten F 8, einen W 50, einen Kranwagen, einen Tankwagen, ein Funktaxi, eine 250er Jawa, ein Moped, ein Mokick, einen Motorroller, ein Fahrrad mit Hilfsmotor

276   Herr Meyer hatte seit einigen Jahren keine Panne mehr. Gestern ist ihm leider ein Reifen geplatzt.

ist ... das Getriebe kaputtgegangen/die Zündung ausgefallen/ein Scheinwerfer kaputtgegangen/der Keilriemen gerissen/die Lichtmaschine ausgefallen; sind ... die Zündspulen durchgebrannt/die Bremsen ausgefallen

277   Herr Meyer hat bei dreißig (Stundenkilometern/Kilometer pro Stunde) einen Unfall verursacht.

einen Mann überfahren, eine Vollbremsung machen müssen, eine Verkehrskontrolle passiert, einen Autounfall verursacht, einen Reifen verloren, einen Totalschaden verursacht

278   Herr Meyer hat leider das Parkverbotszeichen übersehen.

das Halteverbotszeichen, das Stoppschild, die Geschwindigkeitsbegrenzung, das Überholverbot, das Einfahrtsverbot, das Halteverbot, das Vorfahrtsschild, das Zeichen *Kreisverkehr*, das Hinweiszeichen *Rutschgefahr*, den Fußgängerschutzweg, den Zebrastreifen, die Haltestelle, die Polizisten

279   Herr Meyer zeigt dem Wachtmeister, wie am Kilometer dreißig der Zusammenstoß geschah.

die Bremsen blockierten, der Wagen ins Schleudern gekommen ist, der Reifen platzte, die Bremsen versagten, der Wagen die Böschung hinunterfuhr, gerade noch rechtzeitig gebremst werden konnte

---

[a͜o]   ### 7.3.2. Der Diphthong *au*

Transkriptionszeichen und Schreibung

[a͜o]   als au, ow, ou

Positionen

Der Diphthong [a͜o] kommt sowohl im Anlaut und Inlaut als auch im Auslaut vor.

Lautbeschreibung

Von der Artikulationseinstellung des vorderen, hellen *a* wird auf gepannt-kurzes *o* übergegangen, wobei auf dem [a] der Akzent liegt, [o] hingegen weniger laut, mit weniger Tonhöhe und relativ geringer Spannung zu sprechen ist. [a̯o] ist ein Schließdiphthong, daher muß beim Übergang vom [a] zum [o] der Zahnreihenabstand verkleinert werden. Beide Vokale sind miteinander gebunden. (Vgl. auch Abb. 5, S. 27.)

Ableitungen

Synthetische Ableitung

A ⟶

1. In kurzem, rhythmischem Wechsel, wobei der Akzent deutlich hörbar auf dem [a] liegt, werden [a] und [o] artikuliert. Dabei ist auf die unterschiedlichen Einstellungen zu achten. Nun sollte der zeitliche Abstand zwischen beiden Lauten deutlich verkleinert werden, bis eine Bindung beider Vokale auftritt. Die Akzentuierung von [a] darf aber nicht aufgegeben werden.
2. Wiederholung der Ableitung zum Zwecke der Hörkontrolle und der Kontrolle der artikulatorischen Bewegung.

synthetische Ableitung

Analogieableitung

A ⟶

1. Mehrfaches Sprechen einer Dreierwortgruppe: As – aus – As. Der Akzent liegt dabei immer auf dem ersten und auf dem letzten Wort, das mittlere wird stark reduziert gesprochen.
2. In der Wiederholung dieser Ableitung sollte darauf geachtet werden, daß das mittlere Wort zeitlich nicht länger ist als die anderen beiden.

Analogieableitung

Abweichungen

1. Qualitätsänderung durch Akzentverlagerung: ['a̯o] klingt wie [a'o:]
   Abhilfe: Hinweis auf die Dominanz von [a] hinsichtlich Akzentuierung, Lautheit und Tonhöhe
2. Qualitätsänderung durch Akzentverstärkung: [a̯o] klingt wie ['a:o]
   Abhilfe: Verminderung der Akzentuierung durch Entspannung insbesondere im labialen Bereich bei gleichzeitiger Verkürzung von [a]

Das Übungsmaterial

1. Wiederholung einer Ableitung unter Zusatz finaler Konsonanten
   aus, auf, auch, außen, außerhalb, aufstehen, aufmachen, aufsuchen

2. [ao] im Wortinneren

[h]	unser Haus, ihre Haut, sein Haupt, ein Haufen Geld
[g]	am Gaumen, das Gaumensegel, zwei Gauner, viele Gaukler, Gauß
[k]	beim Kauf, sie kauft es, sie verkauft es, eine Couch, kaum
[ʀ]	sie raucht, sie braucht es, eine Brause, eine Frau, grau, braun, das Vertrauen, sie vertraut ihm, eine Schraube, ein Strauch
[ʃ]	schau mal(!), sie schaut ihm zu, das Schaufenster, viel Schaum
[ts]	der Zauberer, sie bezaubert ihn, am Zaun, im Zaum
[l]	sehr laut, sehr schlau, sie glaubt es, sie lauscht
[n]	die Nautik, in Naumburg, sehr knausrig, sie knausert aber
[d]	das dauert lange, sie bedauert es, dauernd Regen(!)
[t]	es taut, sie ist taub, sie tauchen, erstaunlich(!), der Staub
[f]	sie ist faul, es verfault, meine Faust, sie faucht ihn an
[b]	das Bauwerk, sie baut es auf, ein fauler Baumstamm
[p]	eine Pause, sie pausieren schon wieder, ein Pauker
[m]	eine Maus, sie schmausen schon, sie ist maulfaul

Der akzentlose Diphthong *au* in sachlich-neutraler Rede

In nichtakzentuierbaren Wörtern oder nichtakzentuierbaren Wortteilen wird der Diphthong im Gegensatz zu seiner akzentuierten Form reduziert gesprochen. Dies äußert sich in einer etwas verminderten Schließbewegung zum [o] hin und in einer zeitlichen Verkürzung der Folge überhaupt.

aus	aus Holz, aus Glas, er kommt aus der Schule, aus dem Theater
aus-	**Hinweis:** *aus-* als Konstituente ist nur dann akzentlos, wenn im Ausspruch weitere Ergänzungen oder Bestimmungen enthalten sind: Du wolltest doch das Licht ausmachen.
-aus	**Hinweis:** *-aus* als Bestandteil von Pronominaladverbien ist nur akzentlos, wenn keine weiteren Ergänzungen oder Bestimmungen im Ausspruch vorhanden sind: Aber daraus geht doch nicht hervor, daß ...
auf	auf der Straße, auf dem Hof, auf diese Weise
	Hinweis: *auf-* und *-auf* sind in gleicher Weise zu behandeln wie *aus-* und *-aus*.

Übungen im Satz

Klaus baut aus Plastbausteinen ein Haus.

eine Garage, ein Hochhaus, einen Wolkenkratzer, eine Schule, eine Kirche, eine Fabrik, eine Brücke, einen Hafen, eine Pyramide, ein Auto, einen Bus

Auf dieser Baustelle arbeiten auch Maurer. **282**

Glaser, Zimmerleute, Dachdecker, Elektriker, Klempner, Installateure Heizungsmonteure, Schlosser, Maler und Tapezierer, Bautischler, Rohrleger, Leute von der Post, Fliesenleger, Ofensetzer, Parkettleger

Was braucht man alles, um ein Haus zu bauen? → **283**

Man braucht auf jeden Fall ein Baugelände.

einen Bauplan, eine Bauzeichnung, eine Baugenehmigung, einen Bagger, einen Kran, eine Planierraupe, ein Gerüst, Baumaterialien, Sand, Zement, Wasser, Strom, Steine, Kacheln, Fliesen, Handwerker, Geld, Zeit, Lust und Liebe

Hier in diesem Neubauviertel soll auch noch ein Hochhaus gebaut wer- **284** den.

eine Schule, ein Kaufhaus, ein Dienstleistungszentrum, ein Warenhaus, ein Straßenbahnanschluß, eine Gaststätte, ein Bahnhof, ein Schwimmbad, eine Schwimmhalle, ein Spielplatz, ein Parkplatz, eine neue Umgehungsstraße, ein Altenheim, ein Sportplatz

Klaus will sich sein Einfamilienhaus ausbauen. **285**

eine Wohnung, eine Altbauwohnung, eine Dachwohnung, die Bodenkammer, das Gartenhäuschen, die obere Etage, das Häuschen am See, die Jagdhütte

Laut Bauplan ist das Haus zu groß. **286**

der Balkon zu breit, das Bad zu groß, die Balkonabstützung zu schwach, das Dach zu niedrig, der Ausbau unzulässig, die Terrasse zu groß, die Garage zu schmal, der Keller zu klein, der Schornstein zu niedrig

Glaubst du nicht auch, daß zwei Garagen finanziell zu aufwendig sind? **287**

ein so großes Haus – ist, ein Ausbau – ist, Fliesen im Bad – sind, Natursteine – sind, ein schmiedeeisernes Tor – ist, ein Kamin – ist, eine Etagenheizung – ist, zwei Balkone – sind, eine so große Terrasse – ist, die Rekonstruktion – ist, die Generalreparatur des Daches – ist, die Rekonstruktion der elektrischen Anlage – ist

Krauses haben von ihrem Haus aus eine ausgezeichnete Aussicht auf **288** den Stausee.

auf die Stadt, auf die Ausläufer des Gebirges, auf die Weinberge, auf die umliegende Gegend, auf den Harz, auf den (sich im Tal schlängelnden) Fluß, auf das Panorama der Stadt, auf die angrenzenden Berge, auf die weite Ebene

Klaus und seine Frau haben Aussicht auf eine Neubauwohnung. **289**

eine größere Wohnung, eine Wohnung im Neubaugebiet, eine Wohnung im Hochhaus, eine Wohnung in der nahegelegenen Kreisstadt, eine Dienstwohnung, eine Wohnung im Zentrum

290 Ich glaube, Klaus traut sich nicht, die Sicherung zu wechseln.

die Steckdose auszuwechseln, den Lichtschalter nachzusehen (die Verteilerdose/Verlängerungsschnur), den Elektroherd anzuschließen, die Röhre auszuwechseln, das Bügeleisen zu reparieren

[ɔø] ### 7.3.3. Der Diphthong *eu*

Transkriptionszeichen und Schreibung

[ɔø] als eu, äu, oi, oy

Beachte: Eine Reihe fremder Wörter mit der Graphemfolge -*eu* bzw. -*äu* werden jedoch anders gesprochen:

äu als [ɛːʊ]: Skarabäus, Piräus, Trochäus
eu als [eːʊ]: Amadeus, Deus

Positionen

Der Diphthong *eu* kommt sowohl im Silbenanlaut als auch im Silbeninlaut und -auslaut vor.

Lautbeschreibung

Von der Artikulationseinstellung für ungespannt-kurzes *o* wird auf gespannt-kurzes *ö* übergegangen. Dieser Artikulationsvorgang ist durch eine Schließbewegung (eine Verkleinerung des Zahnreihenabstandes) gekennzeichnet, desgleichen durch eine Verminderung der Tonhöhe und der Lautstärke. Die für [ø] typische Lippenrundung ist beim Diphthong weitgehend reduziert. Beide Vokale werden miteinander gebunden. Der Akzent liegt auf dem [ɔ]. (Vgl. auch Abb. 5, S. 27.)

Ableitungen

Synthetische Ableitung

synthetische Ableitung

1. Wechselweises Artikulieren von [ɔ] und [ø], wobei [ɔ] deutlich akzentuiert sein muß, ohne daß jedoch der Vokal gespannt gesprochen wird. Die Artikulationsgeschwindigkeit ist zu steigern, bis sich eine Bindung zwischen beiden Vokalen ergibt: [ɔ – ø ...] → [ɔø].

2. Wiederholung der Ableitung

Analogieableitung

A →

1. Wiederholtes Sprechen einer Dreierwortgruppe, wobei sowohl das Analogie-erste als auch das letzte Wort deutlich zu akzentuieren sind, ohne daß ableitung der Vokal jedoch gespannt oder sogar gespannt-lang realisiert wird, z. B. *hoffen – häufen – hoffen.*
2. Das [ɔ] in *hoffen* mit dem Basisvokal in *häufen* vergleichen. Zwischen beiden darf kein akustischer Unterschied vorhanden sein.

Abweichungen

1. Qualitätsänderung durch Akzentverlagerung: [ɔɔ̯] klingt wie [ɔøː]

   Abhilfe: Analogieableitung, verbunden mit dem Hinweis auf die Dominanz des [ɔ]

2. Qualitätsänderung durch falsche Umsetzung: bei Schreibung *eu* klingt [ɔɔ̯] wie [eːø]

   Abhilfe: Es ist auf die artikulatorische Realisierung des Diphthongs einzugehen, d. h., trotz unterschiedlicher Schreibung sind immer die gleichen Komponenten zu sprechen.

Das Übungsmaterial

1. Wiederholung einer Ableitung mit Anfügen eines Konsonanten

   eu, Eule, Eulen, Eugen, euch

2. [ɔɔ̯] im Wortinneren

   291

   [h]   heute noch, die heutige Zeitung, viele Häuser, sie heult ja
   [g]   sie vergeudet das Geld, sie vergeudet ihre Zeit
   [k]   es ist unverkäuflich, eine Verkäuferin, ein Verkäufer
   [ʀ]   mein Freund, sie ist nicht treu, sie betreuen mich, sie träumt davon, bräunliche Haare, freu dich doch(!)
   [ʃ]   wirklich scheußlich, ganz abscheulich, sie scheut sich davor
   [ts] ein Zeuge, mein Zeugnis, sie bezeugt es, eine Zeugenaussage
   [z]   sie versäumt es, eine Säure, sehr säuerlich, zwei Seufzer
   [l]   viele Leute, die Glocken läuten, sie leugnet es, eine Schleuse
   [n]   ganz neu, neun Leute, eine Neuigkeit, sie erneuert es, neulich
   [d]   ganz deutlich, was bedeutet das(?), eine Deutung
   [t]   sehr teuer, sie täuscht ihn, sie enttäuscht ihn, das Steuer
   [f]   sehr feucht, viel Feuchtigkeit, sie feuchtet es an, das Feuer
   [b]   viele Bäume, die Beugung, sie verbeugt sich, eine Beule
   [m]   eine Meute, sie meutern, ein Meuchelmörder

292 Ich habe mir heute (neulich) einen neuen Mántel gekauft.

einen neuen Rock / Pullover / Hosenanzug / Pulli / Bademantel / Hut/Schal / Gürtel / Faltenrock / Blazer / Ring / Siegelring
eine neue Weste/lange Hose/kurze Hose/Strumpfhose/Jacke/Windjacke/Mütze/Uhr/Taschenuhr/Armbanduhr/Quarzuhr/Sonnenbrille/ Handtasche/Einkaufstasche/Halskette/Anstecknadel
ein neues Kopftuch/Halstuch/Kostüm/Jackenkleid/Hauskleid/Sommerkleid / Strandkleid | Abendkleid / Armband / Zigarettenetui
neue Shorts/Strümpfe/Socken/Hosenträger/Schuhe/Pumps/Sandalen/ Sandaletten/Stiefel/Stiefeletten/Turnschuhe/Fußballschuhe/Hausschuhe

293 Ich freue mich, daß dir der neue geblümte Stoff gefällt.

der Stoff mit den Ornamenten, der gestreifte/gepunktete/karierte/einfarbige/bunte/modern gemusterte/warme/leichte Stoff, das Kleid mit dem spitzen Ausschnitt, der Plisseerock, der Rock mit den Kellerfalten, der Glockenrock, der Faltenrock, der enge Rock

294 Ich bin enttäuscht, daß dir die neue Linie nicht gefällt.

der breitkrempige Hut, der lockere Schnitt, das enganliegende Kleid, der tiefe Ausschnitt, der farbige Reißverschluß, der breite Gürtel, das hübsche Täschchen

7.4. Gegensatzübungen mit Vokalen

Um die Lautgriffsicherheit weiterhin intensivieren zu können, wurden in die folgenden Übungen alle vokalischen Oppositionen aufgenommen. Die Vokale sind in der Regel akzentuiert und die Beispielwörter als zu einer bestimmten Wortklasse gehörend gekennzeichnet. Auf Grund der großen Vorkommenshäufigkeit wurde auch der Kontrast von schwachtonigem *e* und vokalischem *r* berücksichtigt.

7.4.1. Kontrast [ə] – [ɐ]

295 [ə] – [ɐ]
ich schiebe – der Schieber, die Liebe – viel lieber, ich webe – der Weber, ich schreibe – der Schreiber, die Silbe – das Silber, jede – jeder, ich

schneide – der Schneider, die Spende – der Spender, ich finde – der Finder, viele Gründe – viele Gründer, die Töpfe – viele Töpfer, sehr träge – viel träger, zwei Siege – zwei Sieger, seine – seiner, meine – meiner, deine – deiner, eine – einer, jene – jener, die Lehre – die Lehrer, ich lese – die Leser, die Miete – der Mieter

[ə] + n – [ɐ] + n

296

die Silben – silbern, oben – erobern, rauben – räubern, enden – ändern, die Linden – lindern, die Wunde – sich wundern, steigen – steigern, folgen – folgern, die Längen – verlängern, die Speichen – speichern, sich stählen – stählern, die Bohnen – bohnern, die Klappen – klappern, das Eisen – eisern, die Alten – altern, die Ratten – rattern, wetten – wettern, verbitten – verbittern, läuten – läutern, kauen – kauern, trauen – trauern

7.4.2. Kontrast [iː] – [yː, øː, oː, uː, eː, ɛː, ɑː, ae̯, ao̯, ɔo̯]

[iː] – [yː]

297

liegen – lügen, sieden – Süden, Triebe – trübe, Ziegel – Zügel, Tier – Tür, Kiel – kühl, Riege – Rüge, Riemen – rühmen

[iː] – [øː]

diese – dösen, Biene – Böhme, Biese – böse, fließen – flößen, schien – schön, fliegen – flögen, bieten – böten, die Niete – die Nöte

[iː] – [oː]

ihm – Ohm, Mieder – Moder, Biene – Bohne, Beat – Boot, hieb – hob, Ried – rot, Niet – Not, schieb – schob, briet – Brot, riet – rot

[iː] – [uː]

siedeln – sudeln, Ziege – Zug, Miete – Mut, Biene – Buhne, Schi – Schuh, rief – Ruf, Hieb – hub, mies – Mus

[iː] – [eː]

dienen – dehnen, ziehen – Zehen, zieren – zehren, Beat – Beet, Wiesen – Wesen, Siegel – Segel, lieben – leben, liegen – legen, Stiege – Stege, Kiele – Kehle, riegeln – regeln, siegeln – segeln

[iː] – [ɛː]

dienen – Dänen, Stiele – Stähle, Niete – Nähte, Nieren – nähren, liegen – lägen, siegen – sägen, zielen – zählen, ziemen – zähmen, schielen – schälen, Kiefer – Käfer, wiegen – wägen, fiedeln – fädeln

[iː] – [ɑː]

Kiel – kahl, viel – fahl, schieben – schaben, wiegen – Wagen, Ziel – Zahl, Stiel – Stahl, lieben – laben, kriegen – Kragen, sie – nah

309

[i:] – [ae]

sieden – seiden, ziehen – zeihen, viel – feil, Wiesen – Weisen, mieten – meiden, Lied – Leid, Lieb – Leib, Ziegen – zeigen, Kiel – Keil

[i:] – [ao]

Tiefe – Taufe, siegen – saugen, viel – faul, Hiebe – Haube, Liege – Lauge, Liebe – Laube, Lied – laut

[i:] – [ɔø]

Kiele – Keule, Riemen – räumen, Riese – Reuse, triefen – träufeln, Friede – Freude, biegen – beugen, Miete – Meute, siegen – säugen

298   **7.4.3. Kontrast** [y:] – [ø:, o:, u:, e:, ɛ:, ɑ:, ae, ao, ɔø]

[y:] – [ø:]

Hüte – Höhe, müde – möglich, Blüte – blöde, fühlen – Fön

[y:] – [o:]

Bühne – Bohne, Hüne – Honig, wühlen – wohl, süße – Soße

[y:] – [u:]

Bühne – Buhne, müde – Mut, Süden – Sud, wütend – Wut, Kür – Kur

[y:] – [e:]

Stühle – stehlen, lügen – legen, fühlen – fehlen, fügen – fegen

[y:] – [ɛ:]

müde – Mädchen, kühn – Kähne, Stühle – Stähle, wühlen – wählen

[y:] – [ɑ:]

kühl – kahl, wüten – waten, kühn – Kahn, brüten – braten

[y:] – [ae]

ermüden – vermeiden, kühl – Keil, Süden – seiden, blühen – Blei

[y:] – [ao]

brüten – Braut, genügen – genau, fühlen – faulen, Sühne – Sauna

[y:] – [ɔø]

fühlen – Feuer, Kühler – Keule

7.4.4. Kontrast [ø:] – [o:, u:, e:, ɛ:, ɑ:, a̯e, a̯o, ɔø]

[ø:] – [o:]

Böden – Boden, Bögen – Bogen, Römer – Rom, Tröge – Trog, trösten – Trost, Söhne – Sohn, Löhne – Lohn, schön – schon, töten – tot, löten – Lot

[ø:] – [u:]

Höfe – Hufe, Nöte – Nute, töten – tuten, Föhren – fuhren

[ø:] – [e:]

Höfe – Hefe, lösen – lesen, Söhne – Sehne

[ø:] – [ɛ:]

Nöte – Nähte, lösen – läsen, krönen – Kräne, mögen – Mägen

[ø:] – [ɑ:]

Höfe – Hafen, töten – Taten, böse – Base, Löwe – Lava, Söhne – Sahne

[ø:] – [a̯e]

schön – Schein, Fön – fein, benötigen – beneiden, Höhe – Haie

[ø:] – [a̯o]

stöhnen – staunen, höhnen – hauen, Söhne – Sauna, schön – Schau

[ø:] – [ɔø]

Höhlen – heulen, Kühler – Keule, Fön – feucht, schön – scheu

7.4.5. Kontrast [o:] – [u:, e: ɛ:, ɑ:, a̯e, a̯o, ɔø]

[o:] – [u:]

Kohle – Kuhle, Rom – Ruhm, Hohn – Huhn, Hof – Huf, Sohle – Suhle, zog – Zug, Note – Nute, Moos – Mus, Bode – Bude, Strom – Struma

[o:] – [e:]

Kohle – Kehle, roh – Reh, holen – hehlen, Sohle – Seele, besohlen – beseelen, lohnen – lehnen, nobel – Nebel, knobeln – knebeln

[o:] – [ɛ:]

Trog – träg, Sog – sägt, Zone – Zähne, Mole – Mähne, rot – Räte

[o:] – [ɑ:]

Hohn – Hahn, Hose – Hase, Hof – Hafen, Dom – Dame, Lohn – lahm, Sohle – Saal, Zone – Zahn, rot – Rat, Rosen – Rasen, Robe – Rabe, Rogen – ragen

[o:] – [ae]

Kohl – Keil, Brot – breit, Sohn – sein, Sohle – Seile, Lohn – Leine, Not – Neid, wohnen – weinen, Mole – Meile, Moos – Mais

[o:] – [ao]

Hose – Haus, Zone – Zaun, toben – Tauben, Mode – Maus, Pol – Paul

[o:] – [ɔø]

holen – heulen, Kohle – Keule, Sohle – Säule, Rose – Reuse, Bote – Beute, Mode – Meute, Lose – Läuse, sogen – säugen

301 7.4.6. Kontrast [u:] – [e:, ɛ:, ɑ:, ae, ao, ɔø]

[u:] – [e:]

Kugel – Kegel, Hufe – Hefe, Suhle – Seele, lugen – legen, Fugen – fegen, Knute – Knete, Pflug – Pflege, Mut – Met, Stute – stets

[u:] – [ɛ:]

Kuh – Käse, Rute – Räte, schulen – schälen, Suhle – Säle, Nut – Nähte, sputen – spät, Stube – Stäbe, Stuhl – Stähle, Gruben – Gräben

[u:] – [ɑ:]

Huhn – Hahn, Stuhl – Stahl, Stube – Stab, Nudel – Nadel, Nut – Naht, Knute – Knabe, Luken – Laken, Sud – Saat, Wut – Wade, Pfuhl – Pfahl

[u:] – [ae]

Ruhm – Reim, Ruten – reiten, ruhen – Reihen, Huhn – Hain, Schub – Scheibe, Zug – zeigen, Nut – Neid, Wut – weit, Fuge – Feige

[u:] – [ao]

Kufen – kaufen, Ruhm – Raum, Ruhe – rauh, Hut – Haut, lugen – Laugen, Luv – Lauf, Lupe – Laube, Tugend – taugen, Tuch – tauchen

[u:] – [ɔø]

Hufe – häufen, Ruhm – räumen, ruhen – reuen, Hut – heute, Schuh – scheu, Zug – Zeug, Muse – Mäuse, Mut – Meute, Stube – stäuben

302 7.4.7. Kontrast [e:] – [ɛ:, ɑ:, ae, ao, ɔø]

[e:] – [ɛ:]

lesen – läsen, legen – lägen, sehen – sähen, Seele – Säle, Segen – Sägen, wegen – wägen, Schere – Schäre, Schemen – schämen, Rede – Räte

[e:] – [ɑ:]

heben – haben, stehlen – Stahl, Nebel – Nabel, Knebel – Knabe, Lehm – lahm, leben – laben, Sehne – Sahne, Segen – sagen, Schema – Scham

[e:] – [ae]

Seele – Seil, Steg – Steig, Lehne – Leine, lesen – leise, Lehm – Leim, Rehe – Reihe, reden – reiten, Regen – Reigen, gegen – geigen, See – sei

[e:] – [ao]

heben – Haube, dehnen – Daunen, Tee – Tau, These – Tausend, stehen – staunen, Lehne – Laune, legen – Laugen, lesen – lausen, Lee – lau

[e:] – [ɔø]

hehlen – heulen, Rehe – Reue, Segen – säugen, Mehl – Mäuler, Kehle – Keule, Seele – Säule, Lethe – Leute, streben – sträuben

7.4.8. Kontrast [ɛ:] – [ɑ:, ae, ao, ɔø] 303

[ɛ:] – [ɑ:]

Hähne – Hahn, Häfen – Hafen, Stähle – Stahl, Stäbe – Stab, Nähte – Naht, Nägel – Nagel, lähmen – lahm, Läden – Laden, Beschläge – Beschlag, Säle – Saal, zählen – Zahl, schälen – Schalen, Kähne – Kahn

[ɛ:] – [ae]

hämisch – heimisch, Kähne – keine, spähen – speien, Mähne – mein, wähnen – weinen, wählen – Weile, Stähle – steil

[ɛ:] – [ao]

stählen – staunen, Stäbe – Staub, lähmen – Laune, sägen – saugen, schämen – Schaum, Träne – Traum, pfählen – faulen, Schäfer – Schaufel

[ɛ:] – [ɔø]

nähen – neu, sägen – säugen, zähmen – zeumen, Räte – Reue

7.4.9. Kontrast [ɑ:] – ae[, ao, ɔø] 304

[ɑ:] – [ae]

Gas – Geiß, Kahn – kein, kahl – Keil, ragen – Reigen, Rahmen – reimen, raten – reiten, rasen – reisen, Bahn – Bein, Maden – meiden, mahnen – meinen, mahlen – Meilen, Wahn – Wein, Wade – Weide

[a:] – [ao]

Hafen – Haufen, Hase – hausen, Raben – rauben, Rahm – Raum, Straße – Strauß, Strafe – Strauch, Bahn – Baum, mahlen – maulen, Damen – Daumen, tagen – taugen, Stab – Staub, Lage – Lauge, Sagen – saugen

[a:] – [ɔø]

Hafen – häufen, Daten – deuten, Tafel – Teufel, sagen – säugen, Samen – säumen, verzagen – bezeugen, Rasen – Reusen, rahmen – räumen

305   **7.4.10. Kontraste** [ae] – [ao] – [ɔø]

[ae] – [ao]

reiben – rauben, Reis – raus, Bein – Baum, beide – Baude, Meilen – maulen, feil – faul, Teil – Tau, schneiden – schnauben, Leib – Laub, leiden – lauten, Zeile – Zaun, breit – Braut

[ae] – [ɔø]

heilen – heulen, heiser – Häuser, Reihe – Reue, breite – Bräute, Reibe – Räuber, Beine – Bäume, Meise – Mäuse, leichte – leuchte, zeigen – zeugen, scheinen – scheuen, Blei – Bläue, rein – Reue

[ao] – [ɔø]

Haufen – häufen, Haut – heute, Haus – Häuser, Gaul – Gäule, Maus – Mäuse, Kauz – Käuze, Baum – Bäume, Raum – Räume, Brauch – Bräuche, Schlauch – Schläuche, Faust – Fäuste, tauschen – täuschen, Lauf – Läufe, Zaun – Zäune, Kauf – Käufer, schlau – Schläue, Raub – Räuber

8 Konsonantische Laute

Die Reihenfolge der Kapitel wird von der Vorkommenshäufigkeit der einzelnen konsonantischen Laute bestimmt (Ortmann 1980), wobei das Prinzip dann durchbrochen wird, wenn zugunsten der Überschaubarkeit oder der günstigeren methodischen Abfolge die einzelnen Gruppen (Verschlußlaute, Reibelaute, Nasale und Liquide) aufrechterhalten werden. Die Vorkommenshäufigkeit von [n] beispielsweise ist relativ hoch, stellt jedoch kaum ein Lernproblem dar (wenn man von denjenigen Sprachen absieht, in denen [n] und [l] als stilistische oder als kombinatorische Varianten eines Phonems auftreten). Dagegen muß das *r* schon deshalb an der Spitze stehen, weil seine kombinatorischen Varianten im Deutschen für eine „unauffällige" Aussprache von großer Bedeutung sind. Ihm schließt sich das *l* an, gefolgt vom *h* und dem *vokalischen Neueinsatz*. Danach werden gruppenweise die Verschlußlaute, die Reibelaute und die Nasale behandelt. Konsonantische Folgen initialer oder finaler Art werden immer beim jeweiligen Laut aufgeführt, so daß also die Folge [ʃtr] mehrfach zu finden ist, beim [ʃ], [t] und [ʁ].

8.1. Das Reibe-*r* [ʁ]

Nachdem im Abschnitt 5.1. das vokalische *r* behandelt worden ist, soll nun die häufigste der *vollen* oder *konsonantischen* *r*-Formen vorgestellt werden, das velare Reibe-*r*. Hinsichtlich der Vorkommenshäufigkeit steht es neben dem Zäpfchen-*r* [ʀ] und dem Zungenspitzen-*r* [r] an erster Stelle. Das velare Reibe-*r* ist dasjenige *r*, das am leichtesten zu erlernen ist. Es tritt in denjenigen Positionen auf, in denen vokalisches *r* nicht erscheinen darf und umgekehrt.

Transkriptionszeichen und Schreibung

[ʁ]   als r, rr, rh, rrh

Positionen

r im Silbenanlaut sowohl in absoluter als auch in gedeckter Position:
r pr br tr str dr kr gr fr wr schr spr str

r bei Doppelschreibung an der graphischen Silbengrenze:

rr

r im Auslaut nach kurzen Vokalen

r in fremden Wörtern als rh, rrh

Hinweis:

Die Entscheidung, ob [ʁ] oder [ɐ] zu sprechen ist, hängt bei Schreibung *r* nach einem Vokal davon ab, ob der Vokal kurz ist und ob das *r* zur nächsten Silbe gehört.

In den folgenden Beispielen ist das volle *r* kursiv hervorgehoben worden:

ich werde, du wi*r*st, er wi*r*d, wir werden, ihr werdet, sie werden, ich wu*r*de, ich wü*r*de, gewo*r*den, ich war, wir wa*r*en

Lautbeschreibung

Der vordere Zungenrand hat Kontakt mit den unteren Schneidezähnen. Die Hinterzunge wölbt sich zum hinteren Teil des weichen Gaumens auf und bildet eine Enge, an der der Phonationsstrom ein leichtes Reibegeräusch erzeugt. Das Gaumensegel ist gehoben. Der Zahnreihenabstand und die Lippenform richten sich nach dem vorhergehenden oder nachfolgenden Vokal, so daß – wenn es sich um einen gerundeten Vokal handelt – die labiale Komponente mit realisiert werden muß. Der Laut wird mit geringer Artikulationsenergie gebildet. Das Reibegeräusch braucht auf keinen Fall sehr deutlich zu sein. Der sonst stimmhafte Laut kann hinter einem stimmlosen Verschlußlaut oder Reibelaut ohne Stimmton realisiert werden.

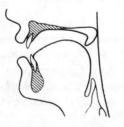

Abb. 33

Ableitungen

A ⟶

von [x]

Ableitung von [x]

1. Einführung des Kontrastes von Stimmhaftigkeit und Stimmlosigkeit an anderen Beispielen: [s – z] oder [f – v].
2. Die Unterschiedlichkeit der Laute wird durch das Vorhandensein bzw. Fehlen des Stimmtones erzeugt. Der Lernende sollte am Kehl-

kopf die Vibration bzw. deren Fehlen als das Kriterium für die Differenz ansehen.

3. Bei der Artikulation eines überlangen [x] wird nur der Stimmton hinzugesetzt. Die Vibration im Bereich des Kehlkopfes muß dabei mit der Hand gefühlt werden. Zwischen [x] und [ʁ] sollte kein Unterschied in der Artikulationsspannung bestehen.

4. Isolierte Artikulation von [x], wobei das Zäpfchen nicht schwingen sollte.

Ableitung von [g]

A →
von [g]

1. Artikulationseinstellung von [g] nach [u:], ohne den Verschluß von [g] abrupt zu lösen

2. Bei einer wiederholten Lösung soll nun dieser Vorgang so langsam wie möglich erfolgen, ohne die Engstelle zu verlagern. Lippenform und Zahnreihenabstand bleiben konstant.

Abweichungen

1. Anstelle von Reibe-*r* wird ein sehr auffälliges, mehrschlägiges Zungenspitzen- oder Zäpfchen-*r* gesprochen.

   Abhilfe: Wiederholung einer der Ableitungen

2. Anstelle von [ʁ] wird vokalisches *r* gesprochen.

   Abhilfe: Hinweis auf die Regeln

3. Anstelle von [ʁ] wird [l] gesprochen.

   Abhilfe: Hinweis auf die Nichtaustauschbarkeit von [ʁ] und [l]

Das Übungsmaterial

1. [ʁ] im Anlaut vor Vokalen und Diphthongen

   306

   viel Ruhe, sie ruht sich aus, ein Ruf, sie ruft mich, ein Rock, eine Rose, es rostet, die Rötung, ein Römer, ein Ring, eine Regel, sie regeln es, sie rechnet, die Rettung, sie reden, eine Rede

2. [ʁ] im Inlaut nach Verschluß- und Reibelauten

   Beachten Sie bitte, daß nach stimmlosen Verschluß- und Reibelauten die Stimmhaftigkeit des *r* verlorengehen kann!

   [pʁ] eine Probe, sie probiert es an, das Problem, sehr problematisch, **307** das Programm, die Prüfung, sie wird geprüft, unsere Presse, sie preßt es aus, wirklich prächtig, ganz prachtvoll, sehr prall, sie prahlt

   [ʃpʁ] der Sprudel, es sprudelt, eine Sprosse, eine Sprotte, sie springt **308** auf, sie spricht viele Sprachen, das Gespräch, die Sprache, eine

Spritze, sehr spritzig, die Sprengung, der Sprinter, wirklich spröde, sie sprüht vor Eifer

309 [bʁ] der Bruch, am Brunnen, mein Bruder, der Brocken, das Brot, das Brötchen, eine Brühe, sie brüht Tee, eine Brille, es brennt, sie bremst scharf, sie zerbricht es, der Braten, sie braten einen Broiler, meine Braut, sie braucht es, der Brauch

310 [tʁ] es ist trocken, die Trockenheit, eine Trommel, der Trommler, der Tropfen, es tropft, sehr trüb, der Betrüger, sie trinkt, sie trinkt es aus, sehr träge, der Träger, eine Treppe, sie betrachtet es, eine Trasse, sie übertreibt es

311 [ʃtʁ] eine Strafe, wirklich straff, ein Sträfling, eine Strähne, wirklich strapaziös, eine Straße, der Strauch, ein Strauß Rosen, sehr strebsam, sie streichelt ihn, der Streifen, sie streiten sich, sie streut Sand, der Strick, sie strickt einen Pullover, sie fährt stromab, struppig

312 [dʁ] der Druck, sie drucken es, sie droht ihm, es bedrückt sie, es geht drunter und drüber, der Drill, sie ist drin, sie dreht sich um, sie verdreht ihm den Kopf, sehr dreckig, sie drechseln einen Leuchter, der Draht, wirklich drall, das Dreieck

313 [kʁ] der Krug, ganz krumm, sie krümmt sich vor Schmerz, eine Krone, eine Kröte, in der Kinderkrippe, sie ist erkrankt, der Krach, der Kran, der Wadenkrampf, der Kreis, der Kreisel, ein Stück Kreide, das Sauerkraut

314 [gʁ] ein Grund, eine Grube, ein Groschen, wirklich grob, viele Grüße, sie begrüßt ihn, sie ist gründlich, der Grill, der Griff, sehr grell, fünf Grad Frost, der Graben, sie hat es begriffen, ein Greis, wirklich grauenhaft, graublau

315 [fʁ] eine Frucht, sehr fruchtig, sie ist froh, der Frohsinn, ein Frosch, sie fröstelt, sie ist fröhlich, ganz früh, das Frühstück, wirklich frisch, sehr frech, die Frechheit, sie ist befremdet, eine Frage, sie fragt ihn, viel Fracht, sehr fraulich, sie freut sich, mein Freund, sie ist freundlich

316 [pfʁ] der Pfropfen, sie pfropft es auf, die Pfründe, Pfriemengras

317 [vʁ] sie wringt die Wäsche aus, der Wrasen, das Wrack, abwracken

318 [ʃʁ] sehr schroff, der Schrott, wirklich schrill, ein Schritt, nur schriftlich, der Schreck, sie erschreckt ihn, ganz schräg, der Schrank, eine Bahnschranke, sie schreibt einen Brief, sie verschreibt sich, eine Schraube, die Schraffur

319 3. [ʁ] im Wort- und Silbenauslaut

[p] derb, herb, das Verb, das Adverb, der Korb

[t] glashart, am Start, der Hauswart, ein Hirt, ein Wirt, der Fund-

ort, dort, sie läuft fort, Export und Import, sie treibt Sport, es
ist gesperrt/gedörrt, die Geburt, in Erfurt, der Gurt, ein Bussard,
an Bord, ein Rekord

[k] arg, karg, ein Berg, ein Zwerg, eine Burg, ein Chirurg, eine Mark
dreißig, im Park, ein Bergwerk, in Rostock, ein Korkstück, auf
dem Weg

[f] ein Nerv, wirklich scharf, im Dorf, etwas Torf, ein Wurf, ein
Entwurf

[s] ein Vers, ein Kurs, ein Diskurs

[ts] schwarz, im März, mein Herz, ein Scherz, eine Terz, wirklich
kurz, ein Sturz, ein Gewürz

[ʃ] ein Marsch, ein Hirsch, Kirschwein, wirklich forsch

[ç] ein Storch, durch, hindurch, dadurch, mittendurch, im Pferch

[l] ein Kerl, ein Quirl

[m] sie ist arm, viel Lärm, Alarm(!), mein Schwarm, eine Farm,
eine Reform, wirklich enorm, ein Turm, im Sturm

[n] das Garn, ein Kern, das Hirn, meine Stirn, viel Zwirn, ein Dorn
Hinweis: In den flektierten Formen dieser Wörter, in deren Ableitungen usw. bleibt immer volles r erhalten:
der Sturm, des Sturmes, die Stürme, es stürmt, wir stürmen

4. Wechsel von [ʁ] und [ɐ]

Hinweis:
In Verben, Adjektiven und Substantiven mit der Folge *langer Vokal*
+ r findet in Abhängigkeit von der Zugehörigkeit des r zu einer Silbe
ein Wechsel zwischen vokalischem und vollem r statt. Steht r initial,
dann ist es voll zu realisieren, steht es jedoch final, wird es vokalisch
gesprochen.

volles r [ʁ]	vokalisches r [ɐ]
ich fah-re	du fährst, er fährt, sie fuhr
die Bäuerin	der Bauer, den Bauern, die Bauern

Volles r wird auch in den Pronominaladverbien gesprochen, deren
präpositionale Komponente mit einem Vokal beginnt:
herüber, herunter, herauf, darüber, darunter, darauf, worunter usw.

5. *rr* an Silbengrenzen im Wort

Hinweis:
Bei der Präfigierung von Wörtern mit *er-, her-, ver-, zer-, vor-, über-,*
unter- können vokalisches r [ɐ] und volles r [ʁ] nebeneinanderstehen.
Dabei ist die volle Form unbedingt zu realisieren, da an sie oft –
zwar nicht immer – eine Bedeutungsdifferenzierung gebunden ist, z.B.
verreisen [fɐˈraezn̩] – *vereisen* [fɐˈaezn̩];

320

er- sie erregt sich, sie errät es, sie erreicht es
ver- sie verrät es, sie verrechnet sich, sie verreist, sie verringert die Geschwindigkeit, es verrostet
zer- sie zerreißt es, eine Zerreißprobe, zerrüttete Verhältnisse
vor- es ist vorrätig, ein großer Vorrat, sie muß es vorrechnen
über- es ist eine Überraschung, sie überrumpelt ihn, sie überreicht es
unter- sie unterrichtet Fremdsprachen, sie hat eine Unterredung

Übungen im Satz

321

Professor Krafts Artikel soll in der nächsten Ausgabe der Wochenpost veröffentlicht werden.

Anzeige, Rezension, Kritik der Premiere im Schauspielhaus / zu den darstellerischen Leistungen Kramers / zum Niveau der Filmwoche, Reportage, Bericht, Einschätzung, Stellungnahme, Biographie
vergangene Woche in der „Wochenpost" ... worden sein, in der Donnerstagausgabe der LVZ ... worden sein, in der Wochenendbeilage der LVZ ... werden, im „Spiegel" ... werden, in der letzten Nummer des „Spiegel" ... worden sein, in der heutigen Zeitung ... worden sein, in der nächsten Nummer des „Stern" ... werden, in einer der nächsten Ausgaben der Fachzeitschrift ... werden

322

Professor Krafts Artikel wird nächste Woche auf der Titelseite veröffentlicht (werden).
Professor Krafts Artikel wurde vorige Woche auf der Titelseite abgedruckt.
Professor Krafts Artikel ist vorige Woche auf der Titelseite veröffentlicht worden.
Man hat Professor Krafts Artikel vorige Woche auf der Titelseite veröffentlicht / abgedruckt.

auf der Lokalseite, auf der Seite „Literatur und Kunst", im Wirtschaftsteil, in der Beilage „Aus Wissenschaft und Technik", auf der Sportseite, mit großer Aufmachung, im außenpolitischen Teil, unter der Rubrik „Aus dem Kulturleben"

323

Vorige Woche ist im Fernsehen ein hervorragender Tierfilm gezeigt worden / gesendet worden.
Kriminalfilm, Krimi, Film über Probleme der Raumfahrt / Probleme der Energiegewinnung / Kindererziehung, Dokumentarfilm, phantastischer Film, Puppentrickfilm, Zeichentrickfilm

324

Bist du wirklich sicher, daß die Sportveranstaltung erst 13.30 Uhr übertragen wird / gesendet wird / übertragen worden ist / gesendet worden ist / übertragen werden konnte / gesendet werden kann?

der Bericht über die Ankunft der Delegation, die Zusammenfassung der Sportergebnisse, der Kommentar, das außenpolitische Magazin, das Spiel um die Fußballweltmeisterschaft, die Lottozahlen, die Unterhaltungssendung, die Berichterstattung von der Friedensfahrt, die Programmvorschau, das Kinderprogramm, die Musiksendung, die ersten Bilder vom Start der Kosmonauten, der preisgekrönte Spielfilm, die Leichtathletikveranstaltung

Ich höre gern Radio, weil <u>zu jeder vollen Stunde Nachrichten gesendet werden</u>.   325

morgens die Zeit angesagt wird, man aller paar Minuten immer ganz aktuell informiert wird, sehr viele Kommentare und Berichte gesendet werden, viel über Literatur und Kunst gesprochen und diskutiert wird, viel Musik gesendet wird, fast jeden Tag ein Hörspiel gesendet wird, immer etwas Interessantes übertragen wird

Kollege Kurz ist vor drei Jahren beim Rundfunk als <u>Redakteur</u> eingestellt worden.   326

Kollege Kurz ist seit drei Jahren beim Rundfunk als <u>Redakteur</u> beschäftigt.

Sprecher, Sendeleiter, Regisseur, Tontechniker, Musikredakteur, Sportreporter, Auslandskorrespondent, Auslandsberichterstatter, Toningenieur, Sendeleiter, Volontär

8.2. Der Lateralengelaut *l*

Transkriptionszeichen und Schreibung

[l]   als l, ll

Positionen

im Wort- und Silbenanfang:
   l (Laut), *pl* (platzen), *kl* (Klang), *gl* (Glanz), *fl* (Flasche), *pfl* (Pflanze), *schl* (Schlange)
im Silben- und Wortende:
   l (Stuhl), *ll* (hell), *lb* (halb), *lt* (kalt), *ld* (Held), *lk* (Volk), *lg* (Balg)
   lf (elf), *ls* (als), *lsch* (falsch), *lch* (Kelch), *lm* (Film), *ln* (Köln)

Lautbeschreibung

Die Lippenbeteiligung für [l] ist abhängig vom vorhergehenden oder nachfolgenden Vokal. Bei appikaler Bildung liegt der vordere Zungenrand an den oberen Schneidezähnen und am Alveolenrand. Der Zahnreihenabstand ist klein. Die seitlichen Zungenränder sind leicht gesenkt (laterale Öffnung), so daß der Phonationsstrom an diesen Stellen passieren kann. Das Gaumensegel ist gehoben. Der Laut ist stimmhaft (die dorsale Bildung soll hier unberücksichtigt bleiben).

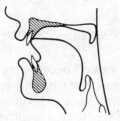

Abb. 34

Ableitungen

von [n]

Ableitung von [n]

1. Es wird ein überlanges [n] artikuliert. Dabei ist die Position des vorderen Zungenrandes zu beurteilen. Danach wird die Nase zugehalten, wobei der Kontakt des vorderen Zungenrandes mit den Schneidezähnen und dem Alveolenrand aufrechterhalten bleiben soll. [l] kann nur entstehen, wenn die seitlichen Zungenränder die Kontaktstellung aufgeben und nach unten klappen.
2. Nach mehrfacher Wiederholung soll [l] ohne die [n]-Komponente realisiert werden.

aus der Ruhelage

Ableitung von der Ruhelage der Artikulationsorgane

1. Bei geschlossenem Mund muß die Kontaktstelle an den Schneidezähnen und an den Alveolen „erfühlt" werden.
2. Langsam werden die Lippen geöffnet, der Unterkiefer wird nur minimal gesenkt, die seitlichen Zungenränder sind entspannt und öffnen sich daher für den Phonationsstrom. Das evtl. noch vorhandene Reibegeräusch kann abgebaut werden, indem entweder der Zahnreihenabstand ein wenig vergrößert wird oder indem die Mundwinkel (in der Übungsphase) leicht nach außen gezogen werden.

Abweichungen

1. Palatalisierung des *l*
   [l] klingt wie [n], weil die Zungenspitze sehr stark kontrahiert ist und hinter den Alveolen den Hartgaumen berührt.

Abhilfe: Ableitung von [n] wiederholen

322

2. Retroflexierung des *l*

[l] klingt wie [ɭ], weil der vordere Zungenrand – bei relativ großem Zahnreihenabstand – steil nach oben nur eine geringe Berührungsfläche zwischen Schneidezähnen und Alveolen hat. Sehr oft wölbt sich auch die Hinterzunge noch zusätzlich auf.

Abhilfe: eine der Ableitungen

Das Übungsmaterial

1. Wiederholung einer Ableitung, mehrfache isolierte Artikulation mit Übergang zu verschiedenen Vokalen, wobei deren Lippenmerkmale bereits im [l] mit berücksichtigt werden müssen: **327**

   l, la, le, li, lo, lu, lö, lü, ..., liegen, lügen

2. [l] im Anlaut und in konsonantischen Folgen

   [l] sie laden auf, im Laden, eine Ladung, sie lacht darüber, das Lächeln, wirklich lächerlich, sehr lange, sehr lästig, sie lehnt es ab, sie legt es weg, sie lernt es schnell, sie liebt ihn, das Lied, das Licht, sie lobt ihn, eine Lok, ganz luftig, ganz lustig, es tut ihr leid, lauter Leute **328**

   [pl] eine Plage, das Plakat, sie plant es, der Planet, eine Plastik, eine Schallplatte, ein Plätzchen, sie plaudern miteinander, das Plenum, die Plombe, ganz plötzlich, im Plural, elf plus elf **329**

   [ʃpl] sie spleißen, der Splitt, der Splitter, es splittert, ganz splitterig

   [bl] sie blamiert sich, wirklich blamabel, ganz blank, eine Blase, sie ist blaß, das Blatt, sie blättert um, ganz blau, aus Blech, ganz bleich, es blendet mich, sie blickt sich um, sie blinzelt, der Block, eine Blondine, eine Blume blüht, eine Bluse, das Blut, blutrot **330**

   [kl] der Dackel kläfft, eine Klage, sie verklagt ihn, ganz kläglich, der Klang, es klappert, ganz klar, sie klärt es auf, ganz klassisch, der Klatsch, sie klatschen, ganz klebrig, sie kleidet sich an, ganz klein, es klemmt, der Klempner, das Klima, eine Klingel **331**

   [gl] der Glanz, es glänzt, das Glas, der Glaser, das Glatteis, sie glaubt es ihm, wirklich glaubhaft, sie kommt gleich, das Gleis, die Gliederung, es glimmt noch, es glitzert, der Globus, sie glossiert es, sie hat Glück, die Glut **332**

   [ʃl] die Schlacht, der Schlaf, sie schlafen noch, sie ist schläfrig, ganz schlaff, sie zerschlagen es, ganz schlank, sehr schlecht, eine Schleife, sie schlemmen, sie schließen zu, der Schlitten, das Schloß, der Schlosser, die Schlucht, sie schluchzt **333**

   [fl] ganz flach, eine Fläche, eine Flagge, eine Flamme, die Flanke, eine Flechte, ganz fleckig, sie ist fleißig, der Flieder, eine Fliege, sie übersetzt fließend, es flimmert, sie flirten, die Flora, eine **334**

Flöte, ganz flott, sie flüchten, der Flügel, ganz flüssig, sie flüstern miteinander

335 [pfl] das Pflänzchen, die Pflanze, ein Pflaster auf die Wunde, die Pflaume, viel Pflege, der Pfleger, sie pflegt ihn, eine Pflicht, sie verpflichten ihn, die Verpflichtung, der Pflock, sie pflücken die Blumen, der Pflug, sie pflügen das Feld

336 3. [l] im Anlaut von Suffixen

-ler ein Tischler/Händler/Bettler/Schwindler/Trödler/Zweifler/ Regler/Segler/Angler/Makler/Entwickler/Sammler/Sportler/ Vermittler/Künstler/Bastler

Hinweis: Bei den kursiv hervorgehobenen Verschlußlauten findet **keine** Auslautverhärtung statt.

-ling der Liebling/Schädling/Findling/Sträfling/Frischling/Frühling/Sperling/Lehrling/Schützling

-lein das Kämmerlein/Mägdelein/Häuslein/Fensterlein/Kindlein

-lich lieblich, üblich, schädlich, friedlich, verständlich, freundlich, beruflich, alltäglich, möglich, fröhlich, glücklich, ähnlich

337 4. [l] in der Folge -el und -eln

Hinweis:
Beachten Sie bitte, daß das schwachtonige e in -el und -eln ausfallen kann und das l damit silbisch wird, z. B. Hobel ['hoːbl̩]!

-el eine Fabel, eine Gabel, der Hebel, eine Zwiebel, viele Möbel, eine Tafel, ein Löffel, ein Apfel, ein Würfel, der Spiegel, das Segel, eine Klingel, der Vogel, der Artikel, ein Zirkel, eine Formel, der Tunnel, der Sessel, der Schlüssel, der Mantel, der Zettel, der Kittel, der Beutel

-eln sie jubeln, sie tadeln ihn, sie siedeln um, sie schwindeln doch, sie trödeln wieder, die Kartoffeln, sie zweifeln daran, die Regeln, sie segeln, sie angeln gern, sie klingeln, sie lächeln immer, sie bummeln immer, sie basteln, sie frösteln, sie kitzeln ihn

Übungen im Satz

338 Falls Olli (Oliver) nicht kommen will, sollte er <u>wenigstens ánrufen</u>.

sich wenigstens entschuldigen, Bescheid geben, einen anderen Termin vorschlagen, uns hier nicht warten lassen, wenigstens die Vertretung schicken, doch wenigstens die Gründe angeben, es uns wenigstens wissen lassen

339 Ich könnte halb elf kommen, falls <u>es dir páßt</u>.

du Zeit hast, du da bist, du nicht weggehst, du zu Hause bist, du nicht

beschäftigt bist, du keinen besseren Zeitpunkt bestimmst, du allein bist,
es dich nicht stört, es nicht in Strömen regnet, es dir nicht zu spät ist

Was sollen wir machen, falls der Zug nicht pünktlich ist? **340**

der Bus eine Panne hat, die S-Bahn ausfällt, der Schnellzug Verspätung
hat, wir uns völlig verirren, wir keinen Stadtplan erhalten, wir uns verlaufen, das Kino/Museum geschlossen ist, wir uns verfehlen

Willst du uns (nicht) helfen, falls wir uns nicht zurechtfinden? **341**

den Weg nicht finden, die Straße nicht finden, den Anschluß nicht schaffen, den Zug verpassen, uns nicht verständlich machen können, in
Schwierigkeiten kommen, kein Zimmer bekommen, keine Lösung finden

Falls du wirklich willst, (dann) kann ich dich begleiten. **342**

dir den Weg erklären, die Karten bestellen, das Taxi telefonisch bestellen, dich gegen elf abholen, dich zum Bahnhof bringen, dich vielleicht
gleich vorstellen, gleich allen Bescheid geben, gleich alle einladen

Falls wir mal nach Leipzig kommen sollten, müssen wir uns das Völker- **343**
schlachtdenkmal ansehen.

Stralsund – Hafen, Berlin – den Fernsehturm, Berlin – die Museums-
insel, Halle – das Salzmuseum, Thale – die Rapp-Bode-Talsperre, Sonne-
berg – das Spielzeugmuseum, Meißen – die Porzellanmanufaktur, Weimar – Schloß Belvedere, Dresden – die Gemäldegalerie

Falls wir eingeladen werden sollten, dann benimm dich bitte! **344**

begrüße jeden, reich jedem die Hand, sei höflich und zuvorkommend,
laß den anderen den Vortritt, falle niemandem ins Wort, sprich nicht
mit vollem Mund, sitze gerade, erzähle keine dummen Witze, iß langsam, schmatze nicht, trink nicht so viel, gieß dir nicht selber ein, schlürfe
nicht, werde nicht anzüglich, ziehe dich ordentlich an

8.3. Die Vokaleinsätze

Im Deutschen gibt es zwei bedeutsame Vokaleinsatzarten, den gehauch-
ten Einsatz (auch „Hauchlaut" genannt) und den festen Einsatz. In gleicher Position (z. B. offen – hoffen) sind sie bedeutungsunterscheidend.
Der gehauchte Einsatz wird mit dem Graphem *h* wiedergegeben und in
der Umschrift mit [h] gekennzeichnet, wohingegen der feste Einsatz
(auch physiologischer Einsatz, fester Vokaleinsatz, Knacklaut) un-
bezeichnet bleiben kann und in der Regel nur im Wortinneren (an gra-
phischen Silbengrenzen) in der Transkription mit [|] oder [ˌ] Berück-
sichtigung findet, z. B. [bəˈʔɪnhaltn̩].

8.3.1. Der gehauchte Vokaleinsatz (Hauchlaut *h*)

Transkriptionszeichen und Schreibung

[h]   als h

Positionen

1. Bei Schreibung *h* vor betontem Vokal in gleicher Silbe:
   halten, behalten, hochhalten, anhalten, sie haben gehalten
2. In den Konstituenten *her-* und *hin-*:
   herkommen, herbeikommen, hinlegen, hindurch
3. In den Suffixen *-haft*, *-haftig* und *-heit*:
   namhaft, glaubhaft, wahrhaftig, Freiheit, Gleichheit
   Hinweis: *h* ist stumm, wenn es letztes Segment eines Basismorphems
   ist und vor einem schwachtonigen *e* steht, z. B. gehen, stehen.
   h ist als Dehnungszeichen nach einem akzentuierten Vokal als Bestandteil des Basismorphems ebenfalls stumm, z. B. Bahn, Mohn

Lautbeschreibung

„Die Stimmlippen gehen von der Atmungsstellung allmählich in die
Stimmstellung, die geöffnete Glottis (Stimmritze) schließt sich langsam.
Während dieser Verengung reibt sich der Ausatmungsstrom an den
Stimmlippen, so daß ein leichtes Hauchgeräusch entsteht. Dieses Reibe-
geräusch hält so lange an, bis sich die Stimmlippen auf den schmalen
linearen Spalt genähert haben und ihre Schwingungen einsetzen. Der
Phonation (der Tonerzeugung) geht also ein mehr oder weniger langes
Hauchgeräusch voraus, das rasch, kontinuierlich in die anklingende
Stimme übergeht. Phonetisch ist das Hauchgeräusch gleichbedeutend
mit dem Hauchlaut *h* im Anlaut vor vollstimmigem Vokal." (Vgl.
Fiukowski 1978, S. 39.)

Ableitungen

A —→   **Ableitung vom Hauchen**

vom
Hauchen

1. Eine Hand wird vor den Mund gehalten, dabei wird so vorsichtig
   ausgeatmet, daß die Wärme des Atems spürbar wird, ohne daß jedoch
   ein Reibegeräusch zu hören ist.
2. Dieser Hauchvorgang wird wiederholt und mit einem Vokal beendet.
   Dieser Vokal ist damit gehaucht eingesetzt.
3. Die Hauchphase muß nun schrittweise verkürzt werden.

Ableitung durch Gegenüberstellung von [h] und [ʔ]

1. Mit Hilfe einer Graphik werden die unterschiedlichen Einsätze verdeutlicht:

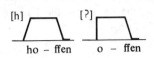

ho – ffen   o – ffen   Abb. 35

A ⟶
durch
Gegenüberstellung
[h] – [ʔ]

2. Um die Stelle für den festen Vokaleinsatz zu lokalisieren und von [h] zu distanzieren, sollte versucht werden, die beim Husten notwendige Stellung der Stimmlippen zu erzeugen mit dem Hinweis darauf, daß [h] in vollkommenem Gegensatz zu einem solchen Stimmlippenverschluß steht.

Abweichungen

1. Starke Überdehnung oder Substitution des [h]: [h] klingt wie [h::] oder [x], z. B. wird [halt] zu [xalt]
   Abhilfe: Eine der Ableitungen wird wiederholt.

2. [h] wird auch in Positionen gesprochen, in denen es stumm ist.
   Abhilfe: Hinweis auf die Regeln

3. [h] wird im Wort- und Silbenanlaut nicht realisiert. Unter anderem kann auch eine Bindung mit dem vorhergehenden Laut stattfinden, z. B. klingt *sie haben* [ziː ˈhaːbm̩] wie [ziːˈaːbm̩]
   Abhilfe: Hinweis auf die Regeln und evtl. erneute Ableitung des [h]

Das Übungsmaterial

1. [h] vor akzentuiertem Vokal   **345**

   sie haben es, ihr habt es, wir haben es, er hat es, du hast es, ich habe es, sie hat gehandelt, eine Hand, sehr hart, sie hat hingehört, sie hat mich erhört, sie hat mich verhöhnt, sie hat gehustet

2. [h] in Suffixen   **346**

   die Wahrheit / Faulheit / Kindheit / Gesundheit / Freiheit / Krankheit
   lebhaft, glaubhaft, krankhaft, schmackhaft, ekelhaft, sagenhaft, gewissenhaft, zauberhaft, schmerzhaft, schwatzhaft
   leibhaftig, teilhaftig, wahrhaftig, unwahrhaftig

3. *h* als Teil des Wortstammes (*h* ist hier stumm)   **347**

   die Bahn, die Erfahrung, fahren, die Fahne, der Stahl, sie fehlt, viel mehr, sie nehmen es, sie lehrt es, ein Lehrer, eine Wohnung, sie wohnt

dort, der Sohn, die Kuh, sie nähen ein Kleid, der Hahn kräht, ein
fähiger Lehrer, viel Mühe, die Drohung, sie reiht sich ein, froh, das
Stroh, sehr früh;
die Rhetorik, das Rhema, der Rhabarber, der Rheumatismus, der
Rhythmus, das Theater, das Thema, die Theologie, die Theorie, sehr
theoretisch, das Thermometer, in Thüringen

[ǀ] oder
[ʔ]

8.3.2. Der feste Vokaleinsatz

Transkriptionszeichen und Schreibung

[ǀ] oder [ʔ] stehen für den festen Vokaleinsatz.
Gelegentlich kann das Zeichen auch fortgelassen werden. Wenn aber
gebunden werden soll, dann muß der untergesetzte Halbkreis erscheinen, wie er bei den Diphthongen verwendet wird, z. B. beieinander
[baeǀaenǀandɐ].

Positionen

1. Am Redebeginn: Ich komme gleich.
2. Nach Sprechpause in betonter oder unbetonter Silbe:
   Ich muß – erst noch – in die – Apotheke.
3. Innerhalb von Syntagmen in der betonten Silbe:
   jemanden verunsichern, er hat die Absicht, er ißt
4. In Adjektiven, Verben oder Substantiven, die mit akzentlosen oder
   akzentuierbaren Konstituenten verbunden sind

In der folgenden Tabelle wird die Bindung (der Ausfall des Vokaleinsatzes) mit – – und sein Vorhandensein mit [ʔ] angegeben.

Präfix	Bindungsart	Beispiel
be-	ʔ	beachtlich, beantworten, Beamter
ge-	ʔ	geachtet, Geachteter
ent-	ʔ	entehrt, Entehrung, entäußern
er-	ʔ	erinnerlich, Eröffnung, eröffnen
ver-	ʔ	verachtet, Verachtung, verachten
zer-	ʔ	
ab-	ʔ	abartig, abarbeiten
an-	ʔ	anerzogen, Anerkennung, anerkennen
auf-	ʔ	aufatmen, auf alle, auferstehen
aus-	ʔ	aus einem, Adorf, ausatmen
be-	ʔ	beieinander, bei einer, bei euch

Präfix	Bindungsart	Beispiel
ein-	?	beieinander, ein Atemzug, Einäscherung
mit-	?	Miteinander, mit euch
nach-	?	nach außen, Nacharbeit
weg-	?	wegarbeiten
wieder	?	wieder arbeiten, wieder essen
wider-	?	widereinander
dar-[1]	– –	darüber, darunter
wor-[1]	– –	worüber, worunter
hin-[1]	– –	hinüber, hinunter
her-[1]	– –	herüber, herunter
vor-[1]	– –	vorüber, voraus
ur-	?	Urahn, uralt
un-	?	unansehnlich, unanständig, unabsichtlich
um-	?	umarbeiten, Umarbeitung, um acht Uhr
miß-	?	mißachten, Mißachtung
durch-	?	durcharbeiten, durch Arbeit
hinten	?	hintenan, hinten an der ...
hinter-	?	hintereinander
über-	?	überarbeiten, überaltert, über andere
unter-	?	untereinander, unter anderem

Hinweis:

Bei den mit „[1]" gekennzeichneten Konstituenten wird das *r* nicht als vokalisches, sondern als volles *r* gesprochen. Damit entsteht eine Bindung zur nächsten Silbe, und der vokalische Neueinsatz entfällt.

Artikulationsbeschreibung

„Im Prinzip ist den Glottisschlageinsätzen gemeinsam, daß die Schwingungstätigkeit der Stimmlippen aus ihrer Verschlußstellung beginnt. Die Stimmlippen legen sich zur Tonerzeugung aneinander, die Glottis ist also vor der Stimmbildung verschlossen. Unter den Stimmlippen staut und komprimiert sich die Luft etwas, dieser gering erhöhte Atemdruck drängt schließlich beim Nachgeben der muskulären Spannung die Stimmlippen auseinander (der Stimmlippenverschluß wird gewissermaßen ‚gesprengt'). Dabei entsteht ein leichtes Knallgeräusch, gleichsam ein ‚Einschaltknack', der den Schwingungsbeginn der Stimmlippen einleitet. Der Stimmbeginn ist also von einer Art ‚Sprenglaut' begleitet." (Vgl. Fiukowski 1978, S. 40, 41.)

Ableitung

. Man versucht mit Hilfe des Mundflüsterns vokalanlautende Wörter durch den Knacklaut zu markieren.

2. Zwangloses Anhalten des Atems bei weit geöffnetem Mund (Gähnstellung). Dadurch ergibt sich ein Verschluß der Stimmritze. Danach wird die Glottis willkürlich geöffnet, ohne den Ausatmungsdruck zu erhöhen. Jetzt entsteht das Ventiltönchen oder der „Knacklaut". Dann kann diesem Knacklaut ein Vokal folgen.

Abweichungen

1. Anstelle des Neueinsatzes wird eine Bindung mit dem vorhergehenden Laut realisiert.
   Abhilfe: Hinweis auf die Regeln und evtl. Ableitung des Neueinsatzes
2. Anstelle des Neueinsatzes wird der gehauchte Einsatz realisiert.
   Abhilfe: Hinweis auf die Regeln und evtl. Wiederholung der Ableitung

348 Das Übungsmaterial

er arbeitet, er mußte arbeiten, er fängt an, er mußte anfangen, er ißt es, er beantwortet es, es ist beachtlich, er konnte ihn nur verachten, er verabschiedet ihn, er wollte ihn verabschieden, er ist verärgert, ab Erfurt ab Eisenach, auf alles antworten, er muß alles aufarbeiten, alles achten auf ihn, sie sitzen beieinander, bei ihm, bei ihnen, ein einzelner, er ist einsam, ein Aufsatz, sie arbeiten miteinander an einer Aufgabe, ihre Mitarbeit ist gut, er ist uralt, er ist mein Urahn, um acht, um elf, er arbeitet bis um acht, er arbeitet es durch, er arbeitet in der Abteilung hinten, er ist über alles informiert, er arbeitet unter Tage, unter anderem

Hinweis: Der Neueinsatz wird nicht realisiert in Verbindungen von Konstituenten, deren zweiter Bestandteil mit einem Vokal beginnt:

dar-	sie sprechen darüber, was verstehst du darunter(?), darum geht es nicht, darein nicht, daraus macht man ..., verlaß' dich darauf(!) denke daran(!)
her-	Komm herunter! Komm herüber! Komm herum! Komm herein! Komm heraus! Komm herauf! Komm heran!
hin-	Geh' doch hinunter! Geh' hinüber! Geh' hinein! Geh' endlich hinaus! Geh' hinauf!
vor-	es geht vorüber, er geht voraus, er geht voran
wor-	Worunter versteht man ...? Worüber sprecht ihr? Worum handelt es sich? Worein legst du das? Woraus wird das hergestellt? Worauf gründet sich das? Woran erkennst du sie?

Übungen im Satz

349 Wie alt waren Sie, als Sie zur Schúle kamen? →
Ich war etwas unter/über sieben (Jahre), als ich zur Schúle kam.

n die Kinderkrippe kamen (zwei), in die Kindertagesstätte kamen
(drei), auf's Gymnasium kamen (vierzehn), in die Spezialschule kamen
(sechzehn), mit der Lehre begannen (sechzehn); die Masern bekamen (sieben), die Röteln bekamen (acht), die Windpocken bekamen (vierzehn), Mumps bekamen (vier), den Keuchhusten hatten (drei), zur
Armee einberufen worden sind (zwanzig), ausgelernt hatten (neunzehn),
das Abitur gemacht haben (neunzehn), sich verlobt haben (zweiundzwanzig), geheiratet haben (dreiundzwanzig), das erste Kind kam/ge-
boren wurde (fünfundzwanzig), den Unfall hatten (einunddreißig), diese
Operation gemacht wurde (vierundvierzig), die Wohnung erhielten (fünfundzwanzig), das erste Mal ausgezeichnet wurden (zweiundzwanzig), zu
studieren begannen (einundzwanzig)

Seit wann árbeiten Sie in dieser Abteilung? →

350

Ich arbeite in dieser Abteilung seit dem 1. Í. (ersten ersten).

1. 1. '80, 11. 1. '80, 1. 8. '80, 8. 8. '80, 11. 8. '80, 1. 11. '80, 8. 11. '80,
1. 11. '80, 1. 1. '81

Seit wann sind Sie <u>kránk geschrieben</u>? →

351

Ich bin seit dem 1. 1. <u>kránk geschrieben</u>.

verheiratet, geschieden, verwitwet, invalidisiert, Rentner, Student, Lehrling, Facharbeiter, Meister, Ingenieur, berufstätig, wieder arbeitsfähig,
wieder gesund geschrieben, Lehrausbilder, wieder im Inland, auf diesem
Gebiet tätig

Von wann bis wann sind Sie <u>Schúler gewesen</u>? →

352

Ich bin vom <u>1. 9. '70 bis zum 30. 6. '82 Schúler gewesen</u>.

Lehrling gewesen – 1. 9. '78–31. 8. '80, Lehrausbilder gewesen –
1. 8. '68–4. 11. '81, verheiratet gewesen – 1. April '58 bis jetzt, im Ausland gewesen – 1. 11. '71–8. 1. '81, Student gewesen – September '71
bis August '76

6.4. Die Verschlußlaute

Im Deutschen gibt es – bezogen auf die Artikulationsstelle – drei verschiedene Gruppen von Verschlußlauten. Das sind die labialen (die mit
beiden Lippen gebildeten), die prädorsal-dental-alveolaren (die mit der
Vorderzunge zwischen Zähnen und Zahndamm gebildeten) und die post-
dorsal-velaren Verschlußlaute (diejenigen, die mit der Hinterzunge am
weichen Gaumen gebildet werden). Innerhalb der jeweiligen Gruppe werden die Laute außerdem durch den artikulatorischen Spannungsgrad
und das Fehlen bzw. Vorhandensein des Stimmtones unterschieden.

In Abhängigkeit von der Lautnachbarschaft (insbesondere den akzen tuierten Vokalen) kann einerseits die Artikulationsstelle und anderer seits die labiale Komponente ein zusätzliches Merkmal des Lautes sein Fehlt die labiale Komponente, deren Intensität vom Nachbarvokal ab hängig ist, dann wird der Vokal in seiner Qualität beeinträchtigt.

8.4.1. Die Aspiration

Die Aspiration kommt nur bei den stimmlosen fortisierten Verschluß lauten vor, jedoch nicht in allen Positionen. Die Behauchung entsteh dadurch, daß „... im Augenblick der Verschlußlösung die Stimmbände noch nicht in die Stimmstellung gegangen sind, so daß vorerst noch gleichsam als Gleitlaut, der je nach dem folgenden Vokal gefärbte Hauc folgt." (Vgl. Dieth 1968, S. 57.)

Die Behauchung eines Verschlußlautes ist nicht nur abhängig vor seiner Zugehörigkeit zur akzentuierten Silbe, sondern auch abhängi von der Lautnachbarschaft, der allgemeinen Artikulationsspannung und der Artikulationspräzision.

1. Eine besonders starke Aspiration ist bei Verschlußlauten in unmittel barer Nachbarschaft eines akzentuierten Vokals nachweisbar:
   Pol, Tal, kahl, Stab, Rad, Weg, Berg, Bank, Hand
2. Die Aspiration ist weitaus schwächer oder sogar aufgehoben,
   – wenn die Artikulationspräzision abnimmt, z. B. in den unbetonte Silben vor schwachtonigem *e*,
   – wenn die Fortis-Verschlußlaute vor Reibelauten, Nasalen ode Liquiden stehen:
   Mappe, Mitte, Ecke, Erbsen, hetzen, Sachsen,
   Absatz, abfassen, abschneiden, abgeben, ablegen, abreiben,
   mitgehen, mitschieben, mitsuchen, mitmachen, mit der,
   weglaufen, wegsehen, wegdenken, wegschieben, weg von,
   spät, Spalt, Apfel, Pfingsten.
3. Der totale Ausfall der Aspiration ist bei verdeckter Lösung möglich d. h. wenn der erste Verschlußlaut (in Leserichtung) erst dann gelös wird, wenn der Verschluß für den zweiten bereits gebildet ist. Da gilt analog auch für Fälle, in denen das schwachtonige *e* in den Enc silben ausfällt:
   Takt, wirkt, sägt, bleibt, gibt,
   kippen, raten, hacken, Spatel, Mittel, ermitteln.
4. Zu starke Aspiration wirkt maniriert!
5. Aspiration kann mit dem diakritischen Zeichen ['] in der Transkrip tion vermerkt werden.

8.4.2. Die bilabialen Verschlußlaute [b], [p], [b̥]

8.4.2.1. Der bilabiale stimmhafte Lenis-Verschlußlaut *b*   [b]

Transkriptionszeichen und Schreibung

[b]   für b, bb in den entsprechenden Positionen

Positionen

b wird im Silbenanlaut nach stimmhaften Lauten (d. h. nach Vokalen, Diphthongen und nach [m, n, ŋ, l, r, ɐ] als [b] gesprochen: Liebe, sauber, Amboß, anbeten, Balkonblumen, Wirbelsturm, verbiegen
bb wird als [b] an graphischen Silbengrenzen im Basismorphem artikuliert: Ebbe
b wird gleichfalls vor [l, r, n] in einigen Wörtern, in denen der Ausfall eines *e* die Auslautverhärtung verhindert, als [b] gesprochen: ebenen, Gäbler, übrig

Lautbeschreibung

Die Lippen bilden einen lockeren Verschluß, der Grad ihrer Vorstülpung richtet sich nach dem vorhergehenden oder folgenden akzentuierten Vokal. Der Laut ist stimmhaft, und die strömende Phonationsluft kann zu einer kurzfristigen leichten Blähung der Wangen führen. Der vordere Zungenrand liegt an den unteren Schneidezähnen an, das Gaumensegel ist gehoben. Die Artikulationsspannung bleibt gering.

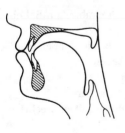

Abb. 36

Ableitung   A ⟶

1. Lockeres Aufeinanderlegen der Lippen nach einem langen [ɑ:]
2. Gleichermaßen lockeres Öffnen der Lippen nach der Artikulation von [b], wobei während des gesamten artikulatorischen Vorgangs mit der Hand am Kehlkopf geprüft werden sollte, ob die Stimmhaftigkeit durchgängig ist: [ɑ:bɑ:]

Abweichungen

1. Verlust der Stimmhaftigkeit: [b] wird wie [b̥] gesprochen.

Abhilfe: Weitere Entspannung und Kontrolle der Stimmhaftigkeit

2. *b* wird als stimmhafter bilabialer Reibelaut gesprochen.

Abhilfe: Vollkommener Verschluß bei Aufrechterhaltung der Stimmhaftigkeit und einer Verkürzung der Verschlußphase

Das Übungsmaterial

353

1. [b] im Silbenanlaut zwischen Vokalen

Hinweis: Beachten Sie bitte, daß [b] mit der Lippenstülpung des benachbarten akzentuierten Vokals zu sprechen ist.

[ɑ:] am Abend, spät abends, eine Gabel, eine Fabel, sie haben es
[ɛ:] sehr schäbig, Herr Gäbler, ein Säbel
[e:] im Nebel, etwas aufheben, sie leben gut, sie geben es ihm, eben
[i:] sie lieben sich, viel lieber, um sieben, sie schieben es weg
[y:] da drüben, sie geht hinüber, über die Straße, nicht übelnehmen(!)
[ø:] der Pöbel, sie kaufen neue Möbel, neuer Möbelbezugsstoff
[o:] im Oktober, sie loben ihn, sie verloben sich, sie entloben sich
[u:] in der Stube, eine Tube Zahnpasta, im Trubel, sie jubeln schon
[ae] eine Scheibe Brot, sie bleiben doch noch, sie treiben ihn weg
[ao] es ist sauber, sehr staubig, sie glauben es, zwei Tauben

354

2. [b] nach [m, n, ŋ, l, ʁ, ɐ] im Silben- und Wortanlaut

[m] im September, im November, im Dezember, am Bahnhof, zum Bus, komm bald, Humboldt
[n] in Berlin, ein Bild, ein Buch, mein Bruder, anbei, in Bälde
[ŋ] sing bitte, fang bald an, sie ging baden
[l] das Silber, sie ist albern, sie vollbringt es
[ʁ] in Farbe, in der Werbung, lauter Scherben
[ɐ] der Bauer, euer Bruder, auf der Bühne, über Brecht

355

3. [b] nach Vokalen im Silben- und Wortanlaut

sie badet, viele Bücher, meine Brüder, bei Bernd, neue Bücher, die Bahn, meine Bücher, zu Birgit, du bist gut

356

4. [b] vor [l, ʁ, n] im Anlaut

Hinweis: *b* wird in denjenigen Ableitungen von Wörtern nicht als [p] auslautverhärtet, in denen der Ausfall von *e* vor *b* zu beobachten ist:
Ebene → ebnen

biblisch, ein Knäblein, ein Büblein, ein Stüblein, ein Grübler, etwas einebnen, wirklich schlabbrig, ganz fiebrig, sehr klebrig, noch silbrig, etwas ist noch übrig, wirklich kribblig

8.4.2.2. Der bilabiale stimmlose Fortis-Verschlußlaut *p*   [p]

Transkriptionszeichen und Schreibung

[p]   für p, pp und b oder bb im Auslaut

Positionen

p erscheint in allen Positionen und konsonantischen Folgen (außer *ph*), z. B. Paket, Stapel, stop.
[p] wird gesprochen bei *pp* an Silbengrenzen und am Wortende, z. B. kippen, Galopp.
[p] wird ebenfalls gesprochen bei *b* oder *bb* am Silbenende, auch wenn noch Konsonanten folgen, z. B. Stab, halb, wirbst, wirbt, Korb, **aber:**
[p] wird nicht gesprochen, wenn *b* vor [l, ʁ, n] steht, z. B. ebnen.

Lautbeschreibung

Dieser bilabiale Fortis-Verschlußlaut wird wie [b] gebildet, jedoch mit größerer Artikulationsspannung und ohne einen Stimmton. In bestimmten Positionen ist [p] behaucht. (Vgl. Die Aspiration, S. 332.)

Ableitung   A ⟶

1. Aufeinanderlegen der Lippen (bilabialer Verschluß)
2. Sprengung des Verschlusses, so daß ein deutliches Hauchgeräusch vernehmbar wird. Dieses sollte so stark sein, daß ein vor den Mund gehaltenes Blatt Papier deutlich bewegt wird.

Abweichungen

1. Zu starke oder zu schwache Behauchung
   Abhilfe: Verminderung oder Intensivierung der Artikulationsspannung im labialen Bereich
2. Bei Doppelschreibung *pp* wird der Laut zweimal artikuliert.
   Abhilfe: Hinweis darauf, daß die Graphemfolge nur einmal zu realisieren ist.

3. Bei Schreibung von *b* im finalen Bereich wird nicht auslautverhärtet:
Lob [lo:p] klingt wie [lo:b]
Abhilfe: Hinweis auf die Regeln zur Auslautverhärtung

Das Übungsmaterial

357

1. [p] im Auslaut vor akzentuierten vokalischen Lauten

a   sie packt ein Paket, im Park, sie spart, sehr sparsam
ä   das Päckchen, sie kommt spät, sie verspätet sich, noch später
e   das Pedal, der Pegel steigt
i   mit dem Pinsel, sie spielt jetzt, am Spieß braten, eine Spielart

Hinweis: Vor *ü, ö, o, u* ist [p] mit der Lippenstülpung des folgenden Vokals zu sprechen.

ü   sie spürt es, sie hat ein Gespür dafür
ö   sie bespöttelt ihn, das Gespött
o   sie pocht an die Tür, es poltert, ein Pole, eine Polin
u   ein Punkt, sie putzen es, sie sputet sich, zwei Spulen
ei   eine Speise, sie speisen, ein Speiselokal
au   in der Pause, sie pausieren gerade, auf die Pauke hauen
eu   ein Päuschen machen

358

2. [p] + [l, ʀ, n] vor vokalischen Lauten

pl   viel Platz, am Platz, ganz platt, sehr plastisch, unser Plan, sie planen es
pr   die Pracht, wirklich prall, in der Presse, nach der Sprengung, nach der Prüfung, ganz spröde, niedrige Preise
pn   der Pneu, die Pneumatik, pneumatisch

359

3. [p] an Silbengrenzen im Wortinneren

sie zappelt, es klappt, es wird klappen, die Mappe, eine Kippe, sie hat Grippe, sie ist schnippisch, ganz typisch, sie stoppen ihn, die Kupplung, eine Lampe, ganz simpel, mein Kumpel, sie stolpert, ein Strauß Tulpen

360

4. [p] im Auslaut bei Schreibung *b* (Auslautverhärtung)

sie schreibt ab, sie gibt es ab, sie kommt herab, sie ist lieb, der Dieb, ein Sieb, das ist grob, es ist gelb, nur halb so viel, sie ist taub, halb elf

Hinweis:
Auch wenn *b* nicht unmittelbar am Silbenende steht, ist es auslautverhärtet als [p] zu sprechen:

du gibst, er gibt, du schreibst, er schreibt, du liebst sie, er liebt sie,

sie hat ihn geliebt, du bleibst noch, er bleibt noch, glaub's doch, er hat's geglaubt, habt ihr noch Zeit(?)

Hinweis:

[p/p] an der Wort- oder Silbengrenze werden als ein Verschlußlaut mit nur einer Lösung gesprochen. Dieser bilabiale Verschlußlaut ist zeitlich etwas länger als ein einfacher Konsonant sowie stimmlos und mit großer Artikulationsenergie zu sprechen:

ab Potsdam, ab Plauen, ab Pirna, abpellen, ob Paul kommt(?)

8.4.2.3. Der bilabiale stimmlose Lenis-Verschlußlaut [b̥]   [b̥]

Transkriptionszeichen und Schreibung

[b̥]   für b, p/b und b/b in den entsprechenden Positionen

Positionen

[b̥] wird im absoluten Anlaut (nach Sprechpause oder zu Redebeginn) gesprochen, z. B. Bei ...

[b̥] wird bei *b* im Silbenanlaut nach [p, t, k, f, s, ʃ, ç, x] gesprochen, z. B. ab Berlin, und bald, wegbleiben, aufbauen, aus Berlin, Rutschbahn, ich bin, Nachbar.

[b̥] wird bei *p/b* oder *b/b* an Silben- oder Wortgrenzen gesprochen. Es wird nur ein Verschlußlaut gebildet, der jedoch zeitlich etwas gedehnt ist. Für die Zeitdauer des labialen Verschlusses ist kein akustisches Ergebnis hörbar, z. B. ab Berlin, abbauen.

Lautbeschreibung

[b̥] ist als bilabialer stimmloser Lenis-Verschlußlaut mit beiden Lippen zu artikulieren. Die Artikulationsenergie ist klein. Der Verlust der Stimmhaftigkeit tritt in der Nachbarschaft von stimmlosen Konsonanten ein.

Ableitung

A →

1. Die Lippen werden (am besten nach [f]) locker aufeinandergelegt, ohne daß ein Stimmton produziert wird. Die Verschlußphase für [b̥] sollte dabei durchaus etwas gedehnt werden. Die Stimmhaftigkeit setzt erst ein, wenn die Lippen zum nachfolgenden Vokal geöffnet werden.
2. Steigerung der Artikulationsgeschwindigkeit: auf bald [aofb̥alt] ...

Abweichungen

Am häufigsten ist zu beobachten, daß [b̥] auch nach stimmlosen Lauten wie [p, t, k, f, s, ʃ, ç, x] einen Stimmton erhält. In der Regel ist damit noch eine zusätzliche regressive Assimilation verbunden, d. h. daß der davorstehende stimmlose Fortis-Verschluß- oder Reibelaut auch noch stimmhaft und mit geringer Artikulationsenergie gesprochen wird: *und bei* [ʊntb̥ae̯] wird zu [ʊndbae̯].

Abhilfe: Hinweis auf die Auslautverhärtung und die damit verbundene Assimilation, also Stimmtonverlust für den nachfolgenden Laut

Das Übungsmaterial

[b̥] im Anlaut nach stimmlosen Konsonanten

Hinweis:
Beachten Sie bitte, daß der Wechsel von [b] und [b̥] vorrangig vom vorhergehenden Konsonanten (und den vokalischen Lauten) bestimmt wird: das Buch – ein Buch, eines Buches, einem Buch, die Bücher

[f/b̥]   auf Besuch, auf bald, der Aufbau, du sollst Tee aufbrühen, die Laufbahn, es ist strafbar, auf beiden Seiten, nach Bedarf bestellen

[s/b̥]   aus Berlin, du sollst es ausbessern/ausbreiten/ausbauen, der Ausbruch, die Eisbahn, der Fußboden, das Bad, ich muß baden, das Bier, das Boot, jedes Blatt, ich muß beginnen, ihn hinausbegleiten

[ʃ/b̥]   die Kirschblüte, die Rutschbahn, etwas kritisch betrachten, etwas statisch berechnen, etwas statistisch belegen, jemanden falsch benachrichtigen

[ç/b̥]   ich bleibe noch, ich beginne jetzt, ich benachrichtige dich, ich begreife es, ich bedenke es, es ist erreichbar, sie sollen sachlich bleiben/endlich beginnen, jemanden freundlich begrüßen, sie ist sichtlich begeistert

[x/b̥]   nach Berlin fahren, der Nachbar, das Schachbrett, mein Kochbuch, es ist noch brauchbar, das Schlauchboot, sie haben Krach bekommen, sie muß wach bleiben, im Buch blättern

[k/b̥]   einen Schock bekommen, ein Stück Brot, ein Stück Butter, den Zug benutzen, den Berg besteigen, einen Auftrag bekommen, den Sieg begießen

[t/b̥]   ein Zitat belegen, die Altstadt besichtigen, ein Paket bekommen, ein Geschäft betreten, die Vorschrift befolgen, die Schicht beenden, die Vorfahrt beachten, eine Antwort bekommen

[p/b̥]   **Hinweis:** [p/b̥] an Wort- oder Silbengrenzen werden als ein Verschlußlaut mit nur einer Lösung gesprochen. Dieser bilabiale Verschluß ist dabei stimmlos und zeitlich etwas länger als ein einfaches [b̥] zu realisieren.

sie muß es abblasen/abbeißen/abbauen, ab Berlin, dem Klub
beitreten, den Betrieb besichtigen, sie spielen Korbball

Übungen im Satz

Bitte borge mir doch bis heute abend ein (halbes) Pfund Bútter. **362**

Margarine, Zucker, Mehl, Speck, Reis, Salz, Zwiebeln, Tomaten, Kirschen, Pflaumen, Apfelsinen, Bananen

Wir brauchen bis heute abend unbedingt noch ein Pfund Zwíebeln. **363**

etwas Tabak, einen Beutel Milch, eine Packung Feinfrostbohnen, eine
Packung Vollkornbrot, ein Päckchen Kaffee, ein Päckchen Tee, ein
Päckchen Pfeffer, ein Päckchen Zimt, ein Päckchen Paprika

Paul, besorg uns noch ein paar Radíeschen! **364**

Äpfel, Birnen, Pflaumen, Kirschen, Eier, Zwiebeln, Möhren, Köpfe
Salat, Büchsen Mischgemüse, Büchsen Fisch. Gläser Kirschen, Gläser
Erbsen

8.4.3. Die (dental-) alveolaren Verschlußlaute [d], [t], [d̥]

Für die dental-alveolaren Verschlußlaute gibt es zwei Möglichkeiten der
Bildungsweise. So kann an der Artikulationsstelle (zwischen der oberen
Zahnreihe und den Alveolen, dem Zahndamm) sowohl der vordere
Zungenrücken (das Prädorsum) als auch der vordere Zungenrand (die
Korona) einen Verschluß bilden. Zwischen beiden Bildungsarten besteht
keine wesentliche akustische Differenz, dennoch scheint die prädorsale
Bildungsweise leichter erlernbar.

8.4.3.1. Der stimmhafte Lenis-Verschlußlaut *d*   [d]

Transkriptionszeichen und Schreibung

[d]   für d und dd in den entsprechenden Positionen

Positionen

[d] wird bei *d* im Wort- und Silbenanlaut gesprochen, wenn ihm stimmhafte Laute (Vokale, Diphthonge und [m, n, ŋ, l, r, ɐ] vorausgehen, z. B.
sie denkt, bei dir, im Dienst, an dich, solang du ..., Herr D., verdienen.   339

Als [d] wird *dd* an einfachen Silbengrenzen, die keine Morphemgrenzen darstellen, realisiert, z. B. Edda.
[d] wird gesprochen, wenn *d* in einigen Wörtern vor [l, ʁ, n] steht, z. B. Rodler, Redner, ordnen.

Lautbeschreibung

Das [d] ist mit leicht geöffneten Lippen und einem geringen Zahnreihenabstand zu artikulieren. Der vordere Zungenrand bildet mit einem Teil der oberen Zahnreihe und dem Beginn der Alveolen einen Verschluß. Das Gaumensegel ist gehoben. Der Laut ist stimmhaft. Die Lippen übernehmen die Rundung des jeweiligen benachbarten akzentuierten Vokals. Die Artikulationsspannung ist gering.

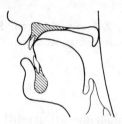

Abb. 37

Ableitungen

vom koronalen [n]

Ableitung von koronalem [n]

1. Ausgangspunkt ist die Artikulationseinstellung von koronalem [n]. Der (vordere) Zungenrand liegt zum Teil an der oberen Zahnreihe und zum Teil an den Alveolen an. Die Artikulation von [n] sollte so lange realisiert werden, bis der Student bereit ist, das Gaumensegel zu heben und somit den Phonationsstrom zu stoppen. Der nun entstandene „Stauraum" ist nicht groß, die Phonation wird daher bald zum Stillstand kommen.
2. Bei genauer Beobachtung ist aber zu erkennen, daß nach der Hebung des Gaumensegels die Stimmhaftigkeit noch in einem bestimmten Zeitraum erhalten bleibt. Wird die Artikulationsenergie nicht intensiviert und der vordere Zungenrand noch zeitlich vor dem Ende der Phonation von der Kontaktstelle zurückgezogen, entsteht [nndə].
3. Dies sollte mehrfach wiederholt werden, bis eine größere Sicherheit bei der Lautbildung erreicht ist.

synthetische Ableitung

Synthetische Ableitung

1. Der vordere Zungenrand (die Korona) wird zwischen die beiden Zahnreihen geschoben mit dem Versuch einer Verschlußbildung.

. Nun wird der vordere Zungenrand langsam – ohne den Verschluß aufzugeben – hinter die oberen Zähne bis an die Alveolen geführt. Im apikalen Bereich der Zunge (der Zungenspitze) ist der jeweilige „Standort" deutlich lokalisierbar. Die Artikulationsstelle sollte nun ohne (z. B. interdentale) Zwischenstufen eingenommen werden. Es ist darauf zu achten, daß die Artikulationsspannung klein bleibt, daß der Laut kurz artikuliert wird und er in den genannten Positionen stimmhaft ist.

Abweichungen

Gelegentlich wird [d] entstimmlicht: [d] klingt dann wie [d̥].

Abhilfe: Hinweis auf die koartikulatorischen Bedingungen der Laut-nachbarschaft hinsichtlich Stimmhaftigkeit und Spannung.

Das Übungsmaterial

. [d] im Silbenanlaut zwischen Vokalen   **365**

  [u:]   das Ruderboot, sie ißt Nudeln, sie schludert, guter Boden
  [y:]   sehr rüde, im Süden, wirklich müde, die Müdigkeit
  [i:]   im Frieden, viele Lieder, immer wieder, sie wiederholt es
  [e:]   sie redet pausenlos, jeder redet hier, sie redet jedesmal
  [ɛ:]   viele Läden, der Schädel, sie beschädigen es, viele Bäder
  [ɑ:]   geh geradeaus, es ist schade, sie baden gerade, eine Nadel
  [ae]   die Scheidung, sie leidet darunter, sie beneidet ihn
  [ao]   sie zaudert noch, es schaudert sie, eine Staude Salat
  [ɔø]   sie schleudert es weg, sie verschleudert es, eine Schleuder

. [d] im Wort- und Silbenanlaut nach Vokalen oder Diphthongen und   **366**
nach [m, n, ŋ, l, r, ɐ]

  [m]   im Duden, sich umdrehen, um diese Zeit, sie muß umdenken
  [n]   in der Stadt, in dieser Sache, in deiner Wohnung
  [ŋ]   fang doch an, häng das auf, spring doch, zwing dich dazu
  [l]   sie ist viel dicker geworden, all diese Dinge, er will das
  [r]   für dich, vor der Tür, sie verdreht es, sie erduldet es
eine Dame, sie denken darüber nach, sie dreht sich um, sie drückt ihn, sie ist bedrückt, bei dir, zu dir

. [d] am Wortauslaut vor [l, n, ɐ]

Hinweis: In einer Reihe von Wörtern ist die Auslautverhärtung von *d* aufgehoben. (Vgl. auch [b], S. 334.)

-lein Kindlein, Stündlein   **367**
-ler   Adler, Radler, Siedler, Händler, Rodler, Trödler

-ner   Redner, Söldner, Ordner
-nen   ordnen, verordnen, **auch**: Abordnung, Verordnung, Ordnung
-rig   adrig, zweirädrig, gliedrig, widrig, einzylindrig, schludri
pludrig

Diese Regelung wird auch in Ableitungen von diesen Wörtern au
rechterhalten, sofern sich die Silbengrenze nicht verschiebt, z. I
ordnen – Ordnung.

[t]

8.4.3.2. Der stimmlose Fortis-Verschlußlaut *t*

Transkriptionszeichen und Schreibung

[t]   für t, th, tt, dt, d in den entsprechenden Positionen

Positionen

t wird in allen Positionen als [t] artikuliert, z. B. t (Tal, hat, raten
tr (tragen), tsch (tschilpen), ts (Reiz), tsr (zwingen), st (Staat), s
(Straße).
[t] wird gesprochen bei *th* im Anlaut, z. B. Theater.
[t] wird gesprochen bei *tt* und *dt* im Wortinneren und im Auslaut, z. I
statt, Stadt, Verwandte, hatte.
[t] wird gesprochen bei *d* im Auslaut, auch wenn noch weitere Kons
nanten folgen (mit Ausnahme solcher Wörter wie *Adler, ordnen*, s.
Das Übungsmaterial, 3., S. 341).

Lautbeschreibung

[t] wird wie [d] gebildet, jedoch mit größerer Artikulationsenergie, d.
größerer Spannung. Es ist stimmlos und kann je nach Position (vg
Regeln zur Behauchung, S. 332) behaucht sein. Die labiale Komponen
des jeweiligen benachbarten akzentuierten Vokals ist mit [t] mitzuartik
lieren.

Ableitung

vom koro-
nalen [n]

Wir leiten [t] vom koronalen [n] ab:

1. Artikulationseinstellung von [n] ohne Lösung des Verschlusses
2. Das Gaumensegel wird gehoben, was zu einer Unterbrechung d
Phonationsstromes führt. Die Artikulationsspannung ist zu verstä
ken, der dental-alveolare Verschluß schließlich zu lösen. Es ergi
sich [t].

. Bei Doppelschreibung *tt* oder *dt* werden zwei Verschlußlaute gesprochen.

Abhilfe: Hinweis auf die graphematische Funktion der Doppelschreibung, die im Wortinneren und im Auslaut immer Hinweis auf die Vokalkürze ist

. *d* wird in finaler Position (mit Ausnahme der Beispiele S. 341) nicht auslautverhärtet als [t] wiedergegeben.

Abhilfe: Hinweis auf die Regeln und auf den positionellen Wechsel von *d* und der davon abhängigen Auslautverhärtung, z. B. das Ra*d* [raːt] – die Rä*d*er ['rɛːdɐ]

Das Übungsmaterial

. [t] im Anlaut   **368**

a   das Taxi, eine Tasche, meine Tante, eine Tafel
ä   täglich, ganztätig, sie ist im Theater tätig
e   eine These, ein Thema, die Thematik, ein Teppich
i   ein Tisch, ein Tischler, sehr tief, etwas Tinte, sie tippt

Hinweis: [t] übernimmt bei *ü, ö, o, u* die labiale Komponente des benachbarten Vokals.

ü   eine Tüte, sie ist tüchtig, sehr tückisch, der Tümpel
ö   viele Töchter, viele Töne, zwei Töpfe, ein Töpfer
o   der Ton, wirklich toll, eine Tonne, sie toben, es tost
u   das Tuch, eine Tulpe, sie tuscheln, mit Tusche, ein Tunnel
ei am Teich, viel Teig, das Teil, sie teilt es
au der Taucher, sie taucht, der Tausch, sie tauscht es um
eu sehr teuer, die Täuschung, sie beteuert es, sie täuscht ihn

. [t] im Inlaut und im Auslaut   **369**

der Hut, ganz gut, sie blutet am Finger, sie ist wütend, der Mund, sie ist gesund
ganz rot, das Brot, sie sitzt im Boot, noch ein Wort, sie ist blond
das Kind, sie ist blind, ein Schnitt, im Wind, das Lied, das Licht, das Bild, sehr wild, das Wild
das Hemd, das Heft, ein Held, das Geld
sie sitzt schreibend am Tisch, sie läuft singend durch den Wald

. [t] in konsonantischen Anlautfolgen [tʁ, ʃtʁ, ʃt]   **370**

[tʁ]   der Betrug, der Trugschluß, eine Truppe, sie trotzt, der Tropfen, eine Trommel, sie tröstet ihn, sie ist betrübt, der Trick, sie

trinkt Tee, eine Treppe, sie treffen sich, sehr träge, das Getränk
eine Träne, sie tragen es, sie mißtraut ihm, sie vertraut ihm
sie wird getraut, der Traum

[ʃtʀ] das Stroh, der Strom, sie strickt etwas, sie streckt sich, eine
Straße, der Strahl, am Strand, sehr straff, sehr stramm, sie
streichen es, sie streiten sich, der Streifen, der Strauch, sie
strauchelt

[ʃt] sie ist stur, ein Stuhl, eine Stufe, sie ist stumm, der Stock, der
Stoff, sie ist stolz, eine Störung, ein Theaterstück, der Stich, sie
ist still, es stimmt nicht, sie hat zugestimmt, stimmhaft, stimm
los, sie steht dort, der Stempel, das stählerne Tor, sehr stark
anstatt, die Stadt, ein Staat, ein Stab, ein Stamm, sehr steil, sie
steigen hinauf, sehr steif, viel Staub, das Steuer, sie steuert das
Auto

371

4. [t] + [ət]

Hinweis: Das [ə] zwischen [t] und [t], z. B. *bittet*, darf nicht ausfallen
du blutest, er blutet, sie blutete, er hat geblutet, du sputest dich, du
sortiertest es, du errötest, ich errötete, sie ist errötet, er behütet es
du hast es behütet, er vergütet es, sie vergütete es, sie hat es vergütet
du schütteltest sie, er verschüttete es, du hattest es verschüttet, du
hattest es gemietet, er streitet sich, sie plättet das Kleid, du glättest es
er glättet es, er glättete es, du hast es geglättet, er wartet auf ihn
du wartetest auf ihn, er wartete auf ihn, er hat auf ihn gewartet, du
hattest auf ihn gewartet, du reitest, er reitet, er streitet sich mit ihr

372

5. [t] im Partizip Präsens

er berichtet laufend, es ist beruhigend, es ist aufregend, er berichtet
fortlaufend, er informiert uns laufend, du bist wütend, sie hebt be
teuernd die Hand, sie liegt schlafend im Bett, sie trinkt stehend Kaffee
er steht horchend an der Tür, sie ist anziehend, es ist packend, es ist
erquickend, es ist erdrückend

6. [t/t] an Wort- oder Silbengrenzen werden nur als ein Verschlußlaut
mit nur einer Lösung realisiert. Die Geminate ist zeitlich etwas länger
als ein einfacher Konsonant, sie ist stimmlos und mit großer Artiku
lationsenergie zu sprechen:

und Theo, der Wandteller, die Schandtat, etwas kundtun, er ist
tüchtig, mittrinken, er ist Traktorist, er ist Techniker, er ist Tank
wart, er ist Tourist, er trinkt Tee, es ist toll, er schreibt Tante Paul
einen Brief, er gibt Thea das Buch, er spielt Tennis, er spielt Tisch

344 tennis

3.4.3.3. Der stimmlose Lenis-Verschlußlaut [d̥]

[d̥]

Transkriptionszeichen und Schreibung

d̥]   für d in den entsprechenden Positionen

Positionen

d̥] wird im absoluten Anlaut (bei Redebeginn oder nach Sprechpausen) und nach den stimmlosen Lauten [p, t, k, f, s, ʃ, ç, x] gesprochen:

ob du, und du, sag doch, auf der, aus der, wisch die, ich denke, nach dir

Lautbeschreibung

Der stimmlose Lenis-Verschlußlaut [d̥] wird mit dem vorderen Zungenrand an der Grenze zwischen der oberen Zahnreihe und den Alveolen gebildet. Das Gaumensegel ist gehoben. Die Spannung ist sehr gering. Der Laut ist stimmlos. Der Laut ist mit den labialen Merkmalen des jeweiligen benachbarten akzentuierten Vokals zu sprechen.

Ableitung

A →

Der vordere Zungenrand kontaktiert locker mit der Artikulationsstelle, wobei das Gaumensegel gehoben werden muß, so daß kein akustisches Ergebnis hörbar wird. Nach der Verschlußlösung setzt die Stimme ein.

Abweichungen

1. Der Laut wird nach Sprechpausen (im Anlaut) oder nach [p, t, k, f, s, ʃ, ç, x] nicht stimmlos gesprochen, z. B. *das Dach* [das ˈd̥ax].
   Abhilfe: Hinweis auf die assimilatorisch begründete Stimmlosigkeit

2. Das [d̥] ist stimmhaft und beeinflußt regressiv den davorstehenden stimmlosen Konsonanten, so daß dieser zusätzlich stimmhaft wird, so klingt *das Dach* [d̥asˈd̥ax] z. B. wie [dazdax].
   Abhilfe: Hinweis auf die Regeln und auf die progressive (in Leserichtung gerichtete) Angleichung der Stimmlosigkeit

Das Übungsmaterial

1. [d̥] im Anlaut nach stimmlosen Konsonanten

373

   Hinweis: Beachten Sie bitte, daß [d] mit [d̥] wechseln kann und zwar in Abhängigkeit vom vorhergehenden Laut:
   in der – aus der [ɪn dɐ] – [aʊs d̥ɐ]

[f/d̥] sich aufdrängen, auf der Straße, auf die Straße, lauf doch, sie wartet auf dich, kauf das Kleid, schaff' das weg, auf dem Dach, auf das Dach, auf deiner Seite, schimpf doch nicht, schlaf doch, ruf doch an

[s/d̥] ein Ausdruck, eine Eisdecke, mit Ausdauer, aus Dresden, aus Dänemark, aus dem Ausland, das Dach, also bis dann, bis der, bis diese, als dein, als du, falls diese, ins Detail, ins Dunkle, muß das sein

[ʃ/d̥] eine Tischdecke, eine Fischdose, logisch denken, wisch das weg

[ç/d̥] ich denke, ich dachte, ich dehne es, ich decke es zu, ich diskutiere mit dir, wenn ich das sehe, etwas fachlich darlegen, etwas eifrig diskutieren, er will sich drücken

[x/d̥] der Buchdruck, mit Nachdruck, ganz nachdrücklich, sie ist nachdenklich, der Hochdruck, auch dann, auch der, auch dein, doch dann, doch diese, mach doch, ich brauch' das

[p/d̥] ab Dresden, ab Dessau, ab Dahlen, er muß es abdrehen

[k/d̥] wegdenken, sich wegdrehen, es lag daneben, er stieg darüber, schweig doch, frag doch mal, reg' dich nicht auf, schlag' doch ein

[t/d̥] **Hinweis:** Beim Aufeinandertreffen von [t] und [d] an der Wort- oder Silbengrenze wird nur ein (etwas längerer) stimmloser Lenis-Verschlußlaut [d] gesprochen.
mitdenken, mit der, mit dem, mit deinem, mit deinen, und das, und die, und dann, und du, und deine, er hat das, statt deiner, statt deines, stattdessen

Übungen im Satz

374 Die Milch, die Theo heute gekauft hat, ist doch sáuer.

das Öl, das – tranig; die Butter, die – ranzig; das Brot, das – schon alt, hart/von gestern; das Fleisch, das – grau; der Kaffee, den – überlagert; das Bier, das – trübe/vergoren

375 Das Schnitzel, das du heute gebraten hast, ist doch nicht dúrch.

die Suppe, die – gekocht – zu salzig; die Nudeln, die – gekocht – noch nicht weich; das Fleisch, das – gebraten – noch nicht weich; die Eier, die – gekocht – nicht gut; die Soße, die – zubereitet – viel zu schlecht gewürzt/viel zu scharf/viel zu dünn/viel zu fett; der Tomatensalat, den – gemacht – viel zu scharf/viel zu pfeffrig/viel zu salzig

376 Die Tomaten, die du heute in der Markthalle gekauft hast, sind wirklich vorzüglich.

die Äpfel, die – sind saftig/schmackhaft/sehen gut aus; die Wurst, die – sieht wirklich gut aus/schmeckt sehr gut/schmeckt ausgezeichnet;

der Käse, den – ist würzig; das Brot, das – ist tatsächlich ganz frisch;
die Erdbeeren/die Himbeeren/die Johannisbeeren/die Stachelbeeren/
die Heidelbeeren, die – schmecken sehr gut/sehen gut aus/sind schon
überreif/müssen sofort gegessen werden/müssen sofort eingekocht werden

Und dann kannst du noch ein paar von den Äpfeln mitbringen, die so
schön rótbäckig sind.

377

ein paar von den Birnen – saftig sind; ein Kilo von den Kirschen –
überaus süß schmecken; ein Pfund von den Stachelbeeren – sauer sind;
von den Erdbeeren – groß sind; ein Kilo von den Pflaumen – saftig
waren; anderthalb Pfund von den Pfirsichen – überaus saftig waren;
ein paar von den Tomaten – fest waren; ein paar von den kleinen Gurken – gut geschmeckt haben

8.4.4. Die velaren Verschlußlaute [g], [k], [g̊]
8.4.4.1. Der stimmhafte Lenis-Verschlußlaut *g*

[g]

Transkriptionszeichen und Schreibung

[g]   für g, gg in den entsprechenden Positionen

Positionen

[g] wird gesprochen bei *g* im Wort- und Silbenanlaut nach stimmhaften
Lauten (Vokalen, Diphthongen, [m, n, ŋ, l, ʁ, ɐ̯], z. B. sehr gut.
[g] wird artikuliert bei *g* in konsonantischen Folgen im Silben- und
Wortanlaut nach stimmhaften Lauten, z. B. *gl* (ein Glas), *gr* (sehr grau),
gn (die Gnade).
[g] wird gesprochen bei *gg* an Silbengrenzen im Wortinneren (wenn es
Bestandteil des Basismorphéms ist), z. B. Egge.
[g] wird bei *g* im Silbenauslaut vor [l, ʁ, n] realisiert, z. B. Segler.

Lautbeschreibung

Die Verschlußstelle von [g] (wie auch die von [k]) ist deutlich abhängig
von dem benachbarten akzentuierten Vokal. So liegt die Verschlußstelle nach [i:] noch im palatalen Bereich, während sie nach [u:] eindeutig palatal ist. Als artikulierendes Organ fungiert in den jeweiligen
Fällen derjenige dorsale Abschnitt, der der entsprechenden Artikulationsstelle gegenüberliegt. Der Zahnreihenabstand und die Lippenform
richten sich ebenfalls nach dem jeweiligen benachbarten akzentuierten

347

Vokal. Das Gaumensegel ist gehoben, und der Laut ist (nach den obigen Bedingungen) stimmhaft zu sprechen. Seine Artikulationsspannung ist klein.

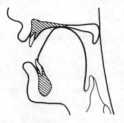

Abb. 38

A → von [x]

Ableitung von [x]

1. [x] wird gebildet und stark überdehnt. Nunmehr ist der hintere Zungenrücken, an dem das Reibegeräusch entsteht, langsam dem Velum zu nähern, bis die Phonation unterbrochen wird und der Verschluß hergestellt ist.
2. Die Lautdauer für stimmhaftes *g* wird nur sehr kurz sein können, weil der Stauraum (in den Resonanzhöhlen) für den Phonationsstrom relativ klein ist. Daher sollte die Artikulationsgeschwindigkeit schrittweise zunehmen und schließlich die Verschlußstelle in Richtung auf einen Vokal wieder gelöst werden.

Abweichungen

1. Verlust der Stimmhaftigkeit
   Abhilfe: Hinweis auf die Regeln und auf die lautnachbarschaftlich bedingte Stimmhaftigkeit
2. ungenügender Verschluß, das [g] klingt wie [γ]
   Abhilfe: Wiederholung der Ableitung

Das Übungsmaterial

378

1. [g] im Silbenanlaut zwischen Vokalen

   Hinweis: Bitte beachten Sie, daß die Lippenrundung des akzentuierten Vokals im vorhergehenden Konsonanten aufgebaut werden muß und erst im nachfolgenden abgebaut werden darf.

   u eine Kugel, meine Jugend, wirklich jugendlich, sehr tugendhaft
   o der Roggen, eine Dogge, sie folgen ihm, die Schlußfolgerung
   ö sie mögen es nicht, sie benötigen es
   ü eine Lüge, sie lügen, ein Flügel, viel klüger
   i sie liegen da, ein Spiegel, eine Ziege, der Ziegel, eine Wiege

e	seinetwegen, sie segeln, ein Segel, sehr abwegig
ä	eine Säge, sie sägen es ab, viele Nägel, eine Schräge
a	sie tragen es, sie schlagen es vor, sie beklagen sich, sie sagen es
ei	sie zeigen es, wirklich feige, sie schweigen, sie weigern sich
au	sie saugen, sie taugen nichts, der Taugenichts
eu	sie säugen, sie beugen sich, sie verbeugen sich

2. [g] im Anlaut nach stimmhaften Lauten   **379**

ein Graben, eine Gabel, ein Glas, viele Gläser, sehr gastlich, meine
Gäste, sehr groß, am größten, ein Gürtel, der Grill, das Feuer glimmt
noch, ein Geldstück, sie gähnen, im Garten, sehr glatt, viel glatter,
am glattesten, ein Geiger, ein Gaukler;
die Umgebung, sie muß umgraben, das ist ungut, sie ist ungastlich,
das ist ungesund, sie kommt ungebeten, ein Angeber, es ist hellgelb,
vergiß es, sie begreift es, sie begegnen sich, die Begegnung

3. [g] im Auslaut vor [l, ʀ, n]   **380**

Hinweis: In einigen Wörtern wird die Auslautverhärtung von *g* aufgehoben. Das gilt für folgende Wörter:

-ler   der Regler/Aufwiegler/Kegler/Segler/Gebirgler/Nörgler/
       Nachzügler/Schmuggler
-ner   der Gegner/Eigner/Leugner/Lügner, Wagner
-nen   sich begegnen, regnen, es regnet, segnen, aneignen, enteignen,
       leugnen

Hinweis:
Der Verlust der Auslautverhärtung wird in allen Ableitungen von
diesen Wörtern aufrechterhalten; eine Ausnahme bilden Wörter auf
-*nis*: erei*gnen* [~ gnən] → Erei*gnis* [~ ˈaeknɪs]

8.4.4.2. Der stimmlose Fortis-Verschlußlaut *k*   [k]

Transkriptionszeichen und Schreibung

[k]   für k, čk, ch, c, qu, x, g, gg in den entsprechenden Posi-
             tionen

Positionen

[k] wird gesprochen bei:
k in allen Positionen: Kunst, Haken, Kiosk, *kn* (Knie)
kl (klein), *kr* (Kragen)   349

ck im In- und Auslaut: locken, hackt, Sack
ch vor *o, u, l, r*: Chor, Chur, Chlor, Chrom

Hinweis: Beachten Sie bitte, daß *ch* auch als [ç, x, ʃ, tʃ] realisiert werden kann.

ch vor *s*: Dachs, Wachs, Fuchs (als Bestandteil des Basismorphems)
c vor *o, u, l, r, ou*: Combo, Cumulus, Clara, Credo, Couch
qu in [kv]: Quark, quetschen, Quote
x in [ks] in allen Positionen: Xaver, Hexe, Styx
g und *gg* im Wort und Silbenauslaut, auch wenn noch weitere Konsonanten folgen: Tag, liegt, flaggt, **aber:** Finales *g* vor *i* wird wie [ç] gesprochen: wen*ig* [veːnɪç].

Lautbeschreibung

Die Verschlußstelle ist wie bei [g] vom Vokal abhängig, liegt aber in der Regel im velaren Bereich. [k] wird wie [g] gebildet, jedoch stimmlos und mit größerer Artikulationsenergie. Die Lippenform und der Zahnreihenabstand richten sich nach dem akzentuierten Vokal. [k] kann behaucht sein (vgl. dazu 8.4.1., S. 332).

A ⟶ **Ableitung von** [x]

von [x]

Durch Annäherung der Hinterzunge an den Weichgaumen bis zur Verschlußbildung kann von [x] ausgehend der Laut abgeleitet werden. Die Verschlußintensität sollte groß sein.

Abweichungen

1. [k] wird als velarer Reibelaut [x] gesprochen.
   Abhilfe: Ableitung von [g] oder [ŋ] mit Hinweis auf den vollständigen Verschluß, die große Artikulationsenergie und die Behauchung
2. Fehlende Auslautverhärtung bei Schreibung *g* oder *gg*
   Abhilfe: Hinweis auf die Regeln
3. Nicht adäquate Interpretation der Grapheme *ch, ck*
   Abhilfe: Hinweis auf die Regeln

Das Übungsmaterial

381

1. [k] im Anlaut

   u der Kuchen, sehr kurz, der Kuß, ein Kunde, die Cumuluswolke
   o der Koch, viel Kohle, ein Kollege, der Code, das Chlor
   ö viele Chöre, sehr köstlich, sie können es, eine Köchin

ü	eine Kür, wirklich kühl, sehr kühn, kümmerlich, der Künstler
i	eine Kirche, eine Kirsche, das Kissen, das Kinn
e	eine Kerze, sie kämmt sich, der Kleber
ä	der Käse, viele Kähne, wenn sie es doch bekäme
a	sehr kahl, eine Kasse, der Kran, die Qualität, die Qual
ei	ein Stück Kreide, der Kreis, der Kreisel, ein Kleid, sehr kleidsam
au	eine Couch, der Kauf, sie kauft es, das Kraut
eu	eine Keule, wirklich keusch, sie keucht, der Keuchhusten

2. [k] im Auslaut bei Schreibung *g*, *ck*, *k*   **382**

u	der Rucksack, der Druck, sie trug es, der Flug, das Flugzeug
o	der Rock, der Schock, sie log, es flog davon, der Trog
i	die Brigg, ein Trick, wirklich schick (chic), sie hat gesiegt
e	am Reck, sie erschreckt ihn, ein Fleck, ein Steg, sie läuft weg, wirklich zwecklos, auf dem Berg, das Werk, zeig's ihm
a	der Frack, sag's ihr, der Lack, der Betrag, der Verlag

3. [k] bei Schreibung *chs* und *x* als [ks]   **383**

von großem Wuchs, Augen wie ein Luchs, ein schlauer Fuchs, die Buchse, sechs Büchsen (aber: sechzehn [ˈzɛçtseːn], das Wachs, ein Gewächs, das Flachs, der Lachs, der Dachs, in Sachsen, sie wachsen dort, eine Echse, eine Achse, eine Hexe, in Mexiko, ein Taxi, eine Axt, hallo Max

4. [k] für *ck* und *k* im Inlaut und Auslaut   **384**

u	sie drucken es, eine Luke, sie zuckt zusammen, sie verschluckt sich
o	ein Hocker, viele Locken, es ist verlockend, die Schneeflocken, eine Verkehrsstockung
ü	ein Küken, eine Zahnlücke, sie pflücken Obst, sie ist unglücklich, es ist entzückend
i	sie schickt es ab, sie blickt sich um, die Uhr tickt
ä	sie häkelt, sie räkelt sich, ganz fleckig, sie deckt sich zu, der Bäcker, der Klecks
a	der Haken, der Lack, eine Jacke, ein Dackel, eine Fackel, der Balken

5. [k] in der Folge [ŋk] und [nk]   **385**

Hinweis: Beachten Sie bitte, daß immer dann [nk] gesprochen wird, wenn zwischen *n* und *k* eine Morphemgrenze verläuft, z. B. ankommen, Ankunft, drankommen, einkehren
In allen anderen Fällen wird [ŋk] gesprochen.   351

ankommen, ankleiden, Ankunft, anklagen, das Einkommen, einkehren, einkochen, wirklich unklar, ganz unkenntlich, das Unkraut, die Unkenntnis, die Unkosten

[ŋk] im Funk, sie hat es getrunken, der Schinken, sie ist wirklich flink, sie winkt ihm zu, ein Geschenk, ganz nachdenklich, eine Schranke, sie ist sehr schlank, im Tank, sie tankt gerade

386 6. [k/k] an Wort- oder Silbengrenzen wird als nur ein Verschlußlaut gesprochen. Er ist zeitlich etwas länger als ein einfacher Konsonant, ist stimmlos und wird mit großer Artikulationsenergie gesprochen:

sag' Karin, er trank Kakao, er trank Kaffee

[g̊] ## 8.4.4.3. Der stimmlose Lenis-Verschlußlaut [g̊]

Transkriptionszeichen und Schreibung

[g̊]　　　　　für g in den entsprechenden Positionen

Positionen

[g̊] wird gesprochen bei *g* im Silben- und Wortanlaut nach Sprechpause und nach [p, t, k, f, s, ʃ, ç, x]: z. B. abgehen, ab Gera, und geht, mitgehen, sag Gerda, weggehen, aufgehen, muß gehen, falsch gehen, ich gehe, nachgehen

Lautbeschreibung

Der Laut wird wie [g̊] artikuliert, jedoch ohne Stimmbeteiligung. Die Artikulationsspannung ist ebenfalls klein.

Abweichungen

Häufig wird [g̊] mit Stimmbeteiligung gesprochen, sehr oft auch der stimmlose Laut davor: *es geht* [ɛsˈg̊eːt] wird z. B. zu [ɛzˈgeːt].
Abhilfe: Hinweis auf die Auslautverhärtung und auf die progressive Assimilation

Das Übungsmaterial

387 [g̊] im Wort- und Silbenanlaut nach stimmlosen Konsonanten

[f/g̊] die Sonne wird aufgehen, sie will aufgeben, sie will es aufgreifen, eine Aufgabe lösen, sie will hinaufgehen, es kann schiefgehen, sie

wird aufgenommen, sie ist aufgeregt, auf gar keinen Fall, schlaf
gut

[s/ɡ̊] sie will ausgehen, der Ausgang, sie hat alles ausgegeben, sie wird
ausgelacht, sie ist sehr ausgelassen, das Geld, das Gerät, das Gas,
das Gericht, aus Gera, ich muß gehen, ins Gesicht, wenn's geht,
mach's gut

[ʃ/ɡ̊] der Kirschgarten, das Hirschgeweih, das Mischgemüse, sie ist
neidisch geworden, sie hat das Fleisch gebraten, sie hat den Fisch
gegessen, sie hat Deutsch gelernt

[ç/ɡ̊] sie ist hindurchgegangen, sie hat es durchgelesen, der Durchgang,
sie hat es durchgegeben, sie ist plötzlich gekommen, sie ist glücklich gewesen, ich gehe jetzt, sie hat sich gewundert, sie hat sich
geändert, ihr habt euch gesehen

[p/ɡ̊] sie will es abgeben, die Abgabe, ein Abgeordneter, sehr ab-
geschieden, sie hat abgeraten, sie hat es abgegeben/abgeschrie-
ben/abgelesen/abgesagt, sie hat Urlaub gehabt

[t/ɡ̊] sie will mitgehen, es ist gut gelungen, sie hat laut gesprochen, es
ist kaputtgegangen, sie hat Angst gehabt/Durst gehabt/den
Konflikt gelöst/keinen Grund gehabt/ein Kleid gekauft/ein Lied
gesungen/ein Bad genommen

[k/ɡ̊] **Hinweis:** Berücksichtigen Sie bitte, daß für diese Segmentfolge
nur ein Verschluß zu realisieren ist, der mit geringer Artikulationsenergie und ohne Stimmbeteiligung gesprochen werden
muß.
sie will weggehen, mein Weggefährte, sie hat ein Stück geschrieben, sie ist ins Werk gefahren, sie ist krank geworden, sie hat den
Blutdruck gemessen, sie hat einen Flug gebucht, sie haben den
Sieg gefeiert, sie hat den richtigen Weg gefunden

Übungen im Satz

Hast du noch genug Geld, um den Fisch káufen zu können?   **388**
Sag mal, hast du noch genug Geld, um den Fisch káufen zu können? →
Ich guck' mal nach, ob ich noch genug Geld habe, um den Fisch káufen
zu können.

die Ölsardinen, den Karpfen, die Forellen, die grünen Heringe, die
Bücklinge, den Hecht, ein paar Bratheringe, etwas Lachs, etwas Kaviar,
ein paar marinierte Heringe, ein Stück geräucherten Heilbutt, ein Stück
Räucheraal, etwas Dorsch, ein paar Rollmöpse, etwas Fischfilet, etwas
Fisch zum Braten, etwas Fisch zum Kochen, ein paar Salzheringe

Hast du auch schon gemerkt/mitbekommen/geschen/gewußt/gehört,   **389**
daß die Gurken seit gestern bílliger sind (ist)?

die Kartoffeln, die Kohlrabis, der Weißkohl, der Rotkohl, der Kopf-
salat, der Blumenkohl, der Spargel, der Kürbis, der Rhabarber, die

Rettiche, die Radieschen, die Bohnen, die Möhren, die Tomaten, der Porree, die Zwiebeln

390 Ein Kilo Gurken kostet seit gestern nur noch drei Mark dreißig (Pfennige).

Hinweis: Beachten Sie bitte, daß *g* nach *i* als [ç] gesprochen werden muß, z. B. dreiß*ig* ['dra̯ɛsıç]. Das gilt auch für „dreiß*ig* Pfenn*ig*".

ein Kohlrabi – 50 Pfg, eine Staude Salat – 80 Pfg, ein Blumenkohl – 90 Pfg, ein Bund Möhren – 2 Mark, ein Bund Suppengrün – 25 Pfg

391 Du kannst damit rechnen, daß die Gurken morgen um 30 Pfennige bílliger sind/(ist).

Karl hat gesagt, daß die Gurken seit gestern (um) dreißig Pfennige bílliger sind/(ist).

die Kartoffeln – um die Hälfte, die Kohlrabis – um 20 Pfg das Stück, der Rotkohl je Kopf – 20 Pfg, das Weißkraut – um 20 Pfg je Kopf

8.5. Die Reibelaute

8.5.1. Die labio-dentalen Reibelaute [v], [f], [ɣ]

[v] #### 8.5.1.1. Der stimmhafte Lenis-Reibelaut *v*

Transkriptionszeichen und Schreibung

[v]   für v, w, ww in den entsprechenden Positionen

Positionen

[v] wird bei *v* im Wort- und Silbenanlaut nach stimmhaften Lauten (Vokalen, Diphthongen und nach [m, n, ŋ, l, ʁ, ɐ]) gesprochen: die Vase, aktive Leute, **aber:** In den Segmentfolgen *ver*- und *vor*(-) wird das *v* nicht als [v] artikuliert.
[v] wird bei *w* im Wort- und Silbenanlaut nach stimmhaften Lauten (Vokalen, Diphthongen, [m, n, ŋ, l, ʁ, ɐ]) gesprochen: im Wasser, der Löwe
[v] steht bei *ww* im Wortinneren als Bestandteil des Basismorphems: struwweln

Lautbeschreibung

Die Unterlippe liegt locker mit der Innenseite an der Unterkante der oberen Schneidezähne an, so daß eine Enge gebildet wird, an der kein Reibegeräusch entsteht. Der vordere Zungenrand liegt an den unteren

Schneidezähnen, und das Gaumensegel ist gehoben. Der Laut ist stimmhaft, die Artikulationsspannung klein. Die Lippen übernehmen die Rundung und Vorstülpung des jeweiligen benachbarten akzentuierten Vokals.

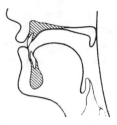

Abb. 39

Ableitung

A ⟶
aus der
Ruhelage

Aus der Ruhelage der Artikulationsorgane wird durch leichtes Absenken des mittleren Teiles der Unterlippe an die Unterkante der oberen Schneidezähne eine Enge gebildet, durch die der Phonationsstrom fließen kann. Die Artikulationsenergie muß klein sein. Am Kehlkopf sollte die Stimmhaftigkeit überprüft werden.

Abweichungen

1. Statt [v] wird ein bilabialer Reibelaut [w] gebildet.

   Abhilfe: Anwendung der Ableitung

2. Statt [v] wird der Semivokal [w] gesprochen.

   Abhilfe: Hinweis auf das für diesen Laut typische Reibegeräusch, das nur durch den Kontakt zwischen Unterlippe und oberer Zahnreihe entsteht.

Das Übungsmaterial

1. [v] im Silbenanlaut im Wortinneren

   392

   ein Löwe, eine Löwin, eine Möwe, meine Initiative, eine Lokomotive, sein Pullover, drei Kollektive, zwei Aktive, drei Negative, in den Archiven, eine Olive, eine Oktave, in der Kurve, zwei Salven, viel Pulver

2. [v] im Anlaut nach stimmhaften Lauten

   393

   Hinweis: [v] ist mit der Lippenartikulation des jeweiligen Vokals zu artikulieren.

   u   eine Wurzel, ein Wurf, eine Wunde, sie wundern sich
   o   eine Woche, viele Wolken, sie wollte es nicht, in der Wohnung, wohin, wodurch

ö	einmal wöchentlich, vier Wörter, ganz wörtlich, stark bewölkt
ü	viele Wünsche, sie wüßte es gern, ganz verwüstet, zwei Würfel, sie würfeln noch
i	sehr wirksam, ja wirklich, seine Wirtin, auf der Wiese, sehr witzig, sehr windig
e	von großem Wert, die Welt, sie wechseln es, sehr wenig
ä	sie bewährt sich, eine Währung, während
a	mein Wagen, sie wagt es, sie wartet auf ihn, sie war im Wald
ei	sie weint, sie weiß es doch schon, sie weigert sich, sehr reich, ein weiter Weg

[f]

8.5.1.2. Der stimmlose Fortis-Reibelaut *f*

Transkriptionszeichen und Schreibung

[f]   für f, ph, ff, v und als Bestandteil von pf in den entsprechenden Positionen

Positionen

[f] wird gesprochen bei:
f und *ph* in allen Positionen: für, Tafel, Hof, kauft, Philologie, graphisch, Epitaph
ff an Silbengrenzen oder als finalem Bestandteil eines Basismorphems: auffallen, schaffen, Schiff
v im Silbenauslaut, auch wenn noch weitere Konsonanten folgen: aktiv, positiv, hievt
v im Silbenanlaut in den Konstituenten *ver-* und *vor-*, in der Präposition *vor* und in einigen Ausnahmen
f als Bestandteil der Folge *pf* in allen Positionen: Pferd, Hopfen, Topf (vgl. auch S. 358)

Lautbeschreibung

[f] wird wie [v] gesprochen, jedoch mit größerer Artikulationsspannung und mit einem stärkeren Reibegeräusch. Auch im [f] ist die Lippen-rundung und -stülpung vom jeweiligen benachbarten akzentuierten Vokal zu übernehmen. Der Laut ist stimmlos.

A →

aus der Ruhelage

Ableitung

Aus der Ruhelage der Artikulationsorgane wird durch leichtes Absenken der innere Rand der Unterlippe an die Schneiden der oberen Frontzähne geführt, so daß der Ausatmungsstrom an dieser Stelle ein Reibegeräusch verursacht. Zur Unterstützung kann die Oberlippe leicht von den Zähnen abgehoben werden.

Abweichungen

1. Falsche Graphemimterpretation. Bei Schreibung *v* wird [v] gesprochen.
   Abhilfe: Hinweis auf die Regeln
2. Bei Schreibung *ph* wird [p] gesprochen.
   Abhilfe: Hinweis auf die Regeln bei gleichzeitiger Kontrastierung von *th* und *kh*: Theater [te'ɑ:tɐ] – Khan [kɑ:n]
3. Bei Ortsnamen und Familiennamen auf *-ow* wird [ɔf] oder [ɔv] gesprochen.
   Abhilfe: Es ist zu erklären, daß norddeutsche Namen auf *-ow* nur auf [-o:] enden. Das *w* bleibt stumm, z. B. Malchow ['malço:], Züssow ['tsyso:].

Das Übungsmaterial

1. [f] im Anlaut   **394**

   a   sie fahren weg, ein Fahrer, eine Fahne, viel Farbe, sie fangen an, wirklich phantastisch, sie phantasiert, viel Phantasie
   ä   eine Fähre, sie fährt weg, sehr gefährlich
   e   sehr fett, sehr fest, sehr festlich, der Fremde, sehr frech, es fehlt etwas, ein Befehl, das Phenol, sie verläßt ihn, sie verletzt ihn
   i   sehr viel, um vier, ein Fisch, ein Fischer, sehr frisch, ganz finster, der Farbfilm
   ü   drei Füchse, eine Führung, sie fürchtet sich, sie fühlt es, fünf
   ö   viele Vögel, viele Völker, der Förster
   o   sie fährt vor, sie fährt vorbei, sie fährt voraus, sie ist vollkommen frisch, sie vollendet es, sie folgen ihr, die Phonetik, das Phonem, die Phonologie
   u   ein Fuchs, ein Funke, im Funk, ein Fußmarsch, im Fluß, die Flucht
   ei sie feiern heute, der Feigling, sehr fein, die Freiheit
   au sehr faul, eine Faust, der Wind faucht, meine Frau
   eu das Feuer, sie feuern Salut, die Fäulnis, die Fäule

2. [f] im Inlaut und Auslaut   **395**

   a   ein Affe, eine Waffe, viel Kaffee, eine Tafel, ganz schlaff, die Biographie, die Geographie, wirklich brav, sie hat geschlafen, der Schlaf
   ä   der Käfer, der Schäfer, ein Schäfchen, der Hund kläfft   357

e	der Chef, ein Heft, sie treffen sich, ganz trefflich
i	ein Griff, das Schiff, der Brief, sehr tief, eine Ziffer, sie hilft ihm, die Hilfe, sehr aktiv, sehr positiv
ü	sie tüftelt, die Hüfte, unsere Einkünfte, zünftig
ö	hoffentlich öfter, das Gehöft, sie öffnet es, der Schöffe
o	im Hof, sehr schroff, ein feiner Stoff, hoffentlich, ganz offen
u	der Ruf, sie ruft ihn an, eine Stufe, ganz muffig, ganz luftig
ei	ganz reif, sehr steif, voller Eifer, sie ist eifersüchtig, der Reifen, die Seife, das gestreifte Kleid
au	ein Haufen, sie kauft es, sie muß laufen, eine Schaufel, sie läuft hinauf
eu	ein Käufer, ein Läufer, wiklich häufig, sie seufzt, der Seufzer

3. Ausnahmen: *v* wird als [f] gesprochen

mein Vater, väterlich, das Veilchen, mein Freund Veit, verlassen, sie verläßt ihn, sie verschreibt sich, ein Versehen, das Vorkommnis, die Vesper, mein Vetter Klaus, unser Vieh, sehr viel, sehr vielgestaltig, vier, vierundvierzig, das Viereck, ein Viertel, viele Vögel, der Vogt, das Volk, die Völker, wirklich voll, vollkommen, von ihm, vom Hof, vom Dach, voran, vorüber, vor der Tür, vor dem Haus, sie setzt es voraus, sie geht vorbei, das Vorbild, im Vordergrund, vorerst, der Vorgesetzte

4. *v* in Abkürzungen als [fau̯]

VEB [fau̯/eː ˈbeː], MVR [ɛmfau̯ˈɛɐ], VVB [fau̯fau̯ˈbeː], SV [ɛsˈfau̯]

5. [f/f] wird an Wort- oder Silbengrenzen nur als ein Reibelaut gesprochen, jedoch zeitlich etwas länger als ein einfacher Konsonant. Die Geminate ist stimmlos und mit großer Artikulationsenergie zu sprechen: auffällig, auffallend, straffällig, aufforsten, auffordern, auffrischen, auffinden

[pf] 8.5.1.3. Die Affrikate *pf*

Transkriptionszeichen und Schreibung

[pf]   für pf

Positionen

pf wird in allen Positionen als [pf] gesprochen: das Pferd, der Apfel, der Topf

Lautbeschreibung

Die Affrikate besteht aus [p] und [f], die unmittelbar miteinander verbunden sind, so daß die Öffnungsphase von [p] direkt auf das [f] übergeht. Es darf weder ein Sproßvokal noch eine Behauchung hörbar werden. Nach der stimmlosen Verschlußphase des [p] wird die Unterlippe (bei einer geringfügigen Senkung des Unterkiefers) an die Schneiden der oberen Zahnreihe gesetzt, wobei der Luftstrom in der Mitte beim Passieren der Enge das für [f] typische Reibegeräusch erzeugt. Der vordere Zungenrand liegt an den unteren Schneidezähnen. Das Gaumensegel ist gehoben. [pf] ist mit der größten Artikulationsenergie zu sprechen und ist in beiden Segmenten stimmlos.

Ableitung

A ⟶

1. Artikulationseinstellung von [p] ohne Verschlußlösung
2. Leichter Ausatmungsstau nach dem noch immer bilabialen Verschluß
3. Gleichzeitiges Abheben der Oberlippe beim leichten Absenken des Unterkiefers, wobei diese letzte Bewegung nur so groß sein darf, daß die Unterlippe leicht zurückgezogen die Schneiden der oberen Zahnreihe erreichen kann

Abweichungen

1. [pf] wird ohne Verschluß gebildet: [pfant] klingt wie [fant]

    Abhilfe: Es muß auf die enge Verbindung des Reibelautes mit dem vorausgehenden Verschlußlaut verwiesen werden. Hilfreich ist nicht selten die synthetische Bildung, indem finales [p] mit initialem [f] gekoppelt wird: ab Freital [apˈfʁaetaːl]

2. Die beiden Laute werden durch einen Sproßvokal getrennt: [pfant] klingt wie [pəfant]

    Abhilfe: Während der überlangen Artikulation von [p] ist die Unterlippe langsam unter die oberen Schneidezähne zu ziehen. Die Exspiration sollte beginnen, bevor sich die Lippen voneinander lösen, so daß [pf] ohne einen Sproßvokal entsteht.

Das Übungsmaterial

1. Wiederholung der Ableitung

2. [pf] im Auslaut von Wörtern

    ein Topf, ein Zopf, auf dem Kopf, ein blonder Schopf, ein Geschöpf, im Napf, beim Kampf, viel Dampf, im Sumpf, am Rumpf

    Hinweis: Die Artikulationsschwierigkeit steigt, wenn der Folge [pf]

397

weitere Flexionsmorpheme konsonantischer Art [t, st] angehängt werden. Dabei darf auf keinen Fall ein Sproßvokal zu hören sein.

sie klopft an die Tür, du klopfst den Teppich, du kämpfst dafür, sie hüpft im Takt, du hüpfst im Takt, du schöpfst Wasser, es verdampft, du trumpfst auf, du beschimpfst ihn, dämpft die Lautstärke(!), du rümpfst die Nase, es tropft noch, du schlüpfst hinein, warum schimpfst du denn(?)

398 3. [pf] im Inlaut

sie betupfen die Wunde, ein Tupfer, sie rupfen das Huhn, sie hüpfen ein wenig, sie hat Schnupfen, der Karpfen schmeckt sehr gut, sie stopfen das Loch, sie knüpfen ein Netz, jeweils zwanzig Tropfen, sie verkrampfen sich ja, viele Eiszapfen, eine kupferne Münze, auf dem Gipfel, in den Wipfeln der Bäume, sie trumpfen auf

399 4. [pf] im Anlaut

zwei Pfirsiche, viele Pfifferlinge, zu Pfingsten, wirklich pfiffig, ein Pfarrer, ein Pfand, auf dem Pfad, am Pfahl, viel Pfeffer, auf dem Pferd, sie pflegt ihn, in der Pfütze, beim Pförtner, zwei Pfund Pfirsiche, sie pflücken Kirschen, sie pflügen den Acker, sie schröpfen ihn

400 5. [pf] als Wort- bzw. Silbengrenzaffrikate

sie müssen abfahren, Abfahrt 2.20 Uhr, das ist Abfall, sie sollen es abfüllen, sie müssen sich damit abfinden, es wird bald abfließen, ab Freitag, ab vorgestern, knapp vorbei, halbvoll, ab Frankfurt, ab Freital

[v̥] **8.5.1.4. Der stimmlose Lenis-Reibelaut [v̥]**

Transkriptionszeichen und Schreibung

[v̥]   für v, w, u in den entsprechenden Positionen

Positionen

[v̥] wird gesprochen bei *v* und *w* nach stimmlosen Lauten [p, t, k, f, s, ʃ, ç, x]: abwarten, Kraftwagen, wegwischen, aufwaschen, ausweichen, wisch weg, ich warte, noch was(?)
[v̥] wird gesprochen bei *w* in *zw* [tsv̥]: zwei, zwanzig, Zwerg
360   [v̥] wird artikuliert für *u* in *qu* [kv̥]: Qual, Quirl, Sequenz

Lautbeschreibung

[v̥] ist wie [v] zu bilden, jedoch mit geringerer Artikulationsenergie und ohne Stimmton.

Ableitung

Ableitung wie bei [v], jedoch ohne Stimmton

A ⟶

Abweichungen

1. Der Laut bleibt oft stimmhaft und wird zusätzlich noch gedehnt, weil zwischen vorhergehendem Laut und [v̥] pausiert und daher [v] neu eingesetzt wird.

   Abhilfe: Es ist auf den koartikulatorischen Einfluß des vorhergehenden Konsonanten hinzuweisen und darauf, daß die Folge an der Wort- oder an der Silbengrenze ohne Pause zu sprechen ist.

2. Der Laut wird stimmhaft gesprochen und zusätzlich auch noch der vorhergehende Konsonant. Das führt dazu, daß die Wort- bzw. Silbengrenze nicht mehr deutlich zu erkennen ist.

   Abhilfe: Es sollten die Regeln zur Auslautverhärtung und die damit verbundenen Grundsätze der progressiven Assimilation wiederholt werden.

Das Übungsmaterial

[v̥] im Anlaut nach stimmlosen Konsonanten

401

Hinweis:
Beachten Sie bitte, daß [v̥] und [v] einander ausschließen, da sie in komplementärer Verteilung stehen: *ich weiß* [ɪç'v̥aes] – *wir wissen* [v̥iɐ'vɪsn̩]

[p/v̥] ich will es abwenden, ich will es abwaschen, ich will es abwarten, ich werde es abweisen, ich will es auf Hans abwälzen, viel Abwechslung, es geht abwärts, nur Schreibwaren, im Laubwald, ab wann denn(?), ab Weimar, ab Wismar

[t/v̥] viel Rotwein, im Fahrtwind, ihr fahrt wohl weg(?), es geht weiter, er steht Wache, sie liest weiter, und wann denn, und wie denn, und woher denn, und warum denn, sie holt Wasser, sie kauft Wolle

[k/v̥] nicht wegwischen(!), nicht wegwerfen(!), ein Stockwerk höher, sie fährt rückwärts, im Blickwinkel, viel Tabakwaren, kein Trinkwasser, ein Tankwagen, sie will schlank werden, sie will nicht dick werden

[ky] im zweiten Quartal, eine hohe Qualifikation, sie qualifiziert sich, quasi, an der Quelle, so ein Quatsch(!), sie hat sich gequetscht, das Quiz, mit dem Quirl, die Bremsen quietschen

[x/y] nicht nachweisbar, unser Nachwuchs, eine Dachwohnung, sie fährt nach Weimar, mach doch weiter(!), nach welcher Seite(?), komm doch wieder(!), ach was(!), ach wo(!)

[ç/y] ich war weg, ich werde kommen, ich will es wissen, ich weiß es, ich werde mich waschen, ich werde mich weigern, ich will glücklich werden, ich will nun endlich vernünftig werden, das ist das Stichwort

[s/y] sie will mir ausweichen, sie muß sich ausweisen, mein Ausweis, an der Hauswand, große Auswirkungen, vergleichsweise gut, eine Flasche Weißwein, das Schlußwort, sie kommt aus Weimar, aus welchem Grund(?), es war spät, das war es wirklich nicht(!)

[tsy] zwingende Gründe, viel Zwirn, sie steht dazwischen, inzwischen wird sie kommen, viele Zwiebeln, nicht ohne Zweck, es ist zwecklos, ganz ohne Zwang, zwei und zwei, zweiundzwanzig

[ʃ/y] das Wischwasser, ein Tischwein, viel Mischwald, es soll realistisch wirken, eine Tauschwohnung

[ʃy] mit viel Schwung, eine Geschwulst, sie schwören es, eine Schwingung, mein Schwiegervater, mein Schwager, meine Schwägerin, viele Geschwister, sie schwitzt sehr, ihr ist schwindlig, sie schwimmt schnell, sehr schwach, sehr schwer, sie schweigt, ein Schweißer

[f/y] **Hinweis:** Beim Aufeinandertreffen von [f] und [y] wird nur ein etwas längerer Reibelaut mit der Tendenz zur stimmlosen Lenis realisiert.

sie will aufwaschen, der Aufwasch, sie wird aufwachen, viel Aufwand, es geht aufwärts, auf welche Weise, auf welcher Seite

Übungen im Satz

402 Wohin willst du eigentlich fähren? →

Ich wollte eigentlich am Freitag mit meinem Freund <u>nach Fréyburg</u> fahren.

nach Berlin, nach Thüringen, in den Harz, in die Sächsische Schweiz, in den Spreewald, an die Elbe, nach Weimar, nach Buchenwald, an die Küste, nach Schwerin, nach Mecklenburg, an die See, auf die „agra" nach Leipzig, auf die „iga" nach Erfurt

403 Was willst du denn ausgerechnet in Berlín? →

Ich wollte <u>mich dort ein wenig (etwas) úmsehen.</u>

mich dort ein wenig erholen, einen Einkaufsbummel machen, mich dort mit meiner Freundin treffen, dort bei meiner Schwester/meiner Schwä-

gerin/meinem · Schwager/meinen Schwiegereltern den Urlaub verbringen, dort in der Staatsbibliothek etwas für meine Arbeit tun, dort
etwas für meine Weiterbildung tun

Von wann bis wánn willst du an der Ostsee bleiben? →

404

Wir wollen wenigstens vom 2. bis zum 22. bleiben.

vom elften – fünfundzwanzigsten, vom vierten – fünfzehnten, vom
fünften – vierzehnten, vom 24. Juli – 5. August, vom 25. Juli – 11. August,
vom Mittwoch bis Freitag, vier Wochen, zwei bis drei Tage, übers
Wochenende

Weshalb wolltet ihr nicht länger bleiben? →

405

Wir wollten schon, aber es gefiel uns nicht mehr. Wir hatten keinen
Pfénnig mehr.

das Wetter war viel zu schlecht, es hat zu häufig geregnet, die Verpflegung
war alle, die Versorgungseinrichtungen wurden geschlossen, unsere
Freunde waren schon abgefahren

Was für einen Berúfswunsch hast du denn? →

406

Ich wollte schon immer Kráftfahrer werden.

Was ist denn eigentlich aus dir gewórden? →

Ich bin, wie ich vor vier Jahren schon wollte, Kráftfahrer geworden.

Lokführer, Busfahrer, Taxifahrer, Flugzeugführer, Philologe, Schriftsteller, Chauffeur, Filmvorführer, Filmschauspieler, Navigator auf einem
Frachtschiff, Baufacharbeiter, Facharbeiter für Schweißtechnik, Renn-
fahrer, Friseur, Fischer, Fotograf

8.5.2. Die dental-alveolaren Reibelaute [z], [s], [z̧]

8.5.2.1. Der stimmhafte Lenis-Reibelaut *s*   [z]

Transkriptionszeichen und Schreibung

[z]   für s in den entsprechenden Positionen

Positionen

[z] wird gesprochen, wenn *s* im Wort- oder Silbenanlaut nach stimmhaften Lauten (Vokalen, Nasalen, [m, n, ŋ, l, r, ɐ] steht: am See, ansehen

Hinweis:
Das gilt nicht für *s* in fremden Wörtern als Bestandteil von *st, sp, sh,*
sch, sl, sr, sm und *sn*.

363

Lautbeschreibung

Der vordere Zungenrand hat Kontakt mit den unteren Schneidezähnen, und der vordere Zungenrücken wölbt sich zu den oberen Schneidezähnen und zu den Alveolen auf, wobei sich eine Längsrinne bildet, da sich die seitlichen Zungenränder an die Backenzähne und an deren Alveolen legen. In der Längsrinne zwischen vorderem Zungenrücken, Schneidezähnen und Alveolen entsteht ein Reibegeräusch. Das Gaumensegel ist gehoben. Der Laut ist stimmhaft und mit geringer Artikulationsenergie zu sprechen.

Wir gehen von der dorsalen Bildungsweise aus, da sie sich am leichtesten nachvollziehen läßt.

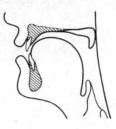

Abb. 40

A —→

von [t]

Ableitung von [t]

1. Artikulationseinstellung der dorsalen Form des [t], ohne den Verschluß vorerst zu lösen.
2. Geringfügiges Absenken des Unterkiefers. Die Zungenlage darf dabei nicht verändert werden, d. h., der vordere Zungenrand behält den Kontakt mit den unteren Schneidezähnen, der vordere Zungenrücken jedoch gibt den Kontakt mit den oberen Schneidezähnen und den Alveolen auf. Sobald dieser Kontakt aufgegeben worden ist, kann die Ausatmungsluft durch diese Enge gelangen und das Reibegeräusch erzeugen. Die Artikulationsspannung muß klein sein.

Abweichungen

1. [z] wird stimmlos gesprochen als [z̥]

   Abhilfe: Es ist auf den positionsbedingten Stimmton hinzuweisen, dessen Vorhandensein geprüft werden kann, indem man die Hand an den Kehlkopf hält.

2. [z] wird interdental gesprochen als [θ]

   Abhilfe: Diese Art „Lispeln" wird als fehlerhaft empfunden. Der Laut sollte erneut mit einer Ableitung erarbeitet werden.

364

1. [z] im Silbenanlaut nach stimmhaften Lauten

a	eine Vase, meine Nase, auf dem Rasen, ein Hase
ä	zwei Gläser, viel Käse, ein Fräser, sie fräsen es
e	sie lesen, der Leser, erlesene Speisen
i	der Nieselregen, eine Krise, auf der Wiese, in diesen Tagen
ü	eine Düse, ein Düsenflugzeug, viel Gemüse, eine Drüse
ö	sie sind böse, wir lösen die Aufgabe, die Lösung
o	eine Dose, ganz lose, in Prosa, eine Rose, rosa
u	eine Muse, sie schmusen, deine Bluse, der Busen
ei	wir reisen, wir verreisen, mit der Eisenbahn, wirklich leise
au	eine Brause, eine Klause, viele tausend, eine Pause
eu	drei Häuser, eine Reuse, eine Schleuse, drei Mäuse
l	der Felsen, eine Hülse, viele Hülsen, viele Felsen
m	wir bremsen, wir bremsen ab, eine Amsel
n	viele Fransen, eine Linse, wir kochen Linsen, hohe Zinsen
r	eine Ferse, eine Kontroverse, an der Börse

2. [z] im Wortanlaut nach stimmhaften Lauten

wir sammeln weiter, die Versammlung, im Sand, ein Satz, eine gute Salbe, nie sachlich, im Sack, beide sehen sich, sie sinken, sie setzen sich, im Süden, meine Söhne, im Sommer, in der Sonne, ein Solo, eine beträchtliche Summe

Hinweis:
Beachten Sie bitte, daß *s* aus Gründen der Flexion sehr häufig seine Position – bezogen auf die graphische Silbengrenze – ändert. Initial wird es (nach stimmhaften Lauten) als [z], final jedoch als [s] gesprochen: ra*s*en ['ra:zən] – ra*s*t [ra:st]

8.5.2.2. Der stimmlose Fortis-Reibelaut *s* [s]

Transkription und Schreibung

[s]	für s, ss, ß und
[s]	als Bestandteil der Laute *z, tz, c, x* in den entsprechenden Positionen

Positionen

[s] wird gesprochen bei *s* im Wort- und Silbenauslaut: das, dies, des, aus, Eis, lies(!)

[s] wird artikuliert bei *ss* im Wortinneren an Silbengrenzen: essen, wissen, sowie *ß* im Silbenanlaut (nur im Wortinneren) und im Silbenauslaut: Füße, er ißt, iß doch(!)

[s] wird realisiert bei *s* in Verbindung mit *t* nur im Wortinneren und im Wortauslaut: rasten, Kiste, Mist, Wurst, **aber:** *st* am Anfang von Silben und Wörtern wird als [ʃ] gesprochen: Stein [ʃta̲e̲n], Straße [ˈʃtrɑːsə]. Das gilt ebenfalls für *s* in Verbindung mit *p* am Silben- und Wortanfang: *S*prache [ˈʃprɑːxə]

[s] wird bei *z* als [ts] in allen Positionen gesprochen: Zeit [tsa̲e̲t], Brezel [ˈbreːtsəl], Reiz [ra̲e̲ts]

[s] erscheint auch bei *tz* als [ts] im In- und im Auslaut: blitzen [ˈblɪtsn̩], Satz [z̲ats]

[s] erscheint bei *c* ebenfalls als [ts], und zwar vor *ä, e* (aus lat. und engl. Wörtern), *i*: Cäsar, Celsius, Cigarre

[s] erscheint bei *x* als [ks] in allen Positionen, Xaver, Hexe, Styx

Hinweis:

Beachten Sie bitte, daß *s* in einigen Graphemfolgen enthalten ist, jedoch mit [s] nichts zu tun hat: *sch* als [ʃ] in Schule, als [sç] in Häschen, für *sh* im Anlaut als [ʃ] oder [ʒ].

Hinweis:

Beachten Sie bitte, daß *s* in Abhängigkeit von der Position in der graphischen Silbe als [s] oder [z] zu sprechen ist.

Lautbeschreibung

[s] ist wie [z] zu bilden, jedoch ohne Stimmton und mit einem stärkeren Reibegeräusch, was auf eine größere Artikulationsspannung zurückzuführen ist.

A ⟶ **Ableitung**

Es kann die Ableitung für [z] benutzt werden, jedoch muß der Stimmton entfallen und das Reibegeräusch sollte intensiver sein.

Abweichungen

1. Nichtberücksichtigung der Auslautverhärtung von *s*, wenn es im finalen Bereich einer graphischen Silbe steht.

   Abhilfe: Hinweis auf die positionsbedingte Auslautverhärtung von *s* als [s]. [s] und [z] stehen in komplementärer Verteilung, d. h., daß sie einander ausschließen. [z] steht nur initial nach stimmhaften Lauten.

2. *ss* wird als [z] gesprochen: Passagier [pasaˈʒiːɐ] klingt wie [pazaˈʒiːɐ].

Abhilfe: *ss* ist immer als stimmlose Fortis zu sprechen und zudem als Silbengrenzgeminate erklärbar.

3. *s* in finaler Position wird vor stimmhaften Lauten (Vokalen ...) lenisiert und mit Stimmton gesprochen.

Abhilfe: Es sollte auf die Auslautverhärtung und auf die progressive Assimilation der Stimmhaftigkeit im Deutschen hingewiesen werden.

4. *st* (und seltener *sp*) werden als [ʃt] und [ʃp] im Auslaut gesprochen.

Abhilfe: Hinweis auf die positionsabhängige Ausspracheform, d. h. nur im Anlaut.

5. *s* wird nicht als Fugen-*s* erkannt und als initiales *s* der folgenden (graphischen) Silbe zugeordnet: berufstätig [bə'ru:fstɛ:tɪç] wird zu [bə'ru:fʃtɛ:tɪç].

Abhilfe: Hinweis auf die Regel

6. In der Folge *schen* wird die Diminutivendung nicht erkannt: Häuschen ['hɔ͜ɔsçən] klingt wie ['hɔ͜ɔʃən].

Abhilfe: Hinweis auf die Regel

Das Übungsmaterial

1. [s] im Auslaut: **409**
(vgl. auch S. 234 ff. Auslautverhärtung und Assimilation)

ein Kuß, sie küßt ihn, der Gruß, sie grüßt mich, ein Schuß, am Fluß, alles fließt, eine Nuß, mit dem Bus, das Schloß, er schließt auf, er geht los, das Moos, wirklich süß, ein Fries, ganz gewiß, ein Riß, das Gebiß, das Hindernis, in der Praxis, des, jedes, manches, nichts Neues, das Gas, das Glas

2. [s] im Inlaut und Auslaut (in Konsonantenhäufungen) **410**

u der Husten, du hustest, keine Kunst, du bist lustig, du mußt es tun
o viel Rost, es ist verrostet, starker Frost, die Kost
ö etwas östlicher, es schmeckt köstlich, du röstest es, du mußt ihn trösten
ü an der Küste, wirklich düster, du müßtest es wissen
i die letzte Frist, eine Kiste, eine Liste, bist du es(?)
e der Rest, das Fest, ganz festlich, westlich
a eine Last, das Pflaster, eine Taste, was bastelst du da(?)
ei ein Geist, du bist begeistert, meistens kommst du begeistert zurück

3. [s] im Wortinneren an der Silbengrenze: *s/s*, *ß* **411**

in der Diskussion, eine Sommersprosse, ein Genosse, viel größer, mein Schlüssel, drei Flüsse, eine Schüssel, wir müssen gehen, wir haben schon gegessen, es wird bald besser, viel Wasser, eine Gasse, sie lassen grüßen, unsere Klasse

412

4. [s] in der Folge [ks] bei Schreibung *chs, cks, ks, gs, x*

von großem Wuchs, ein Luchs, ein Fuchs, ein Ochse, viel Wachs, es wächst gut, ein Lachs, viel Flachs, in Sachsen, eine Achse
wegen des Drucks / des Stocks / des Glücks / des Blicks / des Schrecks
wegen des Schranks, wegen des Tanks, die Volkszeitung
leg's hin, trag's weg, zeig's ihm, das Vertragsrecht, das Auftragsbuch, die Beitragspflicht, auszugsweise, der Glücksfall, montags, dienstags, freitags
ein Jux, eine Box, sehr fix, ein ganzer Komplex, im Index, wirklich perplex, ein Mixer, zwei Boxer, im Taxi, in Mexiko, mit der Axt, im Lexikon, die ganze Lexik

413

5. [s] als Bestandteil der Folge [ps] in verschiedenen Positionen

ein Mops, ein Kollaps, ein Schnipsel, ein Klaps, viel Schnaps, sie hat Mumps, ein Knirps, ihre Psyche, nur noch Psychologie, eine Psychose, ein Pseudonym

414

6. [s] als finales Segment eines Basismorphems vor der Folge *-chen*: Häschen

ein Bläschen / Gläschen / Döschen / Röschen / Höschen / Dornröschen, das Häuschen, das Mäuschen

[ts]

8.5.2.3. **Die Affrikate** *ts*

Transkriptionszeichen und Schreibung

[ts]   für z, tz, c, t in den entsprechenden Positionen

Positionen

[ts] wird gesprochen bei *z* in allen Positionen: Zeit, Weizen, Reiz
[ts] wird realisiert bei *tz* in Silbengrenzposition und in deren Ableitungen im Auslaut: sitzen, Sitz
[ts] wird gesprochen bei *c* vor hellen Vokalen: Cäcilie, Cigarre, Cäsar,
aber beachten Sie bitte, daß für *c* auch andere Realisierungsformen erscheinen: [k, ʃ, tʃ, x]
t vor akzentlosem unsilbischem *i* wird als [ts] artikuliert: Nation

Lautbeschreibung

Von der dorsalen Variante des [t] wird auf [s] übergegangen, indem lediglich der vordere Zungenrücken gesenkt wird, so daß der Luftstrom das für [s] typische Reibegeräusch nach dem Verschluß an der Enge erzeugen kann. Zwischen beiden Konsonanten darf kein Sproßvokal auftreten. Die Artikulationsspannung ist relativ hoch, die Folge muß unbedingt stimmlos realisiert werden.

Ableitung von [t]

Dorsales *t* wird gebildet. Dabei muß der Lernende darauf achten, daß der vordere Zungenrand tatsächlich Kontakt mit den inneren Seiten der unteren Schneidezähne hat, desgleichen der vordere Zungenrücken mit den Innenflächen der oberen Schneidezähne und den Alveolen. Die Spannung ist in der Ruhelage noch relativ klein. Mit beginnender Artikulation nimmt der Ausatmungsdruck zu und verstärkt somit die Spannung an der Artikulationsstelle. Dann wird der vordere Zungenrand an den Innenflächen der unteren Schneidezähne leicht nach unten geschoben, so daß in der Mittellinie der Zunge die „mediane" Rinne entsteht und dem nunmehr austretenden Luftstrom die Möglichkeit gibt, an Zähnen und Alveolen in dieser Enge ein Reibegeräusch zu erzeugen.

A →
von [t]

Abweichungen

1. Die Verschlußphase fehlt: [ts] wird wie [s] gesprochen.
   Abhilfe: Hinweis auf die Folge von Verschlußlaut und Reibelaut
2. Bei Schreibung z wird [z] gesprochen: *Zeit* wird als [za̱et] artikuliert.
   Abhilfe: Es ist auf die Ausspracheregeln zu verweisen.
3. In einer Reihe von Fällen wird das Graphem z falsch umgesetzt, *c* wird in entsprechenden Wörtern als [k] oder [s] realisiert und *t* in *-tion* als [t] oder [s].
   Abhilfe: Hinweis auf die Regeln
4. Zwischen [t] und [s] wird ein Sproßvokal hörbar.
   Abhilfe: Beide Laute müssen unbedingt stimmlos gesprochen werden. Dies gelingt am besten, wenn man die Folge zuerst flüstert.

Das Übungsmaterial

415

1. [s] für das Pronomen *es* nach [t]

   er hat's, sie hat's, er tut's, dort steht's, sie sieht's, wie geht's denn(?), was macht's, reicht's, zieht's, schmeckt's, lad's doch ab, halt's fest, wird's bald, kommt's denn, läuft's schon, halt's aus, schneid's ab

416

2. [ts] im In- und Auslaut

u   der Schutz, der Nutzen, sie nutzen es, sie putzen das Auto

o   aus Trotz, wir trotzen ihm, Meister des Sports, das Holz

ö   viele Nutzhölzer, eine hölzerne Plastik, ein hölzerner Topf

ü   eine Schürze, sehr würzig, wir würzen es, wir schützen ihn

i   etwas Pfefferminze, eine Hitze heute, sie spritzen, wir schwitzen, es blitzt, der Blitz

e   der Scherz, es geht abwärts/heimwärts/aufwärts, im März, wir schätzen ihn sehr

a   mein Schatz, der Platz, ein Satz, viel Salz, wir tanzen jetzt

ei   ein Heizer, die Heizung, wir reizen ihn, ganz geizig, ein Geizhals, der Weizen

417

3. [ts] in -*tion*, -*tional*, -*tionär*, -*tionell*

eine   Delegation/Nation/Operation/Information/Ration/Organisation/Station/Tradition/Aktion/Redaktion/Lektion/Funktion; national; der Aktionär/Funktionär/Revolutionär, stationär; rationell, traditionell, funktionell, konzeptionell

418

4. [ts] im Anlaut

a   der Tannenzapfen, wir zapfen es an, der Zahn, wir zahlen es ein, eine Zange, wirklich zart, sehr zahm

ä   wir zähmen es, eine Zäsur, eine Zählung

e   der Zecher, zwei Grad Celsius, wirklich zärtlich, zehn Zehen

i   im Zimmer, zwei Ziffern, am Ziel, wir verzichten, die Erziehung, im Zirkus, die Zigarre

ü   die Zündung, wir zünden es an, in vier Zügen matt, wirklich zügig

o   eine Zofe, der Zoll, wir verzollen es

u   zu Gast, zum Zug, zur Straßenbahn, er vergaß zuzuschließen

Celsius, Centauer, Cäsar, Centrum, Cerberus, Ceylon, Cicero, Cirkus (Circus), Cymbal

[z̥]

8.5.2.4. Der stimmlose Lenis-Reibelaut [z̥]

Transkriptionszeichen und Schreibung

[z̥]   für s in den entsprechenden Positionen

Positionen

[z̥] wird bei *s* nach [p, t, k, f, s, ʃ, ç, x] gesprochen: ob sie, hat sie, mag' sie, ruf sie, aus seiner, wasch sie, ich sehe, doch so

Lautbeschreibung

[z̥] wird wie [z] gebildet, jedoch ohne Stimmton und mit geringer Artikulationsenergie.

Ableitung

A ⟶

Vergleichen Sie bitte mit der Ableitung des [z] auf S. 363! Der Laut darf jedoch nicht mit einem Stimmton realisiert werden.

Hinweis: Beachten Sie bitte den Wechsel zwischen [z] und [z̥] in Abhängigkeit vom vorhergehenden Laut: *als sie* [als z̥i:] im Gegensatz zu *wenn sie* [vɛn zi:]

Abweichungen

1. Der Laut wird nach einer Sprechpause stimmhaft und leicht überdehnt (um die Stimmhaftigkeit zu erzeugen) gesprochen: *es soll* [ɛs z̥ɔl] klingt wie [ɛs – zɔl].

   Abhilfe: Hinweis auf die Bindung und den Stimmtonverlust nach stimmlosen Lauten

2. Der Laut wird stimmhaft gesprochen und beeinflußt zudem noch den vor ihm stehenden bezüglich Stimmhaftigkeit: *es soll* [ɛs z̥ɔl] klingt dann wie [ɛz zɔl].

   Abhilfe: Hinweis auf die Auslautverhärtung und die progressive Assimilation

Das Übungsmaterial

[z̥] im Anlaut nach stimmlosen Lauten an Wort- und Silbengrenze   *419*

[f/z̥]   wir wollen ihn aufsuchen, er hat Aufsicht, er will es aufsagen, der Aufsatz, er will sie aufsetzen, er will es auf sich nehmen

[s/z̥]   **Hinweis:** Beachten Sie bitte, daß nur ein etwas längerer Reibelaut gesprochen wird ([s/z̥] ist eine Geminate)!
du mußt es aussuchen, die Aussaat, ein Eissegler, in weiser Voraussicht, du sollst nicht so sorglos sein, falls sie kommen, Hans sagt, das Seil

[ʃ/z̥]   eine Wunschsendung, etwas auf Russisch/Englisch/Französisch/Deutsch sagen, du kannst manchmal sehr barsch sein

[ç/z̥]   ich sehe es, ich sagte es schon, sie will gleich singen, ich will es durchsehen, es ist durchsichtig, er wird sich durchsetzen

[x/z̥]   eine Buchseite, sie ist sehr nachsichtig, sie wird mal nachsehen, der Tauchsieder, auch sie kommt, ach so

[p/z̥]   sie will davon absehen, die Absicht, der Absender, sie kommt halb sieben, es gab Suppe, sie will sich absichern, ob sie kommt(?)

[t/ʒ̊] sie will mitsingen / mitsegeln / mitsuchen, die Mitsommernacht, das Drahtseil, er wird mit ihr verwandt sein, sie werden miteinander bekannt sein, das ist sein Buch, da kommt sie, er braucht sie

[k/ʒ̊] die Rücksicht, sehr rücksichtslos, viel Schlagsahne, sie ist sehr folgsam / schweigsam / aufmerksam, es ist wirksam

Übungen im Satz

420

Dein F́ernseher ist kaputt! →
Ja, ich werde ihn reparíeren lassen müssen.
Ja, ich werde ihn zur Reparatúr bringen müssen.

Radio – es, Plattenspieler – ihn, Kühlschrank – ihn, Mixer – ihn, Koffer-fernseher – ihn, Staubsauger – ihn, Ventilator – ihn, Heizlüfter – ihn

421

Willst du den Kühlschrank etwa śelbst reparieren? →
Selbstverständlich! Gibst du mir mal den Schráubenzieher?

den Fernseher, das Radio, den Plattenspieler, das Tonbandgerät, den Radiorecorder, die Kaffeemaschine, den Mixer, den Toaster, die Brot-schneidemaschine, den Entsafter, das Fahrrad, den Roller, die Pumpe, den Wasserhahn, das Türschloß, die Klingel, den Rasierapparat

422

Meinst du, daß sie das reparieren kann? →
Ich glaube schon. Aber es funktioniert erst, wenn sie dieses Teil aus-gewechselt hat.

die Sicherung ausgewechselt, den Draht hier wieder angelötet, den Strom eingeschaltet, die Feder ausgewechselt, es geölt, den Mechanismus ge-reinigt, die Zündung richtig eingestellt, das Lager erneuert, es isoliert

423

Was soll denn hier kapútt sein? →
Ich weíß nicht genau. Aber sicher ist der Stécker nicht in Ordnung.

der Motor, der Schalter, das Kabel, die Steckdose, die Sicherung, der Thermostat, der Verstärker, der Verschluß, der Saphir, ein Transistor, ein Kondensator, eine Lötstelle, der Mechanismus, die Kassette, die Antenne, der Antennenverstärker

8.5.3. Die präpalatal-koronalen Reibelaute [ʒ], [ʃ], [ʒ̊]

[ʒ]

8.5.3.1. Der stimmhafte Lenis-Reibelaut [ʒ]

Transkriptionszeichen und Schreibung

372

[ʒ]   für j und g in den entsprechenden Positionen

Positionen

[ʒ] wird gesprochen bei *j* und *g* in fremden Wörtern (hauptsächlich aus dem Französischen) nach stimmhaften Lauten (Vokalen, Nasalen, nach und r): der Jargon, ein Jongleur; ein Gendarm, ein Page

Lautbeschreibung

Der vordere Zungenrand ist leicht von den unteren Schneidezähnen zurückgezogen. Der vordere Zungenrücken ist in Richtung auf die Alveolen aufgewölbt, berührt sie aber nicht. Die seitlichen (hinteren) Zungenränder haben Kontakt mit den Backenzähnen, so daß sich in der Mittellinie der Zunge eine mediane Rinne bildet. Der Zahnreihenabstand ist klein. Die Lippen sind deutlich von den Zähnen abgehoben und vorgestülpt (etwa wie bei [y:], jedoch nicht mit so großer Spannung). Der Laut ist stimmhaft und mit geringer Artikulationsenergie zu bilden.

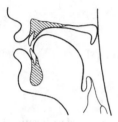

Abb. 41

Ableitung

A ⟶

1. Artikulationseinstellung wie bei [s]
2. Stülpung der Lippen in Richtung auf [y:] bei gleichzeitiger Exspiration
3. Nun wird der vordere Zungenrand bis in die freie Schwebung zurückgezogen, der Zahnreihenabstand und die Lippenstülpung bleiben erhalten.
4. Jetzt wird der Stimmton hinzugesetzt, es ergibt sich [ʒ].
   Es ist darauf zu achten, daß die Artikulationsspannung relativ klein gehalten wird.

Abweichungen

In der Hauptsache liegen Regelverstöße vor, wenn nicht erkannt wird, daß *j* oder *g* in fremden Wörtern als [ʒ] zu sprechen sind. Zu beachten ist ferner, daß *j* und *g* in englischen Wörtern sehr oft (im Anlaut) als [dʒ] zu artikulieren sind, z. B. *Jim* (dʒɪm].

373

Das Übungsmaterial

424

1. [ʒ] für *j*

an Jaqueline, eine Jalousie, der Jargon, an Jenny, ein Jongleur, sie jonglieren, ein Journal, der Journalist, die Journalistik, nur Juice

425

2. [ʒ] für *g*

ein Genie, viel Gelatine, viel Gelee, sie genieren sich, ein Gendarm, ein Genre, bei der Montage, eine Garage, die Massage, die Passage, eine Plantage, die zweite Etage, in der Loge

426

3. [ʒ] wird als stimmlose Lenis [ʒ̥] realisiert, wenn es nach einer Sprechpause oder nach stimmlosen Reibe- bzw. Verschlußlauten steht ([p, t, k, f, s, ʃ, ç, x]):

das Genie, mit Jaqueline, des Jargons, es geniert mich, hat jongliert als Gendarm, des Journalisten, das Girokonto, etwas Juice

[ʃ]

8.5.3.2. Der stimmlose Fortis-Reibelaut [ʃ]

Transkriptionszeichen und Schreibung

[ʃ]   für sch, s, ch, sh in den entsprechenden Positionen

Positionen

[ʃ] wird bei *sch* in allen Positionen gesprochen: Schule, waschen, Fisch
Hinweis: *sch* wird bei stammauslautendem *s* vor dem Diminutivsuffix -chen nicht als [ʃ] realisiert, sondern ist als [sç] zu sprechen: Häuschen Häschen
[ʃ] wird bei *s* in Verbindung mit *p* bzw. *t* – nur im Anlaut – gesprochen Spiel, Stadt
Hinweis: In fremden Wörtern schwankt der Gebrauch zwischen [st] und [ʃt] bzw. [sp] und [ʃp]: z. B. Stil – Statik, spezifisch – Spirituosen
[ʃ] wird bei *ch* in französischen oder spanischen Wörtern realisiert, wenn nicht [tʃ] oder [k] zu sprechen ist: Chiffre, Chance
sh in Wörtern aus dem Englischen wird ebenfalls als [ʃ] artikuliert, z. B. Sheriff, Shorts
[ʃ] wird bei *sh* in transliterierten Wörtern aus dem Russischen oder Bulgarischen gesprochen, z. B. Shukowski, Shiwkow

Lautbeschreibung

Der vordere Zungenrand ist leicht von den unteren Schneidezähnen zurückgezogen. Der vordere Zungenrücken ist aufgewölbt und zeigt in Richtung auf die Alveolen, berührt sie aber nicht. Die hinteren Zungenränder haben Kontakt mit den Backenzähnen, in der Mittellinie der Zunge bildet sich eine mediane Rinne. Der Zahnreihenabstand ist klein (2 bis 3 mm). Die Lippen sind deutlich von den Zähnen abgehoben und vorgestülpt, etwa wie bei [y:] , jedoch keinesfalls mit der für [y:] erforderlichen Spannung. Der Laut ist stimmlos, das Gaumensegel muß gehoben sein.

Ableitung

$A \longrightarrow$

. Artikulationseinstellung wie bei [s]

. Stülpung der Lippen in Richtung auf [y:] bei gleichzeitiger Exspiration

. Während nun der vordere Zungenrand bis in die freie Schwebung zurückgezogen wird, wobei der Zahnreihenabstand und die Lippenstülpung erhalten bleiben, kann der Luftstrom ohne Stimmton passieren. Es ergibt sich [ʃ].

Abweichungen

. Fehlende Lippenstülpung kann zu einer Verflachung des Reibegeräusches führen.

Abhilfe: Deutliches Lippenstülpen und Abheben der Lippen von den Zähnen

. *s* vor *t* oder *p* wird in initialen Positionen als [s] gesprochen.

Abhilfe: Hinweis auf die Regeln

Das Übungsmaterial

1. [ʃ] im Anlaut vor Vokalen

427

ü	ein Schüler, eine Schüssel, sie schützen es, sehr schüchtern
u	ein Schuh, eine Schule, viele Schulden, ein Schuß, der Schuhmacher
o	heute schon, eine Scholle, viel Schotter, sie schont sich
ö	sehr schön, sie verschönern es, sie sind erschöpft
i	ein Schirm, sie schicken es, eine Schicht, wirklich schief
e	eine Schere, ein Scheck, sie schämt sich, ganz schädlich
a	im Schacht, der Schall, ein Schatz, das Schaf, wirklich schade
ei	ein Schein, anscheinend, scheinbar, eine Scheibe Brot
au	eine Schau, sie schauen zu, im Schaufenster, eine Schaukel

2. [ʃ] in Verbindung mit [m, n, v, l, ʁ] vor Vokalen im Anlaut

[ʃm] viel Schmuck, sehr schmutzig, sie schmollt, sie schmückt sich, eine Schmiede, es schmeckt nicht, wirklich schmächtig, ganz schmal

[ʃn] eine Schnur, sie ist verschnupft, ein Schnitt, eine Schnecke, sehr schnell, sie schnattern, ein Schneider, sie zerschneiden es

[ʃv] der Schwur, viel Schwung, sehr schwül, sie schwimmen, sehr schwer, meine Schwester, viele Schwäne, sehr schwach, mein Schwager, ein Schweißer, ein Schweizer, sie schweigen

[ʃl] sie schluchzt, ein Schluck, sie verschluckt sich, am Schluß, im Schloß, ein Schlüssel, ein Schlips, ganz schlicht, sehr schlecht, ein Schlepper, ein Schlag, eine Schlange, ganz schlaff

[ʃʁ] viel Schrott, sehr schroff, die Schrift, schriftlich, der Schreck, zwei Schränke, sie schreiben es, eine Schraube

3. [ʃ] als s vor [p, pʁ, pl, t, tʁ] im Anlaut vor Vokalen

[ʃp] eine Spur, der Spuk, eine Spule, sie sputen sich, sie verspotten ihn, sie spürt es, die Spülung, sie spielen jetzt, ein Speer, viel Speck, sie sparen, auf der Sparkasse, ein Spaß, eine Speise, sie speisen jetzt

[ʃpʁ] ein Sprung, ein Sprudel, ein Spruch, viele Sommersprossen, sehr spröde, sie spritzen, ein Sprichwort, im Spreewald

[ʃpl] sie spleißen, ein Splitter, ganz splitterig, völlig zersplittert

[ʃt] ganz stur, eine Stunde, eine Stufe, vollkommen stumm, ganz stumpf, ein Stock, viel Stoff, eine Störung, ganz bestürzt, zwei Stücke, an der Stirn, sie stickt, ganz still, ganz bestimmt, es stimmt schon, an dieser Stelle, zwei Städte, stets und ständig, im Stall, eine Steigung, ganz steif

[ʃtʁ] ein Strudel, ein Strumpf, sehr struppig, stromabwärts fahren, sie stricken, sehr streng, sie streichen es, sie streckt sich, sehr strebsam

4. [ʃ] im Wortinneren

sie huschen vorbei, sie duschen sich, eine Dusche, sie pfuschen nur, zwei Groschen, sie löschen es, zwischen den Büchern, zwei Tische, ein Fischer/sie fischen, eine Kirsche, ein Täschchen, ein Fläschchen, sie fälschen es, sie überraschen ihn, eine Tasche, zum Fasching, eine Laufmasche

5. [ʃ] im Auslaut

ein Tusch, nur Pfusch, ein Busch, ein Frosch, wirklich hübsch, stet frisch, auf englisch, auf deutsch, ganz lasch, ein Hirsch, ein Marsch, der Wunsch, analytisch, synthetisch, logisch, viel Fleisch

6. [ʃ] in fremden Wörtern

432

Chanson, Charité, Charlotte, Chauffeur, Chaussee, Chef, Chevalier, Chiffre, chiffrieren, Champagner

7. Die Graphemfolge *schen* als [ʃ] bzw. [sç]

433

der Groschen, die Kirschen, das Rauschen, sie pfuschen, **aber:** das Bläschen, das Näschen, das Gläschen, das Häschen, das Radieschen, Dornröschen, das Häuschen, das Mäuschen

8. [tʃ]

434

In deutschen Wörtern steht [tʃ] für *tsch* vornehmlich im Inlaut und im Auslaut (im Anlaut nur *tschilpen*).

rutschen, verrutschen, abrutschen, Kutsche, der Kutscher, ein Lutscher, eine Peitsche, sich quetschen, sie quatschen, es quietscht, sie klatschen, sie matschen, sehr matschig; viel Kitsch, ein Tolpatsch, viel Matsch, der Klatsch, das ist doch Quatsch, ein langer Lulatsch

In englischen Wörtern steht [tʃ] für *ch*.

Charly, Cherry, in Chester, in Manchester; der Sketch, die Couch

9. Schwierigkeiten in der Aussprache bereiten häufig auch Wörter, in denen [ʃ] neben [ç, x, s, st, z] steht:

435

[ç] tschechisch, griechisch, österreichisch, mönchisch, oligarchisch, anarchisch, monarchisch, hierarchisch

[x] kasachisch, eustachisch

[s] klassisch, rassisch, hessisch, russisch

[st] plastisch, drastisch, parodistisch, logistisch, realistisch, materialistisch, formalistisch, journalistisch, egoistisch, juristisch, statistisch, artistisch, stilistisch, expressionistisch

[z] basisch, friesisch, siamesisch, sudanesisch, chinesisch, indonesisch, tunesisch, kirgisisch, französisch

0. [ʃ/ʃ] werden an Wort- und Silbengrenzen als e in Reibelaut mit leichter Dehnung realisiert. Der Laut ist stimmlos und wird mit großer Artikulationsenergie gesprochen.

436

falsch sprechen, falsch schreiben, deutsch sprechen, tschechisch sprechen, russisch sprechen, polnisch sprechen, englisch sprechen, italienisch sprechen, französisch sprechen, eine Rutschstange

8.5.3.3. Der stimmlose Lenis-Reibelaut [ɜ̊]

Transkriptionszeichen und Schreibung

[ɜ̊]   für j und g in den entsprechenden Positionen

Positionen

[ɜ̊] wird bei *j* und *g* in fremden Wörtern im Wort- und Silbenanlaut nach Sprechpause, am Redebeginn oder nach stimmlosen Lauten [p, t, k, f s, ʃ, ç, x] gesprochen.

Lautbeschreibung

[ɜ̊] wird wie [ɜ] gebildet, jedoch ohne Stimmton (vgl. Ableitung S. 373)

Abweichungen

1. Das entsprechende Graphem *j* bzw. *g* wird falsch interpretiert, z. B *das Genre* [das ˈɜãˑrə] wird wie [das ˈgɛ̃nrə] gesprochen.
   Abhilfe: Hinweis auf die Regeln
2. [ɜ̊] wird stimmhaft gesprochen.
   Abhilfe: Hinweis auf die lautnachbarschaftlich bedingte Entstimmlichung

Das Übungsmaterial

437   Da [ɜ̊] nicht dem primären phonologischen System zuzurechnen ist, gib es nur wenige Beispiele:

das Genre, das Genie, ich muß Jean anrufen, aus Gelatine

Übungen im Satz

438   Gefállen dir die Briefmarken? →
Ja, diese polnische (Marke) ist sehr schön und bestimmt auch sehr téuer!
tschechoslowakische, österreichische, schweizerische, französische, belgische, niederländische, englische, irische, schwedische, dänische

439   Wie kómmst du denn zu den schönen Briefmarken? →
Ich bestelle sie bei der Post, klebe sie auf einen Umschlag und schicke sie meinem Briefpartner in Polen; er schickt mir in gleicher Weise die

neuesten pólnischen (Marken) dafür.

der Sowjetunion – sowjetischen, der Tschechoslowakei – tschechoslowa-
kischen, Ungarn – ungarischen, Rumänien – rumänischen, Jugoslawien – jugoslawischen, Italien – italienischen, Spanien – spanischen,
Portugal – portugiesischen, Frankreich – französischen, Belgien – bel-
gischen, Holland – holländischen, Dänemark – dänischen, Schweden –
schwedischen

Aber wenn nur ein Zahn (eine Zacke) fehlt, ist sie doch wértlos? →   **440**
Du hast schon récht. Du kannst sie wegschmeißen, wenn sie auch nur
ein bißchen lädiért ist.
zerkratzt, eingerissen, übermalt, beim Ablösen verletzt worden

8.5.4. Die (prä)palatal-dorsalen Reibelaute [j], [ç], [j̊]
8.5.4.1. Der stimmhafte Lenis-Reibelaut *j*   **[j]**

Transkriptionszeichen und Schreibung

j]   für j und y in den entsprechenden Positionen

Positionen

j] wird bei *j* im Wort- und Silbenanlaut deutscher Wörter nach Vokalen,
Diphthongen und [m, n, ŋ, l, ʁ, ɐ] gesprochen: jagen, ja
j] wird auch bei *y* im Wort- und Silbenanlaut fremder Wörter artikuliert.

Lautbeschreibung

Der Zahnreihenabstand und die Lippenöffnung sind klein, übernehmen
jedoch die Merkmale des Nachbarvokals. Die Lippen sind leicht abgehoben. Der vordere Zungenrand hat Kontakt mit den unteren Schneidezähnen. Die Vorderzunge wölbt sich zum Hartgaumen auf, die seitlichen
Zungenränder berühren die Backenzähne und auch seitlich den Gaumen,
so daß in der Mitte der Zunge eine mediane Rinne entsteht, in der das
Reibegeräusch gebildet wird. Der Laut ist stimmhaft. Die Artikulationsenergie ist klein. Das Gaumensegel muß gehoben sein.

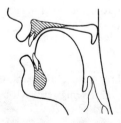

Abb. 42   379

Ableitungen

A ⟶ **Ableitung von [ç]**

von [ç]

1. Artikulationseinstellung von [ç]. Während der überlangen Artikula‹ tion ist der Stimmton hinzuzusetzen.
2. Artikulation von [j] ohne eine stimmlose Phase

A ⟶ **Ableitung von der Segmentfolge [i̯a]**

von [i̯a]

1. Artikulation der Segmentfolge [i̯a], wobei der Akzent auf das [a] zu legen ist. Zwischen beiden Vokalen darf kein Neueinsatz realisier werden.
2. Palatalisierung des [ɪ] durch Annäherung der Vorderzunge an der vorderen Hartgaumen, bis sich bei der mehrfach wiederholten Reali sierung der Folge im [ɪ] zusätzlich ein Reibegeräusch einstellt: [i̯a] .. [ja] ... [jː]

Abweichungen

1. [j] wird wie kurz-ungespanntes [ɪ] gesprochen.
   Abhilfe: Die Ableitung von der Segmentfolge [i̯a] wird wiederholt.
2. [j] wird als [ʒ] gesprochen: ['juːgənt] wird zu ['ʒuːgənt]
   Abhilfe: Hinweis auf die Regeln
3. [j] wird als stimmlose Lenis [j̊] gesprochen.
   Abhilfe: Wiederholung der Ableitung von [ç] mit Hinweis auf di‹ koartikulatorischen Zusammenhänge zwischen [j] und [j̊] in Ab hängigkeit von der Lautumgebung

Das Übungsmaterial

441

1. [j] im Silben- und Wortanlaut nach stimmhaften Lauten

   ein jeder, eine jede, ein jedes, wenn jemand kommt, wenn jemals, eir Jäger, einmal jährlich, im Jahre 1980, am jenseitigen Ufer, mit einen‹ Jahr, einjährig, wir jagen, von Java, ein Jambus, sie jammern, ein Yard eine Yacht, ein Yak, die japanische Sprache, sehr bejahrt, im Januar‹ ein Junge, sehr jugendlich, ein Tropfen Jod, die Johannisbeere, si‹ jubeln, die Konjugation, der Konjunktiv

442

2. Kontrast von [j] und [ç]

   sehr jämmerlich, sehr jugendlich, einjährig, zweijährig, ein Jugend licher, vierteljährlich, ich will jagen, ein Jahr wenigstens, ich komm‹

jedes Jahr

8.5.4.2. Der stimmlose Fortis-Reibelaut [ç]

[ç]

Transkriptionszeichen und Schreibung

[ç]   für ch und g (nach i) in den entsprechenden Positionen

Positionen

[ç] wird gesprochen bei:
ch im Anlaut eingedeutschter Wörter vor *e* und *i*: Chemie, China
ch in der Diminutivendung -*chen*: Rädchen
ch im Silbenanlaut nach den Graphemen *ä, e, i, ö, ü, y*: Fächer, Becher,
sicher, Töchter, Küche, Psyche
ch nach den Diphthongen [ae] und [ɔø]: weich, euch
ch im Silbenanlaut nach [l, ʁ, n]: welcher, horchen, mancher
g nach *i* (-*ig*), wenn *g* im Silbenauslaut steht, unabhängig davon, ob
noch weitere Konsonanten folgen: wenig, am wenigsten, König, des
Königs, **aber:** königlich [ˈkøːnɪklɪç]
ch im Suffix -*lich*: möglich

Lautbeschreibung

Der Zahnreihenabstand und die Lippenöffnung sind klein, dennoch
übernehmen die Lippen die Merkmale des jeweiligen benachbarten
akzentuierten Vokals. Der vordere Zungenrand hat Kontakt mit den
unteren Schneidezähnen. Die Vorderzunge wölbt sich zum Hartgaumen
auf, die seitlichen Zungenränder berühren die Backenzähne und deren
Alveolen, so daß in der Mitte der Zunge eine Rinne entsteht, in der sich
an der Verengung ein Reibegeräusch bilden kann. Der Laut ist stimm-
os und die Artikulationsspannung hoch.

Ableitungen

Ableitung von [k] nach [ɪ]

A ⟶

1. Artikulation der Segmentfolge [ɪk], ohne den Verschluß von [k] zu
lösen, gleichzeitig Überprüfen der Zungenkontaktstellung
von [k]
nach [ɪ]

2. ganz langsames und ganz geringfügiges Absenken des Zungenrückens
an der Kontaktstelle bei gleichzeitiger Exspiration, so daß sich in der
Mittellinie des Zungenrückens eine Rinne bildet. Zu beachten ist ferner, daß die seitlichen Zungenränder mit den oberen Backenzähnen
und deren Alveolen kontaktieren.

3. Wiederholung der Abfolge [ɪk:::ç]

381

Ableitung von [j]

1. Überlange Artikulation von [j], wobei während dieser Artikulatior der Stimmton fortgelassen werden soll. Gelegentlich sind dafür Vor-übungen nötig, indem die Folge [s–z] trainiert wird.
2. Festigung der Artikulationseinstellung und des Geräuscheindruck: durch mehrfache Wiederholung

Abweichungen

1. Falsche Interpretation der Graphemfolge *ch* in regelhaften Positioner als [k], [ʃ] oder [tʃ].
   Abhilfe: Hinweis auf die Ausspracheregeln
2. Bei Schreibung *g* in der Folge *ig* (plus Konsonanten) in finaler Posi-tion wird [g] oder [k] gesprochen.
   Abhilfe: Hinweis auf die Ausspracheregel, insbesondere darauf, daß *g* als [g] nur gesprochen wird, wenn ein Vokal folgt: *wenige* als [ˈveːnɪgə]

Das Übungsmaterial

443

1. Wiederholung der Ableitung und Anwendung in folgenden Beispielen

   [kç] Häkchen, Eckchen, Säckchen, Päckchen, Fleckchen, Deckchen Löckchen, Flöckchen, Glöckchen, Bröckchen, Röckchen

   [tç] das Liedchen/Gretchen/Kettchen/Brettchen/Gärtchen/Bärt-chen/Fädchen/Städtchen/Mädchen/Blütchen/Hütchen

   [pç] das Liebchen/Kälbchen/Stäbchen/Läppchen/Käppchen/ Süppchen/Püppchen/Bübchen/Jüpchen/Klümpchen

444

2. [ç] nach hellen Vokalen und Diphthongen

   i ein Richter, ich richte es aus, ich berichtige mich, ich benach-richtige dich, das Gericht, das Licht, ein Dichter, eine Schicht ein Gedicht, das Gesicht, ein Bericht, sicherlich

   e sie fechten, das Gefecht, ich räche mich, zwei Nächte, nächtlich das Recht, ganz rechts, der Hecht, auf den Dächern, ein Wächter sie lächelt, das Lächeln, nächsten Montag, nächstens

   ü sie flüchten, sie ist nicht schüchtern, ganz nüchtern, viele Sprüche viele Flüche, viele Bücher, viele Tücher, tüchtig, berüchtigt

   ö ich möchte nicht, zwei Köche, wöchentlich einmal, röcheln

   ae sie weicht aus, ganz seicht, wirklich reich, wirklich weich, sich bereichern, wirklich leicht, wirklich bleich, ich komme gleich, sie gleichen sich, am Teich, eine Zeichnung, das Kennzeichen

   ɔø geräucherter Fisch, nicht mehr gebräuchlich, eine Leuchte, es leuchtet mir nicht ein, wirklich feucht, ich kenne euch, sie heu-chelt

3. [ç] in Suffixen

-lich lieblich, lieblicher, am lieblichsten, niedlich, herrlich, nördlich, südlich, westlich, östlich, deutlich, herzlich, freundlich, schmerzlich, scheußlich, häßlich, kindlich, fröhlich, peinlich, friedlich

-ig gläubig, am gläubigsten, schäbig, am schäbigsten, ledig, selig, wenig, drollig, billig, willig, vernünftig

Hinweis: Beachten Sie bitte, daß bei attributivem Gebrauch wegen des folgenden Vokals die Silbengrenze vor dem *g* liegt und demzufolge [ç] zu sprechen ist.

4. [ç] nach Konsonanten [l, n, r]

l welcher, welche, welches, ein Elch, ein Kelch, ein Glas Milch, ein Strolch, solche, ein Molch, ein Dolch

n mancher, manche, manches, manchmal, mancherorts, mancherlei, Fencheltee, das Kännchen

r eine Kirche, eine Lerche, sie horchen, ein Storch, die Furcht, sie fürchtet sich, ganz fürchterlich, sie befürchten es, die Monarchie, ich schnarche

5. [ç/ç] an Wort- oder Silbengrenzen werden als ein Reibelaut gesprochen, der zeitlich etwas länger als ein einfacher Konsonant ist. Zudem ist er stimmlos und mit großer Artikulationsenergie zu sprechen:

wenig Chemie, sprich Chinesisch

8.5.4.3. Der stimmlose Lenis-Reibelaut *j*   [j̊]

Transkriptionszeichen und Schreibung

[j̊]   für j in den entsprechenden Positionen

Positionen

j wird im absoluten Anlaut, nach Sprechpausen sowie im Wort- und Silbenanlaut nach stimmlosen Lauten [p, t, k, f, s, ʃ, ç, x] als [j̊] gesprochen.

Lautbeschreibung

Der Laut wird wie [j] mit geringer Artikulationsenergie gebildet, jedoch ohne einen Stimmton.

A →

Ableitung

Der Laut ist wie [ç] zu bilden, jedoch mit einem weit geringeren Anteil an Geräuschhaftigkeit. Die Artikulationsspannung muß gering gehalten werden, darf jedoch nicht so schwach werden, daß gar kein Reibegeräusch vernehmbar ist.

Abweichungen

[j̊] darf keinesfalls (z. B. nach [p, t, k, f, s, ʃ, ç, x]) stimmhaft werden, weil das eine Unterbrechung des Artikulationsflusses zur Folge hätte. Das Fehlen des Stimmtones im vorhergehenden Laut wirkt sich assimilatorisch auf [j̊] aus.

Das Übungsmaterial

447 1. [j̊] im absoluten Anlaut bzw. nach Sprechpausen

jeden Tag, jede Woche, jeder Mann, jede Frau, je nach ..., jeweils

448 2. [j̊] nach stimmlosen Segmenten

auf jeden Fall, auf jedem Bild, auf jede Art, auf Jahre hinaus, auf japanisch, die Vögel' aufjagen, aus Jugoslawien, ein gutes Jahr, ein schlechtes Jahr, sich jemandem anvertrauen, er ist Jäger, ich jage gern, er hat's ja gesagt, das Jubiläum

Übungen im Satz

449 Was willst du morgen máchen? →

Ich wollte eigentlich in den Zoo gehen und mir endlich einmal die Áffen ansehen.

Ich hatte eigentlich die Absicht, mal in den Tierpark zu gehen und mir die Áffen anzusehen.

Schimpansen, Löwen, Tiger, Leoparden, Elefanten, Rentiere, Wildpferde, Pinguine, Pelikane, Papageien, Reiher, Schlangen, Krokodile, Flußpferde, Bären

450 Wenn ich die Möglichkeit hätte, jeden Tag in den Zoo zu gehen, würde ich mir jedes Mal die Áffen ansehen.

Wenn ich jeden Tag die Möglichkeit gehabt hätte, in den Zoo zu gehen, hätte ich mir jedes Mal die Áffen angesehen.

Wenn ich nicht jeden Tag die Möglichkeit gehabt hätte, in den Zoo zu gehen, hätte ich mir nicht jedes Mal die Áffen ansehen können.

451 Möchtest du nicht vielleicht doch mit mir in den Zoo gehen? Ich nehme an, ja ich bin fast sicher, daß dir die Tierkinder gefállen werden.

die jungen Löwen, die kleinen Äffchen, die Frischlinge, die Küken, die Fohlen, die Kälber, die jungen Delphine, die kleinen Igel, die jungeń Wölfe, die kleinen Eisbären, die Welpen, das Eselfüllen, die kleinen Mäuschen, das Kitz, die Lämmer, die Zicklein

Ich fühle mich jedes Mal ziemlich unwohl, wenn ich die Affen in ihrem Käfig sehe. **452**

die Löwen/die Tiger/die Füchse/die Hyänen/die Wölfe/die Hasen/die Igel/die Zebras/die Giraffen in ihrem Käfig
die Schlangen/die Kröten/die Nattern/die Schildkröten in ihren Terrarien
die Rehe/die Hirsche/die Yaks/die Büffel/die Bisons/die Bären/die Raubkatzen/die Elefanten/die Nashörner in ihren Freigehegen
die Karpfen/die Hechte/die Forellen/die Schleie/die Flundern/die Seepferdchen/die Dorsche/die Makrelen in ihren Aquarien

Ich möchte mir endlich einmal ansehen, wie die Hirsche äsen. **453**

die Rinder weiden, die Schafe weiden, die Hasen nagen, die Tiger ihre Fleischration fressen, die Hühner die Körner aufpicken, die Fische nach Brotstückchen schnappen, die Kühe wiederkäuen
die Pferde galoppieren, das Känguruh hüpft, der Hase hoppelt, die Affen von Ast zu Ast springen, die Delphine springen, sich die Füchse anschleichen, die Biber einen Baum abnagen, die Habichte fliegen

8.5.5. Der postdorsal-velare Reibelaut *x* [x]

Transkriptionszeichen und Schreibung

[x]   für ch und j in den entsprechenden Positionen

Positionen

[x] wird gesprochen bei *ch* nach *a*, *o*, *u*, *au*: nach, hoch, Buch, auch
ch kann sowohl im Inlaut als auch Auslaut stehen; es wird auch im Anlaut fremder Wörter (z. B. aus dem Russischen) als [x] realisiert, z. B. Charkow.
[x] wird gesprochen bei *j* in Wörtern aus dem Spanischen: Juan

Lautbeschreibung

Die Hinterzunge wölbt sich zum weichen Gaumen, so daß eine Enge entsteht, an der das Reibegeräusch erzeugt wird. Der Laut ist immer stimmlos und seine Artikulationsspannung relativ hoch. Der vordere

Zungenrand hat Kontakt mit den unteren Schneidezähnen. Der Abstand der beiden Zahnreihen voneinander und die Lippenform richten sich nach dem jeweiligen benachbarten akzentuierten Vokal.

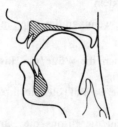

Abb. 43

A ⟶ **Ableitung**

1. Artikulationseinstellung von [k] nach [u:]
2. Ganz langsames und geringfügiges Öffnen der Verschlußstelle, so daß der Exspirationsstrom gerade noch passieren kann. Die für [u:] typische Lippenform kann bei wiederholter Realisierung aufgegeben werden.
3. Mehrfache Wiederholung der artikulatorischen Folge

Abweichungen

Die Graphemfolge *ch* wird falsch interpretiert:
1. Statt [x] wird [ç] gesprochen.
2. Statt [x] wird [k] gesprochen.
3. Statt [x] wird [ʃ] gesprochen.
4. Statt [x] wird [tʃ] gesprochen.

Abhilfe: Hinweis auf die positionsbedingte Umsetzung von *ch* zu [x]

Hinweis: In Abhängigkeit vom vorherrschenden Vokal bzw. Konsonanten ist der Wechsel von [x] zu [ç] hervorzuheben:

Bach [bax] → Bäche [bɛçə]
Koch [kɔx] → Köche [kœçə]
Buch [bu:x] → Bücher [by:çɐ]
Strauch [ʃtra͜ox] → Sträucher [ʃtrɔ͜øçɐ]

Das Übungsmaterial

454   1. [x] im Auslaut

u das Tuch, der Versuch, der Besuch, der Geruch, der Fluch, das Buch

a͜o der Strauch, der Rauch, der Schlauch, der Hauch, das auch

o am Mittwoch, dennoch, das Loch, ein Koch, jedoch, hoch, die Hochzeit

a   ach(!), ein Bach, das Dach, das Fach, einfach, mehrfach, sie
spielen Schach, sie hat Scharlach, das Gemach, danach, sie ist
schon wach, sie ist noch schwach

2. [x] im Inlaut   **455**

sie fachen das Feuer an, sie lachen darüber, gut abgeflacht, ganz
flach, was machen sie da(?), meine Sachen, sie ist erwacht, sie kochen
jetzt, sie pochen an die Tür, es ist zerbrochen, sie hat sich gestochen,
noch vier Wochen, ein Taucher, ein Stück Kuchen

3. [x] in fremden Wörtern   **456**

Charkow, Chabarowsk, José, Juan, Juanita, eine Junta

4. Wechsel von [x] und [ç]   **457**

ein Koch – zwei Köche, der Koch – die Köchin, die Flucht – sie
flüchten, eine Woche – wöchentlich einmal, sie bricht es ab – sie
brach es ab – sie hat es abgebrochen, ein Knochen – mein Knöchel,
mächtig hoch, sie lachen – wir lächeln, der Bach – zwei Bäche, ganz
flach – eine Fläche, der Züchter – die Zucht, in der Nacht – in den
Nächten – nächtlich, wir brauchen es – die Bräuche

Übungen im Satz

Brauchst du noch Géld? →   **458**
Ja, ich brauchte schon noch was, weil ich noch mal <u>Karusséll fahren</u>
möchte.

mit dem Riesenrad fahren, mit der Achterbahn fahren, Auto fahren,
Auto-Scooter fahren, mit der Kinder-Eisenbahn fahren, Lose nehmen,
Geisterbahn fahren, in das Lachkabinett gehen, an den Automaten mein
Glück versuchen, würfeln, auf den Ponys reiten
Eis essen, ein Fischbrötchen essen, eine Limonade trinken, Zuckerwatte
essen, kandierte Äpfel kaufen, eine Waffel kaufen, noch eine Bockwurst
kaufen, ein paar Bonbons kaufen

Was ist denn lós? →   **459**
Ach, ich habe keine Lúst mehr. Ich gehe nach Háuse. <u>Fahr' doch mit
dem Karusséll</u>!

fahr doch mit dem Riesenrad/mit der Kindereisenbahn/mit den Autos/
mit dem Auto-Scooter, reite doch noch mal, rutsch doch noch mal, lose
doch noch mal, kauf dir doch noch ein Eis, geh doch wieder ins Hippo-
drom, geh doch noch mal in den Irrgarten

8.6. Die Nasale [m], [n], [ŋ]

[m] **8.6.1. Der bilabiale Nasal *m***

Transkriptionszeichen und Schreibung

[m]   für m, mm in den entsprechenden Positionen

Positionen

m steht in allen Positionen: mit, Oma, am
mm tritt sowohl im Inlaut als auch Auslaut auf: kommen, der Stamm

Lautbeschreibung

Der Nasal *m* wird artikuliert, indem Ober- und Unterlippe einen Verschluß bilden. Das Gaumensegel ist gesenkt, so daß der Phonationsstrom den nasalen Raum passieren kann. Der Laut ist stimmhaft und wird mit geringer Artikulationsenergie gebildet. Die Lippenform richtet sich nach dem benachbarten akzentuierten Vokal.

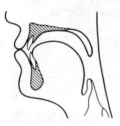

Abb. 44

A —→   **Ableitung**

1. Die Lippen bilden einen lockeren Verschluß, so daß man gezwungen ist, durch die Nase zu atmen.
2. In der Ausatmungsphase wird nun zusätzlich – ohne die artikulatorische Einstellung zu verändern – ein Stimmton erzeugt. Damit entsteht [m].
3. Gelingt es nicht, den Stimmton zu einem bestimmten Zeitpunkt aktiv einzusetzen, müssen einige Vorübungen absolviert werden, indem ohne eine artikulatorische Veränderung im Mundraum der Wechsel von [z–s] geübt wird.

Abweichungen

388   Für [m] sind kaum Abweichungen zu erwarten.

Das Übungsmaterial

1. [m] im Anlaut   **460**

ein Maß, meine Mutter, mein Mann, mit Monika, mit Manfred, mit dir, mit ihm, mit euch, viel Milch, viel Mehl, morgen schon

2. [m] im Auslaut   **461**

komm doch, im Kino, am Dienstag, im Winter, vorm Haus, mit deinem Bruder, mit ihrem Auto, in unserem Haus, in eurem Garten, beim Onkel

3. [m] im Inlaut   **462**

wir kommen gleich, viele Stimmen, größere Summen, immer schlimmer, sie bestimmen es, sie kümmern sich darum, zwei Klammern

4. [m̩] als Ergebnis der Assimilation von -en nach [b, p]   **463**

wir schreiben ['ʃraebm̩], sie haben ['haːbm̩] es mir gegeben [gəˈgeːbm̩], ganz oben, hier drüben, so bleiben Sie doch noch(!), sie lieben sich, sie erben alles, auf halbem Wege
nur ein Happen ['hapm̩], sie kippen um, zwei Treppen, in den Alpen

Hinweis: Vgl. Sie auch S. 228, Übung 6.!

5. [m/m] werden an Wort- oder Silbengrenzen nur als **ein** Nasal ge-   **464**
sprochen, der jedoch zeitlich etwas länger ist als ein einfacher Konsonant.

am Morgen, im Museum, am Meer, beim Malen, der Schwimmmeister, komm Monika(!), am Montag, zum Malen, sie haben mit ihr gesprochen

Übungen im Satz

Kommen Sie immer abends hier mit Ihrem Hund vorbei? →   **465**
Ja, meistens. Ich mache dann immer einen kleinen Spaziergang bis <u>zu meinem Bruder</u> und durch den Park wieder zurück zu meinem Haus.

zu meinem Vater, zu meinem Onkel, zu meinem Freund, zu meinem ehemaligen Nachbarn, zum Fluß, zum Stausee, zu unserem Garten, zum alten Wasserturm, zu unserem Bahnhof, zu unserem Flugplatz, zu unserem Sportplatz, zu unserem Kino, zu unserem Wäldchen

Kommen Sie mich doch mal mit Ihrer Frau besuchen! →   **466**
Ach wissen Sie, wir hatten uns das schon immer mal vorgenommen, aber meistens kam was dazwischen. Entweder <u>mußten wir zur Versammlung</u> <u>oder es war jemand krank</u>.

mußten wir Schnee schippen oder wir waren zu müde, mußten wir unsere Kinder besuchen oder auf unseren Enkel aufpassen, hatten wir uns im Termin geirrt oder ihn sogar verpaßt, hatten wir die Straße nicht gefunden oder uns in der Hausnummer geirrt

467 Ich konnte leider nicht kommen, <u>weil meine Oma kránk geworden ist</u>. der Wecker nicht geklingelt hat, ich aufgehalten worden bin, ich den Termin verwechselt habe, der Bus nicht gekommen ist, es in Strömen geregnet hat, meine Mutter ins Krankenhaus mußte, mein Bruder operiert werden mußte, ich einen Motorschaden hatte, der Wagen nicht angesprungen ist

[n] ### 8.6.2. Der dental-alveolar-prädorsale Nasal *n*

Transkriptionszeichen und Schreibung

[n]   für n, nn in den entsprechenden Positionen

Positionen

[n] wird bei *n* in allen Positionen gesprochen: nie, ohne, an
Gleichfalls [n] gesprochen wird bei *nn* im In- und Auslaut: Kanne, dann
[n] wird bei *n* in spanischen Wörtern als Segment der Folge [nj] artikuliert: Senor
[n] wird bei *gn* in spanischen Wörtern als Segment der Folge [nj] artikuliert: Kastagnetten

Lautbeschreibung

Es gibt zwei Bildungsweisen, die dorsale und die apikale.
1. Die dorsale Bildung
    Der vordere Zungenrand hat Kontakt mit den unteren Schneidezähnen, der vordere Zungenrücken hingegen mit den Zähnen der oberen Reihe und mit den Alveolen. Es wird ein Verschluß artikuliert. Das Gaumensegel ist gesenkt, so daß der Phonationsstrom nasal passieren kann. Der Zahnreihenabstand und die Lippenform richten sich nach der Lautumgebung. Der Nasal *n* ist stimmhaft und wird mit kleiner Artikulationsenergie gesprochen.
2. Die apikale Bildung
    Der vordere Zungenrand hat Kontakt mit den Zähnen der oberen Reihe und mit den Alveolen. Dadurch wird ein Verschluß gebildet.
    Das Gaumensegel ist gesenkt, wodurch der Phonationsstrom nasal

passieren kann. Zahnreihenabstand und Lippenform richten sich auch hier nach der Lautumgebung. Der Laut ist stimmhaft und wird mit geringer Artikulationsenergie gesprochen.

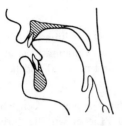

Abb. 45

Ableitung

A →

Es scheint, daß die apikale Bildungsweise leichter zu artikulieren ist. Man bemüht sich daher um einen Kontakt des vorderen Zungenrandes mit den unteren Schneidezähnen, wölbt die Vorderzunge zu den Zähnen der oberen Reihe und zu den Alveolen. Die Artikulationseinstellung ist mit der von [d] identisch. Nun ist nur noch das Gaumensegel abzusenken, so daß der Phonationsstrom den Nasenraum passieren kann. Es entsteht [n].

Abweichungen

[n] unterliegt in der Regel keinen Normverstößen. Zu Unregelmäßigkeiten kann es jedoch dann kommen, wenn [n] und [l] Varianten ein und desselben Phonems sind. Dann erweist es sich durchaus als notwendig, diesen Kontrast zu üben.

Das Übungsmaterial

1. [n] im Anlaut

468

nach Hause, nach Berlin, nachdem, nein, nicht, niemand, nichts, nirgends, nirgendwo, nirgendwohin, nanu, nämlich, noch nicht, noch niemand, noch mal

2. [n] im Auslaut

469

ein Mann, mein Mann, wann, irgendwann, dann, sodann, wenn, der Beginn, das Kinn, ein Sinn, der Unsinn, mein Gewinn, das Zinn, ganz dünn

3. [n] im Inlaut

470

eine Plane, sie planen es, eine Banane, eine Träne, die Ebene, eine Biene, eine Turbine, eine Szene, eine Fahne, ohne ihn, eine Bohne, eine Bühne, eine Gardine, eine Maschine, eine Wanne, eine Henne, eine Spinne, eine Panne, die Sonne, eine Tonne, eine Kanone, eine Krone

4. [n] in Endsilbenketten im Partizip I

Hinweis: In den Partizipien des Präsens treten häufig (in Abhängigkeit von Kasus, Genus und Numerus) zwei Endungen -*en* auf, von denen die erste nach [b] und [p] zu [m̩] und nach [g] und [k] zu [ŋ] assimiliert werden sollte:

[b] die trabenden Pferde, mit bebenden Händen, in den lebenden Zellen, die schreibenden Kinder, die Liebenden, die sterbenden Fische, die webenden Frauen, die verbleibenden Reste, die tobenden Kinder

[p] die zirpenden Grillen, die tschilpenden Spatzen, mit schleppenden Schritten, mit tappenden Schritten

[g] mit schlagenden Worten, mit klagenden Stimmen, die nagenden Schmerzen, die aufragenden Berge, die fragenden Kinder, die fliegenden Fische, die wogenden Ähren, die schweigenden Leute, die sich festigenden Beziehungen, mit bewegenden Worten

[k] die verlockenden Vorstellungen, mit packenden Worten, die ansteckenden Krankheiten, die tickenden Uhren, die verlockenden Dinge, die bedrückenden Träume, die beeindruckenden Argumente, die welkenden Blumen, die schwankenden Planken

[d] mit schneidenden Worten, die weidenden Schafe, die bildenden Künstler, die verbindenden Worte

[t] die driftenden Eisschollen, die eintretenden Gäste, die fechtenden Kämpfer, die flüchtenden Tiere, die geltenden Gesetze

[f] die Schlafenden, die kläffenden Hunde, mit ergreifenden Worten, mit klopfenden Herzen, die rufenden Kinder

[s] in passenden Worten, die Essenden, in fließenden Gewässern, die beißenden Hunde, die verblassenden Farben, die reißenden Flüsse

[z] die äsenden Hirsche, die grasenden Tiere, die lesenden Schüler, die Reisenden, die tosenden Wasser

[ʃ] die erfrischenden Getränke, die verlöschenden Lichter, mit knirschenden Zähnen, die rauschenden Feste, die quietschenden Bremsen

[ç] die sprechenden Maschinen, die stechenden Augen, die sich anschleichenden Diebe, die ausweichenden Fahrzeuge, die Zeichnenden

[x] die kochenden Suppen, mit pochenden Herzen, die suchenden Leute, die ihn verfluchenden Kollegen, die lachenden Dritten

mit wehenden Fahnen, die drohenden Gefahren, die glühenden Kohlen, die verglühenden Feuer, die blühenden Blumen

5. [n] in Endsilbenketten im Partizip II

[b] mit erhobenen Händen, die vergrabenen Schätze, die begrabenen Toten, die gehobenen Schätze, die erhabenen Worte, die gegebenen Versprechen, die vertriebenen Tiere

[g] die geschlagenen Mannschaften, die zerschlagenen Teller, die Betrogenen, die verschwiegenen Freunde, die verborgenen Schätze

[k] die hausbackenen Mittel, die erschrockenen Kinder, die trockenen Sachen

[d] die geschiedenen Eheleute, die unzufriedenen Kinder, mit verbundenen Augen, auf gewundenen Pfaden, die verbundenen Wunden, die erfundenen Argumente

[t] die gebratenen Gänse, die ungebetenen Gäste, die verbotenen Früchte, das gehaltene Versprechen, die umstrittenen Dinge

[f] die verschlafenen Kinder, die vergriffenen Bücher, die geschaffenen Werte, die ergriffenen Zuhörer, die betroffenen Gäste, die abgegriffenen Redensarten, die herbeigerufenen Helfer

[s] die verlassenen Häuser, die Hinterlassenen, die entlassenen Arbeiter, die unvergessenen Freunde

[z] die aufgeblasenen Luftballons, die bewiesenen Verdachtsmomente, die angewiesenen Gelder, die belesenen Freunde, die aufgelesenen Äpfel, die erlesenen Speisen

[ʃ] die erloschenen Vulkane, die verwaschenen Farben

[ç] die gestrichenen Türen, die verblichenen Farben, die beglichenen Rechnungen, die ausgeglichene Bilanz, die verstrichenen Fristen

[x] die zerbrochenen Fensterscheiben, die aufgebrochenen Türen, die unterbrochenen Verhandlungen, die versprochenen Dinge, die freigesprochenen Angeklagten

[l] die gestohlenen Wertsachen, die verfallenen Fristen, die ausgefallenen Stunden, die abgefallenen Blätter

[r] die befahrenen Straßen, die erfahrenen Lehrer, die Neugeborenen, die erfrorenen Finger, die Verschworenen

[m] mit benommenen Sinnen, die angenommenen Vorschläge, die unternommenen Fahrten, mit beklommenen Herzen, mit überkommenen Vorstellungen

[n] die gewonnenen Vorteile, die verronnenen Minuten, die besonnenen Richter, die wiedergewonnenen Vorteile

[ŋ] die angefangenen Arbeiten, die vergangenen Wochen, die gelungenen Entwürfe, die mißlungenen Versuche, die errungenen Vorteile, die geschwungenen Türen

6. [n] als Bestandteil der Folge [nj] in der eingedeutschten Form folgender Wörter aus dem Französischen und Spanischen

Kampagne, Bretagne, Senor, Senora, Senorita

7. [n/n] an Wort- oder Silbengrenzen werden als nur ein Nasal gesprochen, wobei der Laut zeitlich etwas länger als ein einfacher Konsonant zu artikulieren ist:

annehmen, einnebeln, in Nauen, einnehmen, die Einnahme, wenn nun, wenn niemand kommt, ich bin nur etwas müde, ich bin nicht müde, kann niemand helfen(?)

Übungen im Satz

474 Darf man fragen, was für Exponate Sie zur Messe áusgestellt haben? →
Selbstverstándlich. Wir haben eine ganze Reihe neuer Entwicklungen vórgestellt. Unser Hauptschlager aber war eine Universáldrehbank.

waren Plastverarbeitungsmaschinen, war eine automatische Schleifmaschine/ein neuer Hochleistungskran/ein neuer Kesselwagen/ein vollkommen neues Meßverfahren für die Abgasbelastung/ein von einem Mikroprozessor gesteuerter Kleinrechner/ein neues Material für spanabhebende Werkzeuge/ein neuartiger Baustein für die Computertechnik/eine vollkommen neuartige Quarzuhr

475 Werden Sie im nächsten Jahr wiéderkommen? →

Ja, denn wir können davon ausgehen, daß die Messe in diesem Jahr ein Erfólg für uns war, denn wir haben für unsere neuentwickelten Farbfernsehgeräte eine Góldmedaille bekommen.

Transistorradios, Schnelldruckpressen, Kräne, Reisezugwagen, Haushaltgeräte, Kameras, numerisch gesteuerten Werkzeugmaschinen, automatisch arbeitenden Werkzeugmaschinen, neuentwickelten Baumaterialien, neuartigen Lösungen

476 Hatten Sie denn keine Gelegenheit, die Leipziger Mésse zu besuchen? →

Nein, leider nicht, denn ich war während der ganzen Zeit kránk.

im Ausland, mit anderen Dingen beschäftigt, dienstlich verhindert, auf Dienstreise in Rostock, zu einem Lehrgang in Dresden, Teilnehmer einer Tagung in Berlin, im Urlaub, zur Kur

477 Wo stellen Sie denn áus? →

Unser Betrieb/Meine Firma/Mein Unternehmen stellt auf dem Messegelände in Halle zwei aus.

im Messehaus am Markt, im Messehaus „Specks Hof", im Messehaus „Drei Könige", im Messehaus „Stentzlers Hof", im „Messehof", im Messehaus „Petershof", im „Städtischen Kaufhaus", im „Ringmessehaus"

478 Wo wóhnen Sie denn? →

Wo sind Sie denn úntergebracht? →

Wir wohnen im Hotel „Stadt Léipzig".

Wir sind im Hotel „Stadt Leipzig" untergebracht.

im Hotel „Merkur", im (Hotel) „Continental", im „Parkhotel", im Hotel „Am Ring", im Hotel „Astoria", privat, privat bei einer Familie in der Nähe des Messegeländes

Wann sind Sie gekommen und wann müssen Sie wieder ábreisen? → 479

Wir sind am Montag gekommen und müssen am Dienstag schon wieder ábreisen.

am Sonnabend – am Donnerstag, am Sonntag – am Montag, am Montag – am Donnerstag, am Donnerstag – am Sonnabend, am neunten – am zehnten, am fünfzehnten – am neunzehnten

8.6.3. Der Nasal [ŋ]   [ŋ]

Transkriptionszeichen und Schreibung

[ŋ]   für ng und n (in bestimmten Lautverbindungen) in den entsprechenden Positionen

Positionen

[ŋ] wird gesprochen bei:

ng, jedoch darf zwischen beiden Graphemen keine Wortbildungsgrenze verlaufen: Angel, hängen, Ding

ng + vollstimmigem Vokal. [ŋ] ist dann Bestandteil der Folge [ŋg]: Tango, Ungarn, Hangar

nk, jedoch darf zwischen den beiden Segmenten keine Wortbildungsgrenze verlaufen. [ŋ] ist dann Bestandteil der Folge [ŋk]: Bank, schwanken, krank

on, in, Vokal + nds in den eingedeutschten Formen von Wörtern aus dem Französischen: Balkon, Gobelin, Fonds

Hinweis:

Das Zusammentreffen der Grapheme *n* und *k* an Wortbildungsgrenzen – in der Regel durch Präfigierung entstanden – deutet darauf hin, daß die artikulatorische Umsetzung getrennt verlaufen muß: *ankommen* ['ankɔmən], *einkreisen* ['a͜enkra͜ezn̩]

Lautbeschreibung

Mittel- und Hinterzungenrücken wölben sich zum weichen Gaumen auf und bilden dort einen Verschluß. Das Gaumensegel ist gesenkt, wodurch der Phonationsstrom nasal passieren kann. Der vordere Zungenrand bildet mit den unteren Schneidezähnen einen losen Kontakt. Der Zahnreihenabstand ist vom benachbarten akzentuierten Vokal abhängig. Das gilt in gleicher Weise für die Lippenausformung. Der Laut ist stimmlos und wird mit geringer Artikulationsenergie gesprochen.

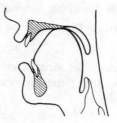

Abb. 46

 → **Ableitungen**

von [g]

Ableitung von [g]

1. Artikulation von [g], jedoch ohne den Verschluß zu lösen
2. Die Notwendigkeit des Atmens zwingt bei der Beibehaltung des Verschlusses von [g] zur nasalen Atmung und damit zur Senkung des Gaumensegels. Nun sind bei der Ausatmung die Stimmlippen in Gang zu setzen. Es entsteht [ŋ].
3. Der Vorgang muß mehrfach wiederholt werden, insbesondere der des Absetzens. Bevor daher der Verschluß gelöst wird, ist die Phonation einzustellen.

A →

von [n]

Ableitung von [n]

1. Der Lernende legt den Zeigefinger auf den vorderen Zungenrücken. Beim Versuch, [n] zu realisieren, ergibt sich [ŋ].
2. Die starke Überdehnung der Artikulationsdauer soll dazu beitragen, die Verschlußstelle taktil zu erfassen.
3. Wenn das gelungen ist, kann die Hilfestellung mit dem Zeigefinger unterbleiben. Die Artikulationseinstellung ist mehrfach zu wiederholen, um den artikulatorischen und den akustischen Eindruck zu festigen.
4. Unter Umständen ist das Absetzen auch hier mit Schwierigkeiten verbunden. In den meisten Fällen wirkt der vorzeitige Abbruch der Phonation und das erst danach erfolgende Lösen des Verschlusses der Bildung einer zweigliedrigen Segmentfolge [ŋg] entgegen.

Abweichungen

1. [ŋ] wird wie [ŋg] gesprochen: *lange* klingt wie [laŋgə].

Abhilfe: Der *ang*-Laut sollte in finaler Position geübt werden, wobei die Phonation zuerst abzusetzen und erst danach der Verschluß zu lösen ist.

2. [ŋ] wird wie [ŋk] gesprochen: *lang* klingt wie [laŋk].

Abhilfe: Auch hier ist ein Hinweis auf die Regeln nötig, verbunden mit Üben des [ŋ] in finaler Position: Absetzen der Phonation, Lösung des Verschlusses.

3. Statt [ŋg] an Wortbildungsgrenzen wird [ŋ] gesprochen: *angeben* wird zu [aŋe:bm̩].

Abhilfe: Hinweis auf die Regeln. Beim Zusammentreffen von *n* und *g* an Wortbildungsgrenzen ist [ng] zu sprechen.

Das Übungsmaterial

1. Wiederholung der Ableitung

2. [ŋ] in femininen Substantiven auf -*ung*   **480**

- [b] die Beschreibung/Kundgebung/Übung
- [p] die Vorstülpung/Verknappung/Verpuppung
- [d] die Einladung/Bildung/Ausbildung/Endung/Erfindung
- [t] die Beratung/Vertretung/Vergiftung/Dichtung/Leitung/Zeitung/Erkältung
- [g] die Tagung/Verpflegung/Bewegung/Berichtigung/Versorgung
- [k] die Packung/Bewölkung/Senkung/Entdeckung/Wirkung
- [f] die Prüfung/Berufung/Schöpfung/Impfung
- [s] die Fassung/Verfassung/Erschließung/Heizung
- [z] die Lösung/Genesung/Vorlesung/Auflösung
- [ʃ] die Mischung/Fälschung/Forschung/Quetschung
- [ç] die Brechung/Besprechung/Gleichung/Streichung
- [x] die Vereinfachung/Abmachung/Bewachung
- [l] die Handlung/Regelung/Erzählung/Teilung/Vorstellung/Erfüllung/Herstellung
- [r] die Erklärung/Lieferung/Regierung/Formulierung/Orientierung/Äußerung/Bevölkerung
- [m] die Lähmung/Wahrnehmung/Stimmung/Strömung
- [n] die Verordnung/Öffnung/Mahnung/Rechnung/Zeichnung/Betonung
- [ŋ] die Sprengung/Düngung/Schwingung/Bedingung/Verjüngung

3. Bilden Sie den Plural der Wörter, die in Übung 2. verwendet worden sind!   **481**

4. [ŋ] im Auslaut nach anderen Vokalen   **482**

am Anfang, im Gang, am Eingang, dort entlang, der Klang, der Rang, der Gesang, der Zwang, sehr eng, das Ding, der Lehrling, der

Findling, der Sträfling, der Zwilling, der Sonderling, der Schmetterling, der Ring

483 5. [ŋ] im Inlaut

zwei Jungen, die jungen Leute, sie sind schon gegangen, sie singen ein Lied, sie überspringen es, sie sprengen es, eine Schlange, schöne Klänge, sie bezwingen es, sie empfangen mich, sie bringen die Ernte ein, es ist dringend, sie klingeln, eine Schlinge, sie drängen sich vor

484 6. [ŋ] innerhalb der Folge [ŋg] bei Schreibung *ng* im Inlaut

im Kongo, ein Mongole, in Ungarn, eine Ungarin, sie spricht ungarisch, an der Angara, ein Flamingo, im Hangar, der Tango, der Fandango, ein Dingi, eine Tangente, im Singular, der Linguist, sie fingieren es, sie heißt Angelika

485 7. [ŋ] als Bestandteil der Folge [ŋk] bei Schreibung *nk*

sie trinken es, sie haben es getrunken, sie ist krank, im Schrank, ein Schinken, das Geschenk, sie hat es verschenkt, das Schiff sinkt, es ist versunken, ganz blank, sie ist schlank, sie ist ganz flink, ein flinker Junge, sie tanken 20 Liter, der Tank ist voll, es ist schon dunkel, im Rundfunk, er ist Funker, es funktioniert

486 8. [ŋ] und [ŋk] im Kontrast

prangen – Pranken, Schlange – schlank, Stange – Gestank, Tang – Tank, dringen – trinken, singen – sinken, gesungen – gesunken, klingen – klinken, Klinge – Klinke, sengen – senken, versengen – versenken, drängen – tränken, hängen – henken

487 9. [ŋ] als Ergebnis der Eindeutschung bei fremden Wörtern

das Bassin, das Dessin, mein Cousin, meine Cousins, der Satin, das Bulletin
der Bon, das Bonbon, o Pardon(!), der Kordon, der Chiffon, der Waggon, der Jargon, der Siphon, der Flakon, der Balkon, der Kokon, der Salon, der Ballon, das Medaillon, die Bouillon, der Pavillon, mein Kompagnon, die Raison, die Saison, das Chanson, der Beton, die Fasson, der Karton
ein Grand, der Fond, der Fonds

488 10. [ng] bei Schreibung *ng* und [nk] bei Schreibung *nk* an Wortbildungsgrenzen

angreifen, angeben, eingreifen, eingehen, eingeben, eingliedern, vorangehen, hineingehen, ungleich, ungelegen, ungerade, ungut, un-

398

günstig, Eingliederung, Eingriff, eine Eingebung, ein Weinglas, eine Angabe, eine Eingabe

ankommen, ankaufen, ankleben, ankleiden, einkochen, das Einkommen, beim Einkauf, anklagen, vorankommen

11. [ŋ] als Folge der Assimilation von -en nach [g, k]   489

sie fragen ihn, ein Kragen, sie tragen es, sie sagen zu, ein Wagen, gegen zehn, sie sind dagegen, weswegen denn, sie pflegen ihn, sie legen sich hin, im Regen, sie regen sich auf, sein Eigentum, sie steigen ab, sie schweigen noch immer, mit kräftigen Zügen, sie bestätigen es, sie folgen ihm, im Bogen, sie mögen es nicht, sie borgen es

Aber:
Nach [ŋ] sollte schwachtoniges e [ə] in -en erhalten bleiben:

es wird gelingen, sie werden es bringen, sie fragen jetzt an, sie dringen ein, sie springen auf, sie singen gut, sie zwingen ihn, bei ungünstigen Bedingungen, die jungen Leute

ein Haken, sie backen Kuchen, sie packen den Koffer, lange Strecken, die gucken zu, es wird schon glücken, sie schränken sich ein, sie danken ihm, sie trinken Limo, sie parken falsch

Übungen im Satz

Sie werden den Führerschein nie schaffen, wenn Sie weiter solche Féhler machen!   490

Herr Lange, ich fange doch erst án! Ich habe das Verkehrszeichen nicht gesehen, weil ich mich auf die Scháltung konzentriert habe.

das Stoppschild, das Vorfahrtsschild, die Ampel, den Zebrastreifen, das Parkverbot(sschild), die Einbahnstraße, das Zeichen „Kreisverkehr", das Überholverbot, die Geschwindigkeitsbegrenzung, das Ende des Überholverbots/des Parkverbots/des Halteverbots, die Einfahrt, die Ausfahrt, das Ortseingangsschild, das Hinweiszeichen „Haltestelle"/„Tankstelle"/„Pannenhilfe"

Herr Lange, ich kánn das nicht!   491
Aber Herr Húnger! Sie sind doch kein Ánfänger mehr! Ich muß es also noch éinmal sagen: Beim Linksabbiegen hat der Gegenverkehr Vórfahrt!

Bei gleichrangigen Straßen hat der von rechts Kommende Vorfahrt. Auch bei abbiegender Hauptstraße haben Sie in diesem Fall Vorfahrt. Beim Rechtsabbiegen müssen Sie die Fußgänger beachten! Am Zebrastreifen müssen Sie zuerst die Fußgänger über die Straße lassen! Beim Überholen müssen Sie erst links und dann rechts blinken! Beim Abbiegen müssen Sie entsprechend der Richtung blinken!

8.7. Gegensatzübungen mit Konsonanten
8.7.1. Kontrast [r] – [l]

492

1. im Anlaut

Rachen – lachen, raten – laden, Rampe – Lampe, rauschen – lauschen, Rauch – Lauch, Rand – Land, Rappen – Lappen, rasch – lasch, rasten – Lasten, raufen – laufen, rauh – lau, Rektor – Lektor, recken – lecken, Regen – legen, regieren – legieren, Reihe – Laie, Reim – Leim, Reise – leise, Reiter – Leiter, richten – lichten, Rinde – Linde, Ruder – Luder, Rüster – Lüster, rutschen – lutschen

braun – blau, brechen – blechen, Brei – Blei, Brigg – Blick, brodeln – blöden, Brühe – blühen, Brut – Blut, Pranke – Planke

Gras l– Glas, grau – glauben, grimmen – glimmen, grünen – glühen, Kragen – klagen, Krampf – Klampfe, kraß – Klasse, Krause – Klause, Kropf – klopfen, Krug – klug, krumm – Klumpen

fragen – flaggen, Franke – Flanke, Frieder – Flieder, Fritz – flitzen, Frost – Flosse, fruchten – fluchten, Frucht – Flucht

Schräge – Schläge, Schrank – schlank, Schraube – schlau, Schrecken – schlecken, schreien – Schleie, Schritt – Schlitz, Schrot – Schlot

493

2. im Auslaut

Hinweis: Beachten Sie bitte, daß im Auslaut bei Schreibung *r* in der Regel vokalisches *r* zu sprechen ist!

Lineal – linear, Fibel – Fieber, Adel – Ader, Nagel – Nager, Tiegel – Tiger, Flegel – Pfleger, Angel – Anger, Sichel – sicher, viel – vier, Hummel – Hummer, Formel – Former, Wimpel – Wimper, Achtel – Achter, Stuhl – stur, Wahl – wahr, kühl – Kür, Stil – Stier, Stall – starr, toll – Tor, voll – vor

494

3. im Inlaut

wandeln – wandern, pudeln – pudern, sicheln – sichern, wimmeln – wimmern, lispeln – wispern, wechseln – wächsern, vereiteln – vereitern

Clan – Kran, wählen – wehren, zählen – zehren, Kehle – kehren, höhlen – hören, Pole – Pore, knallen – knarren, Willen – verwirren, fühlen – führen, spülen – spüren

8.7.2. Kontrast [l] – [n]

1. im Anlaut

Lager – Nager, lähmen – nehmen, Laschen – naschen, leben – neben, lecken – necken, leeren – nähren, leiden – neiden, Lektor – Nektar, Leo – Neon, verletzen – benetzen, Leu – neu, Licht – nicht, Lippen – nippen, Liste – nisten, Loch – noch, Locken – Nocken, Lot – Not, belügen – genügen, Lützen – nützen

Gleis – Gneis, klappern – knabbern, Klage – Knabe, Klappe – Knappe, Klaus – knauserig, klicken – knicken, Kliff – Kniff, Kloben – knobeln, klopfen – Knopf

Schlacke – Schnake, schlapp – schnappen, schleifen – schneiden, Schleppe – Schneppe, Schlitz – Schnitt, schlitzen – schnitzen, schlüpfen – Schnupfen

2. im Auslaut

All – an, Baal – Bahn, Ural – Uran, Wal – Wahn, Hebel – heben, Nebel – neben, Übel – üben, Waffel – Waffen, Nagel – nagen, Riegel – Riegen, Ziegel – Ziegen, Flegel – pflegen, Regel – regen, Klingel – klingen, Deckel – decken, Senkel – senken, Winkel – winken, Formel – formen, Krempel – Krempen, Wiesel – Wiesen, Nessel – nässen, Gürtel – gürten, Kittel – kitten, Mittel – mitten, Trottel – trotten, Schnitzel – schnitzen, Zahl – Zahn, hohl – Hohn, kühl – kühn, Beil – Bein, Keil – kein, Seil – sein, steil – Stein, weil – Wein, Metall – Methan, Wall – wann, voll – von, Kerl – Kern, faul – Faun

3. im Inlaut

aalen – Ahnen, malen – mahnen, dielen – dienen, Seele – Sehne, erwählen – erwähnen, bezahlen – verzahnen, höhlen – höhnen, eilen – einen, weilen – weinen, Kelle – kennen, pellen – pennen, Rille – rinnen, sollen – sonnen, tollen – Tonnen, wollen – Wonnen

Literaturverzeichnis

Becker, R./G. Lindner, 1971, Lehrbuch der Logopädie, Berlin
Bzdega, A. Z./W. Voss, 1961, Abriß der beschreibenden deutschen Grammatik
Dieth, E., 1968, Vademekum der Phonetik, München
Dietrich, G., 1953, [ç] und [x] im Deutschen – ein Phonem oder zwei?, Zeitschrift für Phonetik, Sprachwissenschaft und Kommunikationsforschung 7/28–37
Duden. Das Aussprachewörterbuch, 1974, bearbeitet von M. Mangold in Zusammenarbeit mit der Duden-Redaktion, Bd. 6., Mannheim, Wien, Zürich
Essen, O. v., o. J., Grundzüge der hochdeutschen Satzintonation, Ratingen/Düsseldorf
Essen, O. v., 1962, Allgemeine und angewandte Phonetik, Berlin
Essen, O. v., 1979, Allgemeine und angewandte Phonetik, Berlin
Einführung in die Sprechwissenschaft, 1976, herausgegeben von einem Autorenkollektiv unter Leitung von H. Stelzig, Leipzig
Einführung in die Sprechwissenschaft, 1982, herausgegeben von einem Autorenkollektiv unter Leitung von H. Stelzig, Leipzig
Fiukowski, H., 1973, Sprecherzieherisches Elementarbuch, Leipzig
Fiukowski, H., 1978, Sprecherzieherisches Elementarbuch, Leipzig
Großes Wörterbuch der deutschen Aussprache, 1982, herausgegeben von einem Autorenkollektiv unter Leitung von U. Stötzer, Leipzig
Halle, M./R. Jakobson, 1960, Grundlagen der Sprache, Berlin
Helbig, G./J. Buscha, 1982, Deutsche Grammatik. Ein Handbuch für den Ausländerunterricht, Leipzig.
Helbig, G./J. Buscha, 1987, Kurze deutsche Grammatik für Ausländer, Leipzig
Hirsch-Wierzbicka, L., 1971, Funktionelle Belastung und Phonemkombinationen am Beispiel einsilbiger Wörter der deutschen Gegenwartssprache
Kleine Enzyklopädie. Die deutsche Sprache, 1964, herausgegeben von einem Autorenkollektiv unter Leitung von E. Agricola, Leipzig
Kleine Enzyklopädie. Die deutsche Sprache, 1983, herausgegeben von einem Autorenkollektiv unter Leitung von W. Fleischer, Leipzig
Kufner, H., 1971, Kontrastive Phonetik Deutsch–Englisch, Stuttgart
Lado, N., 1971, Testen im Sprachunterricht, München
Leont'ev, A. A., 1975, Psycholinguistische Einheiten und die Erzeugung sprachlicher Äußerungen, Berlin
Lerchner, G., 1971, Zum Aufbau eines Phonetikunterrichts des Deutschen für irakische Studierende auf der Grundlage einer kontrastiven Phonemanalyse von irakischem Arabisch und Deutsch, in: Deutsch als Fremdsprache 4/1971, S. 161 ff.
Lindner, G., 1966, Grundlagen der pädagogischen Audiologie, Berlin
Lindner, G., 1975, Der Sprechbewegungsablauf. Eine phonetische Studie des Deutschen, Berlin
Lindner, G., 1977, Hören und Verstehen, Berlin
Mangold, M., 1961, Laut und Schrift des Deutschen, Duden-Beiträge zu Fragen der Rechtschreibung, der Grammatik und des Stils, Nr. 4, Mannheim

Mangold, M., 1965, Transliteration und Transkription, Duden-Beiträge Nr. 37, Mannheim

Martens, C. u. P., 1965, Phonetik der deutschen Sprache, München

Mater, E., 1983, Rückläufiges Wörterbuch der deutschen Gegenwartssprache, Leipzig

Meier, H., 1964, Deutsche Sprachstatistik, Hildesheim

Meinhold, G., 1972, Allgemeine phonetische Probleme der Sprechgeschwindigkeit, Zeitschrift für Phonetik, Sprachwissenschaft und Kommunikationsforschung 25

Meinhold, G., 1973, Deutsche Standardaussprache, Lautschwächungen und Formstufen, Jena

Meinhold, G./E. Stock, 1980, Phonologie der deutschen Gegenwartssprache, Leipzig

Morciniec, N., 1958, Zur phonologischen Wertung der deutschen Affrikaten und Diphthonge, Zeitschrift für Phonetik, Sprachwissenschaft und Kommunikationsforschung 1

Morciniec, N./S. Prędota, 1985, Podręcznik wymovy niemieckiej, Wrocław

Moulton, W. G., 1970, The Sounds of English and German, The University of Chicago Press

Moulton, W. G., 1972, Wie lernt man fremde Sprachen?, Düsseldorf

Nickel, G., 1966, Sprachliche Mißverständnisse, Strukturuntersuchungen zwischen dem Deutschen und dem Englischen, in: Praxis des neusprachlichen Unterrichts 13

Ortmann, W. D., 1975, Beispielwörter für deutsche Ausspracheübungen, München

Ortmann, W. D., 1975, Hochfrequente deutsche Wortformen I, München

Ortmann, W. D., 1976, Hochfrequente deutsche Verbformen II, München

Ortmann, W. D., 1980, Sprechsilben im Deutschen, München

Pulgram, B., 1965, Consonant Cluster, Consonant Sequence and the Syllablae, Phonetica 13

Prędota, St., 1979, Die polnisch-deutsche Interferenz im Bereich der Aussprache, Wrocław

Rausch, I., 1975, Sprecherzieherisches Übungsbuch, Leipzig

Rausch, R., 1980, Konsonantenfolgen an Wortgrenzen im Deutschen, Dissertation, Halle

Rausch, R., 1973, Allgemeine Methoden des Phonetikunterrichts für Ausländer, Heft 1 – Fortgeschrittene, Reihe: Zur Theorie und Praxis des Deutschunterrichts für Ausländer, Leipzig

Rausch, R., 1974, Allgemeine Methoden des Phonetikunterrichts für Ausländer, Heft 2 – Vokale, Reihe: Zur Theorie und Praxis des Deutschunterrichts für Ausländer, Leipzig

Rausch, R., 1975, Allgemeine Methoden des Phonetikunterrichts für Ausländer, Heft 3 – Konsonanten und Konsonantenverbindungen, Reihe: Zur Theorie und Praxis des Deutschunterrichts für Ausländer, Leipzig

Romportl, M., 1962, Zur akustischen Analyse und Klassifizierung der Nasale, in: Wiss. Z. der Univ. Halle

Romportl, M., 1964, Zur Identifizierung der Engelaute, Zeitschrift für Phonetik, Sprachwissenschaft und Kommunikationsforschung 17

Schröder, J., 1976, Interferenzuntersuchung – Eine Form linguistischer Vorarbeit zur Effektivierung des FSU, Deutsch als Fremdsprache

Sculc, A., 1973, Die Haupttypen der phonetischen Interferenz, Zeitschrift für Phonetik, Sprachwissenschaft und Kommunikationsforschung 36

Sculc, A., 1976, Die Fremdsprachendidaktik, Warschau

Seemann, M., 1965, Sprachstörungen bei Kindern, Berlin und Jena

Šimečkova, A., 1974, Zu den sowohl trennbar als auch untrennbar vorkommenden Verbalkonstituenten im Deutschen, in: Wiss. Z. d. KMU Leipzig, Sprachw. Reihe, 2/74

Siebs, Th., 1969, Deutsche Aussprache, herausgegeben von H. de Boor, H. Moser und Chr. Winkler, Berlin

Stock, E., 1980, Untersuchungen zu Form, Bedeutung und Funktion der Intonation im Deutschen, Berlin

Stock, E.| Chr. Zacharias, 1971, Deutsche Satzintonation, Leipzig

Stock, E.|Chr. Zacharias, 1982, Deutsche Satzintonation, Leipzig

Streubel, H. G., o. J., Internes Klinikmaterial der Medizinischen Akademie Erfurt

Treuschel, W., 1977, Das Phänomen der Nasalität, Berlin

Trubetzkoy, N. S., 1939, Grundzüge der Phonologie, Prag

Ulbrich, W., 1972, Instrumentalphonetisch-auditive R-Untersuchungen im Deutschen, Berlin

Wängler, H. H., 1960, Atlas deutscher Sprachlaute, Berlin

Wängler, H. H., 1980, Atlas deutscher Sprachlaute, Berlin

Weinert, H., 1977, Die Bekämpfung von Sprechfehlern, Berlin

Wildenhain, E., 1971, Zur Aussprache von Lenis-Verschlußlauten vor L, N und R in unbetonter Silbe, Diplomarbeit, Halle

Wurzel, W., 1979, Studien zur deutschen Lautstruktur. Studia grammatica VIII, Berlin

Wörter und Wendungen. Wörterbuch zum deutschen Sprachgebrauch, 1984, herausgegeben von E. Agricola u. a., Leipzig

Zacher, O., 1969, Deutsche Phonetik, Leningrad

Abbildungsverzeichnis

Bzdega, A. Z.|W. Voss, Abriß der beschreibenden deutschen Grammatik, Warschau 1961, Abb. 1

Einführung in die Sprechwissenschaft, herausgegeben von einem Autorenkollektiv unter Leitung von H. Stelzig, Leipzig 1976, Abb. 5; Leipzig 1982, Abb. 4, 13, 14, 15, 17, 20, 23, 26, 29, 31

Essen, O. v., Grundzüge der hochdeutschen Satzintonation, Ratingen/Düsseldorf, 1979, Abb. 3

Fiukowski, H., Sprecherzieherisches Elementarbuch, Leipzig 1984, Abb. 12, 16, 18, 21, 24, 27, 30, 32, 33, 34, 36, 37, 38, 39, 40, 41, 42, 43, 44, 45, 46

Rausch, R., Abb. 2, 6, 10, 11, 19, 22, 25, 28, 35

Wängler, H.-H., Atlas deutscher Sprachlaute, Berlin 1964, Abb. 7, 8, 9